반쪽의 과학

이 도서의 국립중앙도서관 출판시도서목록(CIP)은 e−CIP홈페이지(http://www.nl.go.kr/ecip) 와 국가자료공동목록시스템(http://www.nl.go.kr/kolisnet)에서 이용하실 수 있습니다.(CIP제어 번호 : CIP2012000868)

ONE-EYED SCIENCE
Occupational Health and Women Workers

반쪽의 과학

일하는 여성의 숨겨진 건강 문제

캐런 메싱 지음

정진주 · 김인아 · 김재영 · 김현주 · 이종인 · 전희진 옮김

한울
아카데미

비벌리, 스미스, 안드레, 지넷, 니나, 기렌느, 니콜과 더불어
여성의 노동에 대해 조언해준 많은 분께 이 책을 바칩니다.

경쟁과 성과체계가 삶을 압박하는 가운데 생계수단인 일자리가 있는 사람은 그래도 살 만한 사람이라는 인식이 강하다. 사실 이 말은 틀리지 않다. 많은 연구가 실업자의 신체적·정신적 건강상태가 일거리가 있는 사람보다 나쁘다는 점을 잘 보여주고 있기 때문이다. 그러나 문제는 일을 하고 있어도 일하는 환경이 건강을 유지하기 어렵게 하거나 건강이 나빠져도 이를 보상해주는 시스템이 아니라면 고통스러운 나날이 이어질 것이라는 점이다. 따라서 중요한 것은 사회적·기술적 수준이 최대한 활용할 수 있는 선에서 건강한 일터를 만드는 것이다.

일터를 건강하게 만들 책임은 한국의 제도상 고용주와 정부에 있다. 고용주는 건강 위해요인을 예방·관리할 의무와 일하다 다치거나 아플 때 보상을 해주거나 직장에 복귀할 수 있도록 최대한의 조치를 해야 한다. 일하는 사람의 스트레스가 높다면 일터에서 스트레스가 생기게 하는 요인을 파악하여, 스트레스의 원인인 긴 노동시간, 과도한 일의 부담, 일과 가정을 조화롭게 꾸려갈 수 없는 상태 등을 개선해야 한다. 또한 스트레스가 심하여 정신적·

신체적 문제가 발생했다면 산재보험을 신청하여 휴식·요양하게 하고 일터의 스트레스 원인이 제거·감소되게 해야 한다. 정부는 건강한 일터를 만들기 위한 고용주의 예방 의무와 아픈 근로자를 위한 보상 과정이 원활히 수행될 수 있도록 감독·규제하는 역할을 해야 한다.

기업과 정부가 제 역할을 하기 위해서는 일터에서 일하는 사람들이 어떤 위험에 처해 있고, 이 위험에 대한 결과로 건강에 어떤 영향을 받고 있는지를 파악하는 것이 중요하다. 전통적으로 이 일은 전문가가 담당해왔다. 의학·산업위생학·인간공학·보건학 영역의 전문가가 일터에서 발생하는 건강 위해요인을 발견하는 연구를 하고, 이 연구를 기반으로 일터의 예방조치 방향이 결정되며, 산재보상의 근거로 활용된다. 그런데 만약 전문가의 노동 환경에 대한 인식이 매우 제한적이고 편협하다면 무슨 일이 발생할 것인가?

이 책은 이 질문에 대한 대답이다. 특히 여성과 남성이 하는 일이 다르거나, 일을 하다 건강 문제가 발생했을 때 젠더 차이를 보지 못한다면 이에 대한 부담은 전적으로 여성에게 돌아간다. 왜냐하면 현재의 연구나 정책은 남성들이 주로 하고 있는 일과 건강을 중심으로 시행되고 있기 때문이다.

이제까지는 주로 공장, 광산, 건설 현장 등에서 일하는 남성에 대한 연구와 이로 인한 불건강 상태를 설명하려는 시도가 이루어졌다. 이에 반해 다양한 서비스직(금융·보험계, 식당, 교사, 간호사, 콜센터 직원, 웨이트리스, 승무원, 유통 부문 종사자 등)에 종사하는 여성의 일과 건강 문제는 상대적으로 소홀히 다루어져 왔다. 특히 서비스직의 감정노동이 정신건강과 피로에 중요한 요인이라고 주장해도 큰 관심을 받지 못했다. 더 나아가 같은 직업을 갖더라도 여성과 남성이 상이한 일을 하는 것에 대한 인지도는 매우 낮다. 공장에서 일하더라도 대개 여성은 준비·검사·마무리(포장) 작업 과정에서 일하는 경우가 많고, 남성은 기계를 사용하는 일을 하는 경우가 많다. 일하다 다치거나 아픈 경우도 젠더 차이가 있다. 남성은 몸담고 있는 업종과 직업 때문에 상해와 부상에 더 많이 노출되는 반면, 여성은 폭력, 사회적·심리적 요인, 피로 등에 더 민감할 수밖에 없다. 또 남성은 무거운 무게를 드느라 근골격계 질환이 생기지만, 여성은 다루는 무게는 가볍지만 반복적 작업이 더 빈번하여 근골격계 질환에 걸릴 수 있다.

하지만 여성과 남성이 일하는 환경과 그에 기인하는 건강에 대한 차이에 대한 감수성은 기존의 연구나 일터에 적용되지 못했다. 한국은 일하는 사람의 건강에 대한 관심이 전반적으로 낮으며, 특히 지속적으로 증가하고 있는 여성의 일과 건강 문제에는 투자나 연구를 거의 해오지 않았다.

나는 지난 15년 넘게 일과 건강에 관한 분야에 매진하면서 젠더 차이에 대한 학계·정부·기업의 무관심을 온몸으로 느꼈다. 노동 환경의 젠더 차이로 여성은 다른 경험과 위험에 노출되어 있다고 이야기해도 설득하기 매우 어려운 상황이었다. 밝혀지지 않은 건강 위해요인을 질적 연구를 사용해 연구하면 그건 '과학적 연구'가 아니라고 치부했다. 여성의 일과 건강에 대한 연구는 여전히 '중요한' 연구로서 인정되지 않았고, 정부와 학계에서 받을 수 있는 연구비는 어쩌다 한 번씩 생색내기용으로 등장했다. 연구자 사이에서도 이 분야의 연구는 관심을 받지 못했다. 무엇보다 사회과학적 건강 연구는 이과 중심의 관점에서 볼 때 중요한 연구도 과학적인 것도 아니었다.

한 예로 병원과 공공 부문의 여성과 남성 근로자의 건강 위해요인에 대한 조사를 심사하는 어느 위원은, "여성과 남성이 다른 일을 한다는 증거를 다 대봐라. 면접을 해서 건강 위해요인을 밝힌다는 것은 과학적이지 않고 그런 것을 본 적도 없다. 조선소에서 용접하는 여성과 남성이 무슨 일이 다르냐?"라며 호통을 쳤다. 사실 나는 조선소에 출입할 수 없는 사람이지만 그 심사자는 의사로서 조선소 근로자를 대상으로 제도상의 건강검진을 할 수 있는 상황을 유리하게 자신의 것으로 만들기도 했다. 질적 연구 결과를 한 번도 접하지 못한 그 심사위원은 외국 보건학회에서 보고되는 내용의 절반 정도가 질적 방법을 사용한 결과라는 사실조차 알지 못했던 것이다.

어찌됐던 우리가 신봉해마지 않는 과학은 불안정하고 불명확함에도, 과학이라는 이름으로 일과 건강에 대한 연구와 각종 조치 등이 실행되었다. 문제는 그 과학이 사실 여성과 남성의 건강 차이를 보지 못한 '외눈박이 과학', '반쪽의 과학'이었다는 데 있다. 이 책은 캐나다의 역사적 경험을 생생한 사례와 함께 제시하고 있는데, 당시의 캐나다 상황과 비슷한 한국에서도 여전히 중요하며 적실하다. 캐나다는 현재의 한국 상황과 비슷한 경험을 거친 이후 젠더와 노동건강에 관한 가장 우수한 연구를 현장과 접목하여 시행하고 있다.

이 책을 번역하면서 내가 한국 사회에서 경험한 많은 일이 단지 나만의 경험이 아니고 이미 다른 나라에서 그 길을 거쳐왔음을 알게 되었다. 한편으론 안도와 위안을 얻었으며, 다른 한편으론 이를 널리 알리고 노동 환경과 건강에 대한 젠더 차이를 함께 인식하고 개선하고 싶다. 그 길은 당사자인 일하는 사람, 정부, 기업, 노동계가 모두 관심을 갖고 행동으로 변화시킬 때만 열릴 것이다.

2012년 2월
옮긴이를 대표하여 정진주

1인치가 얼마나 긴 것인가에 대해서는 어느 누구도 논쟁을 하지 않는다. 미터법이 인치법을 대체할 것인지에 대해 사회적 또는 정치적 논란이 될 수는 있어도 어떤 측정도구를 사용하더라도 정확하게 측정되는 인치에 대해 사람들은 의심을 품지는 않는다. 이와 마찬가지로 온도를 측정할 때 다양한 측정단위를 사용할 수 있지만 한 단위에서 다른 단위로 환산하는 방법을 우리 모두는 알고 있다. 미터법, 섭씨, 리터, 컵 등은 물리적 특성을 나타내는 단위로, 측정하는 사람의 정치적인 논리나 철학에 좌우되지 않는다.

그러나 생물학과 의학에서 이 같은 자명한 사실은 사라져버린다. 생물학적인 측정치는 항상 조심스러운 분석결과와 함께 제시되며, 그 분석에는 그 측정치가 무엇을 의미하고, 과연 유익한 측정치인지를 판단하는 데 필요한 데이터들이 제시된다. 일견 가장 명확해 보이는 측정치들조차도 그 안에 내재하는 오류를 피할 수 없다. 키(어떤 날, 생애주기의 어느 시점에서 측정된 것인지), 혈압(반복해서 측정했는지, 혈압을 잴 때 앉았는지 서 있었는지, 스트레스가 있었는지) 등등. 이와 같은 의문을 품는 사람만이 적절한 예를 찾기 위해 캐런 메싱(Karen Messing)의 이 책을 펼쳐볼 것이다.

생물학적인 측정치는 본래 정밀하지 못하고 불명확하다. 이는 이론적 모형과 측정 자체에 내재한 부정확성과 불명확성 때문이다. 왜 정밀하지 못하고 불명확한가? 기본적으로 두 가지로 설명할 수 있다. 첫째, 우리는 생물학적인 메커니즘에 대해 알지 못하는 부분이 많다. 측정치에 대한 적합도(goodness-of-fit)를 추정하려면 참값에 대한 특정 지식이 필요하다. 그러나 대부분의 생물학적 현상에 대해 할 수 있는 것은 기껏해야 예측치로써 어림짐작하는 것이다. 우주는 궁극적으로 통계에 지배받는다. 튀어 오르고 서로 부딪치는 입자부터 역시 똑같이 튀어 오르고 부딪치는 사람이 사는 사회에 이르기까지 아무렇게나 움직이고 있는 것처럼 보이며, 우리가 행동이라고 부르는 모든 것은 특정 조건에서의 평균적인 움직임을 말한다.

원자나 분자의 수와 같이 아주 큰 단위의 수치를 말할 때 평균이라는 것은 매우 의미가 있어 보이며, 특정 조건을 잘 정의할 수 있고, 상당한 정확성을 가진 측정법을 확보할 수 있다. 이는 우리가 신뢰할 수 있는 측정법이 있거나 적어도 자신감 있게 내적 정확성과 명확성에 대해 확신할 수 있기 때문이다. 따라서 우리는 확신을 가지고 계속해서 별 다른 고민 없이 온도계나 자를 살 것이다.

그러나 우리가 관심을 두는 생물학적인 집단이나 현상은 원자 및 분자가 존재하는 그런 어마어마하게 큰 수적 단위에서는 발생하지 않는다. 가장 작은 크기의 바이러스에서 가장 키가 큰 농구선수, 회색곰에 이르기까지 지구상에 존재하는 모든 생명체의 개수는 (설탕의 가미 여부와 무관하게) 찻잔 하나 속의 원자 수보다도 더 적다. 따라서 수집한 표본은 매우 중대한 의미가 있으며, 때로는 표본을 통한 일반화가 불가능할 때도 있다. 즉, 특정 인구집단이나 문화는 인간이 속한 모든 집단을 대표하는 데 한계가 있을 수 있다.

부적절한 수의 표본을 취해 인간, 곤충, 특정 속성에 대한 분석을 하는 것에 더해 평균값을 기준으로 정확한 수치들을 분석해내려는 시도는 생물학적인 측정에 또 하나의 문제를 제기한다. 여기서 세 단락 앞으로 되돌아가보면 '특정 조건에서'라는 의미심장한 표현을 볼 수 있을 것이다. 예를 들어 온도를 측정할 때 우리는 외부의 기압을 알고 싶어 한다(물은 해수의 높이에 따라서 끓는점이 다르다). 생물학적인 현상은 외부의 상황에 놀라울 정도로 민감하다. 분자 수준에서는 환경적 요건이 물질의 형태와 기능을 결정할 수 있다. 사회적 측면에서는 초보 연구자조차도 우리의 존재양식, 감정, 기능이 환경에 영향을 받는다는 수많은 증거를 제시할 수 있다. 오랫동안 지속되어온 선천적인 것과 후천적인 것에 대한 논쟁은 유전자의 수준과 통합적 유기체 모두에게 적용된다. 생물학적인 측정치가 의미 있기 위해서는 가장 간단한 혈압에서 전염병이 인간에 미치는 위험 수준과 같이 복잡한 측정치에 이르기까지 반드시 그 결과가 유효한 조작적 조건(operative condition)이 정의되어야 한다. 그러나 대부분의 경우 조작적 조건은 정의되지 않고 있으며, 정의될 수 없는 경우가 종종 있다.

조작적 조건의 정의가 메싱이 수행한 연구와 이 책의 핵심이자 독창성이다. 메싱은 이 책과 다른 책에서 관찰된 결과를 초래한 조건을 정의하는 데 탁월한 능력을 보여주었다. 그리고 많은 경우 이 조건들은 연구자들이 생각하고 있던 조건과는 다른 것이었다. 조작적 조건이 무엇인지 안다면 관찰 결과에 근거한 일반화의 한계가 어디인지 알 수 있다. 이를 통해 측정치에 내재하는 오류가 있다는 것을 알게 되며, 또한 특정 상황에서 어떠한 현상이 실제로 발생하는지 이해하는 데 도움을 얻을 수 있다.

앞서 서술한 내용이 여성의 건강과 도대체 무슨 관련이 있을까? 특히 한 사회의 구성원으로서 완전한 역할을 할 수 있도록 하는 여성의 능력과 무슨 관련이 있을까? 첫째, 가장 근본적인 질문에 대한 답을 찾을 수 있는 관점을 제시한다. 즉, 이러한 관점은 어떤 사항이 어떨 때 여성의 건강 문제가 되고 때로는 여성을 위한 건강 문제가 되는지에 대한 질문에 좋은 시각을 제공한다. 실험과 역학 연구 결과에 나타난 조작된 조건에 남성과는 다른 여성의 근무환경이 포함되어 있다고 해서 과연 여성 문제를 발견했다고 할 수 있는가? 여성건강의 측정이 남성과는 다른 조건에서 일하고 있는 여성의 조건을 밝혀내는 근사치가 될 수 있을 것인가? 또는 젠더(gender)와 환경이 복합적으로 작용하는 조작적 조건이 존재하는가? 여성을 연구 대상으로 포함하지 않는 연구에도 같은 질문을 적용해볼 수 있다. 남성을 대상으로 관찰된 결과가 여성에게 어느 정도 일반화될 수 있는가?

오늘날의 과학은 측정의 부정확성과 인과관계 모형의 한계를 인식하고 있다. 그러나 이 책『반쪽의 과학(One-Eyed Science)』은 직업건강과 안전, 그리고 여성의 건강과 관련한 데이터와 정책을 취급하는 사람들이 얼마나 이를 인지하지 못하고 있는지를 잘 보여준다. 이 분야의 전문가는 자신의 연구 한계를 인식하지 못하고 있고 그러한 연구 결과에서 파생되는 사회적 모델과 정책의 한계에 대해서도 인지하지 못하고 있다.

이러한 맥락에서 이 책은 과학과 여성의 건강에 대해 통렬하게 비판하고 있다. 여성의 노동과 건강, 그리고 사회적 안녕 상태(well-being)를 더 잘 이해하기 위해 현재 우리는 어디에 와 있으며, 향후 어떤 방향으로 나아가야 하는지를 보여준다. 안나 베티어(Anna Baetjer)는『산업에 종사하는 여성의 건강과 효율성(Health and Efficiency of Women in Industry)』(1946)이라는 책을 썼다. 나는『여성의 일과 건강: 그 환상과 현실(Women's Work, Women's Health: Myths and Realities)』(1978)이라는 책을 썼다. 베티어의 저서 이후 50년이 지난 시점에서 메싱은 아직도 과학과 직장에서 동일한 문제가 지속된다는 점을 지적했다. 이러한 현실에 비록 가슴이 쓰리기는 하지만 50년 동안이나 같은 문제를 안고 있었다고 해서 절망해서는 안 된다. 그동안 우리는 과거보다 분명하게 문제를 파악할 수 있게 되었고 훨씬 더 많은 동료가 이 문제에 헌신하게 되었다. 이 책을 포함해 뜻을 같이한 저서들을 기반으로 우리는 더 강력한 전략을 확보했다. 이제는 앞으로 전진하는 추진력을 유지하는 일만이 남았다.

잔 스텔먼(Jeanne M. Stellman)

 10년 전 동료인 도나 머글러(Donna Mergler)와 나는 의료 분야 관계자를 대상으로 '여성의 직업건강'[1]에 관한 교육훈련 과정을 담당해줄 것을 요청받았다. 우리는 직업건강에 관한 다양한 교육훈련 과정을 담당해왔지만 여성에 관한 교육을 해본 적은 없었다. 우리가 해 왔던 교육 방식은 통상 노동자인 교육자들에게 그들의 직업과 업무에 관해 이야기하게 하고 업무와 관련한 건강 위해요인을 알아내도록 하는 것이었다. 또한 우리는 교육자들에게 그들의 노동 환경을 깊이 생각해볼 수 있도록 질문을 던지고 그들이 OHP에서 볼 수 있는 투명지에 문제가 무엇인지 목록을 작성하게 했다.

 보통 한 수업은 30명 정도의 노동자로 구성되고 질문과 문제 항목을 작성하는 데 통상 약 1시간 정도가 소요되었다. 이 작업이 끝나면 우리는 노동자

---

1 한국에서는 'occupational health'를 '산업보건'이라는 용어로 사용해왔지만, 산업이라는 말이 실제 노동자의 업무 내용을 반영하지 못하고 있다고 보고 직업이라는 용어를 사용하기로 한다. _ 옮긴이

들이 제시한 사례를 근거로 여러 가지 다양한 범주의 건강 문제와 연관된 과학적 근거에 대해 설명을 했다. 이를 위한 설명에는 통상 2~3시간이 걸리고 뒤이어 노조에서 나온 교육자들이 관련 법이나 규정에 대한 교육을 실시하고 건강 문제를 사전에 예방할 수 있는 방법들을 설명하곤 했다.

그러나 여성을 대상으로 한 당시의 수업에서는 커다란 문제에 부딪혔다. 수업이 9시 30분에 시작되었지만 점심시간이 될 때까지 우리는 수업의 거의 반 정도도 진도를 나가지 못했다. 그날의 일정이 모두 끝날 즈음에야 각 피교육자에게서 이야기 듣는 것을 겨우 마칠 수 있었으며, 원래 예정되었던 업무 위해요인에서 발생하는 건강상의 문제는 설명할 시간이 없었다. 교육생들은 몸무게가 무거운 환자를 들어 올리기, 독성이 있는 화학약품과 방사선에 가까운 곳에서 일하기, 그리고 얼음이 언 계단을 오르내리는 일 등에 대해서 얘기했다. 병원의 청소부는 넓어만 가는 공간을 청소하는 데서 오는 피로감을 얘기했고, 가정에서 환자를 돌보는 간병인은 미끄러운 욕조에서 장애인 환자를 다루는 것이 얼마나 힘든지, 방사선 기사들은 젊은 인턴의 실수로 엑스레이 기계의 전원이 켜져 방사선에 노출되었을 때의 공포를 이야기했다. 노동자들의 불평 중 90%는 스트레스와 관련된 것이었다. 병원에서 접수 업무 담당자는 의사와의 면담이 늦어질 때 자신에게 물건을 집어던지는 환자들을 어떻게 상대할까? 병원의 청소부들은 소변이 담긴 주머니를 떨어뜨리고 이를 치우기를 거부하는 간호사에게 뭐라고 말을 할까? 이런 것이 스트레스의 주된 요인이었다.

노동자들은 부족한 시간에서 오는 압박을 어떻게 해소할까? 간호보조원들은 고집이 세거나 졸고 있는 환자들에게 의료 기준에 맞추어 제때 식사하게 하려면 어째야 하는가? 밤 근무를 하는 간호사가 300명의 노인 환자를 밤중에 혼자서 어떻게 돌보며, 이 중 3명이 동시에 잠에서 깼을 때 어떻게 이들을 돌볼 수 있는가? 연구소의 기술자들은 매일 수백 개의 혈관 튜브를 사용하면서 어떻게 간염이나 다른 질병에 노출될 수 있는 위험에 대응하고 있는가? 간호사들은 어떻게 제시간에 모든 보고를 마치고 어린이집에 맡겨놓은 딸아이를 데리러 갈 수 있는가? 도나와 나는 계획대로 진행되지 않는 수업을 충격에 빠져 그대로 두고 나와버렸다. 그 상황은 마치 수도꼭지의 밸브를 열고 수많은 이야기가 쏟아져 나오게 한 것과 같았다. 당시에는 우리나 노조의 교육자 모두 여성에게 얼마나 많은 요구가 있는지 알지 못했다.

10년 후 직업건강을 위한 예산을 결정하는 한 위원회의 위원이 나에게 설명해주었다. "직장 내 건강과 관련해 핵심이 되는 문제점과 주변적인 문제점이 있습니다." 각 종류에 해당하는 예가 무엇이냐고 묻자 그는 건설업계 노동자는 '발판에서 떨어지는 것'을 핵심적 문제점으로, 그리고 '스트레스'를 주변적인 문제점으로 여긴다고 답했다.

직업건강과 관련한 문제점이 여성에게도 많다면 왜 직업건강과 관련 있는 연구자 및 전문가는 이 문제에 관심을 기울이지 않는 것일까? 이 책은 그 질문에 답하고자 한다.

직업건강의 과학과 개입은 전통적으로 여성을 대상으로 삼지 않아왔다. 근로시간을 제한하는 법령은 있지만 무급노동과 유급노동을 합친 노동시간에 대해 명확하게 제한하는 법령은 없다. 하역인부가 어느 정도의 무게를 얼마나 자주 들어 올릴 수 있는지에 대한 법령은 있지만 여성 노동자가 몇 개의 셔츠를 제조할 수 있는지에 대한 규정은 없다. 광산노동자가 석면에 노출되는 정도를 제한하는 규정은 있지만 여성 서비스 노동자가 휴식도 없이 시간당 어느 정도의 모욕을 당할 수 있는지에 대한 규정은 없다. 과학자들은 이와 관련한 정보를 연구하거나 발표한 적이 없다. 사실 직업건강 영역의 과학자들은 이러한 문제들이 자신의 연구 영역에 속하는지 확실히 인식하지 못하고 있었다.

한편 여성의 건강과 관련한 활동들은 대체로 여성 노동자를 염두에 두고 이루어지지 않았다. 유방암 활동가들은 여성승무원이 대기권의 방사능 물질에 얼마나 노출되는지에 대해 걱정하지 않는다(Pukkala, Auvinen and Wahlber, 1995: 649~652). 골다공증을 연구하는 과학자들은 온종일 서서 일하는 여성들이 골다공증으로 고통을 받을 것이라는 데에 관심을 기울이지 않아왔다. 폐경기의 호르몬 관련 치료에 대해 의문을 품는 여성운동가들은 화학물질에 대한 노출과 조기 폐경의 관련성에 대해 알지 못하고 있다.

하지만 이는 관련 활동가들의 잘못이 아니다. 과학자들조차도 단지 무지해서 여성의 일과 건강의 문제를 인지하지 못했을 뿐이다. 전자 회사에서 일한 경험이 있는 여성들에게 나타나는 골다공증에 관한 대규모 프로젝트를 계획하고 있는 과학자는 그 이전에 이루어진 적절한 연구가 없기 때문에 직업과 관련된 변수를 포함하는 것을 거부했다. 내가 그 연구자에게 운동이 뼈의 밀도를 결정하는 주요한 변수라는 것을 지적하자 그 연구자는 관련 설문지에 여가에 이루어지는 '운동' 변수를 포함했다. 그러나 직장에서 노동자가 어느 정도의 신체적 활동을 하는지를 나타내는 변수는 포함하지 않았다.

이 책에서 나는 왜 여성의 건강에 관심이 있는 사람들과 노동 환경과 관련된 건강에 대해 관심이 있는 사람 사이에 의미 있는 교류가 거의 또는 전혀 이루어지지 않았는지 질문을 던지고 있다.

이 책을 통해 과학자들이 여성의 고통에 대해 무관심할 때 발생할 수 있는 영향이 어떠한 것인지 깨달을 수 있기를 바라고 있다. 최근 나의 동료인 니콜 베지나(Nicole Vézina)는 우편물을 분류하는 노동자를 위해 증언을 한 적이 있다. 베지나는 우편물 분류원의 작업 환경을 본 후 그 작업 환경을 지옥에 비유했다. 그 지옥은 엄청난 소음 속에서 일부 노동자가 하루에 1만 2,000kg의

무게를 감당해야 하는 곳이었다(Courville, Vézina and Messing, 1992; 119~134). 노사관계는 소음 감소 프로그램을 둘러싼 사건에서 알 수 있다. 그곳의 경영진은 작업장의 소음이 규정 수준인 90dB을 넘는 것을 알고 있었고 컨설턴트들은 소음을 줄이기 위해 볼베어링(ball bearing)을 설치할 것을 제안했다. 이 제안에 따라 경영진은 소음 수준을 90dB 이하로 낮출 수 있는 정도로만 볼베어링을 설치하고 컨베이어 벨트의 절반 이상은 그대로 아무런 소음 감소 장치 없이 남겨두었다.

이 작업장의 노동자들은 반복적인 업무로 인해 팔꿈치 관절에 문제가 있다고 산재보상위원회에 산재보험 재심을 신청했다.[2] 베지나는 관련 작업을 분석했고 엄청나게 반복적인 작업이 팔꿈치 관절에 스트레스를 주었음을 밝혀냈다. 그러나 다른 대학의 한 교수는 그 작업장에서 노동자의 상해가 반복적인 작업과 관련성이 없다고 증언했다. 그 교수는 베지나가 묘사한 작업의 반복적 특성에는 동의했지만 과학적 연구 결과를 인용하며 반복적 작업이 일정 수준 이하의 무게에서는 상해를 입힐 수 없다고 증언했다. 그는 또한 자신이 직접 실시한 실험실 내 실험에서 관련 작업이 위험하지 않다는 점을 밝혀냈다고 말했다.

그 노동자가 재판에서 졌을 때 베지나는 엄청나게 화를 냈다. 그녀는 그 우편물 분류원이 겪고 있는 팔과 어깨의 통증에 대해 계속해서 생각했다. 베지나는 왜 다른 과학자들이 이러한 노동자의 고통에 무관심한지 이해할 수 없었다. 그녀는 그 교수의 과학적 연구 결과에 대한 해석에는 동의할 수 없었지만 우편물 분류원이 처한 상황을 대상으로 한 연구는 하나도 없었다는 점

---

2 The case of Société canadienne des postes et Corbeil et Grégoire-Larivière, Commission d'appel en matière de lésions professionnelles de Québec(1994), 285.

을 인정할 수밖에 없었다. 어떠한 연구도 그렇게 엄청난 횟수의 반복과 불편한 자세를 대상으로 한 적이 없었던 것이다. 베지나는 신바이오스(Centre de recherche interdisciplinaire sur la biologie, la santé, la société et l'environnement: CINBIOSE)[3]라고 불리는 우리 연구 집단에 속한 다른 연구자들에게 왜 이 재판에서 졌는지 생각해보도록 했다. 이 센터는 퀘벡 대학의 생물학·법과학·사회학·심리학·신체운동학(kinesthesiology)[4]을 전공하는 연구자로 구성되어 있으며, 학과에서 근무하는 9명의 여성 교수와 약 30명의 학생, 북남미 출신의 여성 연구원이 주로 연구하고 있다.

이러한 배경에서 이 책은 직업건강 분야에서 과학자들이 누구를 대상으로, 어떻게 연구할 것인가를 결정하는지를 묻고자 만들어졌다고 할 수 있다.

이 책은 과학자들의 인식과 과학자들이 어떻게 자신의 위치와 자신이 처한 노동 환경에 의해 영향을 받는지를 다룬다. 또한 여성 노동자에 대해 이야기하며 동시에 여성 노동자의 인식을 폄하하고 과학적이지 않다고 무시하는 현실을 기술한다. 이 책은 여성 노동자와 과학자가 노동 환경을 개선하기 위해 어떻게 하면 함께 직업건강과 관련한 연구를 더욱 정확하고 효과적으로 할 수 있는지를 다루고 있다.

또한 이 책은 생물학적 변수와 사회학적 변수 간의 연관성을 이해하는 데 내가 처한 어려움을 해결하려고 하는 데에도 목적이 있다. 미국의 명문 대학

---

3 CINBIOSE(영어로는 Center for the Study of Biological Interactions in Environmental Health)는 학제 간 연구 센터이며, '환경건강의 생물학적 상호작용 연구 센터'라는 뜻이다. 퀘벡 대학(Université du Québec à Montréal: UQAM)의 노동환경보건연구소이다. 저자 메싱이 소속된 연구소이다. _ 옮긴이
4 신체 활동과 운동에 따른 근육과 관절의 움직임에 대한 의학적, 치료요법에 관한 학문을 말한다. _ 옮긴이

에서 사회학, 심리학과 인류학을 혼합한 사회관계론(social relation)을 전공한 나는 계급차별적·인종차별적·성차별적인 것으로 보이는 그 분야의 이론에 상당한 거부감이 생겼다. (나는 가난한 사람은 미래를 위해 저축할 줄 모르기 때문에 가난하고, 흑인은 모계사회의 전통이 있기 때문에 가난하며, 여성에게는 남성의 성기가 자연스러운 것이기 때문에 그에 대한 질투심이 있다고 배웠다.) 하지만 나는 증거 중심으로 이루어지는 이론을 원했기 때문에 자연과학으로 전공을 바꾸었고 사회관계론보다 더 결정적 성향이 강한 유전학으로 맥길 대학에서 박사학위를 받았다.

이 같은 전혀 상이한 배경지식을 가지고 나는 다양한 종류의 인구집단을 대할 때 선천적인 것은 어디까지이고 후천적인 것은 어디에서 시작하는지를 이해하려고 노력했다. 앞서 연구한 다른 생물학자들, 특히 루스 허버드(Ruth Hubbard), 리처드 르원틴(Richard Lewontin)과 앤 파우스토-스털링(Anne Fausto-Sterling)의 영향을 받아, 한 인구집단을 대표하는 특성을 떠올리는 데서 시작해서는 안 된다는 것을 나는 깨달았다. "생물학적인 범주로서의 '여성'이 본질적으로 약한가?", "'흑인'은 유전적으로 음악성이 뛰어난가" 등은 적절한 질문이 아니다. 왜냐하면 생물학적이라고 생각하는 이러한 분류기준은 지극히 사회적으로 규정되기 때문이다. 단지 한 사람의 흑인 할아버지 또는 증조할아버지가 있다고 하여 어떤 사람을 흑인으로 규정한다면 우리는 백인과 흑인을 비교할 때 유전자를 논하고 있는 것이 아니다. 그리고 염색체 이상인 터너 신드롬5을 가진 사람들이 남성 성기가 없다는 이유(그들은 자궁, 난소나 가슴도 없지만 남

---

5   터너 신드롬인 사람은 여성처럼 2개의 X염색체를 가졌거나 남성처럼 X염색체와 Y염색체를 가진 것이 아니라 1개의 X염색체만 있다. 외부에서 보이는 성기는 출생 시 여성처럼 보인다. 남성 성기가 없다는 사실로 인해 일부 과학자는 여성이 이들의 '기본적인 성'이라고 주장한다. 이에 대해서는 발전생리학자인 오노 스스무(Susumu Ohno)의 저서를 참조하라.

성 성기가 없다는 것만 강조된다)로 여성으로 간주해버리는 현상은 나에게 성을 규정짓는 생물학적인 근거가 도대체 무엇인지 의문이 들게 했다(Hubbard, 1996: 157~165).

또한 나는 환경이 생물학적으로 다양한 인구집단의 성과와 삶의 수준을 결정짓는다는 것을 발견했다(Lewontin, Rose and Kamin, 1984 참조). 문을 열면 어떤 사람들은 쉽게 이 문을 통과하고 또 다른 사람들은 머리를 찧는다. 그렇지만 모든 사람이 다 통과할 수 있도록 문을 크게 만들 수도 있다. 문을 어느 크기로 하느냐는 정치적인 결단이다. 여성주의자에게는 케이크를 만드는 공장에서 상대적으로 좋은 업무에서 여성을 배제하도록 밀가루 포대의 무게가 결정되었다는 사실이 정치를 이해할 수 있는 계기가 된다. 현재의 밀가루 포대 하나는 40kg으로 아주 건장한 남성만이 들 수 있다. 밀가루 포대가 100kg나 되도록 만들어지지 않은 것은 아무도 100kg을 들 수 없기 때문이다. 그렇다면 왜 밀가루 포대의 무게를 5kg이나 10kg 수준으로 낮추지 않았던 것일까? 의사결정을 할 수 있는 직위에 있는 그 어떤 사람도 40kg 미만으로 포대의 무게를 낮출 필요를 느끼지 못했기 때문이다.

나는 이러한 깨달음으로 파리 국가예술직업학교(Conservatorie national des arts et metiers)에서 인간공학을 공부했고, 어떻게 하면 작업 환경을 덜 제한적으로 만들 수 있는지에 대해 배웠다. 기슬랭 오니올(Ghislaine Doniol), 프랑수아 다니엘루(Francois Daniellou), 캐서린 티거(Catherine Teiger)는 작업 환경이라는 것이 플라스틱처럼 적절한 목적에 따라 얼마든지 변할 수 있는 것임을 가르쳐주었다. 이 교육 과정을 마치고 퀘벡 대학으로 다시 돌아갔을 때 나는 올바른 해결책을 찾는 것만이 능사가 아니라는 사실을 깨달았다. 즉, 남성은 '무거운(heavy)' 청소를, 여성은 '가벼운(light)' 청소를 하는 사람이라는 인식에 제한을 받지 않는다면 청소작업이 훨씬 더 효율적으로 이루어질

것이라는 점을 제시하는 것만으로는 부족하다는 것이었다. 주요한 의사결정
권자의 동의를 얻어내는 것이 필요했다. CINBIOSE 연구원들은 퀘벡 사회학
연구위원회의 파트너십 프로그램을 통해 퀘벡 3대 노조의 여성위원회 소속
위원 등 주요한 인물들을 만나볼 수 있었다. 그들과 만나 우리는 여성 노동
자의 건강을 향상할 수 있는 정치적인 상황을 이끌어낼 수 있으리라는 희망
이 생겼다. 그들의 도움을 통해 우리는 아픈 노동자들이 꾀병을 부리거나 거
짓말을 하는 것처럼 취급하면 어떠한 결과를 초래하는지 알게 되었다. 이 책
에서는 댄 버먼(Dan Berman), 스티브 폭스(Steve Fox)와 아사 크리스티나 로
럴(Asa Christina Laurell)이 한 것처럼 직업건강의 계급적 분석을 시도하지는
않는다. 직업건강에서 성별, 계급, 인종 간의 연관성에 대한 이론적 분석은
다른 연구자가 해주기를 희망한다.

　이 책에서 나는 생물학, 인간공학, 사회관계론 이 3개의 분야를 어떻게 하
나의 정치적 도전에 적용해왔는지를 설명한다. 즉, 직업건강을 어떻게 하면
좀 더 성 인지적(gender-sensitive)이게 할 수 있는가이다. 나는 내가 가장 빈번
하게 받고 있는 질문에서 시작하고자 한다. 왜 성 인지적 직업건강이 필요한
가? 왜 여성의 직업건강이 남성의 직업건강과 달라야 하는가? 제1장부터 제3
장에서는 직업, 건강과 기본적 생물학에서 남성과 여성이 어떻게 다른지 설
명하고 있다.

　제4장부터 제6장까지는 과학을 사회적·제도적 측면에서 다루고 있다. 과학
자들은 왜 여성 노동자의 요구에 반응하지 못하는가? 반응하지 못하는 적절한
이유가 있는가? 아니면 과학자들이 그저 우리 사회의 다른 대부분의 사람보다
여성 친화적이지 못한 것인가? 이 부분에서 과학 분야의 역학(dynamics)에 대
해서 설명한다. 누가 과학적 연구에 참여하는가? 과학 연구 프로젝트는 어떻
게 생성되는가? 그리고 이 연구들이 어떻게 과학적 지식으로 변화하는가?

제7장부터 제10장까지는 사례 연구를 통해서 여성 노동자에게 중요한 쟁점, 즉 근골격계 질환, 사무실 근무, 감정적 스트레스, 생식기능에 미치는 유해성 등을 과학이 어떻게 다루고 있는지 자세히 논한다. 이 장에서는 루스 콜커(Ruth Colker)의 말을 인용하고 있다.

우리 사회는 여성들의 종속성을 영구화하는 방식으로 여성들의 생물학적 특성을 취급하고 있다(Colker, 1994: 132).

과학자들은 남성과의 차별성을 강조할 수도 있고 무시할 수도 있다. 그러나 이 두 가지 방법 모두 여성 노동자가 겪고 있는 문제들을 무시한다.

마지막 부분에서 나는 변화를 위한 몇 가지 제안을 하고 있다. 제11장에서는 여성 노동자에 대한 전통적인 접근방법이 초래한 결과에 대해 논한다. 또한 여성의 요구가 어떻게 노동 관련 규정이나 업무상 재해에 대한 보상체계와 각 작업장의 규정에 반영될 수 있는지 논한다. 마지막인 제12장에서는 성 인지적 연구를 위한 대안을 제시한다. 이 중 일부는 이미 전 세계에서 발전되어온 것이고 몬트리올에 소재한 퀘벡 대학의 CINBIOSE연구소에서 활용하고 있는 것이다. 여성 노동자의 노동 환경을 개선하는 데 필요한 정보를 제공하는 신뢰성 있는 연구를 할 수 있는 방법을 제시했다.

이 책에 나오는 사례는 대부분 1965년부터 퀘벡에서 살아온 나의 경험에서 나온 것이다. 그러나 이 경험은 매사추세츠의 스프링필드에서 자라면서 겪은 것과 크게 다르지 않다. 스프링필드의 공장에 대한 어렸을 적 기억은 1940년대 후반 라디오 부품을 조립하는 여성들이 공장에서 일하던 모습이다. 양쪽 지역의 공장에서 여성들은 모두 빠른 손동작을 요구하는 작업을 했으며 조그만 부품들을 구부리는 작업을 했다. 그러나 어떠한 고용주도 여성들이 노동 환경에 대해 불평하는 이유를 이해하지 못했다. 미국 독자들은 캐나다의 과학적 연구 프로젝트의 기금 마련 시스템이 미국과 다르다고 이해할 수도 있겠지만 미국과 캐나다 양국의 연구자들이 모두 같은 학술지에 연구 결과를 발표하고 경쟁을 하고 있기 때문에 큰 차이점은 없으리라고 생각한다. 퀘벡의 사법 체계는 임신한 여성 노동자를 보호할 수 있도록 작업 재배치 등 몇 가지 유용한 개혁을 이루어냈지만, 우리는 점점 더 미국의 근로기준을 모방하고 있다(북미 지역 내에서 몇 가지 차이점이 있다는 점을 이미 지적한 바 있다).

몇 가지 주요한 차이점 중 하나를 주목할 필요가 있다. 퀘벡에서는 인종적 차이점이 민족적·언어적 차이점(프랑스어 대 영어)에 가려 크게 주목받지 못하고 있다. 이는 퀘벡 주에서 인종적 차별이 존재하지 않다는 것을 의미하지는 않는다. 단지 우리가 연구 대상으로 삼은 프랑스어를 사용하는 작업장에서 백인 이외의 다른 인종에 속한 직원이 별로 없었다. 식민주의와 민족주의가 퀘벡의 노동자 및 노조의 활동에 어떠한 영향을 미치는지에 대해서는 별도의 연구에서 다루어줄 필요성이 있다.

이 책을 쓰는 데 필요한 연구와 아이디어를 제공한 20명이 넘는 CINBIOSE 연구원에게 감사를 드리고 싶다. 머글러, 베지나, 수잔 벨랑제(Suzanne Belanger), 캐서린 리펠(Katherine Lippel), 루이즈 반델락(Louise Vandelac), 줄리 쿠빌(Julie Courville), 셀린 샤티그니(Celine Chatigny), 프랑스 티소(France Tissot), 캐럴 브라반트(Carole Brabant), 실비 샹포(Sylvie Champoux), 요한네 르덕(Johanne Leduc), 실비 베다드(Sylvie Bedard), 실비 드 그로부아(Sylvie de Grosbois), 수잔 드그와(Susanne Deguire), 요한 프레보(Johane Prévost), 이브 생-자크(Yves St-Jacques), 알랭 라조(Alain Lajoie), 에벌린 스칼로나(Evelin Scalona), 미슐린 부셰(Micheline Boucher), 뤼시 뒤메(Lucie Dumais), 소피 부팅(Sophie Boutin)와 세르주 다노(Serge Daneault).

CINBIOSE의 심장이자 정신적 지주인 아나 사이페르트(Ana M. Seifert)는 나의 모든 연구에서 파트너가 되어주었으며 조력을 아끼지 않았다.

이 책은 여성주의자들이 관심을 두는 세 분야의 영역을 포괄하는 것이며 나는 이 세 분야 모두에서 영향을 받았다. 여성과 과학 분야의 연구에서는 허버드와 아베이 리프먼(Abbey Lippman)에게 많은 도움을 받았다. 여성과 건강 분야에서는 페트리지아 로미토(Patrizia Romito), 마리-조제프 소렐-쿠비졸(Marie-Josèphe Saurel-Cubizolles), 마리아 드 코닝크(Maria De Koninck)와 프랑신 세일랑(Francine Sailant)에게, 여성과 노동 분야에서는 티거, 다니엘레 코고트(Daniele Koergoat)와 조앤 스티븐슨(Joan Stevenson)에게 많은 도움을 받았다. 또한 티거와 소렐-쿠비졸, 테드 브래들리(Ted Bradley)에게 과학 연구 방법에 대해 도움을 받았다. 노조 관계자인 캐럴 긴그래스(Carole Gingras), 기젤레 부레(Gisele Bourret), 니콜 르페지(Nicole Lepage), 다니엘레 에베르(Danièle Hébert)와 지렌느 플뢰리(Ghyslaine Fleury)에게 감사하며, 자신들의 경험을 우리와 공유했던 수많은 노동자에게 감사를 드린다. 그리고 이 책을 쓰는 데 연구소의 모든 소속원이 작업을 함께했다면 너무나 많은 시간이 걸렸을 것이고 동료들이 모두 중요한 다른 연구를 수행하고 있었음을 감안할 때 나를 이 책의 유일한 지은이로 넣는 것을 양해 받을 수 있으리라 생각한다.

캐나다의 사회과학및인문학연구위원회, 퀘벡 주 정부에 의해 형성된 기금으로 연구지원과 연구자육성을 위해 사용되는 Fonds FCAR(Fonds pour la Formation de chercheurs et l'aide à la recherche)이 주최하여 퀘벡 직업건강과 안전에 대한 연구소(Institute de recherche en sante et en securite du travail du Québec)가 이 책을 쓰기 위해 수행한 연구 대부분을 지원해주었다.

특별한 주석이 없는 한 노조의 건강 및 안전 관리 책임자가 말한 내용은 퀘벡 주의 연구자와 주요한 노동조합연맹 세 곳이 연구와 실천을 협력하는

L'invisible qui fait mal[6] 연구팀이 주최하여 개최한 1995년 4월 29일의 회의 기록에서 발췌한 것이다.

마지막으로 모든 제안과 아이디어를 수용하지 못했음에도 끝까지 원고를 검토해준 분들께 감사한다. 피에르 소르마니(Pierre Sormany), 리펠, 잔 스텔먼(Jeanne Stellman), 스티브 스텔먼(Steve Stellman), 메리 볼드윈(Mary Baldwin), 리어노르 세딜로(Leonor Cedilo), 아사 킬봄(Asa Kilbom), 수전 스토크(Susan Stock), 도러시 위그모어(Dorothy Wigmore), 안젤로 소아레스(Angelo Soares)와 마리오 리처드(Mario Richard) 등이다. 레슬리 도열(Lesley Doyal)은 마지막 장에 대한 고마운 조언을 해주었다. 다우드 에이드루스(Daood Aidroos), 나탈리 지냐크(Nathalie Gignac), 카린 에스코바(Karine Escobar)와 티소는 모두 훌륭한 연구 조교였다. 템플 대학교의 마이클 에임스(Michael Ames), 제인 배리(Jane Barry)와 폴라 레이먼(Paula Rayman)은 원고에 있는 몇 가지 오류를 정정해주었다. 피에르(Pierre), 다우드, 미카일(Mikail), 에드거(Edgar), 폴린(Pauline)은 연구를 수행하는 데 심적인 버팀목이 되어주었다.

───────────────

6   여성의 임금노동이 정책·기준·실천에서 인지되어 여성 노동자의 건강과 복지가 향상될 수 있게 하는 프로그램이다. _옮긴이

차례

제1장

여성은 어떤 환경에서 일하고 있는가?

One-eyed Science

직업건강은 노동자의 직업에 큰 영향을 받기 때문에 건강에 미치는 영향을 고려하기 전에 우선 여성이 어떤 업무를 담당하는지 파악할 필요가 있다. 페미니스트 사회학자들은 여성이 남성과는 매우 다른 환경에서 일한다는 점을 발견해왔다.[1] 사실 여성과 남성은 다른 종류의 노동력으로 취급될 정도로 노동시장에서 완전히 다른 위치를 점하고 있다. 남성과 여성이 노동시장에서 비슷한 위치를 가지려면 대략 4분의 3 정도의 여성이 직업을 바꾸어야 할 정도이다. 최근 노스캐롤라이나 노동자들에 대한 연구에서 인종적 분리(55%)보다 성별 분리(76%)가 더 심각하다는 점이 밝혀졌다(Tomaskovic-Devey, 1993). 이것이 바로 여성의 직업건강에 주목해야 하는 가장 큰 이유이다.

---

1   이 장에서는 성별로 분리된 직업(sex-segregated occupation)에 대한 검토가 아니라 왜 직업건강 과학자들이 특히 여성의 일의 특성을 살펴봐야 하는지에 대한 간단한 설명을 하려고 한다.

1. 고용 상태

여성의 고용 상태와 관련해 가장 놀라운 것은 여성이 아직도 남성보다 더 낮은 임금을 받는다는 사실이다. 1993년에 1년간 전일제로 근무했던 캐나다의 여성은 같은 조건에서 일했던 남성 임금의 72%를 받았다(Statistics Canada, 1995: 86). 미국에서는 여성이 남성 임금의 76%를 받고 일하고 있는 것으로 나타났다.[2]

이 같은 성별에 따른 임금 차이는 여성이 임금 수준이 낮은 업종에 종사하고 있기 때문이기도 하지만 같은 업종 내에서도 남녀의 임금 차이가 있기 때문이다. 예를 들어 1995년 미국에서는 전일제로 일하는 판매직 여성 노동자는 같은 직종의 남성 노동자 임금의 69%를 받았으며, 여성 청소부는 남성 청소부의 84%, 여성 컴퓨터 전문가는 남성의 74%, 여성 공장 검사원은 65%를 받았다.[3]

임금이 성별로 차이가 있다는 것은 매우 중요한 사실이다. 왜냐하면 임금은 건강을 좌우하는 주요한 요인이고, 여성노동의 가치가 평가절하되었다는 것을 말하며, 여성의 건강에 영향을 미치는 노동시장의 '수직적 성별 분리(vertical segregation)'를 나타내기 때문이다. 조직 내에서의 계층적 구조도 직접적·간접적으로 건강에 중요한 영향을 미친다. 직접적 영향은 여성의 신체적·정신적 건강은 여성이 좀 더 자율적인 위치에 있을 때 향상되기 때문이다. 간접적으로는 노동자들이 자신의 업무에 더 많은 권한을 가질 때 그 직

---

2 1994년 고용과 수입에 관한 자료는 미국 노동청에서 가져왔다. 미국 통계가 연평균소득이 아닌 매주의 중위소득을 연 평균으로 계산것이이서 캐나다 통계와 직접적으로 비교할 수는 없다.
3 고용과 수입에 관한 1995년 자료는 미국의 노동청에서 가져왔다.

〈표 1-1〉 1992년 미국 상위 20개 여성 직업

직업명	여성 노동자 수(천 명)	여성 비율(%)
1. 비서직/속기사/타이피스트	4,246	98
2. 교사, 유아원-고등학교	3,154	75
3. 기록 보존 지원 업무(예: 부기장부계원, 경리)	2,891	88
4. 판매원, 개인 및 소매사업체(계산원 제외)	2,016	66
5. 계산원	1,998	79
6. 정규 간호사	1,702	94
7. 간호 보조, 간호병, 간병인	1,574	89
8. 안내원(예: 접수계원)	1,466	89
9. 판매관리자	1,352	35
10. 웨이트리스	1,090	80
11. 섬유 관련 기계담당자(예: 재봉기계 담당자)	917	76
12. 기업체 및 금융업체 판매원(예: 부동산)	899	40
13. 요리사	865	46
14. 미용사 및 분장사	688	91
15. 경비원 및 미화원	635	30
16. 조립 및 수작업 업무(예: 조립공)	632	33
17. 일반 사무 업무	599	84
18. 우편물 및 메시지 전달 업무(예: 우체국 직원)	546	37
19. 사회복지, 레크레이션 및 종교 관련 업무 (예: 사회복지사)	540	50
20. 가정부	525	82

주: 이 책에서와 같이 다음의 직업에 대해서는 구체적인 직업명을 기술하지 않았다. 비서직·속기사·타이피스트, 접수 업무, 기록 보존 지원 업무, 기업체 및 금융업체 판매원, 조립 및 수작업 업무, 우편물 및 메시지 전달 업무, 사회복지, 레크레이션 및 종교 관련 업무. 다만 여성과 관련 있는 직업군만을 기재했다.
자료: 미국 노동청 통계자료와 스텔먼(Stellman, 1994: 814~825)의 논문에서 편집한 자료이다.

장을 더욱더 건강하게 만들 수 있다. 여성이 가장 많이 차지하고 있는 직업 군을 보여주는 〈표 1-1〉을 보면 판매원의 66%가 여성이지만 관리직은 35% 에 불과하다. CINBIOSE가 연구한 한 은행에서는 은행 직원의 88%가 여성이 었으나 관리직은 16%에 불과했다.[4]

---

4 수식적 분리에 대한 문헌은 Hakim(1996)에 나와 있다. 계급 지위에 대한 토론은 Karasek and

남성과 비교할 때 여성은 실제 일한 근로시간보다 더 적은 시간에 대한 임금을 받고 있다. 즉, 여성의 실제 근로시간 일부만이 업무 시간으로 인정받는다는 것이다. 이 때문에 1주일 동안 일한 노동시간이 작업장 내 위험에 노출된 시간으로 계산될 때 여성이 남성보다 위험에 노출된 시간이 적은 것처럼 보인다. 예를 들어 캐나다에서 14세 이상의 여성은 52%가 직업이 있지만, 남성은 65%가 직업이 있다(Statistics Canada, 1995: 64). 남성은 1주일에 37.6시간을 여성은 34.4시간(1년에 50주가 있는 것으로 계산할 때)을 일하는 것으로 나타났다(Advisory Group on Working Time and the Distribution of Work, 1994: 21). 여성은 남성보다 파트타임으로 일할 가능성과 임시직으로 일할 가능성이 3배 이상으로 높다(Armstrong and Armstrong, 1994: 50~54). 4분의 1 이상의 여성이 실제로 파트타임으로 근무하나 남성은 오직 10% 미만만이 파트타임으로 근무한다(Statistics Canada, 1994: table 2.5).

여성의 노동을 생각할 때 임금을 받는 근로일은 여성의 일상 중 절반에 불과하다. 여성의 업무는 여성이 사무실 또는 공장을 떠날 때 끝나지 않는다. 캐나다 통계청(Statistics Canada)에 의하면 다섯 살 미만의 어린이가 있는 기혼 남성은 가사노동과 아이 돌보기에 주당 18.2시간을 사용한 반면 같은 조건의 기혼 여성은 주당 32.2시간을, 싱글맘은 23.8시간을 할애했다(Statistics Canada, 1994: table 6.8). 이 14시간이라는 차이는 노동시간에서의 근소한 성별 차이를 충분히 뒤집고도 남는다. 월터스와 그의 동료들은 여성 간호사(자녀가 있든 없든 상관없이)가 1주일에 24시간을 가사노동(자동차 수리 및 야외활동 포함)에 쓰지만 남성 간호사는 16시간을 사용한다고 보고했다(Walters et al., 1995: 125~149). 여성들은 또한 노인을 돌보는 데 70~80%를 책임지고 있

Theorell(1990) 참조. 은행원에 대한 상황은 Siefert, Messing and Dumais(1997: 455~477) 참고.

다. 현재 35세에서 64세에 해당하는 여성 중 절반이 언젠가는 더 나이가 든 친척을 돌보아야 하는 책임을 맡게 될 것이다(Guberman, Maheu and Maillé, 1994: 27~29).

가족구성원 간 책임의 편차는 몇 가지 중요한 결과로 이어진다. 첫째, 고용에 영향을 미친다. 앞서 말한 대로 가족구성원이 짊어진 책임이 다르다는 사실은 가족 내 역할을 더 많이 하고 있는 여성이 파트타임으로 일할 가능성이 높아진다는 것을 말한다. 파트타임으로 일하는 여성 가운데 3분의 1이 전일제로 일할 수 있는 일자리를 찾을 수 없기 때문인데 파트타임으로 일하는 여성 중 11%는 개인적 또는 가족에 대한 의무 때문이다(Statistics Canada, 1994: table 2.6). 여성들의 근속기간이 평균 81개월로 남성의 108개월보다 짧은 이유가 여기에 있다(Statistics Canada, 1994: table 2.11).

둘째, 여성의 가족에 대한 책임은 여성의 출산과 건강에 영향을 미친다. 몇몇 연구에 따르면 교사들은 상대적으로 유방암에 걸릴 확률이 높다. 이는 교사라는 직업군의 여성의 출산이 지연되게 하는 경향이 있기 때문이다(Rubin et al., 1993: 1311~1315). 교사와의 면담 결과, 교사들은 학생들과 오랜 시간을 보낸 이후 다시 자신의 자녀를 돌보는 데 어려움을 겪는 것으로 나타났다(Carpentier-Roy, 1991a). 교사들이 출산을 미루고 이로 인해 파생되는 출산율과 특정 종류의 암 발생을 직업건강 쟁점으로 부각해야 할 필요성이 있음을 보여준다. 다른 몇몇 직종에서는 직장과 가정생활이 양립될 수 없기 때문에 출산을 미루는 경향이 나타나는 것 같다.

셋째, 가족구성원 간의 책임이 성별로 다르다는 사실은 가족과 직업의 책임을 다하기 위해 필요한 업무 외 활동에 영향을 미친다. 여성은 가족이나 개인적인 의무 때문에 남성보다 직장에 결근하는 비율이 높다. 평균적으로 여성은 연 6.4일, 남성은 0.9일 결근하고 있는 것으로 나타났다(Statistics Canada,

1995: 82). 여성의 잦은 결근은 여성의 직장 충성도에 대한 평판에 영향을 미칠 뿐 아니라 자기 자신의 질병에 대해 병가를 낼 수 없음을 의미한다.

2. 직업의 내용: 상이한 직업명

여성들은 제한된 소수의 산업 분야 및 해당 분야의 특정 업무에 집중적으로 배치되어 있다. 이러한 현상은 세계적으로 공통적인 것 같다. 1983년 전국노동조합협의체(Conference of National Trade Unions)는 캐나다 정부의 도움을 받아 여성의 직업건강에 관한 학회를 지원한 바 있다(Bouchard, 1984). 학회의 보고서 중 한 연구는 과학자와 노동자들이 함께 참여한 연구를 공동으로 발표했다. 이 학회에 4개 대륙과 15개국(태국, 브라질과 남아공 포함)에서 온 여성들이 참여했다. 북미 측 참가자들은 제3세계에서 온 여성들이 우리가 했던 것과 똑같은 연구를 했다는 사실을 발견하고 놀라움을 금치 못했다. 섬유업계의 노동자를 연구한 태국, 스웨덴, 프랑스의 보고서, 식품 가공업계 노동자에 대한 퀘벡의 보고서에 대해서 남미 측 참가자들이 흥미를 보였다. 남미의 많은 여성도 식품가공 공장에서 일하고 있기 때문이다.

놀랍게도 공장에서의 노동분업 현상도 유사했다. 여성들은 포장과 검사 업무를 담당하고 반복적인 작업이나 청소를 하고 있었다. 남성들은 무거운 짐을 나르거나 트럭의 짐 운반, 운전, 감독을 맡고 있었다.

CINBIOSE의 연구원들은 유럽, 아프리카, 남미의 여성들과 빈번하게 만날수록 서로의 상황에 대한 유사성이 차이점만큼이나 많다는 사실에 놀랐다. 브라질, 미국, 프랑스와 퀘벡의 슈퍼마켓에서 여성들은 계산원으로 일하고 있었으며 남성들은 고기 자르는 일을 했다. 4개 대륙 모두에서 초등학교의 교사 대부분이 여성이었으며 대학의 교수는 대부분 남성이었다.

물론 주요한 차이점들이 있다. 브라질과 프랑스에서는 계산원은 앉아서 일하는 반면 북미에서는 계산원이 온종일 서서 일한다(Soares, 1995). 북미에서는 초등학교 교실에 20~40명의 학생이 있으나 남미에서는 50명 이상, 아프리카에는 100명이 있다. 북미보다는 아시아나 아프리카의 여성들이 길거리에서 장사를 할 확률이 더 높다. 그러나 노동의 성별에 따른 분업은 세계적으로 공통이다.

북미에서는 대부분의 직업의 증가가 서비스 부문에서 발생한다. 여성들은 서비스 업무에 집중해 분포되어 있으며 제조나 식품, 자원 조달과 관련한 업무에는 그다지 많이 진출해 있지 않다. 여성들은 사무실 업무, 개인서비스나 남을 돌보는 업무를 많이 담당한다. 〈표 1-1〉의 여성 직업군을 보면 다섯 종류의 사무실 직업(비서 등), 다섯 종류의 개인서비스 직업(웨이트리스 등), 그리고 네 종류의 돌보는 직업(교사 등)이 포함되어 있다. 이러한 구조는 직종이 조금 다르게 분류되어 있을 뿐 캐나다에서도 마찬가지이다(Armstrong and Armstrong, 1994: 34~37).

물론 무시할 수 없는 수의 여성들이 공장에서 제한된 종류의 업무를 하고 있다. 의류업계에서는 여성 재봉사들이 여성 의류를, 남성 재봉사들이 남성 의류를 만든다. 공장에서 재단 업무는 거의 남성들이 맡으나 압착은 때로 여성들이 담당할 때도 있다. 자동차업계에서는 여성들이 시트커버를 만들고 남성들이 엔진을 설치한다. 금속을 다룰 때 남성들은 용광로에서 일하고 여성들은 사무실 업무를 한다.

최근까지 직업건강 전문가들은 남성들이 일하는 산업 분야나 세부 업무에 관심을 기울여왔다. 남성들의 직업은 '좀 더 무거운' 것으로, 또 좀 더 위험한 것으로 간주되어 잘 관리되어왔다. 예를 들어 퀘벡에서는 건강과 안전에 관한 법 규정의 적용을 받는 직업 중 85%를 남성들이 거머쥐고 있다. 우리는 여성이 아주 힘든 육체적 노동을 하지 않는다고 생각하지만 많은 여성의 직업은 고통과 통증을 수반하는 신체 활동을 포함하고 있다(CINBIOSE, 1995).

어린이집 교사들은 20파운드가 넘는 어린이들을 반복해서 들어 올린다. 압착 업무를 하는 사람은 무거운 금속을 들어 올려야 한다. 청소부들은 때를 벗기기 위해 북북 문지르는 작업을 해야 한다. 초등학교 교사들은 허리에 가장 무리가 가는 동작 중의 하나를 취하며 몸을 구부려 어린이들의 책상을 오랫동안 넘겨봐야 한다. 이러한 작업은 건강 문제를 야기할 수 있고, 여성 노동자의 업무에 대한 신체적인 측면이 정리되어 있지 않다는 것은 바로 건강과 안전에 대한 관련 기준 및 적용사례가 존재하지 않는다는 뜻이다.

여성과 남성의 신체적인 필요가 어떻게 다른지를 알아보기 위해 케이크 공장을 생각해보자(Dumais et al., 1993: 363~382). 전체 공정의 앞부분에서 남성들이 밀가루 반죽을 만들어 빵 굽는 쟁반에 반죽을 얹어 오븐에 넣는다. 그리고 구워진 케이크를 꺼내 놓으면 여성들이 가지고 간다. 여성들은 케이크들을 순서대로 잘 놓은 다음 두꺼운 종이 위에 놓고 포장기계로 일차 포장을 한다. 그런 다음 다시 레이블이 붙여진 작은 상자에 케이크를 담고 다시 이 작은 상자를 큰 상자에 담은 다음 남성에게 넘긴다. 남성들은 트럭에 상자들을 넣고 배달을 간다. 이 과정에서 성별에 따른 노동분업이 매우 분명하게 나타난다. 만약 이 일련의 과정에서 남성의 일을 빼앗아 간 여성이 있다면 그 여성은 스스로 또는 타인에 의해 매우 불편함을 느끼게 될 것이다.

퀘벡과 프랑스에서 육류 가공업계도 똑같은 원리로 운영된다(Mergler et al., 1987: 417~421; Couville, Dumais and Vézine, 1994: S17~S23; Messing et al., 1992: 302~309; Messing et al., 1993: 493~500). 남성들이 칠면조를 죽이고 큰 조각으로 잘라내면 여성들이 다시 작은 조각으로 자르고 정리를 한다. 여성들

이 라벨을 붙이고 칠면조를 개별 포장 하지만 남성들이 트럭에 싣고 운반을 한다.

이러한 노동분업은 서로 다른 신체적 움직임을 요구한다. 여성들은 보통 빠른 손놀림, 시각적인 정확성, 그리고 고정된 자세로 오랫동안 서 있는 작업을 한다. 우리는 대부분의 조립 라인에서 재빠른 움직임이 필요하다는 것을 알고 있다. 데이터 입력이나 청소와 같은 서비스 업무도 빠르고 반복적인 움직임을 필요로 한다.

시각적인 정확성은 바느질, 소형전자제품, 비디오 디스플레이 기기 등 정교한 작업에 늘 필요한 부분이다. 고정된 자세를 견뎌내는 지구력 싸움은 특히 북미에서 여성의 업무에서 자주 발견되는 스트레스 요인이다. 온종일 서 있어야 하는 대부분이 여성으로 구성된 슈퍼마켓 노동자, 은행 창구 직원, 백화점 판매원 등도 이 중 하나이다(Vézina, Chatigny and Messing, 1994: 17~22).

3. 직업의 내용: 동일한 직업명

같은 직업명이라 하더라도 남성과 여성의 업무 내용이 다르다는 점도 놀라웠다. 또한 몇 시간에 걸친 관찰 끝에 여성 청소부가 감수하는 위험이 남성 청소부와 다르지 않다는 점을 발견했다.

퀘벡 내 병원에서 청소는 '가벼운' 청소와 '무거운' 청소로 나누어져 있으며 남성은 여성보다 많은 임금을 받고 있다.[5] 다음의 목록이 성별로 나누어

---

5 K. Messing, "Hospital trash: Cleaners speak of their role in disease prevention," *Medical Anthropology Quarterly*(in press).

져 있는 업무를 보여주고 있다.

'무거운' 업무

그는 24인치 길이의 대걸레와 진공청소기나 윤내는 기계, 마루정리 기계를 사용한다.

그는 환풍기와 유리창을 청소한다.

그는 벽과 천정을 청소한다.

그는 커튼을 내리고 단다.

'가벼운' 업무

그녀는 18인치 길이의 대걸레와 가ナ 청소를 위해 '가벼운' 진공정소기를 사용한다.

그녀는 먼지를 닦는다.

그녀는 쓰레기통, 재떨이, 문, 거울이나 변기를 청소한다.

그녀는 종이나 비누를 채워 넣는다.[6]

일반 업체에서도 이러한 분업은 마찬가지이다. 여성들이 먼지를 떨고 화장실을 청소하며 남성들은 마른 걸레질을 하고 물청소를 하며 윤을 내고 마루를 진공청소 한다. 이러한 성별 분업은 가벼운 일과 무거운 일에 대한 임금의 차이로 이어져 왔다. 정부의 규정에 의해 정의된 '가벼운 청소'는 '무거운 청소'에 비해 임금의 40%만 받는다.

우리는 성별에 따른 신체적 작업의 분업을 합리화하는 수많은 논리를 알

---

6   몬트리올 심장기구의 공식적 업무 설명서(Montréal Heart Instituete, 1994)에서 따왔다.

고 있다. 한 병원에서 근무하는 남성 노동자들은 가벼운 청소와 무거운 청소를 구분해보라는 요청을 받았을 때 이렇게 말했다.

여성들은 무거운 업무를 하지 못합니다. 여성들은 마루에 광택제를 사용할 줄 모릅니다. 광택제는 조금만 잘못 발라도 큰일이 나지요.

그 남성 노동자들은 여성이 마루 광택제를 절대로 사용할 수 없다는 점을 강조했다. 대부분의 여성은 여성에게 일부 작업을 할 능력이 없다는 점에 동의했다. 한 여성은 그녀의 남편이 자신이 담당한 구역에서 '무거운' 업무를 하고 있어 운이 좋다고 말했다. 남편이 담당구역에서 자신에게는 너무 버거운 무거운 일들을 해줄 수 있기 때문이라고 했다. 그러나 어떤 여성들은 마루의 광택제를 바르는 기술은 누구나 배울 수 있는 간단한 업무라고 말했다.[7]

4. 여성의 업무에 필요한 정신적·감정적 요구

여성의 업무 수행과 관련한 감정적인 부분에 대한 연구가 있다. 핀란드의 연구자들은 여성의 업무 수행에는 남성보다 더 낮은 수준의 자율권이 주어지며, 더 많은 반복적인 일을 하며, 더 높은 사회성이 요구됨을 밝혀냈다(Kauppinen-Toropainen, Kandolin and Haavio-Mannila, 1988: 15~27). 유사한 결과가 '노동 조건과 삶의 질 향상 유럽재단(European Foundation for the Improvement of Living and Working Conditions)'의 연구에서도 나타나고 있다(Paoli, 1992: 126~128). 이

---

7   몬트리올 심장기구의 공식적 업무 설명서(Montréal Heart Instituete, 1994)에서 따왔다.

러한 여성 업무의 특성이 여성의 정신과 건강상의 문제와 관련이 있는 것으로 보인다.

여성 업무의 인간공학적 분석을 하기 위해 티거(Catherine Teiger)는 장갑을 바느질하는 여성을 관찰했다. 고용주는 여성들이 왜 26세가 지나면 일을 그만두는지 알고 싶어 했다. 답은 바로 그 업무의 특성에 있었다. 여성 노동자들은 절단기로 두 조각을 낸 장갑천을 받아 꿰매는 작업을 했다. 고용주에게는 이 작업이 매우 간단해 보였지만 사실 절단기가 자주 오류를 범해 두 조각을 서로 맞추어 바느질하는 것은 쉬운 일이 아니었다. 따라서 매우 높은 속도로 바느질을 하면서도 아귀가 맞지 않는 천조각의 모양을 맞추어야 했다. 이렇게 두 조각을 맞추는 것은 엄청난 집중력을 필요로 했고(Teiger and Plaisantin, 1984: 33~68) 여성 노동자들은 26세의 나이에 은퇴를 했던 것이다!

속도와 집중력, 이 두 특성은 칠면조 가공 과정에서도 나타났다. 칠면조 날개를 정리하는 여성들은 컨베이어 벨트에서 6초 만에 칠면조 날개를 집어 지방, 피부, 뼈, 연골과 핏물을 제거해야 한다. 날개가 완전하게 정리되지 않으면 품질 관리 책임자에게 욕을 먹는 것은 바로 이 작업을 수행한 여성이다. 이 작업은 높은 정신적 집중력을 필요로 하는 것은 물론 물리적으로도 높은 숙련도와 인내를 필요로 했다. 그럼에도 이 작업은 고용주에 의해 '가벼운 업무'로 간주되었다. 사실 인간공학자들이 업무의 속성을 밝혀내기 전까지 이 작업은 업무상 재해에서 회복 단계에 있는 노동자들에게 배정되기도 했다.

심장마비가 스트레스와 관련이 있다는 연구 결과는 과학자들이 노동자의 감정에 주의를 돌리는 계기가 되었다. 로버트 카라세크(Robert Karasek)와 그의 동료는 노동자들이 외부의 요구 수준은 높으나 의사결정권한이 낮을 때 '업무상 긴장 상태'를 경험한다는 점을 알아냈다(Karasek and Theorell, 1990).

즉, 노동자는 자신이 원하는 방식으로 일을 진행할 수 있는 권한이 있을 때 높은 수준의 업무상 요구사항에 대처할 수 있지만 이러한 재량권을 잃을 때 스트레스를 받거나 질병에 걸린다. 일반적으로 여성의 업무는 남성의 업무보다 더욱더 빈번하게 '업무상 긴장 상태'를 유발한다(Hall, 1989: 725~745). 어떤 경우에는 이러한 '업무상 긴장 상태'가 온전히 여성의 몫인 경우도 있다. 남성에게는 거의 적용되어본 적이 없기 때문에 감정노동이라는 개념은 최근에서야 일부 서비스 업무에 필요한 요구사항을 설명하는 데 활용되고 있다. 앨리 혹실드(Arlie Hochschild)는 감정노동을 "임금을 받기 위해 외부에서 관찰할 수 있는 얼굴과 신체적 표현이 나타나도록 하는 감정의 관리"라고 정의한다. 그녀는 비행기 승무원들이 어떻게 자기 자신의 감정과 승객의 감정을 관리하며 임금을 받는지 알려주고 있다. 이들의 임무는 공포를 예방하고 고객의 충성심을 유발하는 것이다. 혹실드는 남성보다는 여성 승무원이 훨씬더 이와 같은 업무를 수행할 가능성이 높다고 했다(Hochschild, 1983: 14, 171).

5. 여성의 비전통적 직업으로의 진출

남성에 의해 잘 구축된 전통적인 직업 부문에 진출한 여성조차도 육체적·정신적·감정적 부분에서 남성과 다른 내용의 업무를 수행한다. 흔히 남성과 여성이 똑같은 업무를 수행할 것으로 생각되나 우리는 캐나다의 대도시에 사는 정원사와 다른 블루칼라 노동자들을 연구하며 정반대의 결론을 얻었다(Messing et al., 1994: 913~917). 일부 여성은 여성주의자들의 영향을 받아 시의 블루칼라 직업에 진출했다. 우리가 연구를 시작했을 때 아직도 201개의 블루칼라 직업 가운데 22개의 직업에만 여성이 진출해 있었다. 이들 여성은 정규직이면서 상급직책을 맡고 있는 노동자 중 5%를 차지하고 있었으며, 임시직의 39%는 여성이었다. 우리는 고용 당시의 나이와 직업명이 같은 106명의 여성과 남성에게 실제 수행한 업무와 근무한 팀에 대한 인터뷰를 실시했다.

우리는 같은 나이와 직업명을 가진 여성과 남성이 사실 동일한 업무를 수행하지 않았다는 사실을 알게 되었다. 첫째, 이제까지 수행한 직무 내용이 유사한 노동자의 수가 절반도 되지 않았다. 둘째, 남성과 여성에게 동일한 업무가 주어졌냐는 질문에 절반이 넘는 여성들이 남성 동료와 동일한 업무를 수행하지 않았다고 답변했다.[8] 그에 대한 이유는 매우 다양했다. 상사, 동료, 특정 개인 또는 적절한 장비의 부재 등등. 이러한 성별에 따른 노동분업은 두 가지로 구별될 수 있다. 10명의 여성(대부분 청소부)은 여성이 손이 더 많이 가거나 요구 수준이 높은 업무를 수행했다고 답했고, 17명(대부분 정원사)은 남성이 신체적인 힘을 더 필요로 하는 일을 했다고 대답했다. 여성들은 주로 잡초를 뽑거나 식물을 심고 잔나무의 가지를 치는 일을 했고 남성들은 짐이 실려 있는 카트를 밀어 올리거나 큰 나무의 가지를 치는 일을 맡았다. 남성들은 경운기와 같은 기계를 다루는 일을 담당했다. 기계를 사용하는 것은 팀장들에게 주어진 특권인 경우가 많았고 팀장은 거의 남성이었다.

다른 종류의 블루칼라 업무에 종사하는 여성들은 기계를 활용하는 데 어려움을 겪었다고 말했다. 한 스포츠 시설에 배치된 최초의 여성 청소부 마리는 청소기를 사용하기 위해 자신이 얼마나 투쟁을 했는지 말해주었다. '가벼운' 일과 '무거운' 일에 대한 분명한 구분이 있는 것은 아니었지만 여성들은 보통 사무실을 청소하거나 상당히 섬세한 손길이 필요한 곳에 배치되었고

---

8 일하는 사람의 대부분이 남성이었기 때문에 남성은 남성끼리 일하고 있어서 이 질문에 대답을 할 수가 없었다.

남성들은 복도나 체육관을 청소하곤 했다. 면적이 넓은 곳에서는 대걸레질이 아닌 청소기로 청소할 수 있었다. 청소기에는 의자가 있어서 복도나 체육관에서 운전을 하며 돌아다닐 수 있었다. 걸레로 구석구석 닦는 것보다 기계를 사용하는 것이 훨씬 즐겁기 때문에 모든 사람이 순서대로 청소기를 사용했다. 마리의 순서가 돌아왔을 때 그녀의 상사는 그녀의 순서를 뛰어넘어 남성 직원에게 순서를 넘겼다. 마리는 이에 저항하고 이를 문제 삼겠다고 협박했다. 상사는 결국 그녀가 기계를 사용할 수 있도록 했지만 작동법을 가르쳐주는 것을 거부하고 기계를 사용해 그녀가 거의 할 수 없다고 생각되는 일을 하라고 명령했다. 그녀가 성공적으로 임무를 완수하자 상사는 매우 실망했고 그 이후 절대로 기계를 사용하도록 허락하지 않았다.

이와 같은 업무의 이원화는 두 가지 점에서 건강에 영향을 미친다. 첫째, 남성과 여성이 동일한 작업을 수행하지 않기 때문에 동일한 종류의 건강 문제가 발생하지 않는다. 둘째, 이러한 차별은 정신적 건강에 문제를 일으킬 수 있다. 코크번(Cockburn, 1991)과 스태퍼드(Stafford, 1991)는 비전통적인 업무를 수행하기 위한 훈련 과정에서 여성들이 모욕과 폭력을 경험했다고 말했다. 어떤 여성은 무자비한 비난, 의도적인 괴롭힘, 심지어 신체적인 폭력까지 경험했다고 한다.[9]

차별은 전통적인 직업에서도 존재한다. 여섯 명의 은행 창구 직원과의 집단면접에서 데이비드는 여성과 남성이 은행의 관리직과 서로 다른 관계를 맺고 있다고 말했다(Seifert, Messing and Dumais, 1996, 1997: 455~477). 그와 수전이라는 여성은 창가를 등지고 컴퓨터 앞에 나란히 앉아 있었다고 했다. 두 사람은 햇빛이 너무 강해 블라인드를 닫고 있었다. 은행의 한 중역이 은행

---

9   군대에서의 여성의 경험에 대해서는 Enloe(1988) 참조.

안으로 들어와 수전에게 왜 블라인드를 닫았냐며 비난을 했다. 그는 은행 강도 때문에 밖에서 안에 있는 사람들이 반드시 보여야 한다고 주장했다. 그는 수전에게 햇빛이 비치도록 블라인드를 열라고 강요했지만 데이비드에게는 한마디도 하지 않았다. 그 중역이 은행을 떠나자마자 수전은 다시 블라인드를 닫았다. 그렇지 않으면 도저히 컴퓨터 화면을 볼 수 없었기 때문이다. 문제의 그 중역이 몇 주 후에 다시 그 은행을 방문했을 때 수전의 블라인드가 여전히 내려져 있는 것을 보고 분통을 터뜨렸다. 그는 해고를 하겠다며 협박했지만 똑같이 블라인드가 내려져 있는 데이비드에게는 여전히 아무 말도 하지 않았다.

이 이야기에 대해 어떻게 생각하느냐는 질문에 여성 은행 직원은 이렇게 말했다.

나는 거기에 대해 생각하고 싶지 않아요. 만약 그와 같은 매 순간 화를 낸다면 항상 화난 상태로 있어야 해요. 전 그냥 무시합니다.

여성들은 이 같은 차별을 일상적으로 접하고 있었으며 거의 체념하고 있다. 여성 교사를 면접한 앤 로빈슨(Ann Robinson)은 이들이 학생, 부모, 동료와 상사에게서 차별적인 발언을 듣고 있다는 것을 발견했다. 한 중등학교 교사는 다음과 같이 말했다.

지난주에 행정실에 있을 때 다른 교사에게 말을 걸었어요. 그는 "넌 너무 공격적이야! 화가 난 거야?"라고 물었는데 그 옆에 있던 다른 교사가 말했습니다. "아니, 그녀는 이해력이 부족한거야"라고. 많은 학생이 있는 곳에서 그렇게 당했어요.

로빈슨이 면접한 72명의 여성은 아직도 넘쳐나는 성차별적인 고정관념에 대해 증언했다(Robinson, 1995: 30, 105~108).

우리는 이 장에서 여성과 남성이 서로 다른 업무상 요구를 받고 있고 서로 다른 신체적 감정적 스트레스를 받고 있다는 결론을 내릴 수 있다. 이는 똑같은 직업명이고 공식적으로 똑같은 업무에 투입된 경우에도 마찬가지이다. 과학자가 남성과 여성을 비교할 때 또는 남성 노동자를 대상으로 한 연구 결과를 비슷한 업무를 수행하는 여성들에게 적용하려고 할 때 중요한 정보를 간과하는 경향이 있다. 즉, 여성의 건강은 남성과는 다른 직무상 요인에 영향을 받는다는 점이다.

제2장

'여성'의 직업건강 문제는 존재하는가?

One-eyed Science

　사람들은 여성을 노동자라고 생각하지 않거나 여성이 하는 일은 안전하고 건강에 나쁜 영향을 미치지 않는다고 생각하는 경향이 있다. 이 때문에 여성이 하는 작업과 관련한 건강 문제는 주목을 받지 못했고, 대부분의 여성이 임금노동을 하고 있는 요즈음에도 여성건강을 연구하는 이들조차 여성이 경험하는 작업 환경이 주는 건강 영향을 고민하지 않는 것이 오히려 자연스러웠다. 또한 정부의 보건의료정책은 여성건강과 여성 노동자의 직업건강 문제를 별개의 것으로 취급해왔다. 심지어 여성주의자들로 구성된 보건의료 관련 모임에서도 직업건강 문제에 대한 언급은 거의 없었다.

　나처럼 여성의 직업건강에 관심을 보이는 것은 매우 이례적인 일이어서 사람들은 이 주제와 관련이 있는 연구가 무엇인지를 짐작도 못하는 경우도 있다. 나는 최근 모 대학에서 여성건강 전문가들을 대상으로 강연을 해달라는 초청을 받았다. 강연의 흐름을 미리 상의하기 위해 좌장에게 전화를 했다. 그녀는 나의 강연이 어떤 내용으로 이루어질지 잘 모르겠다고 솔직하게 말했다. '여성의 직업건강'이란 말이 의미하는 것이 무엇인지 몰랐기 때문이다. 이렇게 여성주의 보건의료 전문가들이 여성 노동자의 건강에 무관심한 것이 이상하게 비칠 수는 있지만, 사실 이는 매우 일반적이고 당연한 것이다. 왜냐하면 사람들은 여성의 직업을 직업건강의 측면과 관련해 생각하지 않기 때문이다.

내가 여성에게 직업과 관련한 건강의 문제가 객관적으로 존재하는 것인지에 대해서 이야기하고 싶은 것은 몇 가지 이유 때문이다. 그중 하나는 여성들에게서 발생하는 직업과 관련한 건강 문제는 기존에 구축된 산재보상체계에서 드러나지 않기 때문이다. 산재보상에 관한 통계들을 살펴보면, 보상을 받은 사고나 손상의 지역, 산업, 연도에 따른 발생률은 남성에서 여성보다 3~10배 정도 높았다(Wagener and Winn, 1991: 1408~1414; Robinson, 1989: 56~63; Pines, Lemesch and Grafstein, 1992: 77~95; Laurin, 1991). 미국에서 남성은 업무와 관련된 사망률이 여성보다 12배 높았다(National Institute of Occupational Safety and Health, 1993). 이러한 통계를 보면 여성의 작업이 남성보다 더 안전하다고 해석할 수 있다. 한편 어떤 직업군의 사고율이 높다는 사실은 이렇게 위험한 직업군에서 여성을 확실히 보호해야 한다는 근거가 되기도 한다. 많은 나라에서 여성이 광산에서 일하는 것을 법으로 금지하는 것이 그러한 예이다.

이 장에서는 '실제로 남성이 사고를 더 많이 당하는가?', '사고를 제외한 직업 관련성 질병이 남성에게 더 많은가?', '직업 보건 통계가 여성이 하는 일이 위험한지 아닌지를 판단하는 데 좋은 방법인가?'와 같은 질문을 할 것이며, 이러한 질문에 대답하기 위해 CINBIOSE에서 고민했던 내용과 몇 가지 결과를 소개할 것이다.

공식적인 통계에서 남성의 재해율이 높은 이유는 두 가지 이론으로 설명할 수 있다. 전통적인 이론은 여성이 하는 일이 더 안전하기 때문에 보상받을 재해나 질병에 더 적게 처한다는 것이다. 이 이론에 따르면, 여성이 위험한 작업을 하지 않도록 직종을 분리해야 하며 이것이 여성의 건강을 보호하는 방법이다. 그러나 나는 산재보상체계가 지금까지 남성이 많은 직종과 건강 문제를 중심으로 구축되었기 때문에 오히려 여성들의 상해와 질환이 보상에서 소외된다고 생각한다. 여성의 건강 문제가 드러나지 않고 보상받지 못함으로써 심각성이 제기되지 못하고 이로 인해 또 다시 충분한 인식과 보상이 이루어지지 않는 악순환에 빠지는 것이다.

1. 정말 남성이 사고를 더 많이 당하는가?

남성의 직업이 더 위험하기 때문에 여성에 비해 사고를 많이 당한다는 전통적인 이론을 검토하는 과정에서 CINBIOSE의 연구자들은 남성들만 하는 것으로 알려진 직업에서 여성과 남성이 같은 재해 건수를 보이는지 살펴봤다. 우리는 주로 남성이 하는 것으로 알려진 직업에 종사하고 있는 여성의 사고 발생이 남성과 차이가 나는지를 살펴보기 위한 연구를 수행했다. 연구 결과 확실한 결론을 내릴 수는 없었지만 성별에 따른 재해율을 비교할 때 빠질 수 있는 몇 가지 함정을 확인할 수는 있었다.

제1장에서 살펴본 시청 소속의 육체노동자들에게서 발생하는 사고에 대한 연구에서 〈표 2-1〉과 같이 성별에 따른 재해율을 구해보면, 여성 노동자들의 재해율이 남성에 비해 낮고 임시직에서보다 정규직에서 재해율의 성별 차이가 더 크게 나타난다. 그러나 이를 좀 더 자세히 살펴보면, 이 결과가 성별 간의 재해율을 실제로 비교하는 데 적절치 않고 이렇게 전체 사고 건수에

〈표 2-1〉 1989~1990년 성별과 고용형태에 따른 시 정부 소속 노동자의 산재보상

	정규직		임시직	
	사고 건수(%)	노동자 수(%)	사고 건수(%)	노동자 수(%)
여성	40	97	74	239
	(6.1)	(4.9)	(32.2)	(39.3)
남성	619	1808	156	369
	(93.9)	(95.1)	(67.8)	(60.7)
총합	659	1905	230	608
	(100.0)	(100.0)	(100.0)	(100.0)

주: 노동자의 수는 1990년 11월 11일 기준으로 14개의 직무에 해당하는 숫자이다.

서 남성과 여성의 재해가 차지하는 비율로 재해율을 비교하는 것이 안전보건 측면에서의 성별 차이에 대해 많은 정보를 주지 못한다는 것을 알게 된다.

이런 결과가 나온 것은 시청 소속의 여성과 남성 노동자들을 비교하는 것이 적절치 않기 때문이다. 대부분의 여성은 1987년에 시행된 적극적 고용개선 조치(affirmative action policy)[1] 이후에 고용되었기 때문에 연령이 낮고 근속연수도 짧았다. 그녀들은 일단 임시직으로 고용되었으며 일정 시간이 지난 후에 정규직이 되었다. 임시직 노동자들은 정해진 규칙적 업무가 있는 것이 아니라 시청에서 필요로 할 때마다 업무를 배정받았고 근속연수가 긴 순서로 일을 배당받았다. 따라서 임시직 여성은 남성에 비해서 실제 근무시간이 짧을 가능성이 높았다. 시 당국은 연구진에게 노동자들의 성별에 따른 노동시간 분포 자료를 주지 않았고 우리는 노동시간당 재해율을 계산할 수 없었다.[2]

---

1 적극적 고용개선 조치란 미국 정부가 소수민족과 여성 차별을 철폐할 목적으로 도입한 일종의 인원 할당 조치로, 이에 의거하면 대학입시, 일자리, 직업훈련에 흑인과 백인 또는 여성과 남성을 일정한 비율로 채용해야 한다. 미국의 경우 법률적 측면에서의 적극적 고용개선 원칙은 1960년대에 확립되었다. _ 옮긴이
2 또한 연구 대상의 성별 구성비 자체가 재해율에 영향을 준 것으로 생각된다. 정규직 여성

여성의 재해율이 낮은 것은 짧은 근속연수로 실제 노동시간이 짧았기 때문일 수 있다. 반대로 근속연수가 긴 노동자들이 짧은 노동자들에 비해 사고율이 낮다는 사실을 감안하면 장기근속자가 적은 여성에서 재해율이 높게 나타났을 가능성도 있다. 근속연수가 길수록 재해율이 낮다는 것은 비교적 잘 알려져 있는데(Root, 1981: 30~34; Keyserling, 1983: 37~42), 이는 노동자들이 경험적으로 재해를 피하는 방법을 터득하기 때문이라고 할 수 있다. 따라서 정규직 여성 노동자에서의 재해율이 정규직 남성 노동자보다 약간 높은 것은 남성 정규직에 비해서 근속연수가 더 짧기 때문일 것이다.[3]

우리 연구진은 세부 노동 조건에서의 성별 차이를 고려하지 않고 재해율을 비교할 경우 발생할 수 있는 문제들을 설명하기 위해서 육체노동을 하는 여성과 남성 노동자들의 근무조건에 대해 자세히 살펴봤다. 성별에 따른 재해율을 비교하는 15개의 논문을 고찰한 결과 남성 노동자의 연령이 여성에 비해 평균 8살이 더 많음에도 이 중 3개의 논문만이 분석에서 나이와 근속연수를 보정했음을 확인할 수 있었다(Motard and Tardieu, 1990; Kempeneers, 1992). 또한 시간제 노동자들의 4분의 3이 여성임에도, 오직 5개의 논문만이 노동시간을 보정한 것으로 나타났다. 이러한 한계를 고려하지 못했기 때문

중의 사고경험자는 전체 97명 중 40명으로 41.2%의 재해율을 보이고 정규직 남성은 1,808명 중에 619명이 재해 경험이 있으므로 34.2%에 달한다. 즉, 해당 성별의 노동자들의 재해율을 구할 경우 여성이 남성보다 높다는 것이 드러난다. 한편 임시직 여성의 재해율은 239명 중 74명으로 31.0%, 임시직 남성의 재해율은 369명 중 156명으로 42.3%로 남성에서 더 높았다. _ 옮긴이

3　각주 1에서 설명한 것처럼 정규직에서 여성 노동자들은 97명 중 재해 건수가 40건으로 41.2%의 재해율을 보이고 정규직 남성은 1,808명이 619건의 재해를 경험해 34.2%의 재해율을 보인다. 이렇게 여성에서 재해율이 약간 높게 나타나는 원인을 여성이 남성보다 근속연수가 짧기 때문이라고 설명하고 있는 것이다. _ 옮긴이

에 우리는 논문에서 발표한 재해율의 성별 차이가 타당하다고 잘못 생각한 것이다.

그렇다면 노동시간과 근속연수를 고려하면 여성의 재해율이 남성보다 낮지 않게 나올 것인가? 아마도 아닐 것이다. 그러나 그 해결은 우리가 재해율을 조사하는 방법을 어떻게 정하느냐에 달려 있다.

2. 같은 산업에서 일하는 여성과 남성 비교: 여성은 더 안전한 노동자인가?

남성들이 수로 사고율이 높은 직종에서 일하는 것은 사실이지만, 같은 산업에서의 재해율을 비교해보면 남성들이 여성보다 작업 관련 재해를 항상 더 많이 당하는 것은 아니다. 일부 연구는 여성의 재해율이 남성에 비해 높다고 하지만 재해율이 더 낮다는 연구도 있다.[4]

〈표 2-2〉는 1992년 퀘벡에서 일어난 작업 관련 손상과 질병을 산업 분류에 따라 정리한 것이다. 산업 분류는 퀘벡 시 산업안전보건위원회에서 예방사업 수행을 위해 정해놓은 기준에 따라 6개의 집단으로 나누었다.

이 표를 보면 산업에 따른 보상률의 차이가 매우 큰데, 이는 건설노동자들이 사회서비스 부문 노동자들에 비해 재해에 대한 인식이 높기 때문이다. 또

---

4 조사대상이 된 산업에 따라 여성의 재해율은 더 높기도 하고, 같거나 낮게 나타나기도 한다. [낮은 재해율] Oleske et al.(1989: 239~253); Tsai, Bernacki and Dowd(1989: 781~784); [높은 재해율] Wilkinson(1987: 367~376); McCurdy, Schenker and Lassiter(1989: 499~510); Neuverger, Kammerdiener and Wood(1988: 318~325); [같은 재해율] Jensen and Sinkule (1988: 125~133) 참조.

〈표 2-2〉 1992년 퀘벡의 작업 중 사고와 재해의 보상률(100명당)

산업 분류* (산업 내 여성의 구성비, %)	사고 보상률(100명당)			질병 보상률(100명당)		
	여성	남성	여/남	여성	남성	여/남
1. 건설, 화학(15%)	1.00	6.60	0.15	0.91	1.52	0.60
2. 목재, 금속 제조업(15%)	4.44	10.67	0.42	5.67	2.55	2.22
3. 공무원, 운수(31%)	1.82	6.33	0.29	2.28	1.54	1.49
4. 상업, 섬유(42%)	2.00	6.41	0.31	1.62	0.90	1.80
5. 개인서비스, 통신(48%)	1.63	3.48	0.47	0.97	0.45	2.16
6. 보건사회 서비스, 교육(64%)	2.48	3.40	0.73	1.12	0.44	2.53

주 1: 각각의 산업 분류 중 노동자의 수가 가장 많은 세부 산업 두 가지를 표기했다.
주 2: 표가 만들어진 시점인 1992년에 발생한 사고 중 아직 최종 판결이 이루어지지 않은 것은 포함되지 않았으므로 위의 자료는 과소평가의 가능성이 높다. 1992년 센서스 자료를 사용할 수 없고, 성별에 따른 사고와 질병은 1991년 자료가 사용할 수 없었다.
자료: [분자] 1993년 12월 31일자 노동안전보건청(CSST) 통계국, [분모] 1993년 캐나다 인구 센서스. 통계청.

한 사고의 보상률이 작업 관련성 질병에 비해 최고 10배 정도 높았다. 이는 수년간 진행되는 암과 같은 질병의 업무 관련성을 밝히는 것보다 폭발로 인해 화학 공장 노동자가 손상을 입는 경우와 같은 사고의 업무 관련성을 밝히는 것이 더 쉽기 때문이다. 이에 비춰볼 때 상당수의 직업병들은 이에 대한 인식이 부족하기 때문에 전체 재해율에서 과소평가되었을 가능성이 있다. 한편 사고에 대한 보상률은 남성에서 더 높은 것으로 나타난 반면 작업 관련성 질병의 보상률은 전반적으로 여성에서 더 높은 것으로 나타났다.

3. 직업건강 영역에서 성별 차이를 살펴보는 다른 방법들

이와 같은 공식적 통계가 여성과 남성의 건강을 비교할 수 있는 최선의 방법은 아니다. 이러한 통계는 산업안전보건위원회가 보상을 승인한 것만 포함하는데, 위원회에서는 보상 신청이 기각되기도 하기 때문이다. 산업재해

〈표 2-3〉 1992년 45~64세의 미국 여성과 남성의 주요 사망 원인

사망 원인	여성에서의 순위 (10만 명당 사망)	남성에서의 순위* (10만 명당 사망)
암	1(245)	2(306)
심장 질환	2(123)	1(314)
뇌혈관 질환	3(27)	4(34)
호흡기 질환	4(23)	6(29)
기대여명(년)	79.1	72.3

주1: 미국 남성 사망 원인의 3위는 사고이다.
주2: 이 자료는 캐나다와 직접적으로 비교할 수 없다.
자료: 질병관리본부, 통계청(1994). 1992년 사망통계. *Monthly Vital Statistics Report 43*(6): Supple-
　　 ment. pp.1~73.

와 직업병으로 승인받기 위해 노동자는 작업 손실 일수에 기초해 보상을 청
구하고 업무 관련성이 있다는 그의 주장이 받아들여질 수 있도록 입증을 해
야 한다. 리펠 등은 여성 노동자가 신청한 보상이 승인된 사례에 대해 조사
했는데 그 과정에서 차별이 있다는 사실을 알게 되었다. 즉, 여성의 경우 스
트레스성 질환이 업무와 관련이 있음을 입증하기가 더 힘들다는 것이다
(Lippel, 1995: 265~291). 이는 보상 여부를 결정하는 사람들이 여성이 작업 관
련성 질병에 걸리는 것이 불가능하다고 생각하기 때문이었다. 그러므로 우
리는 여성의 건강과 질병의 작업 관련성을 알아보기 위해 다양한 자료를 이
용하여 전체적인 양상을 살펴볼 것이다.

　일반적으로 여성의 수명은 남성에 비해 더 길지만, 전반적인 건강 상태는
좋지 않다. 여성과 남성의 사망 원인은 서로 다르다(〈표 2-3〉와 〈표 2-4〉 참
조). 수명의 차이는 흡연과 음주, 그리고 위해요인이라고 알려져 있는 행동
을 더 많이 하는 것과 같은 '생활습관(lifestyle)' 요인들 때문이다. 실제로 여성
은 남성보다 음주를 적게 하고 흡연율도 낮다(Statistics Canada, 1995: 43). 실직
한 여성이나 전업주부보다 임금노동에 종사하는 여성들의 수명이 더 길다는

<표 2-4> 1992년 캐나다 여성과 남성의 연령표준화 사망률

사망 원인	여성에서의 순위 (10만 명당 사망)	남성에서의 순위* (10만 명당 사망)
암	1(153)	2(244)
심장 질환	2(141)	1(256)
뇌혈관 질환	3(67)	3(85)
호흡기 질환	4(32)	4(54)
기대여명(년)	80.9	74.6

주1: 미국 남성 사망 원인의 3위는 사고이다.
주2: 이 자료는 캐나다와 직접적으로 비교할 수 없다.
자료: 질병관리본부, 통계청(1994). 1992년 사망통계. *Monthly Vital Statistics Report 43*(6): Supple-ment. pp.1~73.

사실을 감안하면 고용되어서 일한다는 것은 여성건강에 긍정적인 영향을 미친다고 할 수 있다(Silman, 1987: 1211~1212). 한편 사망률은 직업에 따라 다양한 것으로 알려져 있지만 대부분의 연구에서 여성에 대한 결과는 제시하지 않았기 때문에 이를 여성에 직접 적용하기는 어렵다.

물론 여성의 수명이 남성보다 길지만, 건강을 유지하며 사는 기간은 비슷하다(Guyon, 1996: 346; Silman, 1987). 일례로 여성이 근골격계 질환으로 장애를 가지고 지내는 기간은 남성의 2배 정도이다(〈표 2-5〉과 〈표 2-6〉 참조). 미국, 캐나다, 퀘벡의 여성들은 관절염, 류머티즘, 팔목터널증후군(carpal tunnel syndrome), 그리고 여러 결합조직의 염증[건염(tendinitis), 활액낭염(bursitis), 골간단염(epicondylitis)] 등에 이환될 가능성이 특히 높다(Statistics Canada, 1995: 45; Verbrugge and Patrick, 1995: 173~182). 제7장에서는 이러한 통증이 여성의 노동 조건과 매우 관련성이 높다는 것을 보여줄 것이다.

또한 '정신건강상의 문제'가 여성들에게서 빈번하게 발생한다(Statistics Canada, 1995: chap.4). 실제 이환 여부와 상관없이(제7장과 제9장 참고), 여성은 보건관리자와 상담하는 경우가 남성에 비해 많고 급성 질환으로 인한 병

<표 2-5> 미국의 46~69세 여성과 남성에서 활동 제약이 있는 만성 질환의 발생률(1,000명당)

만성 질환	여성	남성
관절염	84	45
고혈압	53	40
당뇨	27	21
변형/정형외과적 장애 - 등	26	25
만성폐쇄성폐 질환(기관지염 등)	22	27
심장 질환(허혈성 및 부정맥 제외)	21	25
허혈성 심장 질환	21	40
변형/정형외과적 장애 - 다리와 발	17	21
추간판 질환	16	18
시력 장애	17	21

주: 만성 질환에 대한 정보는 캐나다에도 적용이 가능하며, 근골격계 질환은 마찬가지로 중요한 문제이
다. 미국의 발생률은 의사 방문에 기초해서 작성된 것이고, 캐나다의 발생률(<표 2-6> 참조)은 자기보
고에 의한 것이다. 의사를 방문하는 것보다 많은 여성이 관절염으로 고통받고 있으며, 따라서 캐나다
의 발생률은 더 높은 것으로 나타났다.
자료: Verbrugge and Patrick(1995: 173~182).

<표 2-6> 1992년 캐나다에서 15% 이상의 사람이 호소한 건강 문제

만성 질환	여성(%)	남성(%)
관절염/류머티즘	25	16
피부 및 기타 알레르기	25	16
고혈압	16	16
편두통	13	5
다른 건강 문제	66	59

자료: Statistics Canada(1995: 45).

원 입원도 많고, 정신적인 문제로 인한 약물복용도 더 많다(Statistics Canada, 1995: 52; Verbrugge and Patrick, 1995). 이러한 정신건강상의 문제들은 작업 환경 때문일 가능성이 있으나, 여성 개인의 증상이 작업과 관련되어 있다는 것을 입증하기는 매우 힘들다. 이러다 보니 이러한 건강 문제와 여성의 업무가 관련이 없다는 생각을 하고, 연구자는 여성의 건강 문제에 대해 업무 관련성을 조사하지 않으며, 따라서 증명도 안 되는 악순환에 빠진다. 이 과정에서

여성의 건강 문제는 여성의 생물학적 또는 심리학적 '본성' 때문에 발생하는 것이라는 인식이 생기는 것이다.

여성에게 더 많이 발생하는 건강 문제는 적어도 그들의 노동 조건과 연관성이 있다. 예를 들어 여성에게는 알레르기와 피부 질환이 흔한데, 이것은 청소작업처럼 여성이 많이 하는 작업과 관련이 있을 수 있다. 여성 생식기관의 다른 질병들처럼 여성에게 특수한 건강 문제 중 직업적인 요인이 있는 것은 유방·난소·자궁·자궁경부·질 등에 발생하는 암 등이 있다. 월경불순이나 월경통과 같은 월경 관련 문제들은 여성에서 아주 흔한 것이고 우리 연구진은 직업적인 요인이 이러한 질병에 관련이 있다는 것을 발견했다.

이러한 문제 중 직업에서 기인한 것이 무엇인지를 확인할 수 있는 방법은 무엇일까? 몇몇 연구자는 이러한 쟁점에 집중해왔다. 가능한 하나의 접근방법은 산업 분류에 따라 여성이 보고한 건강 문제들을 조사하는 것이다 (Gervais, 1993). 비록 산업 분류가 직무 내용을 반영하는 가장 훌륭한 지표는 아니지만 이러한 거시적 분석을 통해 여성의 작업을 연구해야 할 필요성은 제기할 수 있다. 근골격계 질환은 판매, 요식업 및 청소업과 관련이 있는 것으로 알려져 있고 심리적인 피로는 판매, 요식업 및 교육서비스업과 관련이 있었다. 알레르기와 피부의 문제는 특히 정신노동을 하는 교사[5] 및 미용업과 같은 개인서비스업에서 흔했다.

여성의 직업 관련성 건강 문제를 규명하기 위해 사용할 수 있는 또 다른 지표는 병가(sick leave)이다. 여성은 남성에 비해 결근이 잦고 이 중 일부는 가정 문제로 인한 것으로 알려져 있다(Akyeampong, 1992: 25~28). 부르보네

5　우리가 실시한 연구 대상 중 초등학교 교사는 자신들이 경험하고 있는 알레르기와 피부 질환문제를 특정 종류의 분필과 관련이 있다고 봤다.

작업	성별	사고 건수	평균 요양일수	요양자 평균 연령
거리 청소	여	4	23.5	30.7
	남	105	32.6	43.1
쓰레기 수거	여	17	28.6	33.9
	남	149	20.8	33.8
정원 관리	여	12	8.3	30.6
	남	25	24.4	45.1
실내 청소	여	6	23.5	4.8
	남	27	52.6	47.8
원예	여	17	17.4	32.3
	남	27	52.6	27.2
외부 관리	여	28	21.3	31.5
	남	110	27.6	40.5

(Renée Bourbonnais) 등은 의사가 확인한 병가는 작업과 관련한 유해요인을 합리적으로 측정할 수 있는 도구라고 했다(Bourbonnais and Vinet, 1990: 87~101; Bourbonnais et al., 1992: 673~678). 예를 들어 특정 작업 환경에 노출되는 간호사에서 결근이 많은 것처럼 말이다. 이 지표는 단체협상에 의해 병가가 보장되고 이에 대한 관리가 잘 되는 사업장의 노동자에게 적용하기에 적절하다. 같은 직업군에서라면 병가의 기간이 성별에 따라 차이가 나지는 않았다.

한편 우리는 시청 소속의 육체노동자들이 산업재해를 당한 후 원직으로 복직하는 데 소요된 요양기간을 조사했다(〈표 2-7〉 참조). 여성과 남성이 하는 작업이 다르고 작업 중 손상을 입는 방식이 다르기 때문에 이 같은 비교는 완벽한 것은 아니다.

남성들의 요양기간은 평균 29.4일로 여성의 20.4일에 비해서 더 길었다. 여기에서 고려해야 할 점은 여성들이 채용된 것이 더욱 최근의 일이라는 사실이다. 즉, 사고를 당한 남성이 여성보다 나이가 더 많다는 것이다(평균 43세 대 37세). 고령 노동자들은 회복하는 데 시간이 더 오래 걸리기 때문에, 여

구분		총수	한 부위라도 통증이 있는 경우	상지	하지	등·허리
정원 관리	여	25	19(76%)	8(32%)	6(24%)	13(52%)
	남	18	12(67%)	1(6%)	6(33%)	8(44%)
전체	여	58	39(67%)	15(26%)	12(21%)	28(48%)
	남	55	27(49%)	3(5%)	10(18%)	17(31%)

주: 합이 100%가 되지 않는 것은 여러 증상에 대해 동시에 대답했기 때문이다.

성에서 상대적으로 결근 기간이 짧은 것은 연령의 차이에서 설명할 수 있다. 이 연구에서 여성이 남성에 비해서 '취약하고' 위해요인에 더 많이 노출되어 있다는 증거는 찾을 수 없었다.

산업재해에 대한 통계에 병가를 포함한다고 하더라도 이는 직접적인 보건 문제에 대해서 부분적인 시각을 제공할 뿐이다. 모든 질환이 결근으로 이어 지는 것은 아니므로 직업보건학이 작업 손실과 무관한 고통도 다루어야 한 다는 점은 매우 중요하다. 수년간 통증으로 고생하는 노동자도 일은 계속할 수 있다(Courville, Dumais and Vézina, 1994: S17~S23). 면담을 하면서 우리는 노동자들에게 작업 후에 통증을 느끼는 인체 부위를 그림으로 그려서 보여 달라고 부탁했다. 여성들은 모든 직종에서 남성보다 통증과 피로를 더 많이 느끼는 것으로 나타났으며, 개별 직종 안에서 남성보다 통증과 피로를 더 많 이 느끼고 있었고 통증과 피로를 호소하는 부위도 더 많았다(〈표 2-8〉 참조). 상지와 등·허리에서의 통증 호소율은 여성이 높았으나 하지에서의 통증 호 소율은 남성과 같은 수준이었다. 가장 인원이 많은 직종인 정원 관리를 예로 들면 성별에 따라 통증의 양상이 다른데, 이는 세부적인 작업 배치가 다르기 때문인 것으로 생각된다.

우리는 성별에 따라 작업과 관련한 건강 문제들이 어느 정도 다른 양상을 보인다는 것을 확인했으나 이를 설명하지는 못했다. 일하는 여성과 남성의 건강 문제를 이해하기 위해서는 작업 방법과 장소를 살펴야 한다. 일반적으로 북미에서 대부분의 여성은 노동시장에서 특정한 유형[6]으로 존재한다. 여성은 같은 직종이라도 남성과 다른 업무에 배치되며 상사나 동료, 그리고 고객들도 여성 노동자를 대하는 태도가 다르다.

그래서 제1장에서 언급한 바대로 여성은 남성과 같은 직업이더라도 반드시 같은 건강 위해요인에 노출되는 것은 아니라고 할 수 있다. 앞서 살펴본 연구의 대상이었거나 작업장에서 일하는 여성과 남성은 생물학적으로 다를 뿐만 아니라 근속연수, 평균 나이, 작업 배치, 일의 숙련도, 그리고 직장 밖에서의 생활 또한 다르다.

다음 장에서는 여성과 남성 사이의 직업건강 문제에서의 차이에 대한 하나의 설명 방법인 생물학적 차이에 대해 생각해볼 것이나. 이는 다음과 같은 질문으로 시작된다. 여성과 남성은 생물학적 차이 때문에 다른 직무를 담당하는 것일까? 즉, 성별 분업이 여성의 건강을 보호할 수 있는가?

---

6 비정규직, 시간제, 임시직 등의 특정한 고용형태에 여성이 집중되거나 여성이 하는 세부 업무가 남성과 별개로 구분되어 있는 현상을 의미한다. _ 옮긴이

제3장

생물학적으로 특정 직업에 적합한 여성과
여성에게 적합한 특정 직업이 존재하는가?
One-eyed Science

　　노동 과정에서의 성별 분업은 피할 수 없는 것으로 여겨진다. 베지나
(Nicole Vézina)는 가금 공정[1]에 대한 연구를 했다. 해당 사업주는 반복작업으
로 인한 육체적·정신적 손상을 줄이기 위해 순환근무를 시행하기로 했다. 칠
면조를 절단하는 공정에는 17개의 세부 공정이 있었고 각 공정마다 작업자 1
명이 배치되어 있었다. 이 중 절반의 작업은 여성이 하던 것이었다. 새로운
작업방식이 도입됨에 따라 노동자들은 17개의 작업을 순환하면서 근무를 했
다. 우리는 이전에 여성이 하지 않았던 작업이 건강에 어떠한 영향을 미치는
지를 연구하기 위해 순환하면서 진행되는 각각의 작업에 대해 노동자들의
반응이 성별에 따라 차이가 있는지를 살펴봤다.

　　연구진들은 실망할 수밖에 없었다. 베지나는 순환근무가 완벽하게 이루
어지지 않았다는 사실을 발견했다. 노동자들이 전체 공정 중 절반의 공정에

1　닭·오리·칠면조와 같은 식용 조류를 가공하는 공정. _ 옮긴이

서는 여성끼리만 순환근무를 하고 나머지 절반의 공정에서는 남성끼리만 순환근무를 하는 것으로 결정했기 때문이다. 남성과 여성이 모두 작업을 하는 공정은 없었다. 이는 특히 남성과 여성 모두 특정 동작을 반복적으로 집중해서 해야 하기 때문에 더 큰 문제가 되었다. 남성의 작업은 한 번에 힘을 많이 주면서 큰 동작을 해야 하는 것이었고 여성의 작업은 더 빠르고 짧은 동작들로 구성되어 있었다(Vézina, Courville and Geoffrion, 1995: 29~61). 이는 일종의 자연선택[2]이라고 할 수 있는데 이를 통해 성별 분업이 심화된다. 즉, 어떤 작업은 여성이 하기에 너무 힘이 들고, 일부 작업은 남성이 하기에는 반복성이 너무 심했다. 정말로 노동 과정에서의 자연선택이 실제로 존재하는 것일까? 성별 분업은 두 가지 이론으로 설명이 가능하다. 자연선택설은 (사각형의 쐐기는 사각형 구멍에, 둥근 쐐기는 둥근 구멍에 맞는 것처럼) 남성과 여성은 생물학적으로 다르고 '자연적으로' 서로 다른 일을 하도록 정해져 있다는 주장이다. 이에 따르면 남성은 육체적으로 힘이 더 세고 정서적으로 더 안정되어 있기 때문에 약한 성별인 여성보다 위험한 작업을 하는 것이 당연하다. 반대로 사회결정론은 (진흙으로 된 쐐기가 사각형 구멍이나 둥근 구멍에 모두 맞는 것처럼) 여성과 남성은 각자의 일을 모두 할 수 있지만 사회적 고정관념과 같은 외부적 요인에 의해 다른 일을 하게 된다는 것이다.

나는 좀 더 복잡한 다른 이론을 제기하고자 하는데 두 가지 이론을 전제로 하여 현장에 대한 역동적인 관점(진흙으로 된 구멍에 진흙으로 된 쐐기를 박는 것처럼)을 포함하고자 한다. 이는 상호순응론이라고 부를 수 있으며 다음과

---

2 다윈이 도입한 개념으로, 자연계에서 그 생활 조건에 적응하는 생물은 생존하고 그렇지 못한 생물은 저절로 사라지는 현상을 지칭한다. 즉, 각각의 작업에 적응하는 성별만이 그 작업을 하게 된다는 의미이다. _ 옮긴이

같은 내용을 포함하고 있다. ① 평균적으로 여성과 남성은 어느 정도 겹치는 부분이 있기는 하지만 육체적으로 다른 특징이 있다. 그러므로 평균적인 남성에게 적합하도록 설계된 작업장 환경은 대부분의 여성과 일부의 남성에게는 불리할 수 있다. 가끔 공정에서 칠면조가 너무 높게 매달려 있어서 평균 키인 여성의 손이 닿기 힘든 것처럼 말이다. ② 대개 작업자는 작업대와 장비, 공구와 작업 과정을 가능하다면 자신의 능력에 맞게 조절하려고 한다. 남성을 작업장에서 '정상적으로' 상주하는 사람으로 여길 때, 여성들은 자신에게 가장 적합한 방식으로 환경을 바꾸는 것을 단념할 수 있다. 생산직 여성 노동자들은 자신에게 적절한 작은 공구를 요청하는 것에 두려움을 느낀다고 말했다. ③ 여성 노동자는 업무 과정에서 칠면조 가슴살에서 작은 지방 조각을 다듬는 업무처럼 육체적으로나 정신적으로 요구도가 높은 일을 주로 한다. 그러나 이런 종류의 작업에 대한 요구도 평가는 제대로 이루어지지 않는다. 사업주나 노동자 모두 이런 종류의 작업은 특별한 능력이 필요 없고 누구나 할 수 있는 일이라고 생각하기 때문이다. 결국 여성은 다른 업무를 찾기 어렵기 때문에 흔히 누구나 할 수 있다고 생각하는 일을 하고, 임금도 많이 받지 못한다. ④ 이 공장에서는 1년간 작업자 100명당 75명이 작업 관련 손상을 경험했다(Vézina, Courville and Geoffrion, 1995). 우리는 모든 노동자에게 좋지 않은 환경을 자연선택이라고 말할 수는 없다. 요구도가 높은 작업 강도에서 일하는 데 충분히 적합한 집단이 없음이 분명할 때, 생물학적으로 다양한 집단을 2개의 다른 작업 범주로 구분할 수 있다고 생각하는 것을 적합성 때문이라고 할 수는 없다.

　우리가 생물학적 결정론이나 사회적 결정론의 어느 한쪽을 선택하지 않는다면, 가금류 가공 공정이나 다른 곳에서의 노동의 성별 분업은 특정 공장과 서비스의 역사적 맥락에서 사회적·생물학적·정치적 요인의 상호작용과 관련된, 좀 더 복잡한 방식으로 설명해야 한다. 해리엇 브래들리(Harriet Bradley)는 한 흥미로운 책에서 과거의 어느 시점에서 여성이 전담했던 작업이더라도 시간이 지나거나 장소가 바뀌면 여성만 그 업무를 하는 것은 아니라고 했다(Bradley, 1989). 결국 성별 분업은 건강보호를 위해 여성과 남성의 능력에 따라 작업을 배치하는 방식이라고 하기 어렵다.

게다가 작업 배치는 절대로 개인의 특성을 고려해서 이루어지지 않는다. 실제 업무 수행 과정에서 필요로 하는 요소를 예측하는 것이 불가능하기 때문에, 체계적으로 표준화되어 있는 조립 라인이라도 개별 노동자들은 각기 다른 방법으로 작업을 수행한다. 결국 작업자가 자신의 재량에 따라 일을 할 수 있게 하고, 변경이 용이한 작업대를 설계하고 업무 중 요구의 변화에 따라 작업 방법이나 환경을 빠르게 바꿀 수 있는 방법을 제공하는 것이 건강을 보호하고 생산성을 향상하기 위한 작업 배치 방식이다.

이 장에서 나는 작업의 생리학적 측면에 국한하여 대안적인 '진흙 - 진흙' 이론[3]에 대한 근거를 제시하고자 한다. 사업주가 작업을 하는 데 중요하게 생각하는 육체적 조건에 대해 이야기하고자 한다. 다음으로 평균적인 남성 또는 여성의 생물학적 특성, 즉 표준적인 평가방법으로 알려진 체격과 체력에 대해서 살펴보고자 한다. 체력 평가가 비전통적인 작업[4]에서 여성을 배제하는 과정을 살펴볼 것이며, 이러한 체력 평가가 여성을 지금까지와는 다른 작업에 배치할 것인지를 판단하는 적절한 방법인가에 대해서 의문을 제기할 것이다. 또한 비전통적인 작업이 평균적인 여성에게 위험한 작업이라

---

3 진흙으로 된 구멍에 진흙으로 된 쐐기를 박는 것처럼 작업자와 작업 환경의 상호 순응과 변화가 중요하다는 이론. _ 옮긴이
4 비관습적 작업(nontraditional jobs)은 흔히 여성이 하지 않는 것으로 알려진 업무를 의미한다. _ 옮긴이

는 생각에 대해 의문을 제기할 것이다. 마지막으로 여성의 업무 '적합성'에 대한 논란의 근저에 깔려 있는 두 가지 생각에 대해서도 토론을 할 것이다. 이를 위해 먼저 일반적으로 남성적 일이라고 생각하는 작업에 대한 적합성 평가에서 주목하는 요소들에 편견이 있다는 것을 보여주고 전통적으로 여성적인 일을 하기 위해 육체적으로 요구되는 것이 무엇인지를 제시할 것이다. 또한 적합성에 대한 개념을 바꾸기 위해 직장 건강 증진에 중점을 둔 생물학 - 직업(biology-job) 상호작용 모형을 제시할 것이다.

1. 채용 시 검진과 건강보호

채용 시 검진은 사업주의 생각을 살펴보기 위한 좋은 방법이다. 과거에 사업주는 자신의 눈을 통해 비공식적인 유전적·생리적 평가를 수행했고, 그 결과 키가 작은 남성이나 여성, 흑인, 나이가 많은 여성 또는 특정 업무에 대한 자질이 부족하다고 생각되는 집단을 채용에서 배제해왔다. 최근에는 이처럼 눈으로 보는 접근방식을 대치하여 과학적인 평가방법들이 도입되었을 뿐이다.

과거부터 여성주의자들은 특정 집단에 대한 차별을 줄이는 인권법의 제정을 환영해왔다. 퀘벡에서 인권법이 제정되기 전 여성주의자와 노동조합은 남성답다는 것을 근거로 고용을 결정하거나 중량물을 들 수 없다는 이유로 전환 배치를 한 사례들을 수집했다. 즉, 성별 간의 평균적인 차이라는 것이 개인에게 적용될 수는 없다는 것이었다(Bradley, 1989). 한편 미국에서는 신체적 힘을 근거로 작업장에서 여성을 노골적으로 배제할 수 있는 편견에 가득 찬 법률들이 줄어들고 있고, 중량물 들기 작업이나 정신이 이상하거나 분노하는 사람들을 제어하는 일 또는 무거운 공구를 사용하는 작업에 여성을 배치하는 사례들이 늘고 있다.

그러나 일부 연구는 여성이 평균적인 힘을 넘어설 필요가 있는 작업을 할 때 업무상 사고가 잘 발생한다는 것을 보여주었다(Chaffin, Herrin and Keyseling, 1978: 403~408; Jukk et al., 1980: 53~59). 이러다 보니 여성주의자들은 여성 고용의 문을 넓히고자 하는 목표와 여성 노동자의 건강보호라는 목표 사이에서 갈등한다. 따라서 많은 여성주의자는 이러한 간극을 줄이기 위한 방법으로 구직자의 업무 수행능력 평가를 제안하고 있다.

2. 체격과 체형의 차이

체력 평가에서 나타나는 업무 수행력의 성별 차이는 생물학적 차이와 관련이 있다. 이러한 차이는 일반적으로 다음과 같이 설명할 수 있다.[5] 일단 유전적 차이와 생물학적 차이는 직무를 수행하는 능력을 평가하는 데 중요한 요소일 뿐만 아니라 유용한 요소이다. 그러나 생물학적 특징은 유전자의 영향을 일부 받지만 받지 않는 부분도 있다. 키는 생물학적인 특징이지만, 인간을 모두 유전적으로나 생물학적으로 설명할 수는 없다. 신장의 차이는 유전자의 차이뿐만이 아니라 영양 상태, 굽이 높은 신발을 신는 것과 같은 환경 요인의 상호작용에 의해 결정된다. 즉, 높은 선반 위의 물체에 도달할 능력이 있다는 것은 선반의 높이, 발판의 사용 가능성과 같은 요인에 따라 결정된다는 것이다.

---

5   Bacchi(1990); Armstrong and Armstrong(1991: chap.2)(성과 젠더 개념에 대한 흥미 있는 논의를 담고 있다); Hubbard(1990) 참조.

생물학적 특징은 유전적 요소의 영향을 주로 받지만 환경에 따라 변화가 가능하다. 중량물을 들어 올리거나 임신을 하는 능력은 유전자에 의해 결정되지만 운동, 영양 상태, 스트레스와 같은 작업조건은 이 두 가지 능력을 바꿀 수 있다. 유전적 특징이 사라지게 하는 환경도 있다. 식이로 완벽히 예방이 가능한 유전 질환이 그 예라 할 수 있다. 한편 유전적으로 무거운 나무상자를 들어 올릴 수 있는 능력이 있는 사람이라고 하더라도 나무가 가벼운 플라스틱으로 만들어진다면 일을 하기 쉬워진다. 즉, 노동 과정에서 중요하게 생각하는 인간의 특징은 유전자와 환경의 상호작용에 의해 결정되고 이는 조절이 가능하다고 이야기하는 것이 가장 정확하다. 유전자의 영향은 환경과의 상호작용 속에서 개인의 역량에 대한 일부 제한 요인이 될 수는 있지만 진정한 '결정요인'이라고 할 수는 없다.[6]

여성과 남성의 유전자 차이는 염색체 1개에 불과하기 때문에 젠더 간의 차이를 연구하는 데 유전자와 환경의 상호작용을 고려하는 것이 중요하다. 여성은 2개의 X 염색체를 포함해 23쌍의 염색체기 있고, 남성은 X와 Y를 포함한 23쌍의 염색체가 있다. X 염색체 1개는 인간의 전체 유전자의 2~3%에 해당된다. 남성에게도 있는 하나의 X 염색체 유전자는 시력과 혈액응고, 소화기능처럼 성(sex)이나 성적 특징(sexuality)과 관련이 없는 기능을 한다. 결국 유전자 중 아주 일부만이 호르몬의 작용에 영향을 준다는 것이다. 남성에게만 있는 Y 염색체는 20개 이하의 유전자로 구성이 되는데, 이는 전부 성적 특성의 발현에 영향을 주는 것으로 생각된다. 이렇게 보면 Y 염색체는 유전에서 매우 작은 부분이라고 할 수 있다.

성별을 결정하는 기전이 완전히 밝혀져 있지는 않지만 태아의 X, Y 염색체

6   더 풍부한 논의를 위해서는 Hubbard and Wald(1993) 참고.

수가 수정 약 6주 후부터 외부 생식기의 형성과 호르몬 분비에 영향을 주는 것으로 알려져 있다. 특히 사춘기 이후의 호르몬 분비는 영양 상태나 운동 상태와 함께 키와 근육 분포, 체내 지방 분포에 영향을 주고, 이는 여성과 남성 간의 외형적인 차이를 나타내는 데 중요한 역할을 한다. 그러나 여성과 남성에게 주어지는 환경이 너무 다르기 때문에 염색체가 성숙한 개인의 특정 행동과 역량에 어느 정도나 영향을 주었는지 확인하는 것은 어려우며 또한 염색체의 영향이라는 것을 정확하게 정의하기도 어렵다(Fausto-Sterling, 1992).

그러므로 다음에서는 노동자 사이에서 발견할 수 있는 생물학적 차이와 이로 인한 직업건강의 영향만을 다룰 것이다. 성별 차이의 근원이나 훈련과 교육에 의해 변화가 가능한지에 대한 논의는 제외했다. 직장에서 채택된 정치적 결정이 겉모습과 체격, 근력이 다른 노동자의 작업장 설계에 어떤 영향을 주는지에 대해 기술할 것이다.

여성과 남성의 개별적인 겉모습과 체격은 다양하지만 여성과 남성의 평균은 다르다. 113명의 생산직 노동자를 대상으로 시행한 연구에 따르면 58명의 여성 중 남성의 평균치보다 키가 큰 여성은 1명도 없었고 55명의 남성 중 여성의 평균치보다 키가 작은 사람은 없었다. 즉, 일부가 겹치기는 하지만 가장 큰 28명은 모두 남성이고 가장 작은 29명은 모두 여성이었다. 이는 일반 인구집단과 크게 다른 결과는 아니었다.

〈표 3-1〉에 제시한 자료는 미국 성인을 대상으로 측정한 몇 개의 신체 크기에 대한 백분위수이다. 대부분의 측정치에서 여성 평균은 남성의 5 백분위 수에 비해 작고 남성 평균은 여성의 95 백분위 수보다 크다. 만약 여성과 남성을 동시에 임의 추출을 하면 92%에서는 남성이 여성보다 크다(Pheasant, 1986: 45).

몸무게는 차이가 더 적다. 임의 추출을 하면 25%에서는 여성이 더 무겁

<표 3-1> 미국 성인의 체격 측정(단위: 인치)

측정 항목	남성 백분위수*			여성 백분위수		
	5	50	95	5	50	95
키	65	69	74	60	64	68
도달거리	77	82	87	71	76	81
앉은 키	34	36	38	31	34	36
팔 길이	29	30	33	26	28	31
손 넓이	3	3.5	4	2.5	3	3.5

주: 미국 남성의 절반은 50 백분위수의 남성보다 더 크다. 5%는 95 백분위수보다 더 크다.
자료: Pheasant(1986: 111).

다. 여성의 신체는 지방의 비율이 높고(약 25%, 남성은 15%), 근육의 비율이 낮다. 남성과 여성은 외형적으로도 다르다. 여성의 발 크기는 일정한 비율로 작아지는데 대퇴부와 종아리는 발과는 다른 비율로 작아지며 젊은 여성의 고관절이 더 유연하다(Pheasant, 1986: chap.3, chap.4).

이러한 차이는 평균으로 추론한 것일 뿐 모든 것이 정확하게 평균인 사람은 없다. 남성의 평균적인 특징을 가진 여성이 존재하고 그 반대도 가능하다. 따라서 모든 여성과 남성을 특정 작업에 고정한다는 것은 이해할 수가 없다. 신체적 차이가 성별 분업의 근거가 될 수 있는지에 대해 깊이 있는 고찰이 필요하다. 즉, 앞서 언급한 체력 평가 같은 전통적인 방법이 성별 분업을 정당화하는 것이 당연한지 말이다.

3. 육체적 힘의 차이

나는 생체역학의 전문가인 스티븐슨과 함께 채용 검진이나 작업표준을 만드는 데 사용되는 평가의 결과를 역학적으로 고찰하고 여성의 수행능력을 살펴봤다. 또한 체력 평가를 직접 실시해보고 작업장과 관련이 있는 다른 요소들에 대해서도 직접 평가를 실시했다. 그 결론 중 일부를 여기에 소개하고자 한다(Messing and Stevenson, 1996: 156~167).

먼저 특정 직무에 대해 남성과 여성의 신체적 힘을 비교했다. 평가에는 세 가지 방법이 사용되었다. 정신생리학적 평가는 점차로 무게를 늘리면서 자신이 들어 올릴 수 있는 최대한의 무게를 정하도록 했다. 생리학적 평가에서는 운동하는 동안 산소 소모량과 심박수 같은 신체의 기능을 측정했다. 생체역학적 평가는 작업 중 근육 사용량을 측정해서 기존 자료와 비교했다. 이러한 세 가지는 미국 국립산업안전보건연구원에서 들기 작업 기준을 만들 때 사용해온 것이다. 또한 이 세 가지 평가방법은 직무 설계와 산업재해에 대한 보상 기준을 만드는 데 사용되므로 직업건강에서 매우 중요하다. 일반적으로 작업에서 요구되는 신체적 부담이 지침 수준 미만인 경우 그 작업을 안전한 것으로 판단하고 이때 발생하는 작업자의 손상은 개인적인 이유가 원인이 된 것으로 간주한다.

이 세 가지 평가를 통해 여성들이 놓이는 부당한 조건을 보여줄 것이다.

정신생리학적 평가

여성과 남성의 육체적 작업에 대해 가장 잘 알려져 있는 정신생리학적 자료원은 스누크(S. M. Snook)와 시리엘로(V. M. Ciriello)가 작성했다(Snook and Ciriello, 1991: 1197~1213, 1974: 527~534). 68명의 남성과 51명의 여성으로 구성되어 있는 연구 대상은 무게를 늘리면서 자신이 들기 어렵다고 생각할 때까지 상자를 들었다. 조사자는 상자의 크기와 범위(바닥에서 무릎, 무릎에서 어깨 높이 등), 움직임(밀기, 당기기), 거리와 같은 다른 변수들을 통제했다. 전체적으로 남성은 여성보다 2배 정도의 무게를 더 들고 내릴 수 있었다. 밀기/당기기 작업에서는 성별 차이가 더 적었고, 중복되는 범위가 더 넓어졌다. 성별 차이는 드는 속도가 빠르고 상자가 작을수록 줄어들었다. 예를 들어 5초마다 한 번씩 들기 작업을 하는 경우 여성의 수행력은 남성의 65% 정도였는데, 5분에 한 번 들기 작업을 하는 경우에는 남성의 50%까지로 수행력이 줄었다.

다른 연구자는 남성과 여성에게 40분 동안 정신생리학적 평가를 실시해 각자 그들이 온종일 들 수 있는 무게를 예측해보라고 했다(Mital, 1983: 485~491, 1984: 1115~1126). 그 결과 남성은 여성에 비해 2배 정도 자신의 능력을 과대평가하는 것으로 나타났다. 정신생리학적 평가 결과, 여성에게는 자신이 수용할 수 있는 중량물의 무게에 대해 더욱 엄격한 기준이 있기 때문에 체력이 과소평가되는 것으로 나타났다.

생리학적 평가

생리학적 평가는 산소 운반 능력과 작업 중 근육의 에너지원이 되는 심혈관계 능력에 초점이 맞추어져 있다. 육체적 활동을 하는 동안의 산소 소모량과 이산화탄소 생성량으로 심혈관계의 능력과 효율을 평가할 수 있다. 즉, 연구 대상에게 실험실에서 운동을 하도록 하고 운동을 하는 동안 산소농도와 심박수, 심박출량 등을 측정할 수 있는 기구를 부착하는 것이다. 이러한 기구는 작업장에서 사용하기에는 매우 불편하므로 실제 작업장에서는 심박수에 대한 간접적 측정방식을 사용했다. 체격, 체력, 심혈관계의 기능과 관련해 체격을 고려하지 않은 절대 수치에서 남성은 여성보다 40~60%의 산소를 더 소모하는 것으로 나타났다(Froberg and Pederson, 1984: 446~480). 그러나 이를 단위체중당 산소 소모율로 환산하면 차이는 20~30%로 줄어들며, 여성에게 높은 것으로 알려져 있는 체지방률까지 보정하면 산소 소모량은 거의 비슷해진다(Wells, 1985).

생리학적 평가의 결과는 보통 이러한 보정 없이 산소 소모량의 절대치로 보고가 된다. 이는 직무를 수행하면서 발생하는 육체적 부담은 누가 그것을 하든 상관없이 일정하다는 생각 때문이다. 이러다 보니 남성과 여성 모두 같은 방식으로 작업하도록 작업을 설계하기만 할 뿐 남성과 여성에게 작업 도중 발생하는 육체적 부담을 조절할 수 있는 방법을 연구하지는 않는다. 예를 들면 본인에게 적합한 들기 방식을 선택할 수 있다면 상체의 근력이 좋은 남성은 단순히 팔을 이용하는 한 단계의 들기 작업방식을 선택하는 반면 여성은 두 동작으로 구성된 작업방식을 선택하거나 팔을 보조하기 위해서 다른 신체부위를 사용할 수도 있고 지렛대를 사용할 수도 있다. 여성에게 남성과 같은 방식으로 일하기를 강요한다면 에너지 소비의 차이는 더 커질 수밖에 없다. 남성을 기준으로 한 작업방식을 전제로 하고 실시하는 생리학적 평가는 성별 차이를 실제보다 더 큰 것처럼 보이게 한다.

생체역학적 평가

생체역학적 평가는 직무를 수행하는 과정에서 각각의 관절을 움직이는 데 필요한 근육의 작용 과정에서 사용되는 근력에 대한 평가를 기초로 한다. 작업 중 자세를 기록하기 위해 영상을 활용하고 작업자의 체중과 들어 올리려는 물체의 무게를 바탕으로 각각의 관절에 가해지는 힘을 평가할 수 있다. 이런 평가에 따르면 여성의 힘은 남성 평균의 60%에 달한다(Laubach, 1976: 534~542). 생리적 힘의 성별 차이는 상지에서 더 크고 하지에서 가장 적은 것

<표 3-2> 여성과 남성의 상대적 힘

동작	남성대비 여성의 최대치	범위
팔로 밀기/당기기	56%	35-79
다리로 밀기/당기기	72%	57-86
상체로 밀기/당기기	64%	59-84

자료: Laubach(1976: 534~542).

으로 알려져 있다(〈표 3-2〉 참조)(Falkel et al., 1986: 145~154, Falkel et al., 1985: 1661~1670).

그러나 여성과 남성의 생리학적 근력의 범위는 항상 중복되는 부분이 있으며 평가방법에 따라 그 정도가 달라진다. 작업 수행 방법 또한 성별 차이를 두드러지게 할 수 있다. 신체 구성 성분의 차이나 근육 발달 양상의 차이처럼 근골격계의 구조와 근육 특징은 성별에 따라 차이가 나고, 이는 업무 수행 과정에서 성별 차이를 야기한다. 포서길(D. M. Fothergill) 등은 자세와 동작의 다양성에 대한 연구에서 주어진 작업을 수행하는 과정에서 힘을 쓰는 방향에 따라 물리적 근력의 성별 차이 정도가 달라진다고 했다(Fothergill, Grieve and Pheasant, 1991: 563~565). 특정한 각도에서 밀거나 당기는 작업을 할 때가 다른 동작을 할 때에 비해서 성별 차이가 더 컸던 것이다. 다른 연구에서는 손잡이 사이의 거리가 성별에 따른 악력의 차이에 영향을 주는 것으로 나타났다. 여성의 손의 크기가 더 작기 때문에 손잡이 간의 거리가 먼 경우 악력이 더욱 약해졌던 것이다(Fransson and Winkel, 1991: 881~892).

우리는 남성을 기준으로 작성된 표준 업무 수행 방법에 대한 생체역학적 평가가 여성에게도 그대로 적용되는 경우를 흔히 볼 수 있다. 이렇게 똑같은 기준을 적용하는 것은 여성과 남성이 업무 수행 과정에서 근력을 사용하는 방법이 매우 다르기 때문에 적절치 않다(Stevenson et al., 1990: 1455~1469). 예를 들어 남성은 보통 좀 더 무거운 물체를 들지만 횟수가 적은 반면 여성은 가벼운 물체를 더욱 자주 드는 경향이 있다. 또한 물체를 운반하는 과정에서 남성은 상체를 주로 사용하지만 여성은 팔보다 둔부에 무게를 실으면서 하체를 주로 사용한다.

스티븐슨은 널리 사용되는 생체역학적 방법의 하나인 증분들기법(incremental lifting machine: ILM)에 대해 자세히 조사했다(Stevenson et al., 1996: 45~52). 실험 방법은 중량물을 30cm의 높이에서 180cm 높이까지 한 번에 들어 올리는 것이었다. 이 실험에서 143명의 남성이 들어 올렸던 전체 무게의 48%를 126명의 여성이 들어 올리는 데 성공했다.

스티븐슨은 실제 들기 작업을 반영해서 설계된 전형적인 작업(바닥에서 135cm 높이로 상자를 들어 올리는)과 증분들기법에서의 수행력을 비교했다(Stevenson et al., 1995: 292~302). 이 연구에 따르면 증분들기법은 여성의 실제 수행 능력을 예측하는 데 적절치 않았다. 여성은 일을 하는 과정에서 작업 방법에 대한 자율성이 많아질수록 들기 작업을 더 잘하는 것으로 나타났고, 남성이 성공한 작업 무게의 63%까지 성공하기도 했다. 여성에게 직무를 재설계할 수 있는 기회를 주면 성취율이 높아진다. 또한 남성은 한 번의 동작으로 일을 하는 것에 비해서 여성은 두 번 정도로 동작을 나누어서 들기 작업을 하는 경향이 있었다.

증분들기와 박스를 드는 작업을 실제로 하는 것에 차이가 발생하는 또 다른 이유는 증분들기에서 사용하는 작업 방법의 특성 때문이다. 여성은 키가 작기 때문에 증분들기 작업을 하면서 허리 위로 팔을 올리는 데 더 많은 힘을 써야 하고 작업 시간도 더 필요하다. 이 방법에 대한 최초 연구가 수행되었을 때 그 대상에 남성과 여성이 뒤섞여 있었기 때문에 증분들기가 여성의 실행력을 예측하는 데 적절치 않은 방법이라는 것이 드러나지 않았다(Ayoub et al., 1982).

여성의 근력은 모든 생체역학적 평가방법에서 남성에 비해 과소평가된다. 이러한 평가방법은 일단 남성을 기준으로 개발되고 그 이후에나 여성에게 적용된다. 그러다 보니 여성의 능력을 평가하는 데 적절치 않다는 사실이 그리 놀랄 만한 일도 아니다. 스티븐슨은 현실에서 수행되는 들기 업무를 정확하게 반영하고 여성의 업무 수행을 더 잘 예측할 수 있도록 평가방법을 개선해야 한다고 주장했다.

4. 어떻게 사람을 선택할 것인가?

근력 평가가 개선되면 직무수행에 여성이 더 좋은 평가를 받을 것인가? 우리는 조건이 어떻게 개선되더라도 대부분의 여성은 남성에 비해서 적은 무게를 들 수밖에 없다는 사실을 인정해야만 한다. 소방관의 신체검사에 사용된 한 가지 평가방법에 대한 연구에서 연구자는 다음과 같이 말했다.

여성의 평균은 남성에 비해 낮은 것으로 나타났으며 …… 우리는 소방 업무와 관련된 정밀 건강검진에서 남성과 비슷한 수준의 체중이며 체지방률이 낮은 여성(1,087명 중 36명)을 일부 확인할 수 있었다. …… 그들은 최근에 시카고의 소방관으로 고용되었다(Misner, Boileau and Plowman, 1989: 218~224).

결국 여성 지원자의 96.7%가 체력 평가에서 떨어지고 신체 조건이 남성과 유사한 일부만이 채용된 것이다. 평가방법을 바꾼다면 여성들이 약간 더 채용될 수 있을 것이다. 그러나 대부분의 여성은 여전히 채용되지 못할 것이다. 이것이 현명한 것일까?

여성 소방관이 파트너인 경우, 화재가 난 건물에서 연기를 헤치고 자신을 업고 나와야만 하는 상황이 생긴다면 그 상황에서는 그녀들이 너무 약하다는 남성 소방관들의 우려를 어떻게 해결할 수 있을지에 대해 시 당국은 CINBIOSE에 자문을 구했다. 남성 소방관들은 남성의 많은 수가 나이가 많아서 동료를 업고 나올 만한 여력이 없다고 생각하지만 이것이 여성 노동자를 채용할 근거가 되는 건 아니라고 주장했다. 우리는 그들의 불안을 이해할 수 있었다. 왜냐하면 그들의 불안은 우리가 슈퍼맨이나 원더우먼과 같은 사람들이 우리를 구해주길 바라는 것과 마찬가지이기 때문이다. 그러나 체력 평가에서 훌륭한 성적을 받았다고 해서 화재가 난 건물에서 빠져나올 수 있는 가장 좋은 방법을 잘 찾아내거나 연기를 잘 견딘다고 할 수는 없다. 스티븐슨은 육체적 힘을 평가하는 것은 가장 강한 지원자를 선택하는 방법이 아니라, 지원자 중에 남성을 주로 선택하는 과정이며, 일을 하기에 너무 약한 사람을 걸러내는 작업일 뿐이라고 했다. 즉, 최소한의 기준에만 맞는다면 직무 특성을 고려할 때 필요한 요인들인 지적 기술이나 정서적 안정과 같은 요인에 대한 평가가 같이 이루어져야 한다는 것이다. 만약 이것이 이루어진다면 여성 소방관의 비율은 지금보다 높아질 것이다.

소방관이라는 직업은 육체적 요구도가 높아 전통적으로 남성이 하는 직업이라고 생각되어왔다. 이런 직업으로 여성이 진출하는 데 육체적 장벽이 되는 체력 평가방법들은 대부분 과도한 수준의 힘을 요구하는 것으로 구성되어 있고 직무수행 중에 흔히 발생하지 않는 상황을 주로 평가한다. 극도의 힘을 요구하는 업무들을 수행하기 위해서는 근력을 사용하는 것 외에 다양한 방법이 있다. 그 예로 캐나다 국영철도의 제동수를 들 수 있다. 지원자들은 건강검진에서 손잡이가 있는 83파운드(38kg) 무게의 물체를 80피트(24m) 이동할 수 있는지에 대해 평가받는다. 대부분의 여성은 이 평가에서 탈락한다. 캐나다 인권위원회는 이 작업이 전체 업무와 별 관련이 없고 손잡이가 있는 물체는 동료와 함께 운반할 수 있다는 이의를 접수했다. 위원회는 제동수에 대한 이러한 평가가 차별이라고 했다. 또 다른 예는 서론에서 언급한 제과 공장의 배합공정에서 찾을 수 있다. 남성은 40kg의 설탕과 밀가루 자루를 1시간에 두세 번 들어서 배합기에 넣는 일을 한다. 여성은 이 자루를 들 수 없기 때문에 이 작업에 배치받지 못했다. 우리는 자루를 2개나 4개로 나누어 더 가볍게 하면 안 되는 이유가 있는지를 물었고 관리자들은 남성들은 자루를 들어 올리는 데 큰 문제가 없으므로 그럴 필요가 없었다고 했다.

그러나 우리는 남성들이 중량물을 들어 올리는 작업을 이런 식으로 장기간 해도 아무 문제가 없다고 확신할 수 없다. 퀘벡에서 남성의 허리 관련 질환으로 인한 보상률은 여성에 비해 3.3배 높다(Laurin, 1992: 63). 이는 많은 남성이 자신의 근력을 넘어서는 일을 하고 있음을 의미한다. 우리는 여성이 그 작업을 하면 안 되는 합리적인 이유를 찾지 못했으며 남녀 모두를 보호하기 위해 자루의 무게를 줄이라고 했다. 특정 작업에서 여성을 배제하는 것은 결국 사업주가 남성은 위험한 작업을 하는 것이 당연하다고 생각하게 만드는 것이고, 남성이 이를 거부할 경우는 여자아이 같다는 비난을 받게 만드는 것이다.

5. 생물학적 차이는 어떻게 작업 과정과 상호작용을 하는가?

다음으로 우리는 육체노동에서의 성별 분업이 남성과 여성의 생물학적 차이 때문에 생긴 것인지에 대해 대답할 것이다. 이 질문은 다음과 같은 두 가지 세부 질문으로 구분된다. 첫째, 여성이 다치거나 병에 걸리지 않고 지금까지와는 다른 일을 하는 것이 가능한가? 둘째, 전형적이지 않은 일에 대한 접근성을 높이면 여성 노동자가 다치거나 질병에 걸리지 않고 일을 할 수 있을까?

앞의 장에서 이야기한 것처럼 성별 분업 속에서 비전형적인 직업의 여성이라고 해도 반드시 남성과 똑같은 직무에 배치되지는 않기 때문에 첫 번째 질문에 대한 대답을 하는 것은 어렵다. 구체적인 직무가 다르기 때문에 손상과 질환의 발생 양상도 달라지기 때문이다. 또한 여성은 매우 무거운 물체를 다루는 육체적 작업에서는 완전히 배제되어 있는 경우가 많기 때문에 대답을 찾기 위한 조사를 하는 것조차 어렵다. 시 당국의 자료에 따르면 여성은 201개의 직무 중 단지 22개에만 배치되어 있었고 대부분의 사람은 여성이 나머지 179개의 직무를 수행하는 것은 어렵다고 생각했다.

한편 일부 전형적인 남성의 작업은 실제로 여성에게 더 위험하기도 하다. 우리는 여성에게 특히 위험하다고 생각되는 작업을 하나 찾았다(Courville, Vézina and Messing, 1992: 119~134). 그것은 포장 분류작업이었는데 오랫동안 생산방식이 동일했다. 작업방식이 계속 같았음에도 근속연수가 길어질수록 여성 노동자들의 비율이 오히려 줄어들었고 이 작업을 하는 소수의 여성(14%) 중 63%가 최근에 업무상 재해를 당한 것으로 나타났다. 이 작업은 3초마다 포장 1개를 손으로 집어올린 후(하루 7,000번) 코드를 찾아서 컴퓨터로 입력하는 작업이었다. 포장의 무게는 거의 2kg이었으며 왼손으로 운반하는 무게는 하루 총 1만 2,000kg에 달했다. 우리는 여성이 시간이 지날 수록 이 작업을 못하는 이유가 불편한 자세에서 들기 작업을 수행해야 하기 때문이라고 추측했다. 그러나 작업을 관찰한 결과 작업대의 높이 때문에 키가 작은 노동자에게 부담이 가중된다는 사실을 알았다. 키가 작은 경우에는 포장을 다루기 위해서 왼쪽 어깨 관절이 약간 꼬인 상태로 일을 해야만 했던 것이다. 작업대의 높이는 여성의 평균 신장에 적절하지 않았고 이 때문에 여성들이 작업에서 배제되었던 것이다.

이처럼 작업장 설계와 적합성을 별개로 논의하는 것은 불가능하다. 비전형적인 일에 대한 접근성을 높이면 여성 노동자가 다치거나 질병에 걸리지 않고 일을 할 수 있겠냐라는 두 번째 질문에 대한 우리의 대답은 '그렇다'이다. 그렇기 때문에 비전형적인 작업에 대한 여성의 접근성을 높여야 한다는 것이다. 근대의 많은 작업장은 프로크루테스[7]에 의해 설계되었기 때문에 여성은 작업장에 자신을 맞추기 위해 몸을 바꾸어야 했다. 여성 노동자들은 부츠나 장갑, 삽이 너무 크고 절단기의 손잡이 간격이 너무 넓다고 하소연했다. 관리자는 가지치기 작업을 하는 노동자를 공중에 떠 있게 고정해주는 장치의 벨트가 여성에게는 대부분 너무 커서 떨어지거나 미끄러질 위험이 높으므로 여성을 가지치기 작업에 배치하지 않는다고 이야기했다.

작업자의 직무에 대한 접근성을 높이는 것이 아니라 그 일에 적합한 노동자를 찾는 방식으로만 그동안의 접근이 이루어졌기 때문에 수동 작업과 육체노동에서 위험이 발생한 것이다. 다양한 사람들이 일을 할 수 있도록 작업 과정과 작업장을 만들기 위한 노력을 하지 않았기 때문에 결국 남성이 주로 하는 작업으로 결정되었던 것이다. 세탁 가방은 너무 무겁고 세탁물 저장고는 너무 높이 달려 있고(왜 가방의 크기를 줄이거나 저장고를 낮추거나 단독작업을 없애지 않는 것인가?), 쓰레기통은 너무 크고(왜?), 거울은 닦기에(또는 살펴보기에) 너무 높이 매달려 있다는 것이다.

인간공학 논문을 살펴보면 공간이나 도구를 설계하는 데에 여성은 안중에

---

7 그리스신화에 등장하는 거인으로 잡은 사람을 쇠침대에 눕혀, 키 큰 사람은 다리를 자르고, 작은 사람은 잡아 늘였다고 한다.

도 없다는 것을 종종 깨닫는다(Tanared and K. Messing, 1996: 1~14). 대니얼 샤보-리세(Danielle Chabaud-Rychter)는 주방도구를 설계하는 각각의 단계에서 가정주부뿐 아니라 여성 노동자가 어떻게 소외되는지 밝혔다(Chabaud-Rychter, 1996: 15~37). 실제로 이는 인간공학자 사이에 널리 인정되는 사실이다. 영국 학술지인 ≪응용인간공학(Applied Ergonomics)≫은 작업장과 공구의 설계 과정에서 고려해야 할 것에 대해 「서로 다른 인구집단을 섞어버리는 인체측정학」이라는 통찰력 있는 논문을 게재했다. 이 논문은 연구 대상 408명의 19개 신체부위를 측정해서 인간의 다양성을 보여주고자 했으며 결론적으로 "인체측정학을 근거로 인종적 차이에 대해 고려하는 것을 무시할 수는 없다"라고 했다. 그런데 이 논문은 "인체측정 자료에서 성별은 변이를 유발하는 한 요인이다. 이 변수는 남성 집단만을 대상으로 연구를 진행함으로써 보정할 수 있다"라고도 했다. 어떤 독자나 편집자도 이 논문이 성차별적이라는 사실을 고려하지 않았고 제목을 수정할 것을 요구하지도 않았다(Al-Haboubi, 1992: 191~196).[8]

8　여성 배제적인 문제가 북미와는 관련이 없는 먼 나라의 이야기라는 생각을 하지 않도록 이 논문에서는 캐나다 학자의 요약을 제시했다.
　　"인간의 발에 대한 세 가지 기본적인 측정치에 대한 포괄적인 보고는 다양한 인구를 대상으로(N=1197) 해서 모든 연령을 포괄한(18~85세), 기술 통계학과 함께 제시된다. 그리고 발에 가해지는 물리적 요구라는 관점에서 정상 근무일에 일하고 있는 작업자를 임의 추출했다."
　　이 역시 저자나 편집자 모두 여성이 완전히 배제되어 있어 이 기술이 적당하지 않다는 사실을 제목 및 요약, 논문 어디에도 기술하지 않았다(Hawes and Sovak, 1994: 1213~1226).

6. 업무 적합성

「길거리 보도블록을 만드는 조리법」

케이크를 굽는 것처럼 콘크리트를 붓는다.

중요한 차이는 우선 팬부터 만든다는 것이다.

그것을 거푸집이라고 하자.

근사하게 생각해라.

몇 가지 간단한 재료로 반죽을 만들어라.

모래 한 삽 자갈 한 삽 시멘트 약간.

괜찮아 보일 때까지 물을 부어라.

좋다고 생각할 때까지.

손으로 이것들을 섞거나 이들을 섞는 장비를 요청해라.

레미콘 트럭을 말이다.

거푸집 안에 붓고 표면을 매끄럽게 다듬어라.

너무 차갑지 않도록 열을 가해라.

하지만 너무 뜨거우면 안 된다. 비를 조심하라.

다음날까지 요리를 하자.

거푸집을 제거하고 그 위에서 걷는다.

케이크와의 가장 큰 하나의 차이점이 있다.

이것들은 절대 사라지지 않는다는 것이다.

당신이 죽고, 당신의 아이들만이 남아 있을 때도

같은 보도블록을 걸으며 이렇게 노래할 것이다.

나의 어머니가 이것을 구우셨네(Braid, 1991: 14)!

업무 적합성에 대한 판단은 개인의 변화 가능성과 작업 환경의 유연성 및 적용 가능성을 함께 고려해서 이루어져야 한다. 그러나 여성이 이전에 하지 않던 작업을 하고자 할 때 적합성이란 것은 유독 여성에게 고정불변의 무엇이 된다. 그래서 사람들은 그녀가 그 일을 하기에 충분히 힘이 센지 또는 충분히 정서적으로 안정되어 있는지 등을 묻는다.

업무 적합성은 실제 현장에서는 여성이 남성이 하던 작업을 하겠다고 요청했을 때 이를 거절하기 위한 근거로만 고려되어왔다. 남성의 작업을 하겠다는 요청에 대해 사업주는 여성 노동자는 육체적으로 그 일을 할 수 없다고 말했다. 최소한 시도할 기회를 주어야 했지만 사업주는 요청을 묵살했고 그녀는 다시 조립라인으로 돌아갔다. 그녀는 안타까워하며 "저는 아마도 그 작업을 하면 퇴근 후 피로도가 덜 할 것이라고 생각했어요"라고 이야기했다. 사업주가 생각한 적합성이라는 것이 무엇일까? 어쨌든 체력이란 말인가? 정말로 남성이 여성보다 힘이 셀까? 또는 이에 대한 대답이 체력의 정의인가?

여성만 하는 것으로 정해진 작업은 고유의 육체적인 부담이 있으나 대개 간과되기 마련이다. 체력 측정은 보통 남성이 하는 것으로 알려져 있는 작업에서 사용되는 동작을 기반으로 하여 만들어져 있으므로 여성에게 배타적이다. 정신생리학적 평가와 생체역학적 평가는 10kg이 넘는 물체를 일정한 휴식시간을 두고 반복해서 옮기는 것과 같은 작업을 포함하고 있다. 생리학적인 평가는 상대적으로 짧은 시간에 많은 열량을 사용하는 능력을 요구한다. 오랜 시간 서 있기와 같은 종류의 능력에 대한 평가는 채용 검진에서 사용되어본 적이 없다.

우리는 최근 병원에서 청소 업무를 하는 노동자를 대상으로 일하면서 겪는 어려움에 대해 면접조사를 실시했다. 여성 노동자들은 여성이 (남성 노동자들만 하는) '힘든' 청소작업을 하려면 모두 예외 없이 육체적인 능력에 대한 평가를 받아야만 하지만 '쉬운' 청소작업(현재 작업인원의 80%는 여성이다)을 하고자 하는 남성 노동자는 아무런 평가도 받지 않는다고 했다. 우리는 육체적으로 이른바 '쉬운' 작업을 자세히 관찰했다. '쉬운' 업무들은 주로 지속적으로 허리를 굽히거나, 웅크리고 앉아서 작은 물체를 집어올리는 작업이며 먼지 떨기 작업을 계속해서 하기도 하고 상자를 매우 빠르게 움직이면서 다른 물체의 표면을 문지르거나 닦아내는 것과 같은 작업으로 구성되어 있었고 작업시간 내내 비슷한 동작을 지속적으로 하는 경우가 많았다. 한편 남성들이 주로 하는 업무는 상대적으로 작업속도가 느리고 빈도가 낮은 업무가 많았으며 가끔 큰 힘을 들여 무엇인가를 받치는 경우가 있었고 걸으면서 일을 하지만 비교적 휴식시간이 조금 더 길다는 특징이 있었다(Messing, Shatigny and Courville, 1996: 13~16). 이러한 두 가지 범주의 업무는 모두 상당한 체력이 필요한 작업이었고 주로 구성되는 동작이 다르다는 것 이외에 명확한 차이는 없었다. 결국 사업주는 비슷한 두 종류의 작업을 하고 있음에도 이 중 오직 한 종류의 작업에 대해서만 채용 검진상의 체력 측정을 요구했던 것이다.

여성이 전통적으로 했던 일부 작업은 체력 소모도가 높은 편이다. 예를 들어 재봉사는 6~10초마다 바지의 한쪽 다리를 박는데, 바지의 한쪽 다리를 집어올려서 기계에 놓고 작업을 한 후 이를 다시 선반 위에 놓는 것이 주된 작업이다. 베지나 등은 이런 작업 과정에서 재봉사는 하루 평균 총 3,500kg의 무게를 팔로 들어 올리고 있으며 다리에는 총 1만 6,000kg의 하중이 가해진다는 사실을 확인했다(Vézina, Tierney and Messing, 1992: 268~276). 이렇게 반복성이 심한 작업들이 보통 전형적인 여성의 작업으로 일컬어지는 작업들이다.

여성이 주로 하는 작업에서 필요한 또 다른 신체적 능력은 장시간 쉬지 않고 일할 수 있는 능력이다. 재봉사는 아주 짧은 5초 미만의 휴식조차 취할 틈이 없었고 전체 작업시간의 93%를 실제로 작업을 하는 데 소요했다. 반면에 전통적으로 남성의 작업으로 인식되어 있는 작업은 어떤 성별이 그 일을 하든지 실제 작업시간은 50% 정도로 되어 있다(Couville, Vézina and Messing, 1991: 163~174). 실제로 가금 공정에서도 여성의 휴식시간이 남성보다 짧은 것으로 나타나기도 했다(Saurel-Cubizolles et al., 1991).

판매원이나 은행창구원처럼 주로 여성이 하는 작업은 장시간 서 있는 자세를 유지하는 경우가 많다. 북미의 식료품 계산원은 고정 자세로 서서 10초마다 1개의 물건을 들거나 끌어와서 가격을 확인하는 작업을 한다(Vézina, Chatigny and Messing, 1994: 17~22). 은행창구원은 작업시간의 90% 이상을 서 있다(Seifert, Messing and Dumais, 1996). 가금 공장에 있는 도살장이나 통조림 가공 공정에서 여성은 남성보다 한 장소에 오래 서서 일하는 경우가 더 많고(Saurel-Cubizolles et al., 1991), 장시간 집중이 필요한 작업도 많다. 청소작업은 허리를 구부리거나 불편한 자세로 근육을 극도로 긴장되게 하거나 물체를 문지르는 동작을 많이 포함한다. 그렇지만 채용 건강검진에는 얼마나 오래 서 있을 수 있는지 또는 얼마나 오래 굽히고 있을 수 있는지, 허공에서 얼마나 오래 손을 들고 있을 수 있는지를 확인할 수 있는 항목은 없다.

전형적인 여성의 작업이 요구하는 또 다른 육체적 능력은 크기와 모양이 다양한, 심지어 아기나 식료품 포장처럼 움직이거나 비대칭적인 물체를 한꺼번에 민첩하게 다루는 능력이다. 또한 기차 객실의 화장실 청소처럼 온종일 자세를 빠르게 바꿀 수 있는 능력이 필요한 경우도 있다(Messing, Haëntjens and Doniol-Shaw, 1993: 353~370). 세탁작업을 하는 노동자들은 고온의 젖은 시트를 끊임없이 들어 올리는 작업을 하기 때문에 작업 중 심박수가 광부들과 비슷하게 올라간다(Brabant, Bédard and Mergler, 1989: 615~628). 그러나 이러한 능력은 채용 신체검사에 거의 포함되지 않는다. 또한 당연하게도 멈추지 않고 10시간(캐나다 여성의 가사노동과 임금노동시간의 평균)을 지속해서 일할 수 있는지를 평가할 수 있는 채용 검진도 없다.

우리는 성별에 따른 능력의 차이라는 것이 남성과 여성의 평균적인 차이를 반영할 뿐, 현실에서는 적용이 불가능한 편견이라는 것을 확인했고 적합성의 개념에도 의문을 제기했다. 퀘벡의 병원에서 일하는 여성 청소노동자들은 사다리에 올라가서 작업을 하는 것이 금지되어 있는데 실제로 여성 노동자들이 높은 곳을 청소해야 하는 경우에도 계단식 발받침 등을 사용하는 것이 금지되어 있어서 발꿈치를 들고 청소를 해야만 한다며 어려움을 호소했다. 한 여성 노동자는 계단식 발받침을 사용하다 떨어지는 경우에는 보험 적용이 되지 않는다는 이야기를 상관에게서 들었다고 했다. 이는 틀린 이야기인데도 비슷한 이야기를 여러 군데에서 들을 수 있었다. 작업자들은 여성은 사다리에 올라갈 능력이 없다고 말했고 이러한 믿음을 뒷받침해줄 연구 결과가 전혀 없음에도 일부는 진심으로 그 이야기를 믿고 있었다.

청소 노동자의 사례는 결국 성별에 따라 당연히 능력의 차이가 있을 것이라는 편견에서 비롯된 성별 분업을 가지고 성별에 따라 능력에 차이가 난다고 쉽게 이야기한 것임을 보여준다. 그리고 실제로 적합성이란 말은 남성에게만 해당하는 이야기라고 할 수 있다. 여성의 능력이 부족하다는 것은 결국 작업을 하기 위해 남성에게 필요한 것을 만족시키지 못한다는 의미이다. 결국 남성과 비교했을 때의 능력이 부족하기 때문에 여성이 특정 작업을 하는 것을 제한하고 여성이 청소기계를 다루거나 사다리에 올라가는 것을 금지하는 것이다. 이러한 작업에서의 제한들은 일하는 과정에서 실제적으로 필요한 육체적 요구와 관련이 없었고, 성별에 대한 고착화된 편견에 의한 것이었다. 성별에 대한 편견은 독립적으로 작용하는 하나의 요인이며 그 자체로 노동 과정에 영향을 미치는 하나의 기제인 것이다.

7. 결론

채용 신체검사의 과학적 근거는 주로 남성이 하는 작업에서 요구하는 육체적 조건을 남성의 신체를 기준으로 삼아 구성한 것이다. 주로 남성이 하는 업무를 하고 있는 여성이 부딪히는 많은 장벽은 이렇게 고착화된 편견에 의한 것이다. 의지가 있다면 업무를 여성에게 적절하게 바꾸어서 여성이 쉽게 업무를 수행하게 할 수 있다. 일반적이고 단순해 보이는 일이라도 각각의 업무에 요구되는 재능과 자질은 매우 다르다. 남성의 보편적인 자질을 가치가 있다고 생각하고 이에 대한 평가를 하는 것은 성차별적이다. 또한 주로 남성이 하는 직무의 건강 위해요인만을 살펴보는 것은 반복, 굽힘, 장시간 노동과 같은 요인이 여성에게 주는 잠재적인 위험을 간과하는 것이다.

채용 검진에 대한 일반적인 개념은 노동자들이 스스로 건강을 보호하기 위한 노력을 하면서 작업을 하는 다양한 방법으로 작업을 수행한다는 점을 이해하지 못한 상태를 기반으로 한다. 이런 몰이해 때문에 업무 과정에서 실제적으로 요구되는 능력과 신체검사의 관련성이 없어지고 노동자들의 요구조차 만족시키지 못한다. 그러나 이러한 오해는 여성에게 매우 강력한 차별의 기제가 된다.

이러한 모든 상황을 살펴보면 과학적 근거란 것이 유난히 여성 노동자들의 요구와 동떨어져 있고 심지어 반대되는 지점에 서 있다고 의심할 수밖에 없다. 서 있는 작업보다 중량물 작업에 대한 연구가 많은 이유가 무엇일까? 작업 도구를 설계할 때 고려하는 요인들은 왜 이렇게 제한적일까? 또한 왜 논문의 편집자와 독자들은 다양한 인구집단을 대상으로 한 연구에서 여성이 배제되어 있다는 사실에 주목하지 않을까? 이와 같은 의문은 우리가 연구자들을 선임하고 훈련하는 방식에 관심을 기울일 필요가 있다는 것을 의미한다.

제4장

과학자는 어떤 사람들인가?

One-eyed Science

직업보건학 분야에서 활동해온 학자들이 여성 노동자의 건강 문제 규명을 위해 지금까지 한 일들을 살펴보면 이 분야에서 그들의 역할이 매우 미미했음을 알 수 있다. 예컨대 아주 최근까지만 해도 여성이라는 존재와 여성의 직업이라는 부분은 직업보건학 연구에서 거의 배제되다시피 했다. 남성 노동자들이 흔히 경험하는 건강 문제, 예컨대 일하는 도중 무거운 물체를 들어 올리다가 등이 삐끗하는 건강 문제는 직업보건학자들의 주목을 받아왔지만, 여성들이 장시간 서서 일해야 하는 것 때문에 경험하는 육체적 고통은 이들의 주목을 끌지 못했다. 여성들이 주로 경험하는 암이나 생식건강상의 문제들도 그들의 직업과 관련된 건강 문제로서 다루어지지 않았다. 또한 여성들에게서 나타나는 집합적 스트레스성 반응은 '집단적 히스테리(mass hysteria)'에서 기인하는 것으로 간주되어왔을 뿐이다. 통상적으로 여성 노동자들에게 적용되는 노동기준은 일반 남성 노동자에게 적용되는 요구, 직업, 신체 특성에 근거해 그 기준이 설정되곤 했다. 즉, 직업 관련 건강 문제를 판정하고 판단하는 데 사용되어온 종래의 기준이나 틀은 여성들이 경험하는 직업상의 건강 문제를 진단, 확인하는 데 적합한 기준이나 틀은 아니었던 것이다. 결론적으로 말하면 지금까지 직업 및 안전 문제와 관련해 여성의 건강 문제가 연구된 바는 사실상 거의 전무한 실정이라고 할 수 있다.

의학에서 여성이라는 존재가 어떻게 다뤄지고 있는지에 관해서는 지금까지 많은 여성주의 학자가 연구를 통해 규명한 바 있다. 1970년대에 들어 허버드(Ruth Hubbard), 제나 코레아(Gena Corea), 파우스토-스털링(Anne Fausto-Sterling) 등 여타 여성주의 연구자들이 이 문제에 대해 연구했고, 이후에도 론다 슈빙거(Londa Schiebinger), 도나 해러웨이(Donna Haraway), 그리고 그 외에도 수많은 연구자가 이들의 연구를 계승, 발전시켜왔다. 또한 여성주의자 중에는 자신들이 과학자로서 인정을 받든 안 받든 상관없이[마거릿 로지터(Margaret Rossiter), 에버린 팍스-켈러(Evelyn Fox-Keller), 메리앤 에인리(Marianne Ainley)의 연구 사례가 이에 해당], 또는 자신이 과학자 집단에 속한 경우가 아니어도[로렌 코더(Lorraine Coder)의 연구 사례가 이에 해당] 여성들의 과학 하는 방식에 대해 연구를 하는 이들도 있다. 또 다른 한편에서는 자신들의 지식과 경험이 과학자들에 의해 진지하게 받아들여질 것을 요구하는 여성의 수도 증가하는 추세에 있다. 로이 기브스(Lois Gibbs), 러브 커낼(Love Canal), 주디 노시진(Judy Norsigian), 보스턴 여성건강서적공동체(Boston Women's Health Book Collective), 그리고 수많은 노동조합 활동가가 그와 같은 사례에 해당한다. 나의 연구 또한 그와 같은 여성주의자들의 연구와 맥을 같이하고 있다.

이 책의 제7장에서 제10장에 걸쳐, 나는 과학자들이 여성의 직업과 건강 문제를 어떻게 다루고 있는지 상세히 설명할 것이다. 그에 앞서 제4장부터 제6장에서는 우선 과학자들의 배경에 관해 설명해보려고 한다. 과학자들이란 과연 누구인가? 누구에 의해 어떻게 훈련을 받는가? 그들의 연구 주제는 어떻게 결정되는가? 연구비는 어디에서 오는가? 연구 프로젝트들은 어떠한 과정을 거쳐 과학적 지식을 생산하는가? 이러한 질문들에 대한 답변은 과학자들이 여성의 직업과 관련한 건강 문제를 연구하려고 할 때 왜 어려움에 봉착하는지를 알 수 있게끔 도와줄 것이다. 이런 주제를 다룬다고 해서 내가 과학자들을 비열한 사람 또는 특별히 성차별주의적인 사람들이라고 주장하는 것은 아니다. 여기서 말하고자 하는 것은 지금껏 직업보건학자들이 여성 노동자들의 건강욕구에 부합하는 지식과 기술을 갖추지 못한 과학제도 안에서 훈련되고 양성되어왔다는 사실이다.

1. 연구자는 어떤 사람들인가?

직업보건학을 연구하는 학자들의 배경은 매우 다양하다. 예컨대 어떤 학자는 노동자의 육체적·정신적 건강에 영향을 미치는 작업장의 조건에 대한 연구를 수행한다. 여기에는 직접 환자를 돌보는 사람들(의사나 임상심리학자), 직업과 질환 간의 통계적 연관성을 다루는 사람들(역학자), 그리고 화학 물질이나 방사성 물질의 생물학적 변화기전을 연구하는 사람들(독성학자)이 포함된다. 어떤 학자들은 노동자들이 어떤 환경에 노출되고 있는지 파악하기 위해 작업장의 상태를 연구하기도 한다. 여기에는 화학적·물리적 위해요인을 탐구하는 사람들(산업위생 전문가), 노동자들에게 정신적·정서적 손상을 초래하는 여러 조건들에 관해 연구하는 사람들(사회학자 및 심리학자), 그리고 노동자들의 신체에 가해지는 압박요인이 무엇인가를 찾아내기 위해 노동자들의 작업 활동을 조사하는 사람들(인간공학자)이 포함된다.

그런데 앞에서 언급한 직업보건학의 제 분야라든지 자연과학 및 생의학 분야에서 여성 학자들은 단지 소수자의 위치에 머무르고 있다. 여성들이 과학 분야에서 영향력 있는 위치로 나아가려고 하면 우선 여러 단계에서 장애에 부딪힌다. 성과 인종, 출신계층을 막론하고 연구 분야에 종사하는 과학자가 되려면 누구나 반드시 박사학위나 의학학위를 취득해야만 한다. 어떤 분야를 전공으로 선택하느냐에 따라 학위 취득에 소요되는 시간이 다르긴 하지만 박사학위를 취득하려면 고등학교 졸업 후 적어도 8년, 의학 학위를 취득하려면 8년에서 10년(퀘벡의 경우), 또는 그 이상의 기간이 필요하다(미국과 캐나다의 경우).

여성, 소수민족인, 그리고 노동자계급 출신인 경우, 이들은 이와 같이 장기간에 걸쳐 소정의 학위를 취득하고 난 후에도 자신들을 이 세계에서 배제하는 방향으로 작동하는 여러 가지 장애물들을 넘어설 수 있어야만 비로소 과학자나 의사가 될 수 있다. 이는 허버드가 한 다음의 말에서 잘 드러난다.

> 과학 분야에서 어떤 업적을 쌓을 수 있었던 사람들에게서 관찰되는 사회적·집단적 특징은 무엇인가? 우선 그들은 대학원 또는 그 이상의 특정 교육을 받은 사람들이다. 1960년대까지만 해도 주로 중상류층이나 상류층 출신의 젊은이들, 즉 대부분이 남성이면서 백인인 그들이 그와 같은 특정 교육을 받을 수 있었다. 그 이후로 더 많은 백인 여성과 유색인(남녀 모두)도 교육을 받을 수 있었지만 눈에 뜨일 만큼 크게 달라진 것은 없다(Hubbard, 1990: 23).

자녀가 딸린 노동자계급 출신의 여성으로서는 풀타임으로 그것도 장기간에 걸쳐 학교를 다닌다는 것은 사실상 불가능한 일이다. 그런데 아쉽게도 과학 분야에는 파트타임으로 다닐 수 있는 박사 과정 프로그램이 거의 없고 더욱이 의학 분야에는 전무한 실정이다. 게다가 의사가 되기 위한 훈련 과정이나 자연과학 분야에서 박사학위 취득 과정은 매우 엄격한 일정을 요구한다. 예컨대 대학원생들의 경우, 실험주기에 맞춰 실험을 진행할 수 있기 위해서 또는 작업장의 상태나 연구 대상자에게 발생하는 응급 상황에 신속히 대처할 수 있기 위해 항상 실험실이나 현장에 머물러 있어야만 한다. 의사의 경우에는 아주 장시간 병원에 대기해야 한다. 따라서 돌봐야 할 어린아이가 있거나 파트타임 직업이라도 가져야 생활이 가능한 사람들로서는 이와 같이 빡빡한 일정을 소화하는 것이 좀처럼 쉽지 않다.

대학원을 다니는 시기가 대부분의 여성으로서는 아이를 갖는 시기와 겹치므로 이들은 (이는 보통 남성에게는 해당하지 않는데) 학업과 자녀 갖기 중 하나를 선택하지 않을 수 없다. 학생들에 대한 현행 지원제도 안에서는 충분한 육아휴가를 갖기가 어렵다. 몇몇 학위 과정은 여학생들에게 출산 후 몇 개월간 무급으로 모성휴가를 주기도 하지만 부모로서 필요한 육아휴가를 허용하는 경우는 거의 없다. 예컨대 퀘벡 주의 장학제도를 보면 여학생에게 1년간의 무급 육아휴가를 주고 있긴 하지만, 그 여학생이 파트타임으로 등록해 학교를 다니는 경우에 육아와 학업을 병행할 수 있게끔 근로시간 비례제(pro-rate)를 적용해 장학금을 주는 지원체제를 갖추고 있지는 않다.

내가 미국의 한 학과에 비공식적으로 조회한 결과에 따르면 대학원 공부를 시작한 지 2년이 지났을 시점에 박사 과정을 중도 포기하는 학생의 수는 여학생이 남학생의 3배에 달한다고 한다(Etkowitz et al., 1994: 51~54). 내가 지도했던 매우 유망한 여학생 중 몇 명도 육아에 대한 부담과 경제적 압박으로 갈등하다가 중도에 대학원을 그만두었다. 어린 자녀를 둔 이혼녀로서 대학원 시절을 보냈던 나 역시 비슷한 경험을 했다. 그러나 다행히 나는 중상류층 출신인 부모님이 베풀어주신 무한하고 무조건적인 경제적 희생, 그리고 아무 보수도 없이 아이 돌보기를 도맡다시피 해준 친구들 덕분에 겨우 학위를 마칠 수 있었다. 노동자계급 출신이면서 나와 비슷한 처지에서 아이를 기르며 학교를 다니던 한 동료 여학생의 경우도 그녀가 다니던 연구소(CINBIOSE)의 교수, 직원, 그리고 동료학생들(그들 대부분은 여성이었다)이 그녀에게 베풀어준 특별한 도움들 덕분에, 그리고 그녀의 친정어머니가 아이를 도맡아 돌봐준 덕분에 겨우 학위 과정에서 살아남을 수 있었다.

그런데 아이가 있는 여성에게 이런 도움은 결코 흔한 것이 아니다. 대부분의 학과에는 여성 교수가 거의 없고 이는 여학생들의 사기를 저하하는 한 원인이 되고 있다. 한 연구 결과에 따르면, 여성 대학원생들은 시간이 지나면서 주위에 여성이 별로 없는 학과생활이 자신들에게 얼마나 어려운 일인지 점차 실감하게 된다고 한다. 게다가 같은 여성으로서 소외된 위치에 있기는 마찬가지인 여성 교수들조차 가족석 책무를 짊어지고 공부하는 나이 어린 여학생들에 대해 같은 여성으로서 동병상련을 느끼고 지지를 해주지는 못할망정 되레 "여성인 내가 그랬던 것처럼 너희들도 더욱 열심히 노력할 수밖에 없다"라면서 은근히 여학생들을 몰아세우는 경향마저 보인다고 한다(Etkowitz et al., 1994: 51~54).

그나마 학위 취득 과정에서 살아남을 수 있었던 소수의 여학생들이나 노동자계급 출신의 학생들은 이번에는 취업 과정에서 또 한 번 장벽에 부딪히고 만다. 직업보건학 분야에 종사하는 연구자들의 성별, 인종별 또는 계층별 분포에 관한 정확한 자료가 있는 것은 아니지만, 의학이나 과학 분야의 연구직과 교수직에 종사하는 사람 중에는 여성보다 남성이 압도적으로 많다는 것은 누구나 아는 사실이다. 역사적으로 볼 때 미국과 캐나다의 의사는 주로 백인 남성들이었고(Weaver and Garrett, 1983: 79~104; Sanmartin and Snidel, 1993: 977~984), 비록 최근 들어 여성 의사의 수가 급속히 증가하고 있다고는 하나, 이들 또한 아직까지 연구직에서 이렇다 할 경력을 쌓지는 못하고 있다. 대체로 이와 동일한 현상이 과학자들에게도 발견된다(Dagg, 1990: 337~347). 예컨대 미국의 경우 과학 분야의 여성 박사학위 소지자는 전체의 20%에 해당하는데, 북미 지역 과학 분야의 인명사전인 『후스 후('Who's Who' of science)』 과학 분야와 『미국 남성·여성 과학자 인명사전(American Men and Women of Science)』에 수록되어 있는 12만 명 중에 여성 과학자가 차지하는 비중은 단 6%에 불과하다(Anger, 1991). 또 미국(Rossiter, 1982)과 캐나다(Ainley, 1990)의 많은 책과 글이 과학 분야에서의 여성 희소성에 관해 이야기하고 있는 것을 볼 수 있다.

여성 과학자들이 희소하다는 것은 과학 분야에서 교육훈련을 받은 여성인력의 수가 상대적으로 부족하다는 사실에 전적으로 기인하는 것만은 아니다. 과학 분야에서 박사학위를 취득한 여성의 수에 비해 과학 분야에서 실제로 일하고 있는 여성의 수는 훨씬 적다. 이는 과학 분야의 박사학위를 소지한 많은 여성이 이후 해당 분야에서 제대로 직업을 갖지 못했음을 의미한다. 이러한 현상에 대해 두 종류의 설명이 제시되고 있다. 하나는 편견이라는 요인으로 이를 설명하는 것이고, 다른 하나는 구조적 요인으로 설명하는 것이다.[1]

편견은 나 자신의 경험에 비춰봐도 확실히 중요한 요인이다. 나는 여성들이 대학에 자리 잡는 것을 방해하는 많은 기전과 사례를 실제로 목격한 사람이다. 그중 첫 번째 사례는 내가 대학원에 다닐 때 경험한 것이다. 당시 내 지도교수는 대학교수직에서는 첫 출발점에 해당하는 조교수 직위에 임용된 여성 교수였다. 당시 그녀는 동일한 시기에 동일한 수준의 직위에 임용된 동료 남성과 함께 공동 연구를 진행하고 있었다. 임용된 지 처음 3년 동안 그들

---

1   과학 분야에서의 성공을 결정하는 요인에 관한 방대한 연구들을 요약, 정리한 최근의 글로는 Sonnert(1996)를 참조.

은 동일한 편수의 논문을 발표했고 그중 두 편은 공동명의로 발표했는데, 한 논문은 그녀의 분야에서 다른 한 논문은 동료 남성 교수의 분야에서 각각 발표되었다. 그녀는 탁월한 교수이면서 동시에 일을 빈틈없이 꾸려갈 줄 아는 능력자였고, 또 대형 강의도 맡아 가르치고 있었다. 당시 그녀는 아기를 가져 여러 가지 힘든 상황에 처했는데도 매우 성공적으로 자리를 잡아가고 있었으며, 학생 사이에서도 인기가 많았다. 그래서 차기 학과장이 누가되어야 하느냐고 물으면 학생들은 서슴없이 그녀의 이름을 맨 먼저 말할 정도였다. 한편 그녀와 동일한 시기에 교수생활을 출발한 그 남성 교수는 스스로도 고백하듯이 형편없는 교수였고 몇 안 되는 학생들이 수강하는 소규모 강좌 하나를 맡아 가르치고 있었을 뿐이었다. 그 남성 교수에 대한 학생들의 평가는 형편없었다. 그런데 그들이 조교수직 임기를 마칠 무렵 그 남성 교수는 승진했고 여성 교수는 그렇지 못했다. 학교 측은 승진을 못 한 여성 교수에게 조교수직 대신에 조교수 직위와 동일한 수준에 있는 다른 직위를 맡을 것을 제안했다. 화가 난 그녀는 이를 거절했다. 내가 마지막으로 접한 소식에 의하면 그녀는 그 후 다른 곳으로 이사를 갔으며 다시는 대학에 발을 들여놓지 않고 살고 있다고 한다.

몇 년 후 내가 교수로 재직하는 생물학과에서도 비슷한 상황이 발생했다. 그 당시 대학은 많은 토론 끝에 여성 응시자와 남성 응시자가 동등한 자격을 갖춘 경우, 여성 응시자를 우선 채용한다는 이른바 적극적 고용개선 조치를 채택한 상황이었다. 당시 우리 학과에서는 대체 교수직 채용이 있었는데 같은 시기에 같은 실험실에서 박사 과정을 시작한 두 명의 남녀 지원자가 이에 지원했다. 여성 지원자는 박사학위가 있었고 학위 취득 후 다른 실험실에서도 2년간 근무한 경력이 있는 반면, 남성 지원자는 아직 학위조차 취득하지 못한 상태였다. 또 여성 지원자는 이미 여러 편의 논문을 발표한 상태였지만 남성 지원자는 그렇지 못했다. 그러나 강의 평가만을 놓고 본다면 두 지원자 모두 우리 학과에서 훌륭한 강의를 하고 있었다. 그런데 학위 소지가 교수 채용에서 필수조건임이 채용공고문에 버젓이 명시되어 있었는데도 학과는 남성 지원자를 대체 교수직에 채용했다. 그 후 대체직이 아닌 정규직 교수 채용의 기회가 오자 학과 내 여성들은 지금이야말로 더 공정한 채용이 이루어져야 할 때라고 이구동성으로 말했다. 그리고 뜨거운 논쟁이 오간 회의를 몇 차례 한 후 우리는 겨우 적극적 고용개선 조치에 기대어 그 여성 지원자를 채용할 수 있었다. 후보자들의 자격이 명백하게 기운 상황에서조차도 그 여성 지원자를 채용하는 데 "후보자가 동등한 자격을 갖췄을 때 여성 지원자를 우선 채용한다"라는 적극적 고용개선 조치에 기댈 수밖에 없었던 우리의 상황이 참으로 모순적이었다.

게다가 그 채용 과정과 결정을 놓고 한 남성 동료교수가 나에게 격앙된 목소리로 "그 남성 지원자가 더 같이 지내기 쉬운 동료가 될 수 있다는 것은 당신도 잘 알지 않소. 그렇지 않소? 당신의 직감에 충실하라구요!"라면서 화를 낼 때는 참으로 어처구니가 없기까지 했다. 이 말을 듣고 비로소 나는 이 상황이 과연 어떻게 해석되어야 하는지 단서를 잡을 수 있었다. 그 남성 동료교수가 나에게 직감 운운했지만 나의 직감은 그 여성 후보가 남성 후보보다 더 나은 동료가 될 수 있다는 것이었고 과연 내 직감대로 이후 그녀는 우리 학과의 아주 존경받는 학과장이 되었다. 말하자면 우리 학과 남성 교수들은 나와 같은 직감이 없었던 것뿐이다. 당시 동료 남성들 눈에는 이 유능한 여성 후보가 자신들의 기준에서 볼 때 '뭔가 중요하지만 드러내놓고 표현하기는 곤란한' 어떤 자질이 하나 빠져 있는 것으로 보였던 모양이다.

그런데 이러한 편견의 문제는 그냥 단순히 성(gender)이 다르다는 사실 때문에 발생하는 것만은 아닐는지 모른다. 사실 여성이나 노동자계급 출신자들 또는 유색인종들의 자기표현 방식은 다른 사람들의 표현 방식과는 다소 다른 것이 사실인데, 그들의 이러한 표현 방식이 때때로 모호하고 부정확하거나 엉성한 것으로 인식되곤 한다(Tannen, 1994a, 1994b). 예컨대 그들만의 특징인 망설임 또는 신중함이 무능력함으로 잘못 인식되는 것이다. 또한 여성의 경우 아이 키우기와 공부를 병행하는 것, 돈을 벌기 위해 일하면서 공부를 하는 것이 학문에 대해 진지하지 않은 모습으로 비춰지기도 한다. 결국 이러한 특성이 "과학자란 이러이러해야 한다"라는 고정관념이나 편견과 상충하면서 교원 채용 과정에서 이들에게 불리한 영향을 미칠 수 있는 것이다.

한편 편견이라는 요인과 함께 구조적인 요인 또한 박사학위 소지자 여성들이 학위 후 과학자로서 직업을 갖기 어렵게 하는 또 다른 중요한 요인이 되고 있다. 편견이 개입되지 않은 상태에서 채용 과정이 진행된다고 전제했을 때 공정한 채용 과정이란 응시자의 연구 업적과 연구비 수주 사항이 기록된 이력서에 근거해 이루어지는 것을 의미한다. 그런데 알다시피 여성의 임신 및 출산은 많은 여성에게 인상적인 이력서를 만들어내지 못하게 한다. 이러한 사실은 이미 여러 연구를 통해 지적된 바 있다(Cole and Zuckerman, 1987: 119~125; Sonnert, 1996).

이런 문제들에 주목해, 캐나다에 있는 일부 연구 용역 발주 기관들은 연구자가 연구 용역사업에 응모할 때 그동안 자신의 연구 '생산성'을 저해하는 개인적 사정이 있었다면 이를 응시원서에 써넣을 수 있게끔 배려하기도 한다. 그 덕분에 어린 자녀를 둔 여성 학자들은 육아 상황이 본인의 연구 업적 쌓기에 미친 부정적인 영향에 대해 알릴 수 있는 기회가 주어졌지만, 이를 응시원서에 적시했다고 해서 심사위원들이 모두 이러한 상황을 고려하는 것 같지는 않다. 최근에 우리는 한 연구 발주 기관의 위원장에게서 보고서 제출 기한 엄수에 문제가 있는 한 여성 연구자를 연구팀에서 '제외'하라는 주문을 받은 적이 있다. 우리는 이러한 주문에 대해 항의하면서 그녀가 몬트리올의 혹한을 맞아 번갈아가며 병이 나는 어린 네 자녀들(생후 3개월, 19개월, 6세, 그리고 8세 된 자녀)을 돌보는 가운데도 꼬박 1주일에 40시간 이상 일을 하는 훌륭한 연구자임을 위원장에게 알렸다. 그러나 우리의 호소와 항의에도 그 남성 위원장은 "그녀가 일에 대해 진지함이 없고 그러므로 그녀를 더 이상 붙들고 있어서는 안 된다"라는 말만 되풀이할 뿐이었다.

2. 연구비 수주는 어떻게 이루어지는가?

과학자들이 박사학위를 취득한 후 연구직에 취직하면 그다음에는 연구비를 수주해야 하는 과정이 기다린다. 생의학 분야의 과학자들이 연구를 하기 위해서는 특히 많은 연구비가 필요하다. 미국 국립보건원(US National Institutes of Health)의 연차보고서에 따르면 1994년도에 지원된 연구 프로젝트당 연평균 연구 운영비(주요 연구 기구 구입비는 제외한다)는 미국달러로 6만 9,251달러이다. 캐나다 의학연구위원회(Medical Research Council of Canada)의 경우, 1994~1995년을 기준으로 연평균 연구비 발주금액은 프로젝트당 캐나다달러로 6만 5,300달러이다.[2] 퀘벡 직업보건 및 안전원(The Québec Institute for Occupational Health and Safety)의 1995년 보고서에 따르면 건당 평균 연구비는 캐나다달러로 총 12만 8,700달러이다. 연구의 종류에 따라 다르긴 하지만 보

---

2 캐나다달러 가치는 미국달러의 70~80%에 해당한다. 1996년의 경우, 캐나다달러로 1달러는 미국달러로 0.75달러이다. 특별히 언급이 없는 한, 이 글에서 캐나다달러와 미국달러의 액수를 인용, 표기할 일이 있을 때는 원 자료에서 제시된 그대로 해당국가의 달러와 액수를 (캐나다달러로 전환하지 않고) 표기할 것이다.

통 연구비는 인건비, 장비, 시료비, 연구물 발간비 등으로 사용한다.

원자력발전소 직원 60명이 세포 돌연변이율을 연구하는 데 드는 비용은 약 20만 달러이며 대부분이 시료나 기술보조비로 지불된다. 4개의 여성 노동자 집단을 대상으로 인간공학에 관한 연구를 수행할 때 기술보조, 필름(filming) 도구와 자재, 사무실용품에 소요되는 비용은 21만 6,000달러이다.

과학자들이 연구비 수주를 위해 갖추어야 할 필수요건은 돈이 있는 기관들을 설득해 이를 내놓게 하는 능력인 것이다. 돈을 쥐고 있는 기관이란 정부, 캐나다 암협회(Canadian Cancer Society)나 미국 암협회(American Cancer Society)와 같은 민간 비영리재단과 기업들이다. 이들과 달리 대부분의 지역사회단체나 노조들은 수준 높은 의학 연구를 지원할 만한 돈이 없다.

어떤 과학자들은 산업체에 직접 고용되어 그들에게서 연구비 전액을 지원받기도 한다. 대학 역시 산업체에서 연구비를 지원받는다. 생명과학 분야의 연구 사업을 수행하는 210개의 미국 회사 중 59%가 대학의 연구를 지원하고 있으며, 1994년 이들은 대략 총 15억 달러를 대학에 지원했다(Blumenthal et al., 1996: 368~373). 이 연구 대부분이 제약 관련 연구이긴 하지만 직업보건학 분야의 연구들 또한 이들 회사에서 연구비를 지원받고 있다. 예컨대 내가 한 발표회에 참여했을 때, 어떤 대규모 금속제련 회사의 대표가 자사 노동자들을 대상으로 심장 질환 및 암에 관한 연구 조사를 실시 중이라고 하면서 회사가 이 직업보건학 연구를 지원하고 있다는 사실을 자랑스럽게 발표하는 것을 본 적이 있다. 나로서는 잘 이해가 안 되는 어떤 이유들을 거론하면서 그는 자신의 회사가 운영하는 공장의 화학적·물리적 위해를 규명하기 위한, 어찌 보면 매우 이례적이기도 한, 그 연구에 대해 매우 자랑스럽게 소개했던 기억이 난다.

기업 중에도 특히 대기업이 자기 회사의 노동자들에 관한 외부 연구를 많이 지원하는 경향이 있다. 비록 연구 결과의 신뢰성이 종종 의문시되기도 하지만 기업에게서 연구비 지원을 받는다는 것은 학자로서는 연구 경력 면에서 좋은 기회가 아닐 수 없다. 쾌백에 있는 맥길(McGill) 대학교는 아주 우수한 의과대학이면서 의학 분야의 연구를 가장 많이 지원하는 학교이기도 하다(Association of Canadian Medical Colleges, 1996: table 70~71). 맥길 의과대학의 역학 및 생정통계학 교실의 역대 학과장직을 역임한 3명의 교수들은 모두 석면과 관련된 채탄업 회사, 높은 결장암 발생율과 관련이 있는 것으로 알려진 합성직물 기업, 폭발사고로 인해 많은 사망자가 발생하는 공장을 운영하는 기업들에게 연구비를 지원받거나 그들에게 고용되어 연구를 수행한 적이 있다. 맥길 대학 직업보건학과(McGill's School of Occupational Health)에 재직 중인 한 학과장은 알루미늄을 생산하는 한 기업에서 직업성 암에 걸렸다고 주장하는 자사 노동자들에 대해 불리한 진술을 해달라는 요청을 주기적으로 받은 적도 있다. 학술지 ≪돌연변이(Mutagenesis)≫의 한 편집위원은 방사능에 노출된 노동자들이 일하고 있는 기업에서 연구비 지원을 받은 적이 있다. 화학계 회사들은 인간환경과 돌연변이학회(Environment Metagenesis)가 개최하는 학술회의 비용 일부를 지원하기도 한다. 기업체들과 그렇게 관계를 맺는 것이 곧 한정된 예산안에서 학회를 꾸려나갈 수밖에 없는 학회들의 생존 방식 중 하나이며 또한 대학이 교수들에게 연구를 위해 장려하는 방식이기도 하다.

기업체 다음으로는 주로 정부나 민간단체 또는 대학에서 연구비를 지원받는다. 그 경우 전문가로 구성된 심사위원단이 연구비 지원 당락을 결정한다. 언제가 우리가 연구비 수주에 성공할 수 있었던 이유가 무엇인지 따져본 적이 있었다. 다른 모든 조건이 동일한 상태에서, 인간보다는 인간이 아닌 것을 연구 대상으로 할 경우, 인체의 세포를 다룰 경우보다는 그렇지 않을 경우, 현장보다는 실험실에서 조사가 진행되도록 연구가 고안된 경우, 심사위원단에 여성이 포함되어 있을 경우, 그리고 연구의 어느 단계에도 노동자가 연구 대상으로 포함되지 않을 경우 연구계획서가 승인될 확률이 더 높음을 알 수 있었다(Messing and Mergler, 1986). 또한 같은 연구계획서라 해도 연구 내용 중 일부는 지원이 거절된 경우도 있었는데, 이렇게 거절된 부분은 대략 다음과 같은 것들이었다. 의료인이 생식 문제 연구에서 환자를 대상으로 설문지기법을 사용하도록 설계된 부분(반면, 세포를 이용하여 연구하도록 설계된 부분은 수락), 금속에 노출된 노동자들이 경험하는 신경독성의 건강 영향에 관한 연구(반면, 비노출 노동자 집단을 대상으로 여러 가지 신경독성 검사법을 비교·검토하는 연구는 수락), 비전통적 부문의 직업에 종사하는 여성들이 경험하는 근골격계와 사회적 장애에 관한 연구(반면, 전통적 부문의 직업에 종사하는 남성과 여성이 경험하는 근골격계 관련 문제에 관한 연구제안서는 수락). 결국 종합하여 분석해보건대 제안된 연구가 노동자에 대한 어떤 보상이나 사회적 변화를 지지하는 것과는 반대의 성향으로 나아갈수록 연구제안서가 채택되는 경향이 있음을 알 수 있었다. 특히 여성들의 건강 문제를 다루는 연구제안서는 대부분 채택되지 않음을 알 수 있었다.

여성주의 연구자들도 연구 지원비를 수주할 때에 이와 비슷한 어려움을 겪고 있다. 여성이 노동자의 거의 절반을 차지하고 있는데도, 여성의 직업 관련 건강 연구에 대한 지원은 놀라울 정도로 미미하다. 캐나다 여성의 직업 관련 건강에 관한 연구 현황을 검토해달라는 캐나다 보건·복지·노동부의 1989년도 요청에 따라 조사해보니(Messing, 1991, 1993: 155~161) 연방 연구비 지원 기관조차도 여성의 직업 관련 건강 문제에 대해 그다지 많은 연구 지원을 하고 있지 않음을 알 수 있었다. 캐나다 보건국(Health Canada)에 따르면 현재 정부가 지원하는 여성건강에 대한 64개의 연구 프로젝트 중에서 여성의 직업과 건강을 다루는 연구 프로젝트는 오직 3개에 불과하다. 또한 같은 해 여성건강과 관련해 지불된, 얼마 안 되는 연구비 지원 금액 중에서 오직 3.1%만이 여성의 직업건강 연구 지원비로 사용되었다. 캐나다 보건국이 지원하는 많은 여성건강 연구 프로젝트, 예컨대 월경 전 증후군 연구, 여성의 수술결과에 영향을 미치는 요인에 관한 연구, 임신 중 고혈압 유발 위해요인에 관한 연구, 중년의 여성과 그들의 건강에 관한 연구들은 연구 대상자가 취업여성일 경우 그들의 직업이 건강에 미치는 영향도 함께 다루어야 마땅하나 그렇게 하지 못하고 있는 것이 현실이다. 여성주의자들의 영향력 덕분에 여성건강에 대한 연구 상황이 조금씩 개선되고 있긴 하나 아직까지 극적인 변화를 이루어내지는 못하는 실정이다.[3] 1994년 캐나다 의료연구위원회(The Medical Research Council of Canada)에 따르면 캐나다의 건강 연구 예산 중 고작 5%만이 여성의 건강 연구에 할당되고 있다(Medical Research Council of Canada, 1994: 8~9에서 재인용).

그렇다면 이와 같은 상황은 어떻게 일어날 수 있는 것일까? 의사결정 과정을 익명으로 처리하는 등 그 자체로 객관적인 심사를 위해 부심하고 있다고 여겨지는 심사위원회가 어떻게 여성의 직업건강에 관한 연구를 연구 지원 대상에서 계속 배제할 수 있었던 것일까? 이를 알아보기 위해 심사 과정

---

3 캐나다 보건국 여성부(The Women's Bureau of Health Canada)의 후원으로 개최된 1992년 원탁회의에는 정부, 대학, 고용주, 그리고 뉴펀들랜드에서 브리티시 컬럼비아에 이르는 지역에서 활동하는 조합 측 연구자 및 중재자들이 대거 참석했다. 최근 미국의 여성건강 연구회(The U.S. Women's Health Research Office)는 여성의 직업건강 연구를 지지하고 나섰으며 이에 따라 1993년에 여성과 직업성 암에 관한 최초의 컨퍼런스를 개최하고 이를 후원했다. 또한 1996년 8월에는 캐나다 보건국 여성부와 합동으로 직업건강 연구 및 정책 논의를 목표로 하는 캐나다 - 미국 건강포럼(The Canada-U.S. Health Forum)을 개최하고 이를 후원하기도 했다. 이에 대해서는 Health Canada(1993) 참조.

이 어떻게 진행되는지 살펴보자.

우선 이 질문에 대한 답의 일부는 심사 과정 자체가 지니고 있는 비밀스러운 성격에서 찾아볼 수 있다. 심사를 위해서는 우선 접수된 연구지원서를 외부 전문가들에게 보내 일차 심사를 하는데 전문가들은 지원자의 이름을 알고 있으나 지원자들과 다른 심사위원들은 이들의 이름을 모른다. 그다음 이 전문가들이 작성한 심사보고서는 저명한 학자들로 구성된 심사위원들에 의해 다시 검토되고 이 심사위원들이 연구계획서에 대한 최종결정을 내린다. 이와 같은 심사 과정은 거의 전적으로 비밀리에 진행되며 한번 내린 결정은 뒤집을 수 없다. 그리고 연구계획서가 탈락하면 설사 그 탈락의 이유가 연구비 지원 기관이 애초에 세워놓은 심사규칙에 위배되는 경우일지라도 탈락자가 이에 대해 항의를 하는 일은 전혀 없었다.[4] 심사위원들의 토의 내용은 비밀에 부쳐진다. 심사기관은 심사 과정에서 논의된 내용이 외부로 일절 흘러나가서는 안 된다고 심사위원에게 주문한다. 어떤 심사기관에서는 심사위원들에게 무기명으로 투표하게 함으로써 연구계획서에 대한 심사위원단의 최종 평가점수를 심사위원들조차 모르게 만들기도 한다.

'심사위원'의 선정은 다양한 과정을 거쳐 이루어지지만, 대부분 어느 정도

---

4   언젠가 한번은 우리의 연구계획서가 "너무나 응용 쪽에 치우쳐 있으며 과학의 기본 목적에 충실하지 못하다"라는 지적과 함께 탈락한 적이 있었다. 우리는 응용 부문의 연구에 대한 지원 의도를 분명하게 강조했던 연구 용역 발주 기관 측의 심사기준을 인용하면서 심사결과에 대한 항의서한을 보냈다. 그러자 기관 측은 우리에게 다음 해에 다시 지원하라는 답신만 보내왔다. 그런데 이듬해에도 우리의 연구계획서는 같은 이유로 또다시 탈락했다. 그리하여 이번에는 연구계획서에서 문제가 되는 응용 부문을 삭제하고 다시 제출했더니 발주 기관은 매우 환영하며 연구계획을 수락하고 연구비를 지원해주었다. (응용 부분의 삽입으로 탈락하기는 했지만) 사실 알고 보니 우리의 연구계획서는 상위 5위 안에 드는 우수한 계획서였던 것이다.

는 서로 아는 사람들로 선정되기 마련이다. 왜냐하면 심사위원들이 임기가 끝날 무렵 자신들을 대신할 심사위원을 추천해달라는 부탁을 받기 때문이다. 최근 한 의학자가 캐나다 의료연구위원회를 둘러싼 '학연'에 대해 이야기하면서 해당 학연에 포함되지 않는 인사들의 연구 사기를 저하한다는 평을 한 적이 있다(Ste-Marie, 1992). 지원자가 심사위원들에게 잘 알려져 있는 인물이면 그의 연구계획서는 거의 자동적으로 승인되는 반면, 잘 모르는 사람인 경우에는 연구계획서에 대한 더 철저한 검토가 이루어진다는 이야기가 나돌고 있다.

미국에서도 비슷한 문제들이 제기되어왔다. 어떤 연구자 두 명은 담배 관련 질병 연구기구(Tobacco Related Disease Research Program)와 보건정책 및 연구청(Agency for Health Care Policy and Research)에 제출한 자신들의 연구계획서를 심사한 심사위원들의 자격을 검토해본 결과 그들이 전문가가 아님을 발견하고 이를 폭로한 일이 있다. 그 심사위원들이 해당 분야에서 논문을 발표한 적이 거의 없었던 것이다. 이들은 심사기관이 애초에 제시한 심사기준이 있는데도(Glantz and Bero, 1994: 114~116), 정책 검토를 주제로 하는 연구에 대한 지원을 탐탁지 않게 생각하는 심사위원들이 심사기준을 무시하고 자신들의 연구계획서를 탈락시켰다고 판단하여 이를 고발했다.

연구 용역 발주 기관들은 연구계획서 심사를 위해 관련 분야에 종사하는 외부 전문가들을 심사위원으로 초빙해 이들에게 해당 연구계획서에 대한 심사의견을 내줄 것을 부탁하곤 한다. 학자들은 자신의 분야에서 일하는 사람들이 대개 누구인지 알고 있으며 평가를 요청받은 연구계획서에 대해서도 보통은 잘 알게 마련이다. 최소한 캐나다의 경우 대체로 이와 같은 '외부' 심사자의 평가는 긍정적으로 나오게 마련인데, 왜냐하면 자신이 해당 응시자를 싫어하거나 그 연구를 좋아하지 않을 경우에는 아예 처음부터 심사 자체를 거절하기 때문이다. 사람에 따라서는 자신의 라이벌이나 타 학파에 속한 사람들에 대한 연구 지원을 차단하는 기회로 심사를 이용하기도 하지만 이는 그리 흔한 일이 아니다. 심사위원들은 종종 외부의 심사결과를 무시하고 오직 자신들의 판단에 따라 심사를 하기도 한다. 내가 심사위원으로 활동할 때, 한 연구계획서에 대해 거의 모든 외부 전문가가 긍정적인 심사결과를 내놓았는데도 무기명으로 진행된 심사 과정에 참여한 심사위원 전원이 그 연구계획서를 탈락시킨 적도 있었다.

그러므로 심사에서의 당락 결정은 상당 부분 심사위원들에 달려 있게 마련이다. 심사위원들에게는 보통 20쪽 내외 또는 20쪽에서 150쪽에 달하는 분량의 연구계획서 심사가 할당되는데 이 연구계획서의 내용은 보통 자신의 핵심 전공 영역에서 벗어난 것들이었다.[5] 그렇다면 그들은 무엇에 근거해 연구계획서의 당락을 결정하는 것일까? 단순하게도 그들은 해당 연구계획서가 자신의 연구 분야에서 통용되는 규칙과 기준을 따르고 있는지 아닌지를 보면서 판단을 내렸다. 나의 동료는 최근에 정부가 지원하는 환경 및 직업건강에 관한 연구 프로젝트의 심사위원으로 나갔다가 내심 불쾌하면서도 한편으로는 나름 무엇인가를 깨닫게 해주는 경험을 했다고 털어놓은 적이 있다. 심사위원 사이에서 그녀는 유일한 생물학자이자 독성학 전문가이고 또 그중 유일하게 연구와 관련해 노동자들과도 접촉해본 경험이 있는 학자이기도 했다. 나머지 심사위원 10명은 모두 의과대학 교수였는데 그중 6명은 역학과 생정통계학 분야 전공자이고 나머지 4명은 임상 의사였다고 한다. 우선 그

---

5   이는 내가 캐나다와 퀘벡 지역에 있는 5개 기관의 연구비 심사위원회 위원으로, 그리고 자연과학 및 사회과학 분야에 있는 연구비 지원 기관 일곱 군데의 외부 심사자로 활동할 때 경험한 사항이다.

녀는 이 심사위원들이 환경 관련 건강 연구에 사용되는 주요 지표들을 전혀 이해하지 못하는 것을 보고 놀라지 않을 수 없었다고 한다. 특히 비병리적 현상이나 병리 이전 단계의 현상에 대해 그녀가 어떠한 언급을 하면 심사위원들이 경멸적인 반응을 보였다고 한다. 그들은 그녀에게 명확한 정의와 진단명으로 분류될 수 있는 개별적인 임상적·의학적 상태와 그런 상태를 유발하는 데 직접적으로 영향을 미친 환경요인을 하나하나 구체적으로 제시해줄 것을 요구했다고 한다. 사실상 그와 같은 임상적 상태로 분류될 수 있는 정말 아픈 사람들은 이미 거의 작업장에 없다는 사실을 그들은 알지 못하는 모양이다. 내 동료의 말에 따르면 그 심사위원 일부는 연구라곤 수행해본 적도 없고 게다가 그중 누구도 작업장을 현장으로 삼아 연구해본 적도 없었다고 한다. 그런데 어이없게도 그와 같이 제대로 자격도 갖추지 못한 심사위원들이 작업장 연구에서는 사실상 그 실행이 불가능한 완전무결한 연구 설계를 요구하고 나선 것이다.

연구계획서의 내용에 근거해 해당 연구계획서를 심사하고 판단하는 것이 심사의 주요한 원칙이기는 하지만 사실 심사위원들은 응시한 연구자의 명성 정도와 제안된 연구가 성공적으로 수행될 확률에 대한 감각적 판단에 의거하여 심사하는 경향도 있다. 이는 학자의 명성과 그 학자가 제출한 연구계획서의 승인 간에 일종의 순환 고리를 낳는다. 즉, 명성이 높은 학자일수록 연구비를 수주할 가능성이 더 높아지며, 그가 연구비 수주를 많이 하면 할수록 연구비 수주 실적이 다시 그 학자의 업적으로 남고 이러한 업적이 다시 그가 연구비를 수주할 확률을 더 높이는 것이다. 미국 ≪의학회지(Journal of American Medical Association)≫의 최근 한 논문에는 다음과 같은 내용이 실렸다.

한 기관의 명성은 그들이 수주한 연구비 및 교육 지원비, 그리고 국립보건원

(National Institute of Health)이 지원한 연구비 액수에 따라 결정된다(Garfunkel et al., 1994: 137~138).

심사위원들이 심사 과정에서 지원자의 명성과 지원자가 속한 기관의 명성에 지나치게 많은 비중을 둔다는 비판이 계속 제기됨에 따라 최근에는 연구 논문의 피인용지수(impact factors)와 이를 인용한 연구가 무엇인지를 기준으로 특정 연구의 질을 평가함으로써 '더 객관적인' 심사 과정을 만들어나가야 한다는 점이 강조되고 있다. 심사위원들이 진정 심사에 대한 관심과 열정이 있다면 과연 지원자의 연구를 다른 사람들이 인용하고 있는지, 얼마나 많이 인용하고 있는지를 자료검색기를 이용하여 점검해볼 수도 있을 것이다. 지원자가 논문을 게재한 학회지의 등급도 아울러 고려해야 되는데 학회시의 피인용지수는 한 연도에 그 학회지에 실린 논문들이 다른 사람들에 의해 인용되는 평균횟수로 계산된다. 우수한 학회지란 그 학회지에 게재된 논문들이 빈번하게 인용되는 것을 의미하며, 질적으로 우수한 지원자란 이와 같이 우수한 학회지에 논문을 많이 발표하고 또 그의 논문이 다른 사람들에 의해 많이 인용되는 경우에 해당된다. 그런데 피인용지수나 상황은 해당 연구의 질을 평가하는 데 이용되기보다는 연구자들이 자신의 연구를 사람들에게 알리거나 필요한 계약을 맺을 때, 또는 대중적 인기를 구가하는 과정에서 자신이 얼마나 쓸 만한 학자인가를 드러내고자 하는 수단으로 왕왕 이용되곤 한다. 즉, 나름 '객관적인' 심사방법조차 학연관계를 확인하는 기준으로 변질되거나 지원자들이 사용하는 연구 방법이나 추구하는 연구 관심이 대중의 관심사와 얼마나 잘 영합하는지를 판단하는 잣대로 전락하고 마는 것이다.

3. 학회에서는 어떤 일들이 일어나고 있는가?

학자들은 학회를 통해 서로 만나 알게 되고 또 서로의 연구를 공유한다. 이러한 학회 모임은 보통 이틀에서 닷새간 진행되며 연구 결과를 발표하고 이에 대해 토론한다. 생의학 부문의 학회를 보면 학회에서 주로 판을 치고 있는 사람들은 굵직한 기업의 고용주들이나 화학, 제약, 보험 관련 기업에서 일하고 있는 기업인들이다. 반면 노동조합 단체는 학회에서 그 모습을 거의 찾아볼 수 없다. 상황이 이와 같이 전개되는 이유 중의 하나는 학회 참가 비용이 비싸기 때문이다. 학회등록비는 보통 수백 달러에 달하며 학회 모임은 주로 비싼 호텔에서 열린다.

내가 보기에 학자들은 다른 어떤 곳보다도 학회 모임을 통해 자신의 명성을 쌓아간다. 학자로 입문한 초기에는 학회에서 논문을 발표함으로써, 그다음 단계에서는 발표 및 토론이나 워크숍의 좌장 역할을 맡음으로써, 마침내는 학회의 초청연사가 되는 과정을 통해 점차 학자로서의 위상을 높여간다. 또한 학회지의 논문심사위원이 되거나 마침내는 유명 학회지의 편집위원장이 되는 과정을 거쳐 학자로서의 명성을 날린다. 심사위원들 입장에서는 이와 같은 위치에 도달한 학자들이 연구비 신청을 위해 제출한 연구계획서를 거부하기가 매우 어렵다.

여성 학자들에게 학회 모임은 언제나 어려운 곳이다. 왜냐하면 학회 회원의 대다수가 남성이고 또한 학회의 힘 있는 자리에 있는 사람들의 절대다수가 남성이기 때문이다.[6] 언젠가 내가 우리 대학의 연구 프로그램 책임을 맡

---

6 나는 과학 분야 학회 모임에서 유색인종인 회원을 거의 만나본 적이 없다. 그래서 소수자
   들이 학회에 참석한다는 것이 얼마나 어려운 일인가 가히 상상할 수 있다.

고 있는 (수백 명 중) 2~3명의 여성 연구자 중 한 사람으로서 인간환경과 돌연
변이학회(Environmental Mutagenesis Society) 주최의 학술회의에 참석했을 때
일이다. 당시에 참석한 여성은 대부분 학생이었고 일부는 민간 기업에 고용
되어 일하는 여성, 또 다른 일부는 남성이 책임자로 있는 실험실에서 조교
등으로 일하는 여성이었다. 학회에 참석한 여성들을 남성 참석자들이 진지
하게 대하지 않는다는 느낌이 드는 것은 나로서는 새삼 놀랄 만한 일이 아니
었다. 남성 참석자 관점에서 볼 때 여성 참석자들은 아주 젊고 예뻐서 성적
희롱의 대상이 될 만한 부류이거나 아니면 너무나 사무적이거나 나이 들어
보여서 전혀 흥미를 끌지 못하는 두 부류로 나뉘었다. 여성 참석자 중 소수
는 그런대로 이와 같은 딜레마적 상황을 잘 피해 가며 처신했지만 대부분은
진퇴양난의 궁지 속에서 그 존재감이 부시되었다.

미국공중보건학회(The American Public Health Association)를 비롯해 몇몇
학회는 내부적으로 여성을 위한 위원회나 후원회와 같은 모임이 있는데, 여
성 학자들에게 이러한 모임은 매우 유용한 것이다. 이런 모임 덕분에 여성
학자들이 학회에 가면 상당히 편안하게 느낄 수 있었다. 그러나 아직도 많은
여성 학자가 이런 여성 모임에 가입하는 것조차 꺼리고 있다. 그런 모임에
드는 것 자체가 곧 자신들이 학자이기 이전에 여성으로 분류되는 것을 의미
하고 그렇게 되면 자신들의 존재감과 활동이 덜 진지하게 받아들여질 수 있
다고 생각하기 때문이다.

4. 논문은 어떻게 발간되는가?

학자들은 자신의 연구가 새로운 지식 생산에 일조했다고 판단되면 그 결

과를 논문 형태로 작성하고 학회에 이를 투고하여 발표하려는 염원을 가졌다. 논문을 접수한 학회지의 편집위원장은 투고된 논문의 '심사(peer-review)'를 해당 분야의 전문가에게 의뢰하며, 심사를 의뢰받은 심사위원들은 논문의 질적 수준과 과연 이 논문이 학회지에 발간될 만큼 충분히 흥미로운 것인가를 놓고 심사평을 한다.

자연과학 분야에서 생산되는 논문에는 해당 논문이 의도하는 바와 기여하는 바에 대한 기술, 자료 수집을 위해 사용한 연구 방법론 및 수집 자료에 대한 기술과 수집 자료에 대한 해석 등이 포함된다. 원칙적으로 볼 때 해당 논문이 제대로 된 논문이라면 일정한 자격을 갖춘 다른 과학자들이 동일한 절차를 거쳐 연구를 수행했을 경우 해당 논문과 동일한 결론에 도달할 수 있게끔 연구에서 사용된 방법에 관한 충분한 정보가 논문에서 제시되어야 한다. 그런데 사실상 심사위원들이 심사대상 연구에서 제시한 동일한 절차에 따라 연구를 재현해보는 경우는 거의 없다. 그 대신 그들은 그들의 평소 지식에 근거해 해당 논문의 연구 방법론을 검토하고 자료 수집 과정에서의 결함이나 결점을 찾으며, 과연 연구자가 내린 해석이 수집·제시된 자료에 의해 정당화될 수 있는지를 판단한다.

이러한 절차를 밟는 것은 논문을 통해 보고되는 정보 자체가 진실인지를 검증하기 위해서이다. 그러나 심사 절차상의 몇 가지 요인이 해당 논문의 과학적 자질에 대한 객관적 판단을 흐리게 만든다. 그러한 요인으로는 우선, 누군가가 누군가의 연구를 판단하는 과정 자체가 편견에 휩싸이기 마련이라는 점을 들 수 있다. 이러한 문제가 있기 때문에 한 논문에 대해 여러 명의 심사위원을 투입하여 심사 과정이 개인의 편견에 좌지우지되지 않도록 조치를 취하지만 사실상 다수의 심사위원이 동일한 편견을 따른다면 이러한 방법마저도 효과를 발휘할 수 없다. 게다가 모든 논문이 항상 다수의 사람에게 심사를 받는 것도 아니다.

나 자신도 심사자로서, 그리고 심사를 받는 입장에서 심사 과정에 참여해 봤지만 한 심사자의 의견이 주된 효과를 발휘할 때가 왕왕 있다. 학자라는 사람들이 원래 바쁜 사람들이라서 논문에 대한 심사를 의뢰받았을 때 단지 한두 문장으로 심사대상이 되는 논문을 기각 또는 수락하기 일쑤이며 아예 심사 자체를 소홀히 하는 때도 있다. 학문의 경쟁세계가 주는 중압감이 점점 심해지는 작금의 상황에서 학자들로서는 당연히 이력서에 경력으로 제시할 수도 없는 이런 무보수 활동에 시간을 할애하고 싶지 않은 것이다. 이런 상황대로 간다면 심사 과정의 부정확성은 점점 심해져 갈 수밖에 없을 것이다.

더구나 심사 과정 자체가 '편견 없이' 진행될 수 있게끔 심사를 위한 사전 조치를 취했다고 보기도 어렵다. 왜냐하면 심사위원들은 거의 언제나 사신이 심사하는 논문의 저자와 소속 기관에 대한 정보를 들어 알게 마련이며 명성이 높은 기관에 소속된 사람을 선호하는 경향이 있기 때문이다(Garfunkel et al., 1994).

그리고 학계에 남성의 수가 압도적으로 많다는 사실은 여성 학자들이 제출한 연구물 평가에 영향을 미친다. 말하자면 '기성집단 안에' 있는 남성 의학자들은 동료 여성 학자들의 연구물에 대해 부정적인 평가를 내림으로써 여성들의 학계 접근을 차단할 수도 있는 것이다. ≪미국 의학회지(Journal of the American Medical Association)≫를 예로 들어보자. 어떤 한 해의 경우, 이 학회지는 2,452명의 남성 심사위원과 930명의 여성 심사위원, 8명의 남성 편집위원(이 중 5명은 상근자)과 5명의 여성 편집위원(이 중 2명은 상근자)이 활동하고 있었다. 그리고 그해 그 학회지는 총 1,767명의 남성 저자와 총 561명의 여성 저자에게서 원고를 받았다. 이를 상세히 분석해본 결과 여성 심사위원들은 남성 저자들의 논문을 더 많이 퇴짜 놓는 경향이 있었으며, 남성 심사위원들 또한 이와 비교가 안 될 정도로 여성 저자들의 논문을 게재 불가로 판정하고 있음을 알 수 있었다. 결국 남성 심사위원의 수가 여성 심사위원의 수보다 훨씬 많으므로 이와 같은 심사위원의 성비 구성은 여성 학자들의 논문 탈락률에 영향을 미쳤다.[7]

5. 결론

과학자 집단이 다른 집단에 비해 더 폐쇄적인 마음을 지녔다거나 좀 더 편견에 사로잡혀 있다는 주장을 하려는 것이 아니다. 연구비 지원 과정이나 논문 발간 과정에서 심사는 질 관리를 위해 거쳐야 할 중요한 한 절차이다. 전문 분야에서 심사 과정이란 검열의 한 형태를 띤다. 그런데 이 책의 뒷부분에서도 설명하겠지만 어떤 사실이나 판단과 관련해 발생할 수 있는 오류를 바로잡으려는 의도에서 출발한 심사 과정이 사실상 그 역할을 제대로 수행치

---

[7] 이와 같은 나의 결론은 Gilbert, Williams and Lundberg(1994: 139~142)에서 제시된 자료에 근거한다. 독자를 위해 이 논문에서 제시된 자료를 다음과 같이 표로 재구성해본다.

	남성이 심사위원인 경우	
	재고려 없이 즉시 탈락	기타
저자가 남성인 경우	487건	986건
저자가 여성인 경우	169건	254건
총계	656건	1,240건
X^2=6.90, p<0.01		

	여성이 심사위원인 경우	
	재고려 없이 즉시 탈락	기타
저자가 남성인 경우	102건	192건
저자가 여성인 경우	36건	102건
총계	138건	294건
X^2=3.20, 0.05<p<0.01		

못하고 있다는 데 문제가 있는 것이다. 즉, 심사위원회가 채용이나 연구비 지원 또는 논문 발간 여부를 판단하는 과정에서 일어날 수 있는 오류를 방지하고, 심사라는 게임에 개입되는 명시적·묵시적 규칙의 문제에 대해 이의를 제기하거나, 또는 논문 발간을 통해 기존 학자집단에 새로운 학자들을 유입하는 것을 도움으로써 과학적 지식의 생산에 기여할 수 있어야 하는데, 심사위원회가 그런 기대역할을 제대로 수행하지 못하고 있는 것이 문제이다.

연구 실험실의 책임자는 대부분 중산층 백인 남성이다. 지금까지 우리는 인재 채용, 연구비 지원, 그리고 연구 결과 발간이라는 세 가지 측면을 중심으로 생의학 분야의 과학자 집단이 중산층 백인 남성 중심의 인적 구성을 형성, 유지할 수 있게끔 작동하고 기여하는 장치들에 대해 살펴봤다. 과학자 되기에 성공한 남성과 여성은 어느 정도 비슷한 문화를 공유하고 있지만, 중요한 것은 그 문화가 대다수의 과학자가 남성이라는 사실이 반영되며 만들어진 문화일 수 있다는 점이다.

그러한 문화는 여성의 문화가 아닌 남성의 문화이며, 노동자계급의 경험이나 환경과는 매우 동떨어진 문화인 것이다. 여러 가지 다양한 재정적·문화적 장치가 여성과 노동자계급 출신자가 과학자라는 집단으로 편입되는 것을 가로막고 있다. 한편 과학적 훈련 과정에서 오는 요구나 과학자 집단의 특징 또한 과학자들의 사회적 접촉이나 활동범위를 제한하고 있다. 즉, 생의학 부문에 종사하는 과학자들은 자신들이 속한 사회계층 범위를 벗어나 자신들과 다른 사람들과 접촉하고 교류할 수 있는 기회가 거의 없다.

우리는 직업보건학 부문에서 발간된 학술논문 저자들의 성별,[8] 계층별, 그

---

8   논문 저자의 이름은 보통 이니셜로 기입되므로 그것만 보고는 논문 작성자의 성을 식별하기 어렵다. 내 논문이 처음 발간되었을 때 논문에 나의 성과 이름 전체가 기재되지 않은 걸

리고 종족집단별 분포에 대해 정확히 알 수는 없지만 직업보건학 분야의 상황이 곧 건강과학 일반의 상황과 별반 다르지 않다는 것은 추측으로 알 수 있다. 북미의 경우 직업보건학 분야의 선구자 중에 여성 학자가 몇 명 포함되어 있음에도[그러한 여성들로는 앨리스 해밀턴(Alice Hamilton), 해리엇 하디(Harriet Hardy), 잔 스텔먼이 머릿속에 떠오른다], 이 책을 쓰고 있는 시점(1997년)에서만 봐도 퀘벡 직업보건 및 안전연구원(The Québec Institute for Research in Occupational Health and Safety) 산하 학술회의 소속 회원은 모두 남성이다. 미국의 국립직업안전 및 보건원(The U.S. National Institutes for Occupational Safety and Health)의 경우도 총 11명의 학술자문위원 중 여성 위원은 단 2명에 불과한 실정이다.

직업보건학자 대부분이 중상류층 출신이라는 점 또한 문제가 된다. 왜냐하면 직업보건학자야말로 노동자들을 위해, 노동자들이 경험하는 손상에 대한 예방과 배상을 지원해줄 수 있는 방향으로 연구를 해야 하는 사람들이기 때문이다. 북미 노동자들의 건강보장체계는 직업보건학에서 나오는 연구 및 실천 활동에 의해 영향을 받는다. 북미의 경우 노동자를 위한 보장(compensation)이 부담하는 사고나 질병에 대해서는 다른 종류의 보장 상환청구가 적용되지 않는다.[9] 이 노동자 보장체계는 일종의 보험과 같이 처음부터 일정하게 지정된 금액을 고용주가 지불하도록 고안된 보장체계이다. 고용주 부담의 지불은

보고 놀라움과 실망감을 보이셨던 우리 부모님의 모습을 지금도 생생하게 기억한다. 페미니스트인 나의 어머니는 "이것만 봐서는 사람들은 네가 여성이라는 사실조차 알 수 없겠네!"라고 말씀하셨다.

9 미국의 경우 여성의 임신과 출산에 위해를 초래할 수도 있다고 의심되는 여러 비전통적 산업 분야에서 여성의 고용을 제한하려고 고용주들이 안달하는 이유 중의 하나가 바로 이 때문이다. 여성 노동자의 임신 중 태아에 대한 의료적 돌봄은 노동자들의 보상체계에 포함되지 않는다. 그러나 만일 기형아를 출산했다면 여성 노동자는 이를 산업재해로 간주해 고용주를 상대로 수백만 달러의 소송을 제기할 수도 있기 때문이다.

다른 보험료와 마찬가지로 노동자가 받는 보상의 등급과 보상의 전반적 수준에 의해 결정된다. 그러므로 집단적으로 보나 개인적으로 보나 고용주들은 보상이 적용되는 조건 또는 범위를 최대한 제한하는 데 관심이 있는 반면, 노동자들은 보상이 적용될 수 있는 건강 위해요인을 더욱 많이, 신속하게 분류해내고 판정해내는 것에 관심을 두게 마련이다.[10]

그러므로 우리는 성과 계층, 인종이라는 측면에서 불균등한 분포를 특징으로 하는 과학자 집단의 인구학적·구성적 특성이 과연 과학계의 문화에 어떤 영향을 미치고 있는지, 그리하여 궁극적으로는 노동자들의 건강에 어떻게 영향을 미치고 있는지 곰곰이 생각해보지 않을 수 없다. 과학자 집단의 이와 같은 특성으로 말미암아 여성 노동자의 삶과 죽음의 문제를 다루는 직업보건학 연구에 어떠한 편견이 개입되고 있는 것은 아닐까? 이와 같은 과학자 집단의 구성적 특성이 여성 노동자의 건강 문제를 문제로서 인식하는 것을 방해하고 있는 것은 아닐까? 우리는 이와 같은 질문들을 던지지 않을 수 없다.

---

10 노동자 보상을 위한 역사적·정치적 조치들에 관한 것은 Lippel(1986)에서 찾아볼 수 있다.

과학적 엄밀성이
여성의 일과 건강 문제를 밝힐 수 있는가?

One-eyed Science

제5장과 제6장에서는 직업건강 분야의 교과서나, 연구비 신청, 학술논문 투고 시 받는 비판을 통해 형성된 직업건강 연구에서의 몇몇 원칙에 대해 이야기하고자 한다.[1] 연구 수행이 적절한지 또는 그 연구가 공청회 등에서 과학적 근거로 쓰일 수 있는지 등이 이 원칙에 의해 판단되고, 여성 노동자가 신청한 산재보상 청구의 승인 또는 기각의 결정에서도 이 원칙은 매우 중요하다. 얼핏 보기엔 어려워 보이는 대조군이니 종속변수 등에 대한 논쟁은 매

---

1 이 장의 목적은 생의학적 연구 주제로서 또는 과학의 사회적 맥락 안에서 여성 관련한 전반적인 문헌 고찰보다는 직업건강 연구자들을 그들이 속한 공동체 안에서 살펴보는 데 있다. 더 폭넓은 논의를 고찰하고 싶으면(수많은 참고문헌이 있지만, 그중에서도), 도열(L. Doyal), 아이클러(M. Eichler), 파우스토-스터링(A. Fausto-Sterling), 푸코(M. Foucault), 굴드(S. J. Gould), 해러웨이(D. Haraway), 하딩(S. Harding), 허버드(R. Hubbard), 르원틴(R. Lewontin), 넬킨(D. Nelkin), 슈빙거(L. Schiebinger), 투아나(N.Tuana) 등의 논의를 참조하라. ≪소셜텍스트(Social Text)≫ 1996년 봄/여름호에서 이 분야에 대한 당시 논쟁을 볼 수 있다.

우 엄밀하고도 과학적인 규정으로서 통계적 유의성을 판단하는 데 쓰인다. 그러나 실제로는 유해한 작업조건에 노출된 피해자의 청구 기각 여부 결정에 중요한 근거로 이용되면서, 성 편향 또는 계급 편향적인 가정을 은폐하면서 노동자에게 불리하게 작용하기도 한다. 연구자에게 직업건강 연구의 원칙이나 관례는 과학적 엄밀함이고 지켜야 할 규정이다. 그러나 과학적 엄밀함이라는 이름 아래 행해지는 이 원칙들이, 실은 (연구자들의) 인종차별적·성차별적, 또는 계급 편향적 시각을 보여주는 것에 다름 아닐지도 모른다. 십자가에 묶어 태우거나 무고한 죄인에게 돌을 던졌던 것처럼, 과학적 엄밀함이 실제로는 노동자에게 심리적으로나 물리적으로 위해를 가할 수 있는 것이다.

과학적 엄밀함이 중요하지 않다고 말하는 것은 아니다. 과학자들은 연구를 설계하고 근거를 평가하는 방법들을 발전시켜왔으며, 이를 통해 쌓인 지식을 기반으로 궁극적인 결정을 내린다. 그러나 간혹, 이익집단 간의 분쟁이나 정치적 의제 등이 개입될 때면 이런 기술적 방법은 시기적절한 정보수집에 오히려 방해가 될 수도 있다. 이미 많은 사람이 지적했지만, 관례적인 원칙을 지키는 것이 과학적 정밀함을 담보하는 것은 아니다. 그러므로 어떤 연구가 과학적으로 정밀한가를 판단하기 위해서는 연구 과정 전반에 대한 포괄적인 평가가 더 중요하다(Ratcliffe and Gonzales-del-Valle, 1988: 361~392).

연구 프로젝트가 어떻게 인가를 받아 수행되는지를 가상적으로 따라가 봄으로써, 실제로 이런 원칙들이 어떻게 적용되는지 살펴보자. 웨이트리스는 미국과 캐나다 여성의 상위 10위권 안에 들어가는 직업이지만, 아직까지 웨이트리스 관련 직업건강 분야의 연구는 없다. 웨이트리스들은 왜 다른 노동자들보다 다리가 붓고 발이 아픈 증상이 많은지를 알고 싶다고 가정해보자. 다리가 붓거나 발이 아픈 증상들은 질병으로 진단되는 단계가 아니며, 또한 주관적으로만 인지됨을 일단 기억하자.

웨이트리스 노동조합에서도 어느 레스토랑 체인점의 웨이트리스들이 많이 아픈 원인을 찾아줄 것을 우리에게 부탁했다고 가정해보자. 노동조합은 조합원들의 건강 향상을 위해 무엇을 바꿔야 하는지 알고 싶을 것이다. 쉬지 않고 계속 일하는 총작업시간을 줄여야 하는가? 각 웨이트리스당 서빙하는 테이블의 수를 줄여야 하는가? 아니면 이 두 가지 조치가 모두 필요한가? 웨이트리스들의 수입 일부는 팁에서 나오므로, 1인당 서빙하는 테이블 수를 제한하는 건 그다지 달갑지 않은 해결책이 될 것이다. 새 건축사가 설계한 구조 변경의 효과도 조사 요청 항목이다. 전체 체인점 중 50개의 레스토랑에서 총 500명의 웨이트리스들을 대상으로 한 설문조사가 계획되었다.

1. 연구 주제의 승인

연구비 지원 기관의 승인과 적절성

연구비 지원을 받기 위해 제일 먼저 우리가 할 일은 연구 승인을 받기 위한 연구 지원신청서를 연구비 지원 기관에 제출하는 것이다. 캐나다에서 웨이트리스의 직업건강에 대해 연구한다면, 의학 연구나 직업건강 분야를 담당하는 연방·주 공공기관에 지원을 신청할 수 있다. 우리 주에서, 전문기관은 아마도 이 연구신청서를 동료검토하는 절차도 거치지 않고 즉각 기각할 수도 있다. 연구신청서의 승인 여부를 결정하는 명시적인 기준 중 하나는 직업안전보건위원회가 정한 우선순위 직종 여부인데, 웨이트리스는 그 우선순위 직종이 아니기 때문이다. 우선순위 직종의 해당자는 광업, 건설업, 화학 공장 노동자 등 산재보상률이 높은 노동자들로서, 여성은 전체 우선순위 직종 노동자 중 15%를 차지하고 있다. 우선순위 직종이 아닌 노동자들에 대한 연구도 이전부터 있었으나, 최근 들어서는 산재보상 대상이 되는 집단만을 연구하려는 경향이 점차 증가하는 추세이다. 웨이트리스들은 노동조합으로 조직되어 있는 경우가 드물기 때문에 산재 청구건수도 적은 편이다.

산재보상 청구의 대상이 되지 못하는 건강 문제 역시 우선순위에서 밀린다. 많은 연구가 광산이나 건설현장 사고처럼 원인이 명확하고 손실 시간에 대해 임금이 지급되는 정규직 노동자들을 주요 대상으로 해왔다. 실제 불편하고 힘들지만 일을 할 수 없는 정도는 아닌, 하지 통증 같은 건강 문제는 직업건강통계상 잡히지 않고 있다. 무보수로 일하는 여성의 노동에서 파생되는 문제는 직업건강의 영역으로 간주되지 않는다.[2] 북미에서 직업성 에이즈 연구가 실제로 에이즈 감염 위험에 더 많이 노출되어 있는 성노동자가 아닌, 병원노동자를 주 대상으로 이루어지는 현실 또한 같은 맥락에서 이해될 수 있다.

여성 노동자가 특정 작업 때문에 월경통이 심해져도 이는 산재보상 청구의 대상이 되지 못한다. 산재보상은 추락사고처럼 수 주간 지속되는 병가를 보상하기 위해 만들어졌지, 월경통처럼 오직 한 달에 하루, 간헐적으로 발생하는 병가를 위한 제도가 아니라고 여겨지기 때문이다. 일례로 우리가 지방보건안전청에 제출한 9개의 연구 과제 중 월경통 관련 연구만이 타당성이 부족하다는 이유로 승인을 받지 못했다.

여성의 작업으로 인한 사고나 손상에 대한 산재보상이 안 되고 있음은 지

---

2 실제로 여성의 가사노동 부담은 산재보상 청구의 기각 사유로 자주 사용된다. 최근의 근골격계 손상 청구 건에서 한 고용주는 여성 노동자가 일하다가 다친 게 아니라, 실제로는 자기 집 부엌에서 무거운 물건을 들다가 다친 것이라고 주장했다.

난 6년간 퀘벡의 직업건강연구소가 지원한 연구 프로젝트 중 73%가 여성 노동자와 전혀 관련이 없는 것이었다는 점에서도 볼 수 있다(Tremblay, 1990). 인접한 온타리오 주 역시, 직업성질환기준위원회가 지난 10년 동안 여성 노동자가 다수인 작업장을 조사한 경우는 단 한 건만 보고되었다(Carlan and Keil, 1995: 295).

이처럼 직업건강 영역에서 현재까지 여성의 작업에 관한 연구는 거의 이루어지지 않았다. 여성의 건강이나 여성의 일, 그리고 남성 노동자의 직업건강 관련 연구는 광범위하게 이루어져 왔지만, 성별로 나누어 분석되지는 않았다. 1995년에 캐나다 정부에서 발간한『캐나다의 여성(Women in Canada)』 통계가 일례로, 이 보고서는 여성과 관련해 가족 상태, 소득, 직업, 건강 상태 등에 177쪽이나 할애하고 있지만, 그중 여성의 직업재해나 직업병에 대한 정보는 찾기 어렵다.

네덜란드 연구자들이 만든『직업별 건강과 작업조건 도감(Atlas of Health and Working Conditions by Occupation)』도 전통적인 직업건강 연구의 남성 중심적 시각을 그대로 보여준다. 편집진은 이 도감에서 남성의 직업 129개와 여성의 직업 19개에 관련한 자료를 제시하면서 위험한 작업조건을 판별할 때 이용하라고 권고하지만, 여성의 직업은 왜 19개밖에 안 되는지에 대해 아무런 설명도 하지 않고 있다. 또한 "요통을 유발하는 남성 노동자들의 직업 129개의 순위를 제시했다"라고 했는데, 요통을 유발하는 직업에서 일하는 많은 여성 노동자에 대해서는 역시 언급하지 않았으며 그 이유도 설명하지 않았다(Broerson et al., 1995: 325~335).

그린버그(G. N. Greenberg)와 드멘트(J. M. Dement)가 보고한 문헌 고찰 결과는 직업성 질환에 관한 많은 연구가 남성 노동자만을 다루고 있음을 보여준다(Greenberg and Dement, 1994: 907~912). 좋은 예가 직업성 암 분야이다.

1971~1990년에 8개의 주요 직업건강 분야 학술지에 발표된 1,233개의 암 관련 연구들을 분류한 결과, 그중 14%만이 백인 여성을, 그리고 단지 10%만이 비백인 여성을 포함한 연구 분석 결과를 제시했다(Zahm et al., 1994: 824~847). 스토크(Susan Stock)가 검토한 위암 관련 연구들은 거의 모두가 여성을 제외하고 있었다(Stock, 1993). 단지 한 연구만 보석세공인 중 여성의 사망률이 높다는 것을 보고했다. 기존의 연구에서 다루어진 직업들을 보면, 여성이 배제되어온 이유를 일부 이해할 수 있다. 연구의 대상이 되어온 직업은 제련업, 주조업 등으로 남성 노동자들이 주로 해온 작업들이다.

때로는 연구 대상 집단을 균일화하기 위해서, 때로는 분석을 '간략화'한다는 이유로, 여성은 직업건강 연구 대상에서 배제되어왔다. 1988년에 발표된, 인산염에 노출된 비료 공장 노동자들의 직업성 암에 관한 연구를 보자(Block et al., 1988: 7298~7303).[3] 전체 3,400명의 노동자 중에서 173명의 여성 노동자가 연구에서 제외되었으며, 그 이유는 다음과 같이 서술되어 있다. "여성은 전체 연구 집단의 5%만을 차지하고 있어서 본 분석에서는 포함되지 않았다." 그러나 연구자들은 건조와 선적 부분에서 일하던 남성 노동자 38명은 분석하기에 너무 적다고 여기지 않았고, 분석 결과는 이 집단에서 유의한 사망률 증가를 보여주었다.

때로는 여성 노동자에 대한 기록 자체가 부족하기 때문에 여성이 연구에서 배제되는 경우도 있다. 일례로 캐나다에서 수행된 농업용 화학물질의 노출이 미치는 영향에 관한 연구는 여성을 제외할 수밖에 없었는데, 이는 대부분의 지방관청 기록이 남편만을 직업상 농부로 기록하고 있기 때문이다(Semenciew et al., 1993: 557~561). 사망진단서에서도 대개 여성의 직업 정보는 누락되는데,

---

3 이 연구는 수많은 예 중 단지 하나의 예시일 뿐이다.

은퇴한 여성은 가정주부로 가정하기 때문일 것이다.

여성의 직업 관련 건강 문제들이 제대로 평가받거나 연구되지 못한 또 다른 이유로는 스트레스 관련 정신 질환 ─ 이는 현재 급격히 증가하고 있는 문제이다 ─ 에 직업적 원인이 있다고 생각되지 않았기 때문이다. 직업 관련 정신 질환은 남성이나 여성 모두 산재보상을 받는 경우가 드물어서,[4] 그간 주목을 받지 못했다. 1985~1989년에 퀘벡 연구진흥기관의 예산을 보면 단지 3%만이 정신건강 관련 연구에 사용되었다. 이는 사실 서로 맞물려 있는 문제인데, 정부기관은 연구 결과로 인해 산재보상금액이 증가할 만한 연구를 지원하고 싶어 하지 않기 때문일 수도 있다. 게다가 미국(Lippel, 1993: 228)[5]과 캐나다(Lippel, 1995: 265~291)에서 여성 노동자가 신청한 스트레스 관련 산재 청구의 기각률은 남성 노동자가 신청한 경우보다 훨씬 높기 때문에, 정신보건 연구를 하고자 할 때에도 여성의 직업성 스트레스 문제들은 제대로 다루어지지 못하고 있다.

의학, 병리학, 여성의 직업

다시 웨이트리스 연구로 돌아가서, 이 연구신청서가 순수 의학 연구비 지원 기관 중 한 곳에서 심사가 통과되어 승인을 받은 후, 특정 주제 관련 연구에 연구비 지원을 결정하는 위원회로 보내졌다고 가정해보자.

---

4   Vézina et al.(1992: 109)에 따르면 1998~1999년에 심리 및 정신신체(psychosomatic), 질병에 대한 86개의 산재 청구 중 11건만이 인정되었다. 외상 후 스트레스 장애 및 다른 사고 관련 보상은 제외하고 조사한 결과이다.
5   인용된 자료는 법원 상고결정에 사용된 자료이다. 이 책은 스트레스 관련 장해의 산재보상에 관련된 난제에 대한 풍부한 논의를 담고 있다.

의학연구위원회는 의학적 근거에 기반을 두고 연구 주제의 적절성을 판단한다. 이들의 관심사는 거의 언제나 병리 상태에 한정되어 있으며, 여기서 병리 상태란 질병으로 정의되고 진단된 실체를 뜻한다. 사람과 동물의 병리 상태 모두 연구 대상이 될 수 있지만, 명확히 진단된 질병이어야 한다. 일례로 반복작업으로 인한 식품점 출납원들의 손과 손목 통증의 결정요인에 대해 자세한 연구는 단지 증상만을 고려했다는 이유로 기각되었는데, 기각소견은 다음과 같았다.

[통증 정도를 물어보는] 이런 피상적인 설문으로 진짜 팔목터널증후군을 판별할 수 없을 것 같다(Harber et al., 1992: 518~528).

하지 통증도 아마 비슷한 경우였을 것이다. 발의 염증은 아프지만, 그 자체가 질병 구성요소는 아니다. 부은 다리는 순환에 문제가 있음을 나타내는 지표일 뿐이지 질병은 아닌 것이다.

경험상 보면, 정신적·육체적 상태의 악화를 보여주는 지표나 징후 또는 증상에 대한 연구는 언제나 승인받지 못했다. 그 기저의 논리는 아마도 병리 상태가 존재해야만 그 문제가 고려할 만한 가치가 있는지 알 수 있다고 생각하기 때문일 것이다. 물론 진단 과정 자체는 그 상태를 좀 더 신중하게 규명할 수 있다. 그러나 여성의 직업건강 연구에서 명확한 진단명을 가진 질병 상태를 요구하는 것은 시기상조일 수 있다. 전통적인 여성의 작업에 존재하는 직업병 유발요인에 대한 연구는 일천하며, 이미 건강 효과가 잘 알려진 작업조건이라 하더라도 여성 노동자에게 미치는 효과는 아직 알려져 있지 않은 경우도 많아, 여성의 작업 관련 직업병의 확인은 아직 미숙한 초기 단계라 할 수 있다. 예를 들어 은행원들이 손에 평소와는 다른 아픈 붉은 줄이 생겼는데, 아마도 동전을 다루는 것과 관련이 있을 것 같다고 이야기했을 때, 우리는 출납원에게 생기는 니켈 과민반응에 대한 연구 하나(Gilboa, Al-tawil and Marcussion, 1988: 317~324)를 제외하고는 화폐를 다룰 때 생기는 피부 질환에 대한 연구 논문을 찾을 수 없었다. 은행원의 이런 건강 문제가 직업병인지 아닌지를 결정할 수 있는 충분한 연구가 쌓이려면 앞으로도 수년이 더 걸릴 것이다.

병리 상태를 필요조건으로 요구하는 것은 또 다른 문제를 야기할 수 있는데, 연구자에게 실제 노동자들에게는 흔하지 않은 질병만을 연구하게 한다는 점이다. 만약 웨이트리스들이 같은 연령대의 일반 여성보다 2배 더 많은 순환기 질환으로 고통받는다고 해보자. 같은 연령대의 여성 500명 중 5명에게 순환기 질환이 있다면, 일하는 웨이트리스에게는 500명 중 10명꼴로 순환기 질병이 발생한다. 그러나 연구는 이 2배의 차이를 발견하지 못할 것이다. 현실적으로 500명의 웨이트리스들이 모두 연구에 참여하기도 힘들 뿐더러, 대부분 웨이트리스의 근속기간은 1년이 채 안 되어 순환기 질환이 발생한다 해도 진단을 받기에는 너무 짧은 시간이기 때문이다(Gutek, 1995: 122~123). 게다가 심장병이 있는 사람들은 더 이상 일을 하지 않거나 덜 힘든 곳으로 이직했을 것이다. 결과적으로 웨이트리스 중에서 순환기 질환이 있는 사람의 수는 많지 않고 일반 여성의 환자 수와 비슷하게 나타날 것이므로, 웨이트리스와 다른 여성 간의 통계적으로 의미 있는 차이는 발견하기 어려울 것이다. 여성의 직업건강 문제를 인식하는 데 병리 상태의 요구는 특히 더 걸림돌이 될 수 있는데, 여성은 대체로 남성보다 더 작은 소규모 사업장에서 일하기 때문이다(White, 1993: 168).

웨이트리스들은 또한 임신기간에 노동강도를 낮춰 일해야 하는지 궁금해했다. 태아에게 생길 수 있는 문제들에 대한 연구는 많지만, 일하는 여성의 임신기간에 겪을 수 있는 문제(제10장 참조)에 대한 연구는 거의 없다. 북미의 연구 관례를 따르지 않아도 되었던 프랑스의 한 연구자는 힘든 작업 환경 지표의 하나로서 임신 중 고혈압에 대한 연구비 지원을 받았다. 연구 결과 여성이 임신기간에 무거운 물건을 들거나 소음이 심한 곳에서 일하면 고혈압이 생길 위험이 높다는 것을 발견했지만, 북미의 학술지들은 임신 중 고혈압은 일시적인 문제이지 질병이 아니라는 이유로 논문 게재를 거부했다. 그 연구는 결국 유럽 학술지에 프랑스어로 발행되었으며 영어권 연구자들은 그 연구를 접하기 어렵다.

하지 통증을 호소하는 웨이트리스의 수는 심장 질환을 호소하는 수보다 많을 것이므로, 하지 통증에 대한 직업 간 비교는 가능할 것이다. 그러나 연구 기관은 우리에게 하지 동증의 원인을 찾기 위해 진단 가능한 병리 상태를 요구할 것이고, 이로 인해 연구 소요 비용은 증가되고, 발견 가능한 사례의 수는 줄어들 것이다.

또 다른 요구조건은 병리 상태는 반드시 의사가 진단해야 한다는 점이다. 정육업자들에게 흔한 문제인 피부 사마귀 관련 연구비 지원 요청은 노동자들에게 직접 자신의 사마귀를 세도록 했다는 이유로 승인이 거부되었다. 심사위원회는 노동자들이 자신의 사마귀를 직접 세는 것은 적합하지 않으며 반드시 의사가 세어야 한다고 했다. 노동자들이 자기 손에 있는 많게는 수백 개까지 되는 사마귀들의 존재에 극히 익숙하고, 당연히 그 수를 셀 수 있는데도 말이다. (현재 사마귀는 그 연구자의 노력 덕분에, 정육업 노동자들의 직업병으로 인정받았다.)

여성 직업건강 연구에 병리 상태를 요구하는 것은 때로는 지나치게 엄격할 수 있다. 나와 내 동료는 병리 이전 상태의 생의학적 지표를 이용하는 연구제안서들을 여러 번 제출했다. 예를 들어 우리는 방사선이나 화학물질 노출에 대한 표지자로서, 백혈구의 대사성 유전자(metabolic gene)의 수가 어떻게 변하는지(돌연변이를 일으키는지)를 측정했다. 우리는 58개 핵발전소 노동자들의 혈액을 검사한 결과, 방사능 노출 정도에 따라 1,000만 개의 백혈구당 적게는 54개부터 533개까지 유전적으로 변한 (돌연변이)세포가 있음을 발견했다(Seifert et al., 1993: 61~70). 그런데 백혈구의 돌연변이체들은 후세에 영향을 미치지 않는다. 다음 세대에 영향을 미칠 수 있는 중요한 유전자는 정자와 난자 안에 있다. 그리고 대사성 유전자에 있는 돌연변이체들은 암을 초래하지 않으므로, 백혈구 돌연변이는 암을 야기하지 않는다. 즉, 이 검사는 암이나 기형 등의 병리 상태를 진단하는 게 아니다. 그 검사의 목적은 작업장의 위해인자들이 실제로 해를 끼치기 전에 생의학적 효과를 발견하고자 함이었다.[6] 그러나 우리의 연구제안서는 검사방법이 병리 상태와 직접적인 관련성이 없다는 이유로 심사위원회에서 혹독한 비판을 받아야 했다.

웨이트리스들에 대한 우리의 연구제안서는 현실에서는 아마 기각될 것이다. 발의 염증이나 하지 통증은 질병 상태가 아니기 때문이다. 그러나 여성의 직업건강 분야의 연구비 지원과 관련된 다른 문제들을 살펴보기 위해, 이 가상 연구를 계속해보도록 하자.

---

6 개별 노동자에게 돌연변이세포가 많다는 사실은 적은 수의 집단들이 효과적으로 비교될 수 있다는 것을 의미한다. 질병 발생의 비교를 위해서는 수백 명의 노동자들이 필요한 데 반해, 우리가 발표했던 돌연변이세포의 비교 연구는 단지 25명의 노동자들만을 대상으로 한 것이었다(Messing et al., 1989 참조). 방사선 작업기술자의 돌연변이 빈도수는 이온화 전리방사선의 최근 용량을 반영하는 것으로 보인다(*Health Physics* 57: 537~544).

'연구를 정당화하기 위한 충분한 근거'

연구비 지원을 받으려면, 웨이트리스들이 하지 통증을 겪고 있다는 사실을 연구계획서에 포함해야 할 것이다. 모순적이지만, 연구비 지원의 매우 중요한 요건 중 하나는 노출 - 효과 간의 관계가 존재한다는 충분한 근거를 제시할 수 있어야 한다는 점이다. 이런 경향은 특히 캐나다에서 심한데, 많은 연구자가 연구 주제 설정이 미국에서 먼저 이루어진다고 생각하기 때문이다. 우리는 망간과 스타이렌이 염색체에 미치는 영향에 대한 연구 지원을 신청했었으나, 이 둘의 관계에 대한 증거가 불충분하다는 이유로 기각되었다. 반면 같은 연구팀이 같은 집단을 대상으로 신청한 망간과 스타이렌의 신경 독성효과에 대한 연구제안서는 거액의 연구비를 지원받았는데, 이 둘의 관계를 보여주는 연구가 이미 존재하기 때문이다. 비공식적으로 들은 바에 의하면, 심사위원들은 망간에 노출된 남성 노동자들의 대부분이 이미 가족을 이루었고, 더 이상 아이를 낳고자 하지도 않을 터인데, 충분한 근거도 없이 굳이 작업장에 문제가 있다는 이야기로 혼란스럽게 해봤자 얻을 게 없다는 견해를 피력했다고 한다. 따라서 연구비는 이미 너무나 잘 알려져 있는 이온화방사능이 염색체에 미치는 영향을 연구하겠다고 한 연구진에게 돌아갔다. 잘 알려진 생의학적 체계에 기초해 유전학적 영향을 연구하는 것이 연관성을 발견할 가능성이 더 높다는 이유였다.

여성은 여성들의 문제가 제대로 알려지지 않았다는 이유로 여러 연구에서 배제되어왔다. 최근에 정부는 다양한 직업적 노출로 인한 암 관련 연구에 100만 달러라는 거액을 지원했으나, 여성은 연구 대상에 포함되지 않았다. 우리가 연구진에게 여성을 제외한 이유를 물었을 때, 그는 "이건 비용편익 분석이에요. 여성은 직업성 암에 잘 안 걸리잖아요"라고 말한 바 있다. 그 논리는 순환오류이며, 세금을 내는 여성들의 입장에서 볼 때 자신들이 내는 세금으로 진행되는 연구에서 자신들이 제외된다면 그 비용효과는 어떨 것인가를 지적했을 때도, 그는 별반 반응이 없었다. 그 연구 결과가 학술지에 실렸을 때도 여성을 제외된 이유는 설명되지 않았다(Siemiatycki et al., 1989: 547~567). 최근 들어 여성건강 활동가들의 노력으로 화학자, 제약 회사 노동자, 미용사, 그리고 분장사 등의 직업성 암 위해요인이 밝혀졌다(Goldberg and Labréche, 1996: 145~156).

알려지지 않은 위해요인의 또 다른 예로, 비전통적인 작업에서 일하는 여성 노동자들은 작업에 쓰이는 설비나 도구들이 여성들보다 평균적으로 큰 — 대체로 남성들 — 체형을 기준으로 제작되었기 때문에, 몸을 도구에 맞춰서 일해야 하는 어려움이 있다. 이에 대한 연구신청 역시 비용효과를 이유로 승인받지 못했는데, 유해 여부가 확실하지 않은 위해요인에 대한 연구는 비용효과적 관점에서 비효율적이라고 여겨지기 때문이다. 이러한 연구의 승인 또는 기각의 결정 논리에는 이미 알려진 인과관계는 재확인되어도 정부나 고용주 측이 새로운 금전적인 손해를 보지는 않을 것이라는 생각이 깔려 있다. 유해함이 이미 확인되어 예방과 보상이 이루어지고 있는 항목이라면, 정부나 고용주가 추가로 예방과 보상을 위해 투자할 필요는 없을 것이기 때문이다. 연구비 지원 심사위원회의 한 위원은 이렇게 말했다고 한다. "우리는 아직 발생하지 않은 문제를 예방하는 데까지 돈을 쓰고 싶지는 않다!"

특정 건강 문제는 실제로 존재하는가?

건강 문제의 '실제성(reality)'은 직업건강에서 특히 중요한 쟁점이다. 연구비 지원 여부, 직업 관련 질환의 보상 여부, 작업 환경 개선 여부 등이 주로 비용분석 결과를 토대로 결정되기 때문이다. 어떤 건강 문제가 있을 때, 그 문제를 없애는 데 드는 비용이 그 문제에 대한 대책을 세우지 않고 그냥 놔둘 때 늘어나는 산재보상금액보다 적다면 작업 환경은 쉽게 개선될 것이다. 예를 들어보면 어떤 공장에서 먼지에 방사능이 있다는 것이 발견된 지 27년이 지나서야 환기시설을 설치했는데, 그 이유는 27년이 지나서 노동자들이 방사능 먼지에 감작(sensitized) 반응을 보였기 때문이었다(Messing, 1988: 14~18). 여성 노동자들의 경우도 마찬가지이다. 여성의 문제에 대해 지금과 같이 성차별적인 기각이 계속된다면, 건강 위해요인에 대한 인식이 늦어질 것이다. 노동자들이 호소하는 건강 문제, 특히 여성이나 소수 노동자들의 문제는 무시되거나 개개인의 심리 문제로 여겨지기 쉽기 때문이다.

같은 맥락에서 웨이트리스에 대한 연구신청서는 아마도 웨이트리스들의 발과 다리의 통증이 질환으로 진단받은 상태가 아니고 웨이트리스들의 자가 증상 보고는 신뢰할 수 없다는 이유로 기각되었을 것이다.

2. 웨이트리스의 건강 문제를 연구해야 하는가?

앞에서 언급한 원칙이 적용되지 않았더라면, 웨이트리스는 좋은 연구 대상이었을까? 아마도 그랬으리라고 생각한다. 그러나 그렇다면, 왜 기존의 연구 중 웨이트리스의 건강 연구를 찾기 어려운지는 여전히 설명하기 어렵다.[7]

---

[7] 레스토랑 또는 웨이트리스 또는 음식서비스업 건강, 역학, 요통, 질병, 요통장해 등의 검색어를 이용하여 시행한 1990~1995년까지의 메드라인(Medline) 의학 데이터베이스 자료 검색 결과로 23개의 관련 연구를 찾을 수 있었다. 그러나 그중 어떤 논문도 웨이트리스의 건강에 대해 다루지는 않았다. 21개는 레스토랑에서 외식을 할 때 발생하는 건강 문제에

웨이트리스의 높은 이직률이 원인일 수도 있다. 앞에서 말했듯이 단기간의 근무와 질병 상태를 연관 지어 설명하기는 어렵기 때문에, 과학자들이 웨이트리스들의 건강을 연구하는 것을 꺼려왔을 수 있다. 다른 이유는 아마도 직업건강 연구자들과 웨이트리스와의 사회적 거리감 때문일 것이다. 이것이 아니라면, 여성 노동자 중 가장 흔한 연구 대상이 간호사와 병원 노동자들이라는 사실을 달리 어떻게 설명할 수 있겠는가?[8]

많은 과학자가 사람을 대상으로 하는 연구를 어려워한다. 이는 동물실험과는 달리 행태를 조절할 수 없으며, 여러 가지 기술적인 어려움이 많기 때문이다. 우리가 방사선 작업자들의 돌연변이세포 연구제안서를 제출했을 때는 사람 세포를 검사한다는 것 때문에 비판받았다. 몇몇 동료는 "차라리 중국 햄스터의 난소세포를 이용하지 그래요?"라고 했다. 사실 중국 햄스터의 난소세포 체취는 노동자들에게서 세포를 얻는 것보다 훨씬 쉽다. 분리한 동물세포에 대한 화학물질의 영향을 검사할 때도, 훨씬 깨끗하고 명확한 결과를 얻을 가능성이 많다. 왜냐하면 그 효과는 사람처럼 진화한 기관과 조직들에서처럼 복잡하지 않기 때문이다. 그러나 중국 햄스터의 난소세포를 통해 작업조건이 노동자들에게 미치는 영향이라는 연구 주제에 대한 답을 얻거나, 산재보상 청구를 판단하는 데 유용한 결과를 얻기는 어렵다.

대한 것이었다.

8   예를 들어 구오(H. R. Guo) 등은 보건의료 노동자, 가정부, 청소부, 미용사, 검사원, 디자이너, 웨이트리스는 일반 여성 노동자보다 50% 더 많이 요통을 호소한다는 것을 발견했다. 문헌 고찰 결과, 78개의 연구가 보건의료업계 노동자에 대한 연구였고, 1개가 청소부에 대한 연구였으나, 우리의 문헌검색 결과에 의하면 헤어디자이너나 가정부 또는 웨이트리스에 대한 연구는 없었다. 연구자들에게는 레스토랑 주인에게 연구에 대한 동의를 얻는 것보다 병원이 접근하기 더 쉬웠을 것이다(Guo et al., 1995: 591~602).

3. 위험에 '노출되지 않은' 대조군 찾기

웨이트리스의 절반 정도가 하지 통증을 호소한다고 가정해보자. 많은 수라고 할 수 있을까? 누구보다 많아야 많은 것인가? 역학 교과서는 두 가지 형태의 비교집단을 제시한다.[9] '환자 - 대조군' 연구는 집단을 아픈 사람과 안아픈 사람으로 나누어서, 위험인자에 노출된 노동자들과 노출되지 않은 노동자들의 비율을 보는 것이다. 우리 연구에 적용한다면, 우리는 하지 통증을 느끼는 사람 중에서 웨이트리스가 특히 많은지 봐야 한다. '코호트(cohort)' 연구는 노동자들을 위험인자(웨이트리스 직업 같은 요인)에 노출된 사람들과 노출되지 않은 사람들로 나눠서, 그중 아픈 사람과 안 아픈 사람의 비율을 보는 것이다. 코호트 연구를 한다면, 웨이트리스들이 비교집단에 비해 하지 통증을 더 많이 호소하는지 조사할 것이다. 적절한 다른 변수들(웨이트리스 집단과 비교집단이 나이가 같은지, 어느 그룹이 편한 신발을 더 신는지 등과 같은 것들)은 '보정'된다. 노출인자와 건강 효과의 연관이 보정 후에도 통계적으로 의미 있게 나온다면, 연관관계가 성립되는 것이다.

우리가 제안한 연구는 코호트 연구였으므로, 웨이트리스와 다른 집단을 비교해야만 했다. 노동자들을 노출군과 비노출군으로 나눌 때, 대부분의 심사는 '비교집단'을 요구한다. 비교집단은 연구 대상 집단과 해당 연구 주제인 노출 여부만이 유일하게 다른 집단이어야 한다. 심사자들은 웨이트리스들을 '비노출군'과 비교했을 때, '정말로' 하지 통증이 더 생기기 쉽다는 것을 확신하고 싶어 하는 것이다.

비교 가능한 비노출집단이 있어야 한다는 이 단순하고 분명한 요구조건은

---

9   다음의 단락은 Monson(1980)에 기술된 대로 예시를 따른 것이다.

무엇이 비교 가능하고 무엇이 비노출인지에 대한 문제를 제기한다. 이 요구 조건을 만족시키기 위해, 우리는 웨이트리스는 아니되 그 밖에 다른 점에서는 유사한 여성을 500명 이상 찾아야 한다. 판매직 여사원이나 출납원들은 웨이트리스들과 수입, 교육 정도가 비슷하므로, 이들과 웨이트리스 간의 하지 통증 유병률을 비교할 수 있을 것이다. 판매원이나 출납원이 하지 통증을 호소한다고 해서, 웨이트리스의 건강 문제가 작업조건 때문이 아니라고 할 수는 없다. 그런데 사실 웨이트리스나 판매원, 출납원의 작업조건이 모두 비슷하며, 오랜 시간 서서 일한다. 심사위원들을 만족시킬 수 있는 비교군이 되려면, 임금은 웨이트리스 정도로 적게 받지만 몸은 편한 직업이어야 한다. 그런데, 그런 직업이 있기는 한가?

본래 연구의 목적은 웨이트리스 간의 비교를 통해서 특정 작업조건의 영향을 알아내는 것이었다. 즉, 주당 일하는 날수, 일하는 시간이 서로 다른 웨이트리스들을 비교하고, 레스토랑을 고객 수, 웨이트리스 1명당 테이블 수, 휴식시간에 앉아서 쉴 수 있는 가능성 등에 따라 분류하여 비교하는 것이다. 그러나 많은 심사위원이 '내부' 비교집단을 이용하는 것을 반대했다. 이전에 우리는 정육가공업에 종사하는 노동자 720명의 자세한 작업 일정과 월경 주기에 대한 연구를 발표했다(Messing et al., 1992: 302~309). 연구 결과 작업시간표가 불규칙한 사람 중 절반 이상이 매일 같은 시간에 같은 시간표에 따라 규칙적으로 일하는 사람들보다 월경 주기가 더 불규칙했다. 월경 주기는 공장 내 낮은 온도와 빠른 작업속도에도 영향을 받고 있었다. 심사위원들은 다른 업종에서 일하는 집단과 정육가공업 노동자들을 비교하지 않았다고 우리를 비판했다.

정육도살장이나 가공 공장에서 일하는 여성 노동자 726명에 대해서 월경 주기 이상을 소급하여 연구했는데, …… 이 연구의 가장 심각한 문제는 비교집단이 없다는 것이다.

7년 전에 CINBIOSE의 머글러(Donna Mergler)와 베지나가 월경통의 원인에 관해 쓴 논문 역시 같은 이유로 게재를 거부당했다. 그들은 용감하고 끈기 있게 편집자와 싸워서 결국 그 논문을 출판했다. 우리 경우는 운이 좋아서 양식 있는 편집자를 만났기 때문에 싸우지 않고도 논문을 실을 수 있었다. 그러나 다른 모든 연구자가 언제나 그렇게 용감하거나 운이 좋은 건 아니다.

심사위원의 그런 논평은 위험한 작업조건요인이 없는 공장이 존재할 것이라고 생각함을 의미한다. 심사위원들은 우리에게 같은 지역에 있는 공장에서, 그러나 과거에 불규칙한 작업 일정, 주위, 빠른 작업속도 등에 노출된바 없는 비교집단을 찾기를 요구했다. 그러나 실제 여성 노동자들은 언제나 어떤 형태로든 위해요인에 노출되고 있는바, 심사위원들의 그런 요구는 그들이 공장에서 일한다는 게 어떤 것인지를 모르고 있다는 말밖에 안 된다. 현실적으로 심사위원들이 요구하는 바와 같은 대조군이 존재한다고는 생각하기 어려웠다. 웨이트리스들을 서서 일하는 다른 노동자들과 비교한다면, 서서 일하는 작업으로 인한 차이는 줄어들 것이다. 그러나 웨이트리스와 같은 일을 하되 앉아서 하는 다른 비슷한 직업이 없는데 어떻게 적절한 비교를 하란 말인가?

4. 노출의 측정

노출의 측정은 직업건강 연구에서 핵심요소이다. 웨이트리스들이 왜 건강 문제가 있는지 알고 싶다면 그들이 무슨 작업을 하는지 알아야 한다. 우리 연구의 가설상, 위해요인은 서서 일하는 시간이므로 우리는 그들이 몇 시간을 서서 일하고, 몇 시간을 걷는지 알 필요가 있다.

직업명

직업건강 연구에서 가장 흔히 이용되는 노출 측정방법은 직업명으로, 이는 특히 연구 대상 집단이 클 때 유용하다. 많은 사람의 작업조건을 각기 자세히 조사하는 데는 비용이 많이 들지만, 직업명은 쉽게 얻을 수 있기 때문이다.

여성의 직업명에 대한 정보가 부정확하다는 것은 주지의 사실이다. 직업별 사망률에 대한 연구가 진전되기 어려운 이유는 대부분의 사망진단서가 여성의 직업 정보를 명시하지 않기 때문이다. 또 여성의 직업명에 대한 기술은 남성의 작업에 대한 기술보다 자세하지 않다. 52%의 여성이 상위 18개 직업에 분포하고 있는 데 반해, 남성은 32%만이 상위 18개 직업에 속해 있다. 이는 두 가지로 해석될 수 있는데, 첫째는 여성이 선택할 수 있는 직업이 남성보다 제한되어 있기 때문일 것이다. 그러나 노동시장에서 남성과 여성이 차지하는 수가 비슷해짐에 따라 이 해석은 더 이상 설득력이 없다. 둘째 이유는 남성의 직업이 여성의 직업보다 중점적으로 연구되어왔기 때문일 것이다. 비서와 속기사를 같은 직업군으로 분류한다면, 목수와 건설업 노동자는 왜 하나로 묶어서 다루지 않는가? 농부와 농장 노동자는? 자동차 정비공과 공장의 기계공은? 다시 말해서 왜 공공시설의 비서들과 기업 고위층의 개인 비서들을 한데 묶는가? 공장에서 일하면서 연기나 먼지에 노출된 비서들과 병원에서 일하면서 전염성 감염에 노출된 비서들은 따로 분류해야 하지 않을까?

남성과 여성은 작업장에서 다르게 취급되므로, 직업명이 같다고 해서 남성과 여성이 일하는 작업조건이 같을 것이라고 가정하는 것은 타당하지 않다. 따라서 직업명을 간접적인 노출지표로 이용하는 것은 노동자의 성별에 따라 부정확할 수 있고, 편견을 가져올 수 있다. 사이리(M. Hsairi)와 동료들은 1만 3,568개의 작업을, 직업명을 근거로 만든 전문가 지표를 이용하여 먼지에 노출된 노동자와 노출되지 않은 노동자로 분류했다(Hsairi et al., 1992: 972~980). 노동자들이 자신들의 노출에 대해 직접 평가한 보고서와 먼지 노출로 인한 자각증상들(숨쉬기 힘들다거나, 천식과 같은)은 전문가의 평가 결과와 상관성을 보였다. 노출에 대한 자가평가가 전문가의 지표보다 자각증상 보고와의 연관성이 더 높았으며, 여성의 자가평가보다 남성의 자가평가가 전문가 평가와 상관성이 높았다. 연구자는 이 차이를 남성이 노출을 '더 잘 이해'하고 있기 때문이라고 해석했지만, 이는 전문가 지표의 근거가 된 직업명이 실제로는 남성 작업자들의 경험만을 반영했기 때문일 수 있다. 여성들은 같은 직업명으로 근무하더라도 다른 작업이 할당되었을 수 있다.

마찬가지로 노동자들은 일하는 부서에 따라서 분류되곤 하는데, 이러한 분류는 실제 작업 내용과 일치할 수도 있지만, 다를 수도 있다. 베지나는 정육가공업 노동자에 대한 연구에서, 같은 부서에서 일할지라도 냉기에 노출되는 정도는 외풍이 드는 장소이냐 아니냐에 따라, 손을 물에 넣고 일하느냐 아니냐에 따라, 그리고 주변 사람들의 움직임 정도에 따라 달라질 수 있다고 지적했다(Vézina, 1986).

우리 연구에서도 마찬가지로 직업명을 노출지표로 사용하는 것은 적절하지 않은데, 웨이트리스는 모두 웨이트리스라는 하나의 직업명으로 불리기 때문이다. 웨이트리스들의 위해요인 노출 여부를 조사하고자 한다면, 실제로 그들이 서 있는 시간은 얼마나 되는지, 휴식시간은 몇 번이나 되는지 등을 알 필요가 있다. 문제는 비용이다. 연구팀이 500명의 웨이트리스들을 수 차례에 걸쳐서, 하루에 몇 번씩, 1주일에 며칠씩, 1년 내내 계절별로 관찰하는 것은 비용이 많이 들 것이기 때문이다.

그 외 다른 노출 측정방법들

남성에 근거해 개발된 연구 도구들을 별도의 타당성 검증 없이 여성에게 사용하는 것은 편견을 가져올 수 있다. 잘 알려진 카라세크(Robert Karasek)의 직무요구도에 대한 설문(Hall, 1989: 725~745) 및 남성에 대해서만 타당도가 검증된 생물학적 검사들이 그 예가 될 수 있다(Stevenson et al., 1996: 45~52).[10]

여성의 사회적 지위를 측정할 때, 흔히 연구자들은 남편의 직업 지위 척도(occupational prestige scale)나 사회계급 척도를 이용하여 얻은 점수를 아내에게 부여해왔다(Blishen, Carroll and Moore, 1987: 465~488; Heller, Williams and Sittampalam, 1984: 198~202). 이는 우리가 직업건강 연구 자료에서 사회적 지위를 보정할 때 자주 발생하는 문제를 야기한다.[11]

노출을 확인하는 또 하나의 방법은 노동자들에게 직접 묻는 것이다. 여러 연구 결과 자가보고는 건강 상태(Rosenstock et al., 1984: 50~54; Joffe, 1992: 564~570)는 물론 노출 정보(Guo et al., 1995: 591~602)의 좋은 출처라는 것이 밝혀져 왔다. 이는 앞에서 이야기한 문제들 – 인간공학자들이 하지 통증의 가

---

10 근력검사 관련 쟁점들은 Messing and Stevenson(1996: 156~167)에서 더 논의하고 있다.
11 사회계급이 건강에 미치는 영향 중 일정 부분은 영양분 섭취처럼 가족이 공유하는 요인을 통해서 매개되지만, 그 외 다른 부분은 직업척도처럼 개개인에게 고유한 요인을 통해 이루어진다.

능한 모든 위해요인을 밝혀내기 위해 필요할 시간 - 의 가능한 해결책이 될 수 있다. 설문이나 면접조사를 통해 웨이트리스들에게 직접 물어봄으로써, 조사 시간 일부를 줄일 수 있다. 그러나 이와 같은 정보 취득은 편견을 가져온다고 비판받아왔다. 연구자들은 노동자들에게 딴 속셈이 있을 수도 있음을 완곡히 시사해왔고, 일부 연구자는 질병이 있거나 문제가 있는 사람들은 뭐든 그들이 생각하기에 문제가 된 노출인자들을 과대보고한다고 믿고 있다. 이러한 경향은 일명 '기억편견'으로(Raphael, 1987: 167~170), 면접이나 설문조사자료 이용 시 수반되는 문제점으로 알려져 있다(MacKenzie and Lippman, 1989: 65~75). 설사 기억편견의 존재 여부에 대해 확신할 수 없을 때에도, 노동자의 자가보고는 좋은 정보원으로 여겨지지 않는다.

몇몇 연구자는 과학자들에게서 얻은 정보·자료와 노동자들에게시 얻은 정보를 비교해봤다.[12] 위크톤(C. Wiktorn) 등에 의하면, 어떤 지표는 노동자 자신의 평가가 과학자의 평가와 유사하며 특히 중량물 취급과 복잡한 동작에 대해서는 경량물이나 간단한 동작보다 더 높은 일치도를 보였다(Wiktorin, Karlqvist and Winkel, 1993: 208~214). 소렐-쿠비졸(Marie-Josèphe Saurel-Cubizolles) 등은 정육가공 공정의 작업 환경에 대해 노동자들이 제공한 정보와 직업건강의의 정보를 비교했는데, 일치 수준은 다양했지만 두 자료는 전반적으로 잘 일치했다(Saurel-Cubizolles et al., 1996: 10~17).

현재까지 고용주에게서 얻은 정보의 질을 다룬 연구는 단 하나뿐이었다. 베렌(V. Behrens) 등은 고용주들이 미국 정부에 보고한 건강 관련 정보와 노동자들을 면접해서 얻은 정보를 비교했는데, 고용주들은 요통과 손의 불편감 및 피부염에 대해서 과소평가하고 있는 것으로 보고되었다(Behrens et al.,

---

12 이 논의를 위해 연구 자료를 수집한 라조(Alain Lajoie)에게 감사한다.

1994: 1780~1785).

만약 우리가 직업명으로 노출 상태를 측정하고, 웨이트리스를 다른 외부 집단과 비교하며, 의학적 검사를 통해 질병을 진단할 수 있다면, 연구비를 지원받을 가능성이 더 커질 것이다. 그러나 나는 웨이트리스들을 서로 비교하고 서 있는 시간에 대해서 그들의 인지 정도를 이용하는 우리의 연구 설계가 더 정밀하고 과학적이라고 생각한다. 우리는 웨이트리스들에게 '평균' 일하는 날수를 물어보고, 만보기 사용법을 훈련해서 일하는 날의 걸음수를 측정할 수도 있다. 노조를 통해서 웨이트리스들을 상담하면서 건강 문제를 평가할 수도 있고, 웨이트리스 대표자 집단과 건강 문제 목록을 작성한 후 전체 웨이트리스들이 그들의 문제를 보고할 때 이용하도록 할 수도 있다. 그러나 심사위원들은 이런 방법들이 과학적으로 엄밀한 방법이라고 생각하지 않을 것이다.

5. '특이한 분위기'

노동조합의 참여[13]는 우리 연구의 성공 여부를 좌우하는 또 하나의 열쇠이다. 노동조합은 노동자 건강 문제의 가장 좋은 정보원이기 때문이다. 노동조합은 상시적으로 노동자들과 접해왔고, 문제를 최소화하거나 덮어버리려는 의도 없이 건강 문제들에 대한 포괄적인 시각을 가지고 있다. 웨이트리스 직업에 관한 포괄적인 이해를 위해, 연구의 시작 단계에서 노조에 웨이트리스 대표를 소개해달라고 부탁했다. 일례로 우리가 은행원에 대한 연구를 수

---

13 캐나다의 다른 주와 달리 퀘벡 주의 웨이트리스는 노조가 잘 조직되어 있다.

행했을 때 노조는 은행의 규모, 은행 강도를 당했던 횟수, 고객층의 나이, 인종, 재정환경 등과 같은 은행 지점의 특징들에 따라, 그리고 은행원의 가정 상황에 따라 다양한 은행원들을 소개해주었다. 그러나 경영진은 아마 이러한 요인들이 은행원의 작업부하량을 결정하는 데 얼마나 중요한지를 모를 것이다. 은행 관리자들은 은행 지점의 재무 실적, 건물의 연수 등과 관련된 기준을 이용했을 것이다. 적어도 관리자들은 은행 강도 건수가 은행원들의 작업부하량 결정에 중요하게 작용한다는 사실을 몰랐을 것이다.

설문지의 배포 및 작성에도 노조의 도움이 필요하다. 노조 조직은 모든 조합원과 신속하게 연락할 수 있는 구조여서, 설문지 배포뿐 아니라 노동자에게 설명회를 할 때에도 이를 이용해왔다. 많은 사람이 생각하는 것과 반대로, 이러한 방법은 특정 종류의 편견을 최소화할 수 있다. 대부분의 노조는 싸워야 할 다른 많은 문제가 있기 때문에 조합원들의 건강 문제를 지나치게 강조하고 싶어 하지 않는다. 우리가 노조에게 "만일 건강 문제가 있는 사람들만 설문에 답한다면 문제가 확대 해석될 수 있으니, 모든 사람이 설문지를 작성하도록 해야 합니다. 있지도 않은 문제를 해결하느라 시간 낭비하지 않고, 모든 조합원에게 영향을 미치는 중요한 문제를 해결할 수 있는 방법입니다"라고 설득한다면, 그들은 기꺼이 조사에 협력할 것이다. 노조는 이런 미묘한 과학적 접점들을 노동자들이 이해하기 쉬운 용어로 설명하는 데에 전문가이다.

노조와의 협력 관계가 우리 연구의 장점이라고 이야기한다면, 우리는 아마 절대로 연구비를 지원받지 못할 것이다.[14] 노조가 작업 환경을 개선하려

---

14 우리가 연구자들에게 가장 많이 받는 질문은 노조와 우리의 관계이다. 두 번째로 가장 문제시되는 건 여성주의적 관점이다. 우리가 쓴 논문 중 하나는 여성주의적 관점에 대해 다

는 시도에 참여할 때마다, 그네들이 자신의 주장을 관철하기 위해 엉터리로 증상이 있는 척하는 거라고 여겨져 왔다. 이런 요인을 감안해서 연구를 설계할 때도 우리 연구는 같은 논리로 비판받아왔으며, 심지어는 특정 독성 효과에 대한 생리학적 변화 형태가 매우 특이해서 전문가가 아니고서는 거짓으로 증상을 보고할 수 없을 때도 마찬가지였다. 연구비 지원을 심사하는 자리에서 우리가 노조와 가까운 관계라는 이유로 문제시된다는 이야기를 종종 들어왔다. 노동자들이 먼저 그 연구를 요청했다는 이유로 그 연구가 편향적이라고 가정하는 것이다.

여러 번, 이것이 우리의 연구비 지원신청서가 기각된 이유였다. CINBIOSE 연구원의 연구비 지원 신청을 기각했던 심사위원회의 한 위원은 내게 말했다. "그녀는 노조를 위해서 일하잖아, 안 그래? 물론 그게 결정적인 기각요인은 아니었지만, 논의할 때 분위기가 좀 다르기는 했어." 또 다른 위원은 연구를 지원하지 않기로 한 후에 내게 말하기를, 내 이력서에서 노조를 '곳곳에' 언급하지 말았어야 했다고 했다. 그러나 20여 쪽의 내 이력서 중 노조는 딱 한 번, 노조 - 대학 간 협력 연구 논문에서 언급되었을 뿐이었다.

많은 연구가 사용자 측의 요청이나 제안으로 시작되어 출판되고, 주요 연구비 지원 기관들은 산학협력 연구를 위한 프로그램들을 운영해왔다. 산학협력 연구들의 편향 가능성은 별문제가 되지 않는 것 같다. 오히려 기업의 연구 지원 자금을 끌어올 수 있다면 그건 대학의 연구자들에게 큰 능력이다.

결근이 직업건강 연구 문헌에서 어떻게 다루어지는가는 고용주의 시각에서

음과 같은 논평으로 시작한다. "이 감정적인 논문은 ······." 독자들은 그 논문이 심사자들이 생각한 것처럼 감정적인 논조인지 한 번 보기 바란다. 우리는 그 심사자들이 감정적이라고 생각한다(Messing, Dumais and Romito, 1993: 47~55 참조).

지원되는 연구의 좋은 예이다. 열악한 작업 환경이나 직업건강안전 문제보다 결근은 훨씬 더 자주 연구되는 주제이다(Dequire and Messing, 1995: 9~30). 정부의 한 연구자는 결근 관련 논문들의 논의를 설명하면서, 두 노동자가 햇볕 아래 잔디밭에 큰 대자로 늘어져 누워 있는 사진을 보여주었다(Akyeampong, 1992: 25~28).

이렇듯 과학적 연구에서 볼 수 있는, 심지어 정부 지원을 받는 연구에서도 볼 수 있는 친사용자적 편견은 어떻게 설명할 것인가? 그 편견이 단지 연구자가 재봉사나 미용사, 그리고 공장 노동자들과 성이나 사회계급 면에서 크게 다르기 때문에 생기는가?

6. 새로운 경향

지금까지 이 책을 읽은 독자들은 아마 내 말이 앞뒤가 맞지 않는다고 생각할 지도 모른다.

나는 여성의 직업건강에 대한 지식이 만들어지는 것을 저해하는 많은 방해요인에 대해서 기술했지만, 그 예들은 사실 연구비 지원을 받았고 또 출판된 CINBIOSE의 연구들이다. 여성 노동자들에게(또는 남녀를 불문하고 어떤 노동자에게건) 유익한 정보를 생산해내는 연구의 연구비를 따는 것이 그렇게 힘들다면, 도대체 어떻게 연구를 할 수 있단 말인가? 건설업 노동자들의 가치, 여성건강 문제의 원인, 그리고 좋은 노출평가의 중요성에 대한 과학적 연구들이 증가하고 있지 않은가? 사실 그렇다. 그게 가능했던 건 여성주의자들, 노동자들, 노동자 우호적인 연구자들이 이제껏 기존 체계의 빈틈을 이용하여, 대안 연구를 지원받고 출간할 수 있는 길을 개척해왔기 때문이다. 그

중 몇몇은 이 책의 뒷부분에서 이야기할 것이다.

그러나 여성 노동자의 건강 문제에 대해 연구비 지원을 받는 것은 아직도 여전히 어려운 일이다. 현존하는 연구가 적기 때문에, 여성의 일은 안전하다는 잘못된 이미지가 만들어졌고, 이런 이미지로 인해 여성 노동자에 대한 연구 지원을 받기 어렵다.

제6장

과학적 지식은 어떻게 형성되는가?

One-eyed Science

연구 결과의 해석은 사회적인 과정으로, 연구자의 관점에 따라 그 해석이 달라질 수 있다. 웨이트리스가 웨이터보다 하지 통증을 더 흔히 겪는다는 연구 결과는 생물학적 차이(웨이터가 더 힘세고 통증에 대한 저항력이 있다)로 해석될 수도 있고, 심리적 차이(웨이트리스들이 더 흔하게 증상을 호소한다)나 작업조건의 차이(1명당 서빙해야 하는 고객의 수가 많은 레스토랑의 웨이트리스들이 그렇다)로 해석될 수도 있다. 이 세 가지 결정요인의 비중은 연구자마다 다를 것이다. 이 세 가지 해석은 문제를 해결하는 데 매우 다른 함의를 가진다. 만일 웨이트리스들은 약하거나 '불평이 많아서' 하지 통증이 많다고 해석한다면, 웨이트리스 대신 남성을 더 많이 고용함으로써 문제를 해결할 수 있다. 그러나 웨이트리스에게 하지 통증이 많이 나타나는 이유가 지나친 노동강도 때문이라고 본다면 웨이트리스의 수를 늘리는 것이 문제의 해결책일 것이다. 이처럼 연구 결과의 해석은 어떤 분석방법을 사용했느냐에 따라서도 달라지겠지만, 연구자가 문제를 바라보는 관점에서도 영향을 받는다.

누구나 그러하듯 과학자도 자신의 고유한 관점을 지니고 연구를 한다. 과학자의 관점에 따라 웨이트리스의 하지 통증과 같은 문제에 대한 접근방법이 달라질 수 있다. 과학자도 경험이나 받아온 교육이 각기 다르므로, 어떤 연구자는 웨이트리스를 친구로 여길 수도 있지만 또 어떤 이는 단지 음식을 제공하는 도구로만 여길 수도 있다. 또는 여성은 불평하기 좋아하는 부류라고 생각할지도 모른다. 내분비학자는 호르몬 영향을 먼저 떠올릴 것이고, 유전학자는 염색체 소인을 우선 의심할 것이다. 아무리 객관적인 자료분석방법을 도입하여 이를 잘 준수한다고 해도, 그 연구가 연구자 본인의 경험과 이데올로기에서 완전히 자유로울 수는 없다.

1. 분석방법

흔히 사용되는 자료분석방법 중 어떤 것은 여성의 작업 환경이 중요한 건강결정요인이라는 사실을 과소평가하게 만든다.

혼란인자의 보정 또는 변수로서의 성(sex)

자료분석 시 어떤 변수를 '보정'한다 함은 수학적인 방법을 이용하여 그 변수가 결과에 미치는 효과를 고려함을 의미한다. 한 예로 먼지에 대한 노출과 폐 손상의 관계를 알아보고자 할 때는 흡연을 보정해야 한다. 흡연은 폐 손상에 독립적인 결정요인이고, 먼지에 노출된 사람들과 노출되지 않은 사람 사이에 흡연량의 차이가 있다면 이는 인과관계를 교란할 수 있기 때문이다. 따라서 먼지에 노출되는 정도와 폐 손상의 관계를 검토하기 이전에, 흡연자의 폐기능 상태에 따른 교정을 할 필요가 있다. 이런 과정을 통해 이미 알려진 흡연의 해로운 영향을 고려하면서 먼지가 폐 손상에 미치는 영향을 평가할 수 있다. 직업과 건강에 관한 거의 모든 역학 연구는 흡연, 기존 병력, 나이 등과 같은 비직업적인 특성들을 보정하고 있다.

한편 연구자들은 '과도한 보정'을 하지 않도록 주의해야 한다. 과도한 보정이란 연구자들이 특정 변수를 보정할 때, 그 변수가 노출과 직접적으로 연관이 있을 때 생길 수 있는 오류이다. 만일 먼지에 많이 노출되는 사람들이 특정한 민족집단에 속해 있다면 과도한 보정의 오류가 생길 수 있다. 예를 들어 흑인이나 히스패닉은 청소나 정비업에 더 많이 종사하고 있는데, 민족 특성이 폐기능 손상의 원인이라면, 연구자는 폐기능을 다룰 때 민족집단을 보정해야 한다. 그러나 흑인이나 히스패닉의 폐가 약한 것이 민족 특성 때문이 아니라, 그들이 주로 하는 작업이 먼지 노출이 많은 작업이기 때문이라면, 민족 특성의 보정은 노출에 따른 효과를 발견하지 못하게 하여 먼지가 폐암에 미치는 진짜 영향이 알려질 가능성을 낮춘다.

자료분석 시 성, 인종, 계급 등과 같이 사회적 위치를 말해주는 변수들을 보정할 때에는 특히 주의해야 한다. 이런 종류의 변수는 같은 집단에 속한 사람들의 생물학적 특징(호르몬의 상태, 혈액형, 영양 상태 등)이 같을 확률이 높다는 것을 나타내는 동시에 직업이 비슷할 확률이 높다는 것도 나타내기 때문이다. 웨이트리스는 웨이터보다 에스트로겐 수준이 높지만, 동시에 일하는 레스토랑의 종류나 작업량이 다를 수 있고, 업무가 끝난 후 휴식시간 또한 다를 수 있다. 성이 특정 직업과 깊이 연관된 경우 성을 또 하나의 변수로 보정하는 것은 오류일 수 있다.

노동자 건강 관련 연구에서는 여성 노동자가 남성보다 아픈 증상이나 심리적 피로를 더 많이 보고하는 것을 흔히 볼 수 있다. 여성과 남성은 서로 다른 작업을 하고, 따라서 서로 다른 위해요인에 노출된다. 남성과 여성 집단을 하나로 합쳐서 분석할 것을 결정하기 이전에, 이들의 노출자료를 각기 따로 분석해봐야 한다. 그러나 수없이 많은 연구자가 자료를 사전에 분석해보지 않고, 또는 성이 어떤 특정 노출에 대한 대리지표가 될 수 있는지 고려해보지 않고, 성을 보정한다. 예를 들어 반복작업의 양은 성별에 따라 다르기 때문에 성은 반복작업량의 대리지표가 될 수 있다. 실제로 직업과 팔목터널증후군의 관계에 대한 최근의 고찰을 보면, 그 논문에 언급된 모든 연구가 성을 보정하고 있다(Hagberg, Morgenstern and Kelsh, 1992: 337~345, table 2). 연구자들은 성을 보정한 후, 남성보다 여성에서 팔목터널증후군이 더 흔한 이유는 호르몬이나 그 외 여성 특유의 다른 요인 때문이라고 설명한다. 그러나 성을 보정하고 나면, 여성의 직업 때문에 수근관입빅증후근이 발생한다는 사실을 발견하기가 어려워진다.

보정을 하든 하나의 독립적인 인자로 다루든, 이는 오직 성이 건강을 해롭게 하는 독립적인 결정인자일 때에만 타당하다. 즉 여성이 남성보다 약하거나 불평불만이 많거나, 또는 성호르몬이나 다른 생물학적 차이들이 독립적으로, 그리고 상시적으로 건강에 중요한 원인이 되는 경우에만 성을 독립인자로 다루는 것이 적절하다. 그리고 설사 그렇다고 해도, 작업조건이 건강에 미치는 영향을 성별로 따로 파악하는 것은 중요하다(현실적으로 이런 관점을 찾아보기는 매우 힘들다). 예를 들어 CINBIOSE에서 진행 중인 연구에서 우리는 남성과 여성을 따로 분석할 때와 합쳐서 함께 분석할 때 전혀 다른 결과를 얻었다. 정육가공 공장에서 남성과 여성을 따로 분석함으로써, 우리는 성별에 따라 다른 작업조건이 각기 다른 건강 효과(건강 관련 병가)와 관련이 있음을 알 수 있었다(Messing et al., 1998: 250~260).

집단	집단 내의 인원수	하지증상을 보이는 인원(%)
웨이트리스(호스티스 포함)	500	145(29%)
새 레스토랑	100	60(60%)
구 레스토랑	300	75(25%)
의자에 앉아서 일하는 호스티스	100	10(10%)
판매직 여사원	500	116(23%)
의자에 앉아서 일할 수 있음	60	6(10%)
의자 없이 일함	440	110(25%)

연구 설계와 노출 평가에서 발생하는 문제의 결과

제5장을 시작하면서, 나는 과학적 연구 관행이 실제로는 노동자들에게 위험할 수 있다고 주장했다. 이 중 하나가 노출의 범주를 명확히 하지 못하고 노출평가를 부정확하게 하거나, 비교집단을 잘못 선택하는 경우이다. 노출 범주가 분명하지 않다는 것은 '노출된 집단'과 '노출되지 않은' 집단의 차이가 희석될 수 있음을 의미한다. 예를 들어 새로 개장한 레스토랑에서는 설계 구조상 손님들이 부엌에서 멀리 떨어진 테이블에 앉기 때문에 새 레스토랑에서 일하는 웨이트리스들은 예전 레스토랑에서 일하는 웨이트리스들보다 더 오랫동안 서서 일한다고 가정해보자. 이 가정이 옳다면 서서 일하는 것으로 인한 웨이트리스들의 다리 아픈 증상은 오래된 레스토랑보다는 새 레스토랑에서 더 많이 보고되어야 한다(〈표 6-1〉 참조). 또 웨이트리스의 범주에 호스티스나 접수대 계산원들처럼 의자에 앉아서도 일할 수 있는 여성들도 포함된다고 하자. 마지막으로 비교집단인 판매직 여성 사이에 작업조건의 차이가 있어서 일부는 의자에 앉아 일하고 따라서 이 중에서 다리가 부은 사람은 거의 없다고 가정하자.

작업조건에 대한 더 이상의 정보 없이 단순히 웨이트리스와 판매직 여사원을 비교한다면, 큰 차이는 없다(23% 대 29%). 따라서 연구자들은 차이를 발견하지 못했다고 보고할 것이고, 웨이트리스들에게 하지 건강 문제가 있다는 사실을 확인할 수 없다. 우리는 웨이트리스의 건강에 대해 새로운 사실을 발견하지 못할 것이다. 그러나 만약 의자에 앉아서 일할 수 있는 160명과 그렇지 못한 840명을 비교할 수 있는 자세한 정보가 있다면, 결과는 큰 차이를 보인다. 의자 없이 서서 일하는 사람들은 하지의 통증이 있을 확률이 3배나 더 높았다. 의자 이용 여부와 레스토랑 내부 설계에 대한 정보까지 얻을 수 있다면, 아마 레스토랑의 새로운 내부 설계가 하지증상 유병률을 2배로 높였으며, 하지의 건강 문제들이 왜 생기는지에 대해 좀 더 나은 실마리를 발견할 수 있을 것이다. 따라서 연구자가 노동 조건을 제대로 이해하고 있는가에 따라 여성의 건강에 대한 정확한 그림을 제시할 수 있는 연구가 이루어질 수 있는지가 결정된다.

대다수 직업건강 연구자들이 사용하는 방법으로는 레스토랑의 새로운 내부구조 설계에 내재한 위해요인들을 확인하기가 어렵다고 보는 것이 옳을 것이다. 대부분의 연구는 큰 규모의 집단을 대상으로 하기 때문에, 노출과 관련된 정확한 정보를 얻을 수 없다. 보통 직업명으로 비교하는데, 이는 매우 부정확한 평가방법이다. 직업명에 따르면, 웨이트리스들은 판매직 여사원들과 비교될 것이다. 가끔은 화학물질이나 방사선 노출처럼 좀더 자세한 정보가 입수 가능할 때도 있다. 그러나 그런 때조차도, 통계분석상의 이유로 노동자들은 위험한 조건에 '노출된 자'와 '노출되지 않은 자'로 구분된다. 이때 연구자가 작업 환경을 제대로 알고 있고, 의자 사용 여부가 중요한 노출요인이라는 것을 안다면, 노출과 비노출을 가르는 것은 괜찮다. 연구자가 작업조건을 더 잘 알고 있다면, 원래는 의자에 앉아서 일할 수 있지만 작업대의 설계나 작업속도의 문제 때문에 서서 일하는 노동자들을 찾아낼 수 있을 것이다.

통계에서 '유의성'의 의미

직업병의 조기 발견을 어렵게 하는 많은 제약은 통계적으로 유의한 결과를 얻어야 할 필요성과 관련이 있다. 통계적으로 유의한 결과를 얻기 위해서는 표본 수가 많아야 하고 노출 정보를 단순화할 필요가 있다.

특정 작업조건이 위험할 수 있다는 최초의 의심에서부터 정확한 위험도 수준을 결정하는 최종적인 결정 사이에는 대개 긴 시간차가 있기 마련이다. 초기 연구들은 단지 노출과 효과 사이의 미약한 관계만을 보여줄 수 있을 것이고, 연구자들은 연관성을 인정하기 위한 기준을 설정해야 한다. 연구자들은 대개 자신의 판단이 틀릴 가능성이 있으면, 연관성이 있다고 결론 내리기를 주저한다. 관찰된 결과가 우연일 확률이 20분의 1보다 작아야 위해요인이 존재한다고 인정하는 것이 과학적이며, 관례적인 절차이다. 바꿔 말하면 레스토랑의 새 설계가 웨이트리스들의 건강 문제를 초래하는 원인이라고 인정되려면, '5% 수준에서' 새로운 설계가 해롭다는 점이 입증돼야 한다. 이는 연구자들이 위해요인이 존재한다는 결론이 틀릴 확률이 단지 20분의 2라고 해도, 그 연구는 '부정적(negative)', 즉 위해요인의 존재가 증명되지 않았다고 판단된다는 것을 의미한다.

유해요인이 존재한다는 결론이 틀릴 확률을 '알파'라고 하며, 흔히 5% 이하로 설정된다. 이에 따라 연구자들은 자신들이 틀렸을 확률이 5%보다 크면, 작업 환경 개선을 사용주들에게 요구하는 건 타당하지 않다고 생각한다. 설사 연구자가 자신의 결론에 대해서 확신한다고 해도, 같은 결론을 보여주는 비슷한 선행 연구가 적어도 하나는 있어야 한다.

여성은 대부분 소규모 사업장에서 일하고, 작업 환경 사이에 편차가 심하며, 잠재적인 위해요인이 많음을 고려할 때, 극히 일부의 위해요인만 입증된 것은 놀라운 일이 아니다.[1] 일전에 나는 한 동료의 100만 달러짜리 연구 결과 발표를 보면서 매우 놀랐던 적이 있다. 그는 비암(Nasal cancer, 鼻癌)과 톱밥의 관계를 발표하면서 유일하게 통계적으로 유의했던 결과를 부정했는데, 그 이유는 확증이 필요하다는 것이었다. 그 지방은 펄프와 제지업이 주요 산업이었고, 나는 그 연구 결과는 사업주들에게 비암 예방을 위해 작업 환경을 개선할 필요가 있음을 주의시키는 경고라고 생각했다 그러나 그 동료에게는 행동을 취하기 전에 엄정한 과학적 방법으로 결과를 확정하는 것이 더 중요했다.

이런 지극히 신중한 태도는 역학 분야에서 유용한 방법이다. 이를 통해 과학은 건전한 기반에서 발전하고, 정확히 알기도 전에 공포를 불러일으키지 않는다는 것을 확인할 수 있기 때문이다. 그러나 위해요인에 노출된 사람들의 입장에서 보면, 연구자들이 확신할 수 있을 때까지 기다리는 건 위험스러울 수도 있다. 예를 들어 남성 동성애자들은 연구자들이 너무 늦게 에이즈바이러스의 위험에 대해 경고했다고 비난한다(Shilts, 1987).

과학자들이 규명하는 데 실패한 또 다른 위험에 노출되는 경우는 또 어떤가? 이 위험은 '베타'라고 불리며, 연구에 필요한 노동자 수를 산출하는 데 이용되곤 한다. 연구 대상이 더 많을수록 위험을 증명하는 것이 더 쉬워진다. 10명의 노동자 중에 암환자가 1명 더 발생했을 때는 그 위험이 10분의 1이라고 생각하기 어렵지만, 1,000명의 노동자들에서 암환자가 정상보다 100명

---

1 이는 여성만의 문제가 아니다. 힘없는 어떤 집단(노동자 집단과 여성이 가장 대표적이지만)도 명백한 정당화 없이 증거를 제시해야 하는 부담을 떠안을 수 있다.

더 발생했다면 우리는 뭔가가 문제가 있다고 추정할 수 있다.

일부 연구자는 베타값을 계산하는 것에 연연하지 않으며, 최근 그 수가 증가하고 있긴 하지만, 모든 학술지가 베타값을 요구하는 것은 아니다(Moher, Dulberg and Wells, 1994: 122~124). 베타값을 계산할 때 노동자가 노출된 것으로 잘못 분류될 위험은 대개 20%로 맞춘다. 알파값이 언제나 5%로 맞춰진다는 것을 기억해보라. 결국 이러한 통계검정 결과의 책임은 의심이 가는 위해요인에의 노출을 최소화하기보다는 위생 상태를 개선하는 비용을 최소화하자는 쪽으로 기울게 마련이다. 이건 정치적인 결정임에도 연구 문헌상에서는 마치 '통계적 유의성의 표준 척도'로 과학적 판단인 양 제시될 뿐, 결코 합리적으로 증명하거나 설명되지 않는다.

북미에서 약품이나 화장품, 식품 등은 판매 전에 광범위한 동물실험을 거쳐야 한다. 이런 실험은 그 물질이 인간에게도 (또는 자연 상태의 동물에게도) 안전하다는 것을 보장해주지는 못하지만, 적어도 소비자를 배려하고 있다는 것은 보여준다. 약품이나 화장품에 대한 이런 상황과는 반대로, 어떤 법률도 새로운 작업 환경이 그곳에서 일하는 노동자들에게 안전하다는 것을 확인하라고 사용주에게 요구하지 않는다. 수만 명의 여성 노동자들은 영상표시장치(video display terminal: VDT)가 임신에 미치는 영향에 대한 최초의 연구가 있기 이전부터 컴퓨터 모니터 공장에서 일했다. 심지어는 지금도, 어느 누구도 컴퓨터 모니터가 임신 여성에게 위험하지 않다고 절대적으로 확신하지 못한다. 과학적인 근거가 나타나기를 기다리는 동안, 대부분의 임신한 여성은 단말기 앞에서 계속 일했다. 이 경우와 다른 많은 경우에서 보듯이, 상황은 언제나 사용주보다는 노동자들에게 증거의 부담을 떠넘기는 것으로 결정된다. 위해요인이나 위험한 작업 환경은 그 위험성이 증명되어야만 사업장이나 환경에서 제거된다(Needleman, 1990: 183~189; Messing, 1990).

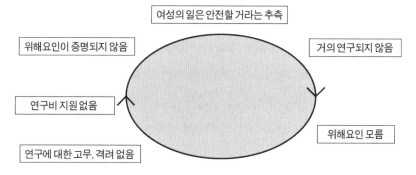

〈그림 6-1〉 여성과 직업건강 연구의 악순환

여성의 일은 안전할 거라는 추측

위해요인이 증명되지 않음

거의 연구되지 않음

연구비 지원없음

위해요인 모름

연구에 대한 고무, 격려 없음

2. 결과의 해석

연구자들은 논문의 결론 부분에서 연구 결과의 의미에 대해서 심도 있게 서술할 수 있다. 논문에서 매우 중요한 이 부분에서 우리는 여성과 노동자들에 관한 연구자들의 편견을 자주 볼 수 있다.

가장 흔히 나타나는 문제는 여성은 거의 노동자로 간주되지 않는다는 것이다. 앞서 언급한 것처럼, 과학적 연구에서 여성을 배제하는 것은 순환론적인 문제를 만들어냈다. 즉, 남성 노동자들을 대상으로 한 건강 문제에 관한 연구가 대부분이어서, 그 자체로 여성들에게는 직업병이 많지 않을 것이라는 선입관을 만들어내고, 그에 따라 여성을 연구하기를 꺼리는 것이다(〈그림 6-1〉 참조).

이런 태도는 심장 질환에서의 남성 - 여성 비율을 직업상 위해요인을 확인하는 데 사용하도록 제안했던 것에도 반영되어 있다(Heller, Williams and Sittampalam, 1984: 198~202). 상위 사회계층에서 심장 질환의 남녀비율은 남성이 여성보다 50% 더 많았는데, 이 결과를 두고 연구자는 다음과 같이 말했다.

상위 1과 2에 속하는 사회계층에 있는 남성의 부인들이 남편만큼 위험도가 높지 않다는 사실은 위해요인이 아마도 작업장에서 일어나는 점이라는 것을 시사한다(강조는 인용).

낮은 사회계층에서는 여성이 남성보다 심장 질환에 많이 걸렸다(심장 질환의 비율이 여성 4명당 남성 3명이었다). 그러나 연구자는 낮은 사회계층의 여성들의 일이 그 남편들보다 더 위험하다고 결론짓지 않았다. 결론은 다음과 같다.

비숙련 직업의 남성들과 결혼한 여성에게는 특정한 다른 위해요인 — 아마도 생활양식과 관련된 — 이 있을 것이다(강조는 인용).

이 논문은 하위계층의 여성이 직업적 노출로 심장 질환에 더 많이 걸릴 수 있다는 가능성을 인정하지 않았다. 이는 여성은 일하지 않거나 일하더라도 위험한 일에 종사하지는 않는다고 가정하는 것이다(Cassou et al., 1986: 332~340).[2]

논문 심사 과정에서 볼 수 있는 편견이 성 역할과 관련된 것만은 아니다. 강한 친사용자적 편견은 권위 있는 학술지들에서도 볼 수 있다(Rossignol, Suissa and Abenhaim, 1992: 1043~1047). 척추손상으로 1981년에 산재보상을 받은 2,342명의 노동자들의 재발 여부를 3년 동안 관찰한 연구를 보면, 앞에서 언급한 많은 문제점이 발견된다. 이 연구는 작업 환경에 대한 어떤 정보(제

2　노동계급 남성들의 일은 상위계층 남성의 일보다 심장에 덜 해로울 것이라는 암묵적인 가정이 존재한다. 이는 아마 옳지 않을 것이다. 다른 연구들은 상위계층의 남성이 노동계층 남성들보다 직업 관련한 심장 질환을 가질 확률이 더 적다는 것을 보여주고 있다.

시)도 없이 성과 연령을 보정했고, 그렇게 한 이유도 설명하지 않았다. 모든 연구 대상 노동자에 대한 위험인자 노출 정보가 제시되지 않았다. 그 3년의 관찰 기간에 노동자들이 어떤 일을 했는지, 우리는 전혀 알 수 없다.

저자들은 최초의 결근 기간이 짧을수록 재발 확률이 적음을 발견했다. 작업에 복귀한 사람 중 70%가 계속 통증을 느낀다고 보고한 다른 연구를 인용하면서, 통증은 산재노동자가 작업에 복귀할 시기를 결정하기 위한 주요 인자가 아닐 것이라고 연구자들은 추론했다. 그들의 해석은 다음과 같다.

최초 발병 시 [결근] 기간이 길수록, 3년의 [관찰] 기간에 결근을 더 많이 하는 것으로 나타났으며, 이는 [이후의] 총 누적 결근 기간이나 재발 위험 모두에서 같은 양상을 보였다(강조는 인용).

재발 가능성을 줄이기 위해 의사들은 상해를 입은 노동자를 작업장으로 빨리 복귀시켜야 한다고 연구자들은 제안했다.

이 결과를 달리 해석한다면 작업장으로 빨리 복귀한 노동자들은 손상 정도가 심하지 않았기 때문에 재발이 적었거나, 덜 위험한 작업이었기 때문에 재발하지 않았을 거라고 생각할 수 있다(Infante-Rivard and Lortie, 1996: 488~494).[3] 이 연구를 우리가 했다면, 통증이 있음에도 70%의 노동자가 작업장으로 복귀한 것은 산재보상체계에서 산재보상 과정이 어렵기 때문이거나(작업 복귀에 대한 원인은 조사되지 않았다), 또는 어쩌면 남성다움의 과시라고 해석

---

3   이런 해석은 재활센터로 의뢰된 노동자 중 같은 구역에서 일하던 노동자들을 대상으로 한 연구에 기반을 둔 것이다. 작업에 빨리 복귀한 사람들은 작업 시 본인이 원할 때 휴식이 가능한 상황에서 일하던 경우가 많았다.

했을 것이다. (저자들이 성을 '보정'했기 때문에 성별 차이는 제시되지 않아서, 우리는 이 가설을 증명·시험할 수 없다.)

의사들과 담합하여 게으른 노동자들이 꾀병을 부리고 있다는 이미지가 의학 학술지에 실리고 있고, 이런 연구는 산재보상을 받기 위해 '긴 기간' 작업으로 복귀하지 않고 있는 상해 노동자들의 산재보상을 기각하기 위해서 사용될 수 있다. 이런 경우가 있을 수 있고 설사 그럴 가능성이 높다고 해도, 다친 노동자들로서는 될 수 있는 한 빨리 안전하고 적절한 작업으로 복귀하는 것이 최선이며 원래 상해를 입었던 똑같은 업무에 노동자들을 단시일 안에 복귀시키는 것은 안전한 조처가 아니다. 노동자들에 관한 자료를 계급 편향적으로 분석하면 노동자들의 고통이 증가할 가능성이 높아진다.

3. 노동자들에게 미치는 결과

여기에 제시된 몇몇 원칙을 따르다 보면 연구 결과를 이용하여 노동자의 작업 환경을 개선하는 일이, 특히 여성 노동자의 경우 힘들어진다. 노동자들의 자가보고 증상보다는 의사가 진단한 실제 질병에 대해 연구를 해야 한다고 생각하는 직업건강 연구자들의 선호도는 과학적 엄밀함에서 보면 정당한 요구일 수 있다. 문제는 노동을 계속하고 있는 사람 중에는 병에 걸린 사람이 많지 않다는 것이다. 아픈 사람들은 작업장을 떠난다. 물론 떠난 이들을 연구할 수 있지만 그들을 찾는 것은 쉽지 않고, 예전에 일하던 곳에서의 작업 환경과 현재의 질병을 설명하는 것은 여러 가지 추정을 필요로 한다.

아직 일할 수 있는 노동자들에 대한 연구는 작업 환경이 야기하는 건강 문제를 더 정확하게 밝혀낼 중요한 방편이 될 수 있다. 또한 증상이란 진단되는 질병에 앞서 발생하고 사전에 질병의 위험성을 경고할 수 있으므로, 예방의 가능성을 더 높일 수 있다. 설사 증상이 병리현상의 전조가 아니라 해도, 많은 증상은 그 자체로 예방이 필요한 고통스러운 상태이다.

증상이 아닌 질병과 5% 수준의 유의성이라는 조건을 충족하려면 연구자들은 적은 수의 질환들을 발견하기 위해 매우 큰 규모의 노동인구집단을 연구해야 한다. 이런 연구의 수행에는 돈이 많이 들고, 결과적으로 유명한 연구자가 대규모 사업장을 대상으로 가장 명확하게 정의된 위해요인에만 한정된 연구를 하는 상황이 된다. 여성들은 대부분 소규모 사업장에서 일할 뿐 아니라 여성들의 문제는 유명한 연구자의 관심사가 아니므로, 여성 직업건강 문제에 대한 연구 지원은 더 힘들어질 것이다.

5% 수준의 통계적 유의성에 중점을 두면 또 나쁜 결과를 낳는다. 연구자들은 상황에 대한 서술보다는 통계검정을 이용하는 것을 선호하며, 따라서 연구자들은 위해요인에의 노출과 건강 문제의 연관성에 대한 최대한의 정보를 얻는 것에 전력을 기울일 필요가 없어진다. 대부분의 자료 수집이 지극히 제한된 노출 수준(비노출 / 저노출 / 고노출)과 단순한 건강 상태(아픔 / 건강함)에 국한되어 있고, 이는 분석의 수준을 저하한다.

질병 단계로 진행될 때까지 기다리면 노동자들은 불필요한 고통을 받는다. 예방 전략은 질병이 발생하기 전에 수행해야 가장 효과적이다. 통증과 피로증상은 근골격계 질환의 전조일 수 있다. 불규칙한 작업일정 때문에 월경이 불규칙해진 여성이나, 농약에 노출되어 정자 수가 감소한 남성들은 아이를 갖기 어려울 것이다. 질병이 발생할 때까지 기다리는 것은 시간 끌기 전략일 뿐이다. 이는 생리적 또는 심리적 영향을 미칠 수 있는 작업 환경 개선에 방해가 될 뿐이다. 일례로 1918년에 이미 보험 회사들은 석면에 노출된 광부들의 보험 가입을 거부했지만, 그 후 60년이 지나도록 과학자들은 석면

이 해로운지를 논쟁하고 있었다(Brodeur, 1992: 6~10).

여성들이 겪는 문제들을 무시함으로써 유해화학물질들에 대한 불필요한 노출이 야기된다. 성 인지적 관점이 없는 독성학 연구의 귀결은 모든 노동자가 마치 남성인 양 다루어진다는 것이다. 최근 미국의 국립보건연구소는 '여성건강 이니셔티브(Women's Health Initiative)'을 제창해, 약물실험을 할 때 남녀 간의 생리학적 차이를 고려하도록 요구했고, 이는 약품이 양성 모두에게 안전하고 유효하도록 하기 위함이었다. 그러나 독성화학물질에 대한 반응검사에서는 어떤 비슷한 절차도 존재하지 않는다. 남녀 간의 여러 가지 생리적 차이로 화학물질에 대한 반응이 성별에 따라 달라질 수 있음에도(Greenberg and Dement, 1994: 907~912), 기준은 언제나 '정상적인' 남성들에게 시행된 검사결과에 기반을 두고 제정된다.

연구자에게 미치는 결과

가장 많은 수의 사람에 의해서 직접적으로 '관리·통제'되는 일군의 노동자는 아마도 연구자들일 것이다. 연구 결과는 학과의 동료들, 대학의 위원회, 연구비 보조위원회 및 논문 심사위원들에게 공개적으로 검토·비판받으며, 각종 회의와 대학의 세미나, 때로는 방송매체에 의해 정밀한 조사를 받는다. 연구자에게 생길 수 있는 최악의 경우는 객관적으로 신용과 평판을 잃는 것이다. 그렇게 되면 더 이상 연구비를 타거나 논문을 출판할 수 없다.

연구자가 어떤 형태로든 당파적인 태도를 보이면, 연구자의 신뢰도, 특히 연구 결과의 정확성 역시 신뢰를 잃는다. 재판장의 배심원들 앞이나 보험 회사의 청문회, 인권위원회 등에서 증언하는 직업건강 연구자들은 큰 압력을 받는다. 노동자들을 위해서 증언할 경우 특히 심한데, 상대 측은 변호사를 고용하거나 유명한 과학자가 반증하게 할 재원이 충분하기 때문이다.

허버트 니들먼(Herbert Needleman)은 학회에서 어린이들의 납중독에 대한 연구를 발표했을 때의 경험을 다음과 같이 기술한 바 있다.

그건 납의 독성 및 역학에 대한 학문적 논의가 아니었다. 그건 두 집단 간의 전쟁이었다. 한쪽은 환경론자와 보건학자가 모인 방어적인 소수 그룹, 그리고 다른 쪽은 정유 회사 대표들이었다. …… 납이 낮은 농도에서도 독성이 있다는 것을 제시한 어떤 논문도 대기하고 있던 강경한 분대에 의해 즉각적으로 공격받았다. ……(Needleman, 1992: 977).

니들먼은 연구를 제대로 수행하지 못한 네 내해 공식적인 탄핵을 받았고, 1992년에 과학자협회 심사원들 앞에서 자신의 연구 결과를 해명해야 했다. 이후 그의 무고함은 밝혀졌으나, 다른 연구자들은 그에게 닥친 것과 같은 위협 ― 직장뿐 아니라 고용 자체에 대한 위협을 포함한 ― 에 대비해야 했다.

그 상대방이 얼마나 강한지는 내가 맨 처음으로 노동자를 위한 증언을 했을 때 배울 수 있었다. 임신한 방사선 기사가 임신기간에 유급휴가를 요청했는데, 이는 위험한 환경에 노출되는 임신한 여성 노동자들에 대한 계약조건에 해당되는 유효한 요구였다. 예전의 임신기간에 계속 일을 했던 그녀는 아기의 기형이 방사선 노출 때문이라고 생각하고 있었다. 노동조합은 그녀에 대해 증언해줄 것을 내게 부탁했고, 초짜 교수였던 나는 임신과 방사선에 대해 어떤 연구도 한 적이 없었기 때문에 내 증언을 문헌 고찰에 의거하여 준비했다. 그녀는 개인 변호사를 고용할 수 없었기 때문에 노조의 법률고문이 그녀를 대리하고 있었다.

큰 병원이었던 고용주 측은 인체에 미치는 방사선의 영향에 대해 200여편이 넘는 논문을 발표한 유명한 전문가를 고용했다. 고용주 측 변호인은 나의 증언에 대해 가볍게 반격했으나, 노조 측의 법률고문은 그 전문가에게 반격하지도, 효과적으로 대응하지도 못했다. 노조는 방사선의 위험성에 대해 논문과 책을 출판한 바 있는 잘 알려진 유명한 전문가를 고용하려고 했으나 노조에서 융통 가능한 비용으로 그러한 전문가를 데려오기란 불가능했다. 그 임신한 노동자는 결국 유급휴가를 받지 못했다.

법정에서 나는 거의 쓰러질 지경이었다. 내가 증언한 내용이 옳다는 것을 확신하고 있었지만, 변호사의 유연한 공격과 그 속도는 나를 숨도 못 쉴 정도로 혼란스럽게 했다. 내가 받아온 과학적 연구에 대한 훈련은 법정 증언과 같은 대치 상황에선 전혀 도움이 되지 못했다. 노조 고문은 상대의 술책에 쉽게 넘어갔으며, 과학적 진술을 잘못 이해한 판사의 최종 결정을 듣고 나는 내 설명이 불충분했다고 생각했다. 그녀가 이 재판에서 진 것이 모두 내 잘못인 양 생각되었다. 그리고 나보다 훨씬 나이도 많고 존경받는 연구자에 의해서 내 신뢰도는 손상되었다. 다시 그런 위치에 설 수 있기까지는 오랜 시간이 걸렸다.

고용주와 반대편에 서는 연구자들, 특히 젊은 연구자들의 삶은 매우 힘들어질 수 있다. 미국에서는 아마 이런 연구자들은 취직하기도 힘들고, 직장에 계속 남아 있기도 힘들 것이다.[4] 그런 연구자의 학생이나 동료는 자신의 일이 지지받지 못하는 데 대해 힘들어할 것이며, 사회적 비판에 대한 심리적 부담 또한 매우 클 것이다. 노동자 측에 너무 우호적이라고 여겨지는 직업건

---

4   내 경우는 정치적인 이유로 인해 해직될까봐 염려한 적은 없었는데, 그건 우리 대학에 노조가 강하기 때문이었다. 상대적으로 강한 노조의 힘 덕분에 퀘벡과 캐나다 연구자에게는 미국 연구자보다 더 많은 연구 재량권이 있다.

강 연구자들은 조심할 필요가 있다. 별것 아닌 걸로 트집을 잡히거나 소송에 걸리지 않기 위해서는 발표 전에 하나하나의 진술들을 반드시 여러 번, 검토에 검토를 거듭해야 한다.

4. 결론

과학적 원칙들이 수립된 방식은 유해한 작업요인들, 특히 여성의 작업에서의 위해요인을 인식하는 데 불리하게 작용한다. 과학적 확실성과 유해요인을 발견할 가능성 중 하나를 선택해야만 할 때, 대부분의 직업건강 연구자는 확실성을 선택해왔다. 그들은 승상보다는 병리 상태가, 작은 표본보다는 대규모의 집단이, 베타보다는 알파가 더 중요하다고 역설한다. 이는 대부분의 작업장에서 여성 노동자들에게서 문제가 되는 주요 유해요인들을 신속하게 연구할 수 없다는 것을 의미한다.

이는 또한 연구자가 결정적인 증거라고 간주할 수 있는 무언가가 존재하지 않는 상황에서는 이른바 정치적인 의사결정이 이루어짐을 의미한다. 예를 들어 판사들은 모든 과학적인 근거가 모일 때까지 산재보상에 대한 결정을 유예할 수는 없다. 어떤 과학적 연구도 방법론적인 측면에서 허점을 짚어내기는 비교적 쉽기 때문에, 법정 증언에서의 승패는 노동자 측에 불리하게 돌아가게 마련이다(Lippel, 1992: 445~472).

과학자들이 연구해온 직업들은 광업, 건설업, 제조업과 같이 대부분 전통적인 남성의 직업이다. 이러한 직업들과 관련해 발전되어온 개념들로 인해 때로 여성과 그들의 직업의 문제들에 대한 이해는 지체되었다. 이건 결코 여성 직업건강 연구자가 없었기 때문이 아니다. 비록 여성 연구자들이 상대적으로 적기는 해도 북미에서는 해밀턴(Alice Hamilton)이 직업건강 연구를 선구적으로 개척한 이래, 하디(Harriet Hardy), 잔 스텔먼(Jeanne M. Stellman) 등 직업건강에서 인정받는 권위자들이 있었다. 최근 한 국제직업건강학회에서는 논문을 발표한 1,000여 명의 연구자 중 약 3분의 1이 여성이었다. 이 책에서 제시한 관행화된 성차별주의의 많은 예는 여성이 이끌고 있는 실험실에서 일어난 일들이다. 성 편향(gender bias)에 책임이 있는 것은 개인이 아니라 제도화된 과학의 사회적 관행이다.

제7장

근골격계 문제, 개인의 책임인가?

One-eyed Science

내가 직업건강 연구에서 성차별주의(sexism)의 첫 번째 사례 연구로 작업 관련 근골격계 질환에 대해 살펴보기로 한 데에는 두 가지 이유가 있다. 첫째, 작업 관련 근골격계 질환은 여성에게 가장 흔하고 중요한 건강 문제이므로 이러한 고통을 예방하는 것이 중요하기 때문이다. 둘째, 작업 관련 근골격계 질환은 직업성 질환 증례의 대다수를 차지하고 있기 때문에(Kraut, 1994: 267~278),[1] 과학자들에 의해 잘 연구되어왔다. 작업 관련 근골격계 질환은 여성과 남성에서 모두 발생하므로, 그 보상에 관한 연구에서 젠더가 어떻게 다루어지는지 살펴보는 일은 흥미롭다. 우리는 과학자들이 여성에게 항상 공

---

1 근골격계 질환은 아직까지 북미 지역 산업재해의 총비용에서 상대적으로 작은 부분을 차지한다. 가장 큰 몫은 사고가 차지하고 있다. 미국 노동통계국에 따르면 약 5%의 비치명적인 직업병과 사고가 근골격계 질환이다[CTD news(1996: 1)에서 인용]. 그러나 일부 관할구역에서는 질병보다 사고를 인식하는 것이 더 쉽기 때문에 근골격계 질환의 진짜 발생률을 계산하기가 어렵다.

정하지는 않았다는 것을 알 수 있다. 그 결과 여성과 남성 모두가 산재보상 소송을 뒷받침하기 위해 과학적 연구를 사용하고자 할 때 장애물을 만나지만, 여성의 경우 남성이 그다지 겪지 않는 어려움에 부딪힌다.

작업 관련 근골격계 질환은 힘줄염(Tendinitis)과 점액낭염(Bursitis)와 같은 근육과 힘줄의 염증, 일부 골관절염, 다양한 종류의 요통 문제와 팔목터널증후군과 같은 신경압박증후군을 말한다.[2] 이 질환은 명확한 한 가지 사건과 연관이 있을 수도 있지만 보통 같은 힘줄, 근육 또는 신경에 대한 반복적인 손상으로 몇 년에 걸쳐 발생한다. 과학계와 대중잡지에서는 이러한 질환의 세부 범주를 반복 긴장성 손상(Repetitive Strain Injury: RSI), 누적 외상성 장애 (Cumulative Trauma Disorders: CTDs), 그리고 연부조직 질환이라 일컫는다. 이 장에서 나는 반복 긴장성 손상과 관련된 질환에 집중하고사 하는데, 그 이유는 이것이 여성의 작업에서 흔한 문제이기 때문이다.

작업 관련 근골격계 질환에 대한 연구는 직업건강의 여타 연구 분야와 다르게 흔히 여성과 남성의 일을 모두 포함한다. 그렇기 때문에 일부 연구자는 여성과 남성의 경향이 다른 점을 발견하지 못한다. 퀘벡에서 여성 산재의 55%가 염좌, 요통, 그리고 힘줄염과 같은 근골격계 질환에 관한 것인데 반해 남성 산재의 42%만이 이러한 질환과 관련이 있었다(Laurin, 1991: 64~69). 여성은 근골격계 증상을 더 많이 보고하고, 몸의 다양한 부위에 증상이 있다. 남성은 젊은 나이에 근골격계 손상이 많은 반면, 여성은 나이가 들면서 나타난다(Andersson, Kemmlert and Kilborn, 1990: 177~186). 환자를 들어 올리는 작업을 하는 병원 노동자들의 경우에 성별에 따라서 손상을 입는 부위가 다른

---

2   작업 관련 근골격계 질환을 다룬 영어 논문에 대한 포괄적인 고찰, 연구 상태의 주요 문제와 논의에 관한 정의는 Hagberg et al.(1995) 참조.

데, 이것은 그들이 하는 작업방식이 다르다는 사실과 일치한다. 남성은 환자를 수직으로 들기 때문에 허리를 다치지만 여성은 환자를 수평으로 밀거나 당기려고 하기 때문에 어깨와 팔을 다친다(Lortie, 1987: 437~444).

미국에서 면접조사에 응한 노동자 3만 74명의 요통을 성별에 따라 분석했다. 여성은 상대적으로 등 부위에, 남성은 허리 부위에 통증이 있었다. 남성은 전반적으로 요통이 약간 더 많았고, 여성이 45~54세에 통증이 흔했던 것과 달리 35~44세에 가장 통증 호소가 많았다. 작업할 때의 활동과 통증의 연관성은 여성보다 남성에게서 더 잘 나타나는 경향이 있었다. 요통이 흔한 작업도 여성과 남성이 달랐다. 요통이 있는 여성의 직업으로 가장 흔한 것은 간호보조, 잡역부, 그리고 수행보조원(급사, 안내원, 간병인 등을 포함한)이었고, 남성은 건설노동자가 가장 많이 요통을 경험하고 있었다(Guo et al., 1995: 591~602). 청소부, 미용사, 슈퍼마켓의 계산대 점원, 다양한 보건의료 제공자, 웨이트리스, 요리사, 재봉틀 작업자, 교사, 현금출납원은 다른 여성 노동자보다 작업 관련 요통이 더 많았다.

여성들은 공장이나 사무실에서 반복작업을 하면서 힘줄염과 팔목터널증후군과 같은 흔한 근골격계 질환을 얻는다. 여성들이 주로 하는 작업은 (남성에게 할당된 일부 작업도 마찬가지로) 그 주기가 10초 미만인 경우가 많고, 같은 움직임을 하루에 수천 번씩 반복한다(Vézina, Tierney and Messing, 1992: 268~276). [작업 주기란 한 공정에서 반복되는 동작 사이의 간격을 말한다. 대학교수에게는 매 학기 첫 강의시간 사이의 간격인 몇 개월이고, 재봉작업자에게는 바지 하나를 꿰맨 뒤 다른 바지를 꿰매기까지의 시간(6~10초)이고, 자료 입력 작업자에게는 글자 입력 사이의 시간(0.2초)을 의미한다.] 이러한 동작이 인간의 몸에 대한 작은 요구에 불과할 수도 있지만 상당한 정도의 반복성은 그 세세하고 구체적인 자세를 매우 중요한 것으로 만든다. 작업을 관찰하는 사람은 잘못된 높이의 의자나 잘못된 너비의 작업대를 감지할 수 없을 수도 있으나, 이러한 환경은 같은 힘줄이나 관절을 계속해서 지나치게 사용하는 결과를 낳을 수 있다.

그러한 반복작업 가운데 의류제조나 다른 공장일을 하는 노동자들(Punnett et al., 1985: 417~425; Silverstein, Fine and Armstrong, 1986: 779~784, 1987: 343~358), 청소부, 미용사, 비서, 키보드 작업자들(English et al., 1995: 75~90)은 목, 어깨, 팔, 손목, 손의 질환이 더 많다. 브리슨(C. Brisson)과 그 동료들은 재봉작업자들이 다른 여성 노동자들보다 근골격계 질환으로 인한 장애가 7배가 더 많다는 것을 발견했다(Brisson, Vinet and Vézina, 1989: 323~328). 물론 남성들도 반복작업을 하지만, 그들은 그 작업에서 빨리 승진한다. 가금류 가공작업자에 대한 대규모 프랑스 연구에서 반복작업을 하는 남성의 비율은 연령에 따라 매우 의미 있게 빠르게 감소하는 반면 여성의 비율은 연령과 관계가 없었다(Saurel-Cubizolles et al., 1991: 46).

우리는 작업 관련 근골격계 질환이 여성 노동자들에게 중요한 직업건강 문제라는 것을 알 수 있다. 우리는 이러한 질환의 부위, 분포, 시작 연령의 남녀 차이를 이해하고자 한다. 하지만 근골격계 질환에 관한 연구는 젠더 차이에 대한 반박과 논란으로 가득 차 있다. 여기에는 ① 특정 질환에 대한 특정 노출의 연결, ② 사회심리적 요인에 의해 설명되는 역할 등 중요한 점 두 가지가 있다.

여성과 남성의 차이를 어떻게 과학적으로 다루는가를 이해하기 위해서 여성과 남성의 근골격계 질환에 관한 연구의 논란과 함의를 살펴보도록 하자.

1. 동작과 자세를 근골격계 질환과 연결하기

질병의 확인

한 질병은 특정한 위해요인들과 일관되게 연관되어 있어야 역학적 방법에 의해 그 연관성이 확립된다. 연구 프로젝트들은 이 질병을 독립적으로 분류하거나(상과염, 어깨의 건염, 팔목터널증후군 등), 병에 걸린 신체부위에 따라 다루어왔다(Hagberg et al., 1995: 24). 이러한 두 가지 접근방법은 각각 장단점이 있다. 여러 질환을 함께 분류하면 분석할 수 있는 증례의 수가 늘어나기 때문에 작업조건의 조기 영향을 발견하기가 쉽지만, 각각의 자세한 원인을 발견하는 것은 더 어려울 수 있다. 각각의 질환을 독립적으로 고려하면 정보의 질은 개선되더라도 너무 적은 수를 분석하게 되는 결과를 낳을 수 있다.

다양한 종류의 근골격계 질환에 대해 물리적 손상을 입증하는 것은 상당히 어렵다. 근육과 건의 손상은 방사선 검사에서 나타나지 않으며, 많은 손상이 어떤 진단적 검사에 의해서도 발견되지 않는다. 노동자들은 종종 통증을 느낀다고 말하지만 그들에게 문제가 있다는 '객관적인' 증거가 없기 때문에 신뢰성의 부족이라는 문제에 부딪힌다. 연구자들은 분석에 증례를 포함하기 위해서 다양한 기준을 사용한다(Stock, 1992: 899~901). 하지만 어떤 연구자들은 노동자의 증상에 대한 기술을 질병에 관한 믿을 만한 증거로 받아들이는 것을 정당화한다.

역학 연구에서 질병의 자가보고는 흔히 덜 정확한 방법으로 여겨지고 때로 연구의 약점으로 간주된다. 하지만, 요통은 흔히 객관적인 임상적 소견이 없는 자가보고 상태이고 어떤 의학적 검사도 요통의 존재를 진정으로 반박할 수 없다(Guo et al., 1995: 600; Reid, Ewan and Lowy, 1991: 601~612).

　노동자들은 근골격계 질환이 생겼을 때 사업주, 의사, 동료 노동자, 심지어 가족들에게 그들을 믿도록 하는 데 상당한 어려움이 있다고 토로한다 (Tarasuk and Eakin, 1995: 204~221). 노동자들은 산재 신청을 하기 전 20년 동안 케이크 제조 공장에서 일했던 어떤 여성 노동자들에 대한 이야기를 우리에게 들려주었다. 그녀는 자신이 한 번도 지각하거나 결근한 일이 없다는 것을 자랑스럽게 생각했다. 하지만 작은 케이크를 포장하는 것과 관련된 반복 작업이 마침내 어깨 통증을 유발하여 일을 할 수 없었을 때, 회사는 그 여성이 아프지 않다는 과학적인 증언과 함께 산재보상에 대한 이의를 제기했다. 그 여성의 친구는 그녀의 고통에 대해서 "어떻게 회사는 그렇게 오랫동안 정직하게 일해온 그녀를 거짓말쟁이라고 부를 수가 있는 걸까요?"라고 말했다.
　과학자들 역시 근골격계 질환을 연구할 때 문제와 마주친다. 연구를 위해서는 현상을 잘 정의할 필요가 있지만 연구자들은 항상 선택에 부딪힌다. 만약 그들이 임상적으로 정의된 근골격계 질환만을 포함하는 것을 선택한다면, 문제를 심각하게 낮게 평가하게 될 것이고 통계적으로 의미 있는 연관성을 보이는 데 어려움을 겪게 될 것이다. 만약 증상을 가진 모든 노동자를 포함한다면, 이는 찾고자 하는 효과를 희석할 것이고 통계적으로 의미 있는 연관성을 찾지 못하게 될 수도 있다. 그들은 다른 연구자들에게서 확고하지 않은 기준을 사용했다는 점에 대해 비난받을 것이 거의 확실하다. 어떤 질병에서는 증상이 증례를 선택하는 데 가장 믿을 만한 방법일 수 있고, 다른 질병에서는 적절한 검사방법이 있을 수 있다.

원인의 확인

근골격계 질환을 정의하는 것은 손상을 받은 노동자가 여성일 때 더 어려운가? 잘 정의된 사건의 결과 손상이 일어난 경우에 그것을 확인하는 일은 확실히 더 쉽다.[3] 만약 어떤 노동자가 무거운 물건을 들다가 허리를 다쳐 급성 통증과 힘줄 손상이 생긴다면, 그 증례는 그것이 참을 수 없을 때까지 점점 더 심해지는 만성 통증을 느끼는 경우보다 더 명확하다. 여성과 남성이 다른 작업을 한다는 점을 고려하면 급성 통증이 발생하는 상황은 남성의 작업에서, 만성 통증은 여성의 작업에서 더 발생하기 쉽다. 이러한 맥락에서 보면 여성의 산재보상 증례 중 3분의 1(그러나 여전히 여성 노동자의 6%에 불과하다)이 보건의료 부문에서 일어나는 이유를 쉽게 알 수 있다. 보건의료 부문 노동자들은 노동조합이 조직되어 있고 건강 문제에 민감하다는 사실 외에도 이 부문의 여성은 기본적으로 순간적으로 무거운 것을 드는 일을 하기 때문에 보상에 대한 접근이 더 쉽다.

동작과 자세를 분석하는 것은 하나의 원인적 요인을 쉽게 구분할 수 있는 감염성 질환과 달리 쉬운 일이 아니다. 노출의 측정에 직업명이 흔히 쓰여왔지만 어떤 연구에서는 설문지(English et al., 1995)나 관찰(Silverstein, Fine and Armstrong, 1986; Punnett et al., 1985)로 작업 동작을 조사해왔다. 반복적 긴장성 손상과 관련이 있는 물리적 위해요인은 흔히 반복의 빈도, 작업 주기의 길이, 반복하는 동안의 사지의 위치, 관련된 힘, 휴식시간, 그리고 노출기간 등을 포함한다(Hagber et al., 1995: chap. 4). 예를 들면 바버라 실버스타인(Barbara Silverstein)과 그 동료들의 고전적인 연구는 작업 주기가 30초 미만인

---

3   퀘벡 법령은 산업재해를 "갑작스럽고 예측할 수 없는 사건"으로 정의하고 있다.

노동자들과 덜 반복적인 작업을 하는 노동자들을 비교했고, 반복하는 동안 6kg 이상의 힘을 사용하는 노동자들과 그보다 힘이 덜 드는 작업을 하는 노동자들을 비교했다. 그들은 많은 힘과 많은 반복의 조합이 특히 팔목터널증후군이라고 알려진 손목 질환의 발생을 높인다는 것을 발견했다. 반복은 힘보다 더 중요했다(Silverstein, Fine and Armstrong, 1987).

반복의 역할은 분리하기 어렵고, 반복작업은 정의하기 어렵다. 직업건강 관련 소송에서 노동자들을 변호하기 위해서 선임된 노동조합 대표자들은 이렇게 질문한다.

반복작업이 무엇입니까? 모든 사람에게 물어보았지만 심지어 의사들조차 나에게 말해줄 수 없었습니다. 나는 우리 조합의 사람들한테 이렇게 말했습니다. 의사에게 물어본다면 당신이 반복작업을 하지 않기를 바란다고 대답을 듣게 될 것입니다. 하지만 그 동작을 몇 번까지 해도 되냐고 물으면 의사는 대답하려 하지 않을 것입니다.

누구도 그 기준을 정하기는 쉽지 않을 것이다. 재봉작업에서는 반복의 정도가 명확하다. 일반적으로 같은 바지의 같은 솔기를 1시간에 수백 번 바느질하는 재봉틀 작업자들은 반복작업으로 간주된다. 다른 작업에서는 반복성을 입증하는 것이 어렵다. 사업주들은 슈퍼마켓의 계산대 점원들이 가격을 찍는 일과 식료품 잡화를 담는 일을 동시에 하기 때문에 그 여성 노동자가 이 두 작업을 온종일 교대로 하더라도 반복작업을 하는 것은 아니라고 강력하게 주장한다.

CINBIOSE 연구자들은 페인트 혼합, 물건 운반, 전구 포장 등의 다양한 종류의 작업을 하는 한 노동자를 관찰한 적이 있다(Chatigny, Seifert and Messing,

1995: 42~51). 이러한 작업들은 사실 같은 동작을 많이 하도록 요구한다. 이 작업의 한 과정은 53개의 밸브를 저항을 받으면서 돌려야 하고, 특히 어려운 동작이 필요한 어떤 밸브는 하루에 20번을 회전시켜야 했다. 그 여성은 최소한 61개의 다양한 작업을 매일 했는데, 그중 일부는 반복적으로 수행하는 것이었고, 상과염(팔꿈치의 근육·힘줄 단위의 염증)의 위험에 처했다. 그러므로 같은 작업을 정확하게 2번 하는 것이 아니더라도 같은 근육과 건을 사용한다면 반복작업이라 할 수 있다.

원인-효과의 연관성 만들기

상대적으로 진단이 모호한 질병과 유발요인을 확인하기 쉬운 사고를 비교해보자. 건설노동자가 발판에서 떨어져서 다리가 부러졌을 때, 손상이 있다는 사실과 그 손상이 작업 과정에서의 무엇과 관련이 있다는 점에 대해서는 의심할 여지가 없다. 그러나 반복작업과 근골격계 질환을 연관시키는 것은 어렵다. '논리적인' 연관성은 개인적인 기여요인에 가려서 발견되지 않는 일이 흔하다. 예를 들면 손목의 반복작업이 손목 질환과 언제나 연관되는 것은 아니며, 시간제 노동자들은 전일제 노동자들보다 문제가 적은 것도 아니고, 질병의 위해요인이 반드시 노출기간에 따라 증가하지도 않는다(Stock, 1992). 의사들은 어떤 손상이 작업조건과 관련이 없다는 것을 흔하게 증명해왔다. 퀘벡에서 여러 명의 우체국 여성 노동자들은 산재보상을 거부당했는데, 그들이 10초 미만의 주기로 하루에 수천 파운드의 편지를 취급하지만 매번 큰 힘을 쓰는 것은 아니라는 이유였다.

논리적인 연관성 발견을 발견하는 데 실패하는 것에는 여러 가지 이유가 있을 수 있다. 앞에서 언급했듯 직업명은 균일한 노출 범주를 반영하지 못할 수 있다. 우리 대학의 각 과에서 대부분의 비서는 많은 양의 타이핑을 하지만 CINBIOSE의 비서는 거의 타이핑을 하지 않고, 문서를 수정하거나 팩스를 보내거나 전화 응대 등을 하며, 아마도 일을 하는 데 더 도움을 받기가 쉽고, 편안하고 유머가 있는 환경에서 일을 한다. 다른 대학의 비서들은 아주 많은 시간을 복사하는 데 쓸 수 있다. 반복작업에 대한 노출은 비록 흔한 문제이지만, 같은 직업명이더라도 비서 사이에도 아주 다양하게 나타난다. 그러므로 많은 비서가 팔과 손목의 통증을 가질 수 있지만 해당 대학에서 비서로 일하는 것이 손목과 팔에 위험함을 입증하기는 아마 어려울 것이다.

만약 작업이 근골격계 질환과 관련이 있다면, 시간제 노동자가 전일제 노동을 하는 동료보다 근골격계 질환이 적게 생긴다는 것이 논리적인 듯 보인다. 그러나 시간제 노동자들은 직업명이 같은 전일제 노동사들과 같은 작업을 하지 않을 수 있다. 예를 들면 은행의 현금출납원에 관한 우리 연구에서 허리와 다리, 그리고 팔의 통증 호소율은 높은 수준으로 발견되었는데, 목과 어깨의 통증이 손을 뻗는 작업과 관련이 있으며, 허리와 다리의 통증이 지속적으로 서 있는 작업과 연관이 있다고 판단된다. 전일제와 시간제 노동자 사이에서 통증의 차이를 발견할 수 없었다. 우리가 관찰하는 동안 전일제 노동자들은 시간제 노동자들보다 상대적으로 적은 시간을 직접 고객 서비스에 쓰고 있었다. 사실 시간제 노동자들은 고객이 더 많이 몰리는 시간대의 일을 해결하기 위해서 거기에 있었던 것이다. 또 시간제 노동자들은 은행 업무에 상대적으로 덜 관여하고 있어서 은행 계좌에 거래내역을 입력하거나 현금 보유를 조정하는 일처럼 앉아서 하는 특정 작업을 할당받을 수가 없다 (Seifert, Messing and Dumais, 1996).

우리가 은행 현금출납원의 작업을 관찰하는 데 시간을 쓰지 않았더라면 이러한 모순을 해석할 수 없었을 것이다. 자신이 분석하는 데이터를 만들어

낸 공장 안에 한 번도 들어가 본 적이 없는 연구자들도 있는데, 그들은 데이터의 해석에 문제점을 가질 수 있다.

또한 근골격계 질환은 그 작업자의 신체의 특정 치수와 작업장 설비 치수의 상호작용에 따라 다르게 나타날 수 있다. 프랑스의 가금류 가공산업에 관한 연구에서 여성은 작업장이 체격에 잘 맞지 않는다고 더 많이 보고하는 것이 발견되었다(Saurel-Cubizolles et al., 1991: 42). 1만 2,000명 이상의 노동자들을 대상으로 한 전 유럽 조사에서도 비슷한 연구 결과가 발견되었다. 여성은 장비가 부적절하며 더 많이 불편한 자세에서 일한다고 보고하는 경향이 있었다(Paoli, 1992: 126~128). 키가 큰 노동자에게 적당한 넓이의 책상이나 계산대는 키가 작은 노동자가 손을 뻗기에는 너무 넓은 것이다(Couville, Vézina and Messing, 1992: 119~134). 키가 작은 금전출납원은 작업대의 높이 때문에 더 많은 문제를 가질 수 있고, 그것은 그들의 목과 상지의 증상 수준과 관련이 있다(Seifert, Messing and Dumais, 1997: 455~477).

그러므로 두 노동자가 정확하게 같은 작업을 하더라도 아주 다른 동작을 수행할 수 있다. 실버스타인(Barbara Silverstein)과 동료들은 그 연구에서 남성과 여성이 왜 같은 손상률을 보이지 않았는가를 설명하기 위해서 이러한 가설을 제시했다(Silverstein et al., 1986).

한편 노동자들은 통증을 피하기 위해서 나름대로 방법을 개발한다. 이것은 특정한 동작과 근골격계 질환과의 관련성을 찾는 것을 더 어렵게 만든다. 암이나 심혈관 질환과 같은 '조용한 질병'과 달리, 근골격계 질환은 즉각적인 통증을 야기하기 때문에 동작의 변화를 초래하고 이것은 노출과 질병의 관련성을 모호하게 할 수 있다. 통증을 가진 노동자들은 작업전환을 요청하거나 작업장을 떠날 수 있기 때문에, 그것과 관련된 직업명이나 작업시간은 현재의 것이 아니라 과거의 것일 수 있다. 만약 노동자들이 장애를 입기 전에 손상을 보여줄 수 있는 생물학적인 지표를 사용할 수 있다면 매우 유용할 것이다. 예를 들면 일본의 한 연구자는 하루에 6시간을 일하거나 그 이상으로 반복적으로 키를 누르는 작업을 하는 컴퓨터 단말기 작업자들에서 손목과 손가락 사이의 신경 전달속도가 정상 이하임을 발견했다(Murata et al., 1996: 75~79).

노동자들은 통증이 있어도 작업을 떠날 수 없을 때 작업 방법을 수정한다. 팔 통증이 있었던 사람은 손상을 주는 동작을 피하기 위해 노력할 수 있다. 같은 작업을 다른 방식으로 하는 법을 발견할 수 있고, (다른 쪽 팔을 사용하여) 덜 아프게 될 수도 있다. 또는 특정 동작의 몫을 줄이고 다른 동작을 늘리기 위해서 다른 작업자와 협력해서 일을 할 수도 있다. 여성 노동자의 작업을 관찰한 과학자들은 그녀가 통증이 없는 팔을 더 많이 사용하는데 왜 잘 사용하지 않는 다른 쪽 팔에 통증이 있는지 이해하기 어려울 수 있다. 만약 연구자가 여성 노동자에게 물어본다고 하더라도, 이들은 통증 때문에 작업 방식을 바꾸었다는 것을 더 이상 기억하지 못할 수도 있다.

이러한 복잡성은 역학자들이 현재의 동작과 현재의 질환을 관련시키기가 어려울 수 있다는 것을 뜻한다. 그렇기 때문에 역학자들은 작업대를 바꾸기를 원하거나 산재보상을 신청 중인 노동자들에 대해서 매우 큰 어려움에 직면하곤 한다. 이러한 복합적인 요인 중 네 가지는 여성의 노동에서 더 자주 발견할 수 있다. 여성은 범위가 더 넓고 포괄적인 작업을 하고, 시간제 노동을 하며, 체격에 맞지 않는 작업대에서 일하는 경향이 있다. 또한 반복작업에서 승진할 기회가 더 적은 경향이 있고, 그렇기 때문에 통증 있는 경우에도 일을 할 방법을 찾아야 하는 경우가 더 많다. 쿠빌(Julie Courville)과 그의 동료들은 그들이 작업하는 동안 통증과 함께 생활하는 가금류 공정 작업자들에 대해서 인상적인 묘사를 한 적이 있다(Courville, Dumais and Vézina, 1994: S17~S23).

정치와 과학

반복작업과 손상의 관련성을 둘러싸고 논쟁이 증가하고 있다.[4] 일부 과학자는 건염과 다른 근골격계 질환이 여러 원인을 가질 수 있기 때문에 당뇨병이나 임신과 같은 개인적 원인을 주장하여 업무 관련성을 배제한다. 어떤 과학자들은 반복 긴장성 손상이라는 것은 없으며 그것은 신경증이라고 주장한다(Lucire, 1986: 323~327). 캘리포니아에서 750건 이상의 반복 손상 보상 신청에 대해 검토한 결과, 보험자들은 다른 손상이나 질병보다 반복 긴장성 손상에 대한 소송을 지연하거나 부정하는 경향이 있다는 사실이 확인되었다.[5] 누군가는 "특정 직업과 같은 작업 관련 요인, 근무기간과 직업적인 손의 사용 등은 비정상적인 정중신경전도(팔목터널증후군)에 개인적인 특성보다 기여하는 것이 적다"(Nathan, 1992)라고 했으며, 심지어 "우리는 여기서 개별 의사들뿐 아니라 노동자 사이에 서로 영향을 미치고, 가설일 뿐이며 아직 증명되지 않은, 그리고 부적절하게 희생자를 찬양하여 사회와 노동자들에게 치명적인 관념, 개념, 그리고 도그마를 전파하는 것이 특징인 호주의 집단적인 대중 신경증을 발견했다"(Canakis, 1995)라고까지 했다.

반복 손상과 관련된 근골격계 질환의 정의와 원인에 관한 과학 논문들은 이러한 보상을 둘러싼 정치적인 논란에서 독립적일 수 없다. 논문들은 보상을 지지하거나 기각하기 위해서 인용되며, 과학자들은 증례의 양쪽 편에 서서 증언한다. 젠더 문제는 이러한 모든 문제에서 자유롭기 어렵다. 반복 손상

---

4 예를 들면, 스토크와 피터 네이선(Peter Nathan)의 논쟁을 *American Journal of Industrial Medicine*(1992)에서 볼 수 있다.

5 US, Canadian companies resisting CTD comp claims. CTD News 4(10): 2.

과 관련된 연구의 선구자적인 과학자가 여성이라는 것은 우연한 일일까? 만약 이러한 조건에 노출되는 대다수의 노동자들이 여성이 아니라면 의사들과 판사들은 적은 힘을 사용하는 반복 긴장성 손상에 관해 그렇게 회의적일까?

2. 심리적 스트레스와 근골격계 문제

몇몇 연구는 심리적인 요인과 근골격계 문제 발생의 연관성을 보고하고 있다(Bongers et al., 1993: 297~312; Leino and Magni, 1993: 89~94; Mäkelä et al., 1991: 1356~1367). 이러한 연관성에 대한 해석은 근육 긴장과 스트레스가 관련된 생리적인 설명부터 통증이 노동자를 우울하게 하고 스트레스가 통증에 대한 지각을 크게 한다는 심리적인 설명, 꾀병, '신경증', '히스테리'에 대한 비난까지 다양하다. 또한 조사자의 정치적인 위치는 상당히 다양하며 이는 연구 결과에서 분리되기 어렵다.

어떤 종류의 연구들은 의식적인 또는 무의식적인 꾀병 행동을 발견하기 위해서 근골격계 질환을 조사한다.

어떤 의학적인 중재도 장애기간의 단축에 그 효과성을 입증하기 어려운데, 장애기간은 조기 작업 복귀를 촉진하기 위한 의사의 적극적인 노력과 복귀하고자 하는 노동자의 동기와 더 관련이 있을 수 있기 때문이다(Rossignol, Suissa and Abenaim, 1992: 1043~1047, 1046).

흔히 요통과 관련된 이러한 조사는 질병의 '사회적'(보통 사업주의) 비용을 감소시키는 데 상당히 노골적인 목적이 있다. 요통으로 고통받는 사람 일부는 그 비용의 거의 대부분을 자가 지출하고 있다는 사실은 자주 언급된다 (Abenaim and Suissa, 1987: 670~674). 어떤 연구는 완치율을 개선하기 위해서는 의사들이 요통환자를 (작업조건과 무관하게) 빨리 작업에 복귀시켜야 한다고 제안함으로써 국제적인 명성을 얻고 있다(Spitzer et al., 1987: S1~S59). 그에 따르면, "방사통이 없거나 객관적인 임상적 징후가 없는 요통에 관한 가장 좋은 치료방법은 작업이다"(Spitzer, 1993: 383~388, 385). 재활 속도가 심리적인 요인에 의해 결정된다고 생각하는 어떤 연구자들은 흔히 채용 전 검진에 심리학적 검사를 실시하여 다른 통증의 양상을 이해하고 예측하려 한다. 또한 그들은 통증과 노동자의 보상제기 여부의 관련성, 즉 산재보상 신청 노동자들은 의식적으로 또는 무의식적으로 통증을 과장한다는 것을 보여주는 연관성을 평가할 수 있다.[6]

한편 다른 종류의 연구들도 생리적인 원인에 '반대되는' 심리적인 원인의 통증을 고려한다. 예를 들면 어떤 연구는 '두려움 - 회피 믿음(fear-avoidable belief)', 즉 상황을 피하려는 경향이 노동자들에게 통증을 유발한다고 생각한다(Waddell et al., 1993: 157~168).

환자들의 신체 활동에 관한 인식과 통증과의 관련성, 또한 그들의 신체적 능력에 대한 지각에는 종종 오류가 있다. 환자들이 통증을 두려워 할 때 그들의 작업 능력을 과소평가할 수 있다.

이러한 연구자들은 "내 작업은 허리에 해로울 수 있다", "내 작업은 나에게 너무 무겁다"와 같은 항목을 가진 척도를 사용해서 184명의 요통환자(81%가

---

6   이 이론의 가능한 결점 일부는 이슨(T. Ison)에 의해 논의되었다(Ison, 1986: 605~637).

여성)들에게 '두려움 - 회피' 점수를 주었다. 그들은 지난 해 결근 횟수와 '작업에 대한 두려움 - 회피를 위한 점수'와 관련이 있다는 사실을 발견했다. 환자들이 그들의 작업이 해로울 수 있다고 생각할수록, 작업 복귀까지 더 많은 시간이 걸린다. 그러한 연구자들은 이것을 "통증에 대한 두려움과 통증에 관해 무엇을 해야 할 것인가가 통증 그 자체보다 장애를 유발할 수 있다"라고 해석한다. 즉, 통증이 아니라 두려움이 환자들이 일을 할 수 없게 만든다는 것이다. 이 연구나 다른 연구들에서 작업 내용은 무시되었다. 작업으로 허리를 다칠 수 있다는 실제적인 경험이나 강력한 가능성으로 인해 생긴 두려움이 정당한 것인지 파악하기 위해서 노동자들이 수행한 작업에 대해서는 조사하지 않은 것이다. 'A형 행동(Type A behavior)'[7]이 근골격계 문제와 관련이 있다는 것을 발견한 유사한 연구에서도 작업 내용은 무시되었다(Flodmark and Aase, 1992: 683~687). 'A형 행동'은 작업에 의해 요구되는 것일 수 있다.

다른 연구에서 연구자는 60% 이상의 의료 분야의 비서들이 목과 어깨, 또는 두 부위의 통증이 있다는 것을 조사했다. 그들은 신체적인 불편감과 심리적인 작업 환경에 관한 설문지에 응답했다. '열악한' 심리적인 작업 환경에서 일하는 사람은 그렇지 않은 사람보다 통증이 더 많고, 연구자들은 그 통증 보고가 심리적 요인과 관련이 있다고 추론했다. 물리적인 작업 환경에 대한 정보는 수집되지 않았기 때문에 우리는 심리적으로 열악한 환경이 물리적으로도 열악한 것인지에 대해서 대해서는 알 수 없다(Linton and Kamwendo, 1989: 609~613). 목, 어깨의 통증과 요통에 관한 유사한 다른 연구에서 환경이 관리할 수 없는 것으로 여겨질 때 통증이 더 심했다. 그러나 이 연구에서도

---

7   심리학에서 사람의 성격을 유형별로 나눈 것으로, 여기에 속하는 사람들은 공통적으로 과도한 경쟁심, 강한 성취욕, 조급성, 도전성, 적개심 등의 특징을 보인다.

이러한 사실이 노동자들이 수정할 수 없는 불편한 환경 때문인가는 고려하지 않았다(Viikari-Juntura et al., 1991: 1056~1061).

이 두 가지 범주에 드는 모든 연구는 암시적으로나 노골적으로 노동자들의 통증을 실재하지 않는 것, 즉 물리적 원인과 무관한 것으로 다룬다. 세 번째 흐름의 연구들은 스트레스와 근육의 긴장이 조직적인 문제에서 발생할 수 있고 이것이 통증에 기여한다고 제안하면서 작업 조직과 근골격계 문제의 관련성을 조사한다. 그래서 통증은 실제로 존재하며 심리적인 요인은 그것에 기여하는 것으로 여겨진다. 이러한 연구들은 카라세크와 그 동료들이 직무 재량도와 직무 요구도를 측정하기 위해서 개발한 조사도구를 자주 사용한다(제9장 참고)(Karasek and Theorell, 1991; Theorell et al., 1991: 165~173). 예를 들면 신문 노동자들에게서 통증은 관찰자에 의해 평가된 작업 환경, 자세와 관련성을 가진다는 것이 발견했다. 작업 내용에 대한 낮은 재량권이 낮은 경우와 같은 열악한 작업 조직에서 일하는 노동자들에게서 더 많은 통증이 나타났다. 두 가지 요인 사이에 상호작용이 있다고 할 수 있는데, 작업 조직에서의 점수가 더 좋은 노동자들이 키보드의 위치가 불편하거나 의자의 높이가 부적절하다는 응답이 적었다(Faucett and Rempel, 1994: 597~612). 이러한 연구와 다른 유사한 연구들은 근골격계 질환이 물리적·심리적 요인 모두와 관련이 있다고 결론을 내린다.

이러한 연관성은 여성에게는 해당하지 않을 수 있다. (대부분의 연구와 달리) 성에 따라 분리해서 분석했던 한 연구자 집단은 통증과 심리적 증상의 연관성에 차이가 있다는 것을 발견했다. 근골격계 질환은 우울증과 스트레스 증상이 있었던 남성 공장 노동자 사이에서 그렇지 않았던 집단에 비해 더 흔했다. 연구자들은 여성 공장 노동자들에서는 그런 결과가 나타나지 않았다고 언급했지만 이러한 차이에 대해서 설명하려고 하지는 않았다(Leino and

G. Magni, 1993: 89~94).

반복적이고 지루한 작업을 하는 여성들은 그렇지 않은 노동자들보다 근골격계 질환이 더 많은 경향이 있다. 어떻게 근골격계 질환이 물리적인 반복성이나 심리적인 지루함, 또는 두 요인의 조합 때문에 발생한다고 말할 수 있을 것인가? 어떤 경우에도 통증은 작업에 의해 발생하기 때문에 이 질문은 별것 아닌 것으로 보일 수 있다. 하지만 이는 실천적인 함의를 가진다. 즉, 지루함에 의해 초래된 손상에 대한 보상은 물리적 손상에 의한 것보다 아주 어렵다.

3. 성(Gender)과 근골격계 질환

1994년 4월, CINBIOSE 연구자들은 산재보상 신청에서 노동자들을 변호하는 노동조합 대표자들을 만났다. 여성 노동자들을 변호하는 데 어떤 점이 어려운지 물어보자, 대표자들은 여성노동의 특성("나는 컴퓨터 단말기 작업에 대해 보상받은 노동자를 본 적이 없습니다")과 그들의 개인적인 경험("만약 그 여성이 4명의 아이들이 있다면 그게 틀림없이 원인일 것입니다")에 대해서 말했다.

여성에 의해 수행된 작업의 특성은 종종 여성의 특성과 혼돈되는데 그 이유는 성별 분리 통계보다 성을 보정하려는 경향이 일반적이기 때문이다. 여성들은 흔히 반복작업을 하기 때문에 성은 노출 정도를 반영할 수 있으며, 성을 보정하는 것은 기본적으로 여성에 의해 수행되는 높은 수준의 반복작업의 위험을 체계적으로 낮게 평가하도록 한다. 주요 문헌 고찰 논문에서 인용된 팔목터널증후군에 관한 거의 모든 연구는 인간공학적 평가가 손목의 해부학과 관련이 있다고 했고(Hagberg, Morgenstern and Kelsh, 1992: 337~345, table 2), 생리학적으로 성이 팔목터널증후군과 관련되어 있지 않았지만 성을 통계적으로 보정했다(Stetson et al., 1992: 1095~1104). 성을 통계적으로 보정하는 것은 호르몬상의 문제가 작업 내용이나 작업공정상의 부적절함보다 더 결정적인 요인이어서 성이 독립적으로 팔목터널증후군의 위해요인인 경우에만 적절한 것이다.

실버스타인의 연구는 손목 질환의 결정에서 젠더와 동작의 종류를 구분했다. 그가 연구했던 공장에서 여성은 잦은 반복작업과 힘을 적게 쓰는 작업을 하는 경향이 있었고 남성은 덜 잦은 반복작업과 큰 힘을 쓰는 작업을 하는 것이 흔히 관찰할 수 있었다. 작업의 반 정도에서만 여성과 남성이 함께 일하고 있었다. 이러한 '남녀가 함께 일하는 작업'에서는 여성과 남성은 손목 질환으로 고통을 받는 정도가 같았다. 실버스타인의 연구는 근골격계 질환의 직업적 요인에 대한 인식을 획득하는 과정으로서 중요한 것이지만, 그 연구 설계는 여성 노동자에게 흔한 아주 심한 반복 조건을 충분히 기술할 수 있는 것이 아니었다. 우리가 연구했던(재봉작업자, 우편 노동자) 여성의 작업주기는 흔히 10초 미만인데 이 연구에서는 30초 미만 작업이 함께 분류되었기 때문이다.

4. 호르몬과 근골격계 질환

나이가 든 여성에게서 근골격계 문제가 더 흔하다는 사실은 완경기 여성을 질병 발생 가능성이 높은 존재로 바라보는 사람들의 인식에서 자유롭지 못하다. 국제인간공학협회(International Ergonomics Association)의 1994년 본 회의에서 한 의사는 수분간 열변을 토하며, 나이가 든 여성에서 모든 팔목터널증후군은 완경 때문이라는 것이 과학적으로 입증되었다고 단언했다. 노동조합의 안전보건 대표자들의 회의에서, 어떤 사람은 근골격계 질환의 원인으로 거론되고 보상을 막는 데 사용되곤 하는 개인적인 조건(관절 질환으로, 실제 작업으로도 생길 수 있는 것이었다), 연령, 그리고 갱년기에 대해서 다음과 같이 묘사했다.

어떤 여성에게 건초염이 생겼다면 우리는 위원회에 호소할 수 없습니다. 그들은 그 여성이 질병이 발생할 만큼 충분히 반복작업을 한 것이 아니기 때문이라고 말했고, 회사의 의사는 그 여성이 완경에 가까워졌기 때문에 질병이 생겼다고 우리에게 와서 말했습니다. 그 여성은 하루에 2만 5,000상자를 포장합니다(작업 주기는 2초 이하였다).

호르몬은 젊은 여성의 문제에도 영향을 미칠 수 있다.

만약 당신이 젊은 여성이고 팔목터널증후군이 생긴 그해나 그 전해에 임신을 했다면, 그들은 흔히 이렇게 말합니다. 그것은 당신이 임신했기 때문입니다. 그리고 그들은 다음과 같이 말할 의사를 데려올 것입니다. 아이를 가졌거나 그 전해에 아이를 가진 여성에게 이 질병은 흔한 것이고 그 여성의 팔목터널증후군의 원인은 자연적인 것이라고.

사실 몇몇 연구는 근골격계 문제와 관련해 여성의 생식 상태를 조사했는데 그 결과는 상당히 다양했다. 디에크(G. S. Dieck)와 그 동료들은 팔목터널증후군은 완경기에 이른 나이 든 여성이나 에스트로겐 보충요법을 받는 여성 사이에서 흔하다는 연구 결과를 보고했다(Dieck and Kelsey, 1985: 63~69).

이것은 그 증후군이 에스트로겐에 많이 노출된 여성에게서 더 흔하다는 것을 의미한다. 어떤 과학자들은 임신이나 에스트로겐은 손목을 붓게 해 손목의 신경을 압박할 수 있다는 가설을 제시해왔다(Voitk et al., 1983: 277~281). 그러나 디에크의 연구에서 팔목터널증후군과 임신경험, 임신 횟수, 첫 아이 출생 연령 등은 관련성이 없었다. 그뿐 아니라 자궁이나 난소의 절제, 또는 완경 증상과의 관련성도 발견하지 못했다.

네덜란드의 다른 연구 집단은 디에크의 연구와 상당히 다른 결과를 발견했다. 그들은 팔목터널증후군이 난소를 제거하지 않고 자궁절제술을 받은 여성이나 최근에 완경에 이른 여성 가운데 더 흔하며, 완경 연령이나 난소 절제와는 관련성이 없었다고 했다(De Krom et al., 1990: 1102~1110). 그러나 다른 연구에서는 난소제거 자궁절제술과 연관성이 있었으나 난소가 제거되지 않은 경우에는 관련이 없었다. 그리고 에스트로겐 섭취는 아무 영향을 미치지 않았다(Cannon, Bernacki and Walter, 1981: 255~258). 그러므로 우리가 의학 논문을 컴퓨터 검색(팔목터널증후군, 호르몬, 완경기와 교차 검색했다)해서 컴퓨터로 찾은 이러한 연구들에는 에스트로겐 섭취가 팔목터널증후군을 유발한다는 분명한 증거는 없다. 이렇게 다른 결과는 세 집단의 차이 또는 네덜란드의 연구가 직업 요인을 포함하는 것이라는 사실 때문일 수 있다. 아니면 이러한 증후군이 노출 수년 후에 나타나기 때문에 나이가 든 여성 가운데에서 흔한 것일 수 있다. 앞에서 언급한 완경기와 같은 요인들은 나이가 든 여성에서 흔하기 때문에 그것이 우연에 의해 증후군과 연관성을 가질 수도 있다.

다른 근골격계 질환에 대해서도 호르몬과의 연관성이 연구되어왔다. 만성 목 통증에 대한 연구했던 핀스(Finns)는 아이 수가 늘어날 때마다 여성이 목 통증으로 고생할 확률이 10%씩 증가한다는 것을 발견했다(Mäkelä et al.,

1991). 저자들은 "지금으로서는 이러한 연관성에 대한 적절한 생물학적·사회적 설명은 없다"라고 단정적으로 말했다. 우리는 임신이 몸의 형태를 바꾸고 작업장과 상호작용한다는 것을 제시하고자 한다(Paul, 1993; Paul, van Dijk and Frings-Dresen, 1994: 153~159; Paul and Frings-Dresen, 1994: 1563~1575). 직업적인 요인이 이 연구에서 조사되기는 했지만, 임신과 직업의 상호작용은 고려되지 않았다.

세 명의 의사들은 6명의 임신한 환자들 모두에서 손목의 드퀘르벵 건염(de Quervain's tendinitis)을 발견했다고 보고했는데, 그것이 호르몬에 근거한 것이라고 생각했다(Schumacher, Dorwart and Korzeniowshki, 1985: 2083~2084). 하지만 그중 2명은 사서와 간호사였고 둘 다 증상이 작업에 의해 악화된다고 보고했다. 다른 4명의 환자에 대해서는 직업을 고려하려는 시도가 없었던 것으로 보인다. 그들의 취업 여부에 대해 우리가 더 들은 바가 없기 때문이다. 이런 일화적인 증례를 읽은 의사들은 임신이 독자적으로 건염을 유발할 수 있다는 인상을 간직한다.

노동자들에 따르면 환경과 임신은 손상의 '진짜' 원인으로 산재보상에 자주 등장한다. 나이가 든 여성은 대부분 완경기에 있으며 젊은 여성은 최근에 임신했던 경우가 많기 때문에, 여성의 근골격계 질환이 직업적 요인보다 개인적인 요인에 의한 것으로 돌려지는 것은 상대적으로 쉬울 것이다.

5. 결론

근골격계 문제 관련 연구를 분석하는 것은 여성의 직업건강 문제를 확인하고 보상받는 것이 지연되는 이유 일부를 이해하는 데 유용한 방법이다. 물론 남성에게도 근골격계 질환으로 산재보상을 받는 것은 쉬운 일이 아니다. 산재보상에 관여하는 사람들은 종종 자신의 관점에 따라 과학적 근거를 해석한다. 그러나 여성들은 아직도 연구와 사법 판단 체계에서 불이익을 받고 있다. 우리가 완경기와 관련해서 살펴봤듯 이러한 불이익의 일부는 성차별주의에서 발생한다. 그러나 보통 여성에게 할당된 작업의 특성, 즉 극적이고 쉽게 확인되는 위험에 적게 노출된다는 특성이 이러한 불이익을 더 크게 한다. 사업주와 노동자의 갈등 상황에서, 양편이 서로가 제시하는 증례에 대해 약점을 공격하려는 상황에서, 여성과 여성의 작업은 쉬운 표적이 되기 쉽다.

과학자들은 여성에 대한 산재보상 신청의 기각에 대해서 어느 정도의 책임이 있는가? 첫째, 그들은 노동조합, 사업주, 의사, 법률가와 같은 이 과정의 다른 주체들보다 더 큰 책임을 지지는 않는다. 그들은 중립적인 관찰자로 생각되기 때문에 심지어 그들이 어느 한 편이나 다른 편에 서서 정당화할 때에도 객관적일 것으로 기대된다. 둘째, 과학자들은 고유한 의무와 절차가 있는 과학적 기관의 일부이다. 만약 과학자들이 여성의 근골격계 질환이 장애를 유발한다는 것을 입증하는 데 느리게 대응한다면, 그것은 그러한 연구에 대한 지원이 부족하거나 연구비 자원의 규칙 일부가 부적절할 수 있기 때문이다.

One-eyed Science

　사무작업의 건강 영향을 살펴보는 것은 과학자들이 여성을 어떻게 다루고 있는지를 알 수 있는 또 다른 기회를 제공한다. 여성은 사무실에서 일하는 경우가 다른 상황보다 더 많기 때문이다. 우리는 제1장에서 여성의 직업 순위 가운데에서 비서, 사무원, 접수계원, 경리, 회계 감사원, 자료입력 작업자, 그리고 부기장부계원(bookeepers) 등을 확인한 바 있다. 캐나다 여성 노동자들의 14분의 1이 비서와 타이피스트였다. 잔 스텔먼과 헤니핀(Henifin)은 미국 여성의 3분의 2가 사무실에서 일한다고 추산했다(Stellman and Henefin, 1983). 캐나다에서는 1993년 28%의 여성 노동자들이 사무작업으로 분류되었는데 남성은 약 6%였다. 여기에 행정직이나 관리직으로 사무실에서 일하는 것뿐 아니라 다양한 판매와 서비스직종을 추가해야 한다(Statistics Canada, 1994: table 2.8). 그러므로 과학자들과 직업건강 전문가들이 사무노동자들이 호소하는 문제에 어떻게 반응해왔는가를 조사하는 것은 의미 있는 일이다.

　1983년에 스텔먼과 헤니핀이 낸 책에서 근골격계 문제, 손상, 화재, 화학물질 노출, 소음, 그리고 나쁜 기후와 조명 조건과 같은 여러 종류의 위해요 인에 대해 노동자들에게 경고하기 전까지 사람들은 사무작업을 유해한 것으로 생각하지 않았다(Stellman and Henefin, 1983). 그때부터 문헌이 증가하고 노동조합의 활동이 활발해져 사무작업의 세 가지 종류의 위해요인, 즉 근골 격계 질환, 컴퓨터 단말기 작업과 관련된 임신, 그리고 실내공기 오염 등을 다루었다. 이 장에서는 간단하게 앞의 두 가지 문제를 다루고 나서 여성의 문제가 직업건강 문헌에서 어떻게 다루어지는가에 대한 다른 예로서 실내공기 오염을 과학적으로 다루는 방법에 초점을 맞추고자 한다.

1. 근골격계 질환과 사무작업

타이피스트는 밀대를 밀고 종이를 바꾸고 자판을 잡아떼어야 하는 반면, 컴퓨터 단말기 작업자는 자세의 변화 없이 여러 시간 작업한다. 컴퓨터 키보드는 타자기보다 자판을 더 빨리 칠 수 있기 때문에, 동작을 더 자주 반복한다. 1시간에 평균 2만 자를 입력할 수 있다(Billette and Piché, 1987: 942~988). 따라서 어깨, 팔, 손목, 그리고 손에 문제가 생긴다. 실제로 키보드를 사용하는 작업자들에 대한 몇몇 근골격계 질환 관련 연구는 컴퓨터 단말기 작업이 그러한 질병을 일으키기 쉽다는 것을 보여준다(Ong et al., 1995: 60~64 참조). 마우스로 문서를 교정하는 것은 특히 상지의 문제를 유발하는 경향이 있다 (Karlqvist, Hagberg and Selin, 1994: 1261~1267).

제7장에서 언급했듯이 사무직 노동자들이 근골격계 질환에 대해 인식하는 것은 어려운 일이다. 사실 사무직 노동자는 근골격계 질환을 조사할 때 종종 '대조군'으로 쓰인다. 사무직 노동자에게 작업과 관련해 발생하는 문제

가 적다는 생각 때문에 다른 노동자들의 근골격계 질환에 대한 연구를 할 때 기준으로서 비교대상이 되는 것이다. 예를 들면 팔목터널증후군에 관한 최근의 세 가지 문헌 고찰 연구에서 사무직 노동자나 점원은 대조군으로 쓰였다(Hagberg, Morgenstern and Kelsh, 1992: 337~345). 사무직 노동자들에게 팔목터널증후군은 흔한 문제이기 때문에 이러한 관점은 바람직하지 않은 것으로 보인다.

2. 컴퓨터 단말기와 임신

컴퓨터 단말기는 1970년대에 여러 사무실에서 건강과 안전(예를 들면 방사선 노출이나 인간공학적 문제)에 관한 조사가 없이 광범하게 도입되었다. 최근의 연구에서 무작위로 표본추출한 직업여성의 반 이상이 컴퓨터 단말기를 사용할 정도로 그 사용이 흔하다(Roman et al., 1992: 507~512). 그러나 노동조합은 시각장애와 근골격계 질환에 관한 우려를 나타냈고, 여성 노동자들이 문제를 제기하여 생식건강도 위협을 받을 가능성에 경계하게 되었다.

1970년대 말과 1980년대 초에, 일부 사무실에서 컴퓨터 단말기 작업을 했던 임신 여성들이 유산과 기형아 출산을 집단적으로 경험했다(Bentur and Koren, 1991: 429~437). 그들은 컴퓨터 단말기에서의 방사선 노출이 태아에 영향을 미칠 수 있다고 생각했다. 일부 장비에 대한 조사가 이루어졌고, 아주 적은 경우에서 잠재적으로 유해한 (엑스레이 같은) 전리방사선이 검출 가능한 수준으로 방출되고 있다는 것이 발견되었다. 이 연구는 공론화되었으며, 많은 임신 여성은 컴퓨터 단말기 작업을 거부했다. 어떤 사람들은 유해성이 '여성'의 작업에서 확인되었다는 것을 듣고 놀랐다. 어떤 노동조합은 컴퓨터 단말기 작업을 하는 임신 여성을 떠나보내거나 부서 전환을 할 것을 요청했고, 다른 노동조합은 납으로 된 앞치마를 입도록 제안했다. 하지만 임신 여성들은 납으로 만든 앞치마가 너무 무거워서 작업하는 동안 편안하게 입을 수 없다고 호소했다. 그러는 동안 과학자들과 노동자들은 전리방사선은 컴퓨터 단말기에서 늘 있는 문제가 아니라는 합의를 이루었다.

하지만 컴퓨터 단말기에서 방출되는 다른 종류의 방사선에 대한 근거는 덜 명확하고 아직도 논란 중이다. 어떤 연구자들은 컴퓨터 단말기가 임신에 영향을 미친다고 하고 다른 한 편에서는 관련성을 발견하지 못했다. 유산이 더 많이 일어나는 경우에도 그 원인은 확실하지 않았다. 다른 종류의 방사선, 극저주파(Extra Low Frequency Electromagetic Radiation: ELF)는 오래된 기종의 컴퓨터 단말기에서 방출되며 태아에 해로울 수 있다(Lindbohm et al., 1992: 1041~1051). 굳어 있는 자세 역시 문제일 수 있다. 스크린, 키보드, 의자가 있는 환경은 작업자들의 자세를 제한해 혈액순환이 나빠지게 하며, 이로 인해 모체와 태아의 건강에 영향을 미칠 수 있다.

논란이 지속되는 이유 중 하나는 사무실에 대규모로 컴퓨터가 도입되기 전에 컴퓨터 단말기 작업의 임신 영향에 관한 연구가 이루어지지 않았기 때문이다. 소비자보호법은 새로운 음식과 약품이 시장에 나오기 전에 주의 깊게 검사할 것을 요구하지만, 작업장에는 그러한 보호가 존재하지 않는다. 사업주는 어떤 시기에 검증되지 않은 공정을 일단 시작하고 수년이 지나서야 표준공정을 마련하는 경우도 있다. 노동자들은 소비자와 달리 위원회가 독성에 관한 과학적인 근거를 검토하는 동안 규제되지 않은 요인에 계속 노출된다. 마침내 기준이 확립되었을 때에도 생식 독성은 규제 과정에서 고려되지 않는 일이 자주 있다(제10장 참조).

컴퓨터 단말기가 임신에 미치는 뚜렷한 영향은 알려져 있지 않지만 연구 결과는 여전히 불명확하다. 여성들은 아직 컴퓨터 단말기를 의심할 수밖에 없다. 캐나다 여성들은 그들의 건강을 위협하는 요인으로 '컴퓨터 단말기에 가까움'을 첫 번째로 꼽았다(Statistics Canada, 1994: graph 8.2). 이것은 컴퓨터 단말기 작업을 하는 여성들이 많다는 점을 생각할 때 이해할 만하다. 그러나 많은 여성이 노출되는 다른 위해요인의 측면에서 볼 때 이것은 이상한 선택이다. 예를 들면 근골격계 질환에 대해 언급한 여성이 무시할 정도로 적었다는 점 등이 그러하다.

사업주들은 이러한 공포를 조절하고자 노력을 기울여왔다. 퀘벡에서 임신한 전화 안내원의 근골격계 질환에 대한 산재보상 신청은 기각되지만 본인이 원한다면 컴퓨터 단말기 작업을 피할 수 있다. 데이비드(H. David)와 르보르네(D. LeBorgne)는 여성이 컴퓨터 단말기의 방사선에 대해 싸우는 이유는 다른 직업건강안전상의 위험보다 산재를 인정받기 쉬워서라고 지적했는데, 여성 자신의 불편함보다 태아에 관한 위험에 대해 인정받는 것이 더 쉽기 때문이다. 역시 여성은 반복작업이나 스트레스에 의한 근골격계 질환보다 좀 더 '현실적인' 방사선에 대해서 호소할 때, 관심을 받기가 더 쉽다(David and Leborgne, 1983: 299~349).

사무직 노동자의 위험의 세 번째 영역은 실내공기 질의 저하로 여성 노동자의 20%에 의해 중요한 건강 위험으로 지적되었다(Statistics Canada, 1994: graph 8.2). 사람들이 실내공기 질에 대해서 이야기할 때, 그들은 습도나 온도와 같은 물리적인 특성과 흡연 잔해물 같은 화학적인 문제, 또는 환기장치의 필터에 오염된 미생물 등에 대해서 걱정을 한다. 이 장의 나머지 부분은 실내공기 오염 연구에서 젠더가 어떻게 다뤄지고 있는지를 살펴보고자 한다.

3. 실내공기 질을 다루는 과학의 접근

북미 지역의 사무직 노동자들은 실내공기가 주로 환기장치로 공급되는 건물 안에서 주로 일을 한다. 어떤 건물에서 노동자는 두통, 피로, 눈 문제, 코나 목구멍에 대한 자극 등으로 고통받을 수 있다. 1980년대 초반에 노동자들은 몇 개의 밀폐된 건물을 빌딩증후군(Sick Building Syndrome: SBS, 아픈건물증후군)이라는 이름으로 고발했다. 빌딩증후군은 세계보건기구에 의해 "실내 기후 문제가 있는 건물의 거주자에 의해 인지되는 일반적인 점막과 피부 증상"이라고 정의되어왔다(Stenberg and Wall, 1995: 491~502). 만약 질병이 진단된다면, 그것은 '건물 관련 질환'으로 알려질 수 있다.

과학자들은 사무 건물 안의 많은 구성요소에 대해서 조사를 했지만 사람들이 불편을 호소하는 이유를 설명할 수 없었다. 우리는 직업건강에 관한 문헌에 대해 국제안전보건정보센터(Centre International d'Informations de Securite et d'Hygine du Trovail: CIS) 데이터베이스를 검색하여 공기의 질과 관련된 건강 증상에 관한 연구 13편을 찾았다(Skov, Valbjorn and Pederson, 1989: 286~295, 1990: 363~371; Norback, Michel and Widstrom, 1990: 121~128; Hodgson et al., 1991: 527~ 533; Harrison et al., 1992: 225~235; Norback, Torgen and Edling, 1990: 733~741; Kelland, 1992: 335~340; Mendell and Smith, 1990: 1193~1199; Menzies et al., 1993: 821~827; Franck, Bach and Skov, 1993: 65~69; Stenberg et al., 1995: 796~803; Nelson et al., 1995: 51~59; Stenberg and Wall, 1995). 이 13편의 논문에서 일관된 결론을 도출한다는 것은 어려운 일이다. 각각의 논문에서 불편감은 서로 다른 조건과 관련이 있었다. 모든 연구에서 같은 조건은 없었다. 예를 들면 한 연구에서 실내 오염은 문제가 아니라고 해석될 수 있었다(Menzies et al., 1993). 4개의 건물 노동자 중 절반 이상이 눈, 코, 목의 불편감

이나 두통 과도한 피로 등의 증상을 겪었다. 연구자들은 환기장치 안에서 다양한 바깥 공기의 비율에 따라 — 외부 공기의 비율을 반영하는 한 화학물질을 오염수준의 지표로 사용했다(바깥 공기가 많을수록 덜 오염된 것이다). — 4개 건물 노동자들의 증상을 비교했다. 오염물질의 수준이 감소하는 경우에도 증상은 같은 수준으로 지속되었다. 하지만 연구자들 스스로도 증상을 유발할 수 있는 모든 조건을 설명할 수 없다고 했다. 예를 들면 습도 수준과 환기장치의 미생물에 의한 오염은 조사되지 않았다. 다른 논문은 15개 건물에서 박테리아와 곰팡이의 수준이 증상과 관련이 있었으나 먼지 수준은 관련이 없었다고 보고했지만 같은 화학물질 구성요소를 조사한 것은 아니었다(Harrison et al., 1992). 그러나 또 다른 연구는 건조함, 냄새, 환기, 소음이 다른 화학물질 오염보다 더 중요하다고 강조했다. 하지만 미생물의 농도가 너무 낮아서 조사할 수 없었다(Nelson et al., 1995).

모든 연구에서 가능한 모든 결정요인이 고려되지 않은 것은 이해하기 어렵다. 무엇을 포함할 것인가에 대한 판단은 연구자의 최선의 추정, 건물 거주자의 호소의 종류, 연구를 위해 사용 가능한 시간, 장비, 그리고 자원에 근거했을 것이다. 여기에 포함한 연구의 다양성은 실내공기 오염에 관해 연구하는 과학이 아직까지 유아적인 단계에 있으며 잠재적인 오염원의 목록이 완전한 것이 아니라는 점을 보여주기 위한 것이다.

여성은 남성보다 대략 2배에서 4배 정도 더 많은 증상을 겪었다. 우리가 앞에서 살펴본 것처럼 이러한 차이의 최소한의 부분은 성에 따른 작업조건 차이에 기인하는 것일 수 있다. 사무실의 여성은 아마도 남성보다 더 많이 복사를 하고(오존, 토너, 그리고 정전기에 노출되고), 남성들과 사무실을 함께 쓰는 일이 더 많다(간접흡연에 노출된다). 오직 3편의 논문만이 증상의 이러한 차이에 대해서 논의했는데(Hodgson et al., 1991; Menzies et al., 1993; Stenberg and Wall, 1995), 그중의 1편만이 여성이 증상이 더 많은 이유를 이해할 수 있도록 노동의 성별 분업에 대해 설명했다. 3편은 아예 젠더를 무시했고, 모든 노동자를 구별하지 않고 다루었다. 이 가운데 1편은 간호사들이 병원 행정직원들보다 증상이 더 많다고 보고했는데, 성별 분포나 각 집단의 노출 특성에 대해서는 보고하지 않았다(Kelland, 1992).

다른 연구들은 성에 따른 증상이나 노출에 관한 자세한 보고 없이 성을 보정하여 분석했다. 그 논문 중 1편의 필자는 성을 보정해야 할 필연성을 주장하는 결론을 제시하기도 했다(Stenberg et al., 1995). 다른 7편의 논문은 증상 수준에서 차이를 나타내는 독립적인 요인으로 젠더를 보고했다. 예를 들면 어떤 연구에서는 다른 고찰 없이 여성은 남성보다 중추신경계 증상을 2배 더 많이 겪는다고 보고했다(Nelson et al., 1995). 다른 논문에서는 증상과 관련된 위해요인의 하나로 '여성(female)'을 감압복사지(carbonless paper)의 취급, 건초열, 점원 등과 함께 단순하게 보고했다. 독자는 증상의 성차를 부분적으로나 완전히 설명할 수 있는 어떤 다른 노출에 관한 차이가 있는지에 대해서 판단할 수 없다.

많은 연구는 자가보고된 과반응성(hyperreactivity)이 증상과 관련이 있다는 것을 발견했다. 이것은 과반응성의 순환적인 정의 때문이다. 반응을 하는 사람은 과반응성이 있다. 그러나 어떤 인구집단에서는 특별히 감수성이 있을 수 있다. 증상에서 성의 차이를 진지하게 조사한 어떤 연구자 집단이 제시했듯이 여성이 호르몬이나 다른 이유 때문에 남성보다 특정 오염물질에 더 감수성이 있을 수도 있다. 이러한 감수성이 실재한다고 해도 그 근원은 명확하지 않다. 그것은 호르몬 때문일 수도 있고 작업기간이나 심리적인 요인과 관련되어 있을 수도 있다.

빌딩증후군과 관련 가능성이 있는 하나의 조건인 '화학물질과민증(Multiple

chemical sensitivity)'은 연구를 하기에 더 매력적이다. 화학물질과민증을 가진 사람들은 일상의 환경에 존재하는 화학물질에 노출되었을 때 호흡기, 소화기, 그리고 다른 여러 증상을 겪는다. 이 증후군은 '아픈 건물(sick building)'이 포함하는 유기화합물이나 다른 화학물질에 먼저 노출되어 유발되는 것으로 생각되고 있다.[1] 화학물질과민증은 남성보다 여성에서 더 흔하다(Kipen et al., 1995: 574~577).

기본적으로 여성이 더 많이 걸리는 다른 질병들처럼, 많은 과학자는 화학물질과민증의 '현실성(reality)'에 대해 회의적이다. 설문조사에서 산업의학과 의사의 9%만이 주되게 물리적 원인에 의해 이 증후군이 발생한다고 믿고 있다고 보고되었다(Davidoff and Fogarty, 1994: 316~325). 많은 연구자는 그 증상이 스트레스나 건강염려증로 인한 심리적인 것이라는 것을 주장하기 위해 노력해왔다(Davidoff and Fogarty, 1994: 316~325). 여성 노동자에서 더 흔한 이 증후군의 '현실성'이 의심받는다는 점은 반복 긴장에 대한 논란을 상기하게 한다.

4. 여성의 화학물질 노출에 대한 회의론

실내공기에 대한 반응은 두통과 같은 증상부터 심한 감염이나 중독까지 여러 가지 형태를 띤다. 우리가 봐왔듯, 실내공기 분석의 과학은 아직 유아적인 단계에 있다. 보통 건강 문제의 원인이 되는 요인(들)을 확인하는 것은 어렵다. 그리고 결과들은 종종 해석하기가 어렵다. 이러한 과학적인 어려움은 작업장에서 여성 노동자가 힘든 시간을 보내야 한다는 것을 의미한다. 여

---

1 이는 컬런(Cullen)의 정의로, Rest(1992)에서 논의되었다.

성 노동자의 호소에 대한 보건 전문가들의 반응은 명확한 과학적인 근거와 확립된 과정이 없는 상황에서 그들 자신의 편견을 반영할 수 있다.

우리 자신의 경험은 내가 여성 노동자들에게서 늘 들었던 이야기와 비슷하다. 몇 년 전 CINBIOSE가 있는 대학의 과학 건물은 화학 및 생물학 실험실과 환기장치를 공유하고 있었다. 우리 가운데 많은 사람이 하루가 끝날 무렵이면 두통과 심한 피로를 느꼈다. 두 사람이 그들의 시력이 약화되었다고 보고했다. 출근이 엄격하게 관리되지 않는 사람들(주로 교수들)은 할 수 있는 한 집에서 일했고, 집에서는 증상이 없었다.

우리는 지역보건서비스(퀘벡 의료체계의 일부)를 요청했고, 그 기관은 감독관을 파견했다. 감독관은 표준적인 실내공기 오염물에 대한 검사를 했고 그 결과는 음성이었다. 허용수준을 넘지 않는 약간의 일산화탄소, 충분하지 않은 이산화탄소, 충분하지 않은 약간의 산화질소가 있었다. 우리에게 증상은 계속되었고, 호소도 계속되었다. 마침내 환기 시설 전문가가 이 시스템에 깊은 홈이 있기 때문에 화학 실험실에서 나오는 공기가 우리 사무실에 직접 유입된다는 것을 발견했다. 우리는 어떤 하나의 구성요소도 허용된 수준 이상을 초과할 정도로 높지 않았지만 다른 오염물질의 조합이 우리의 증상을 발생시켰다고 믿고 있다. 대학 당국은 이 시스템의 개선을 거부했는데, 그 이유는 우리가 어떤 노출도 그 수준이 너무 높다는 것을 입증하지 못했기 때문이다. 그들은 우리에게 다른 건물로 이사하도록 권했다. 남성 과학자 한 집단이 자기들은 공기를 두려워하지 않는다고 말하면서 우리 장소를 썼다. (그중 1명은 나에게 몇 달이 지나서 그가 이사한 이후 늘 피곤하기 때문에 그 판단을 후회하고 있다고 말했다.)

새로운 건물에서 우리의 두통과 시력 문제는 사라졌지만 하루 일과가 끝날 무렵이면 여전히 피곤했다. 우리는 환기장치가 충분한 맑은 공기를 공급하지 못하고 있다고 느꼈다. 사실 그 건물은 오후 5시 이후와 주말에 밀폐되어 있었다. 우리 사무실 사람들(모두 여성)은 건물 관리인과 대학 서비스(거의 모두 남성) 측과의 투쟁에 관여했다. 대학 측 남성 대표는 마지막에 이런 말까지 했다. "피해에 관한 당신들의 모든 호소를 보면 마치 매 맞는 아내 떼거리처럼 보인다." 마침내 대학 당국이 지하 주차장의 배기가스를 제한하고 오염물질이 축적되어 시꺼멓던 환기장치 필터에 대한 청소를 강화하기로 노력하겠다는 타협이 이루어졌다. 문제는 해결되지 않았지만 완화되었다.

하물며 독성학에 대한 전문성과 문제에 대한 설명을 인정받는 우리 과학자들도, 우리의 호소를 듣고 제대로 처리하도록 하는 데 그렇게 힘든 과정을 겪었을진대, 그러한 이점도 없는 사람들은 얼마나 더 힘들겠는가? 우리 동료들은 어디에서나 그렇게 운이 좋은 것은 아니었다. 온타리오 주 교육 연구 기관의 심리학 교수 2명은 그들이 더 이상 건물 안에서 일할 수 없다고 말하면서 사임했다. 그들과 다른 교수들의 호소는 아무도 공기 중에서 특정한 오염물질을 확인하지 못했기 때문에 회의론에 부딪혔다. 많은 여성이 이러한 문제를 피하기 위해서 고립의 위험과 노동조합의 보호 상실이라는 결과를 감수하고 집에서 일했다. 이러한 문제에 대한 성숙한 과학적 접근이 없을 때, 건물 거주자에 대한 편견은 흔한 것이다.

≪미국 공중보건학회지(American Journal of Public Health)≫에서 빌딩증후군에 대한 다음과 같은 논설을 실었다.

전통적인 산업위생학적 개념 틀 안에서 설명할 수 없을 때 많은 연구자는 그 호소를 집단 정신병 탓이라고 생각한다(Kreiss, 1990: 1172~1173).

여성이 많은 작업장에서의 증상 발생은 회의주의적 이유 때문에 이 논설에서 다루어지지 않았다. 그러나 성을 (구체적인 설명도 없이) 가능한 설명 변수로 광범하게 사용하는 것은 과학자들이나 보건 전문가들에게 여성이 그들의 성 때문에 실내공기에 대해 더 많이 호소한다는 인상을 준다.

같은 증상이 있을 때 여성이 남성보다 더 많이 증상을 호소한다는 가설을 특별히 조사한 2개의 연구가 있다. 스텐버그(B. Stenberg)와 월(S. Wall)은 빌딩 증후군에 대한 설문지의 타당성을 검증하는 동안 여성과 남성에서 얻은 결과가 "상식적인 견해, 여성에서 증상 유병률이 과대평가되었을 것이라는 가정과 충돌한다"(Stenberg and Wall, 1995: 501)라고 했고, 매킨타이어(S. Macintyre)는 감기에 걸린 여성과 남성을 조사한 다른 연구에서 남성이 여성보다 증상을 더 많이 보고한다는 것을 발견했다(Macintyre, 1993: 15~20).

그런데도 여성의 증상에 대한 회의론은 아주 흔하다. 작업상의 화학물질 중독에 관한 문헌을 조사하면서 우리는 '집단 신경증(mass neurosis)' 또는 '집단 정신병(mass psychogenic illness)'과 같은 용어들이 자주 여성의 증상과 관련되어 있다는 것을 발견했다(Brabant, Mergler and Messing, 1990: 181~204). '집단 히스테리(mass hysteria)'라고 묘사된 30가지 사건에 관련된 1,430명의 노동자 가운데 1,272명은 여성이었다(〈표 8-1〉 참고).

이러한 결과에 근거해 작업장의 여성의 비율은 설명이 안 되는 증상을 집단 신경증으로 진단할 때 그 기준으로 제시되어왔다(Levine, 1984: 1945~1946). 어떤 저자들은 어느 정도 더 미묘한 언어로 여성의 비율은 빌딩증후군의 원인이 화학적인 것인지 심리적인 것인지에 대한 기준이라고 말한다(Guidotti, Alexander and Fedoruk, 1987: 148~150; Salvaggio, 1994: 366~370).

건물 관련 질환이 화학물질 노출에 의한 것인지 심인성 원인에 의한 것인지 구별하는 데 도움이 될 수 있는 몇 가지 역학적 특징은 …… ④ 환자들의 특성 개요

〈표 8-1〉 의학논문에서 집단 히스테리로 규정된 사례

산업 분류	세부업종	여성의 수/전체 증례의 수
식품과 농업	식품 가공	61/65
	재배	60/60
섬유	생산	189/200
	보관	53/72
서비스	전자통신	100/103
	데이터 처리	35/35
	병원	101/102
제조업	전자	263/265
	기계	95/95
	조립	314/406

자료: Brabant, Mergler and Messing(1990: 181~204).

및 연령/성 분포이다(Salvaggio, 1994: 369).

빌딩증후군이 여성노동력에 영향을 미칠 때 과학자들은 화학물질에 대해
서 너무 오래 조사하는 수고를 할 필요가 없다는 느낌을 가진다. 여성이 한
꺼번에 어떤 증상으로 고생하고 있다고 보고한다면, 그것은 그런 효과를 경
험한 사람이 남성인 경우보다 (화학적·물리적·생물학적 노출의 현실성에 근거하
지 않은) '심인성' 또는 '히스테리성'일 가능성이 높은 것이다. 집단 히스테리
라는 진단은 여성이 관련되었을 때 더 쉽게 붙는 경향이 있다.

5. 결론

실내공기에 관한 여성의 호소에 대한 설명으로 집단 히스테리를 든다는
사실은 반복 긴장성 손상을 신경증으로 비난하는 것을 떠올리게 한다. 두 사

례 모두에서 여성노동의 양상은 과학자들과 보건의료 노동자들에게 문제로 여겨진다. 그 원인과 결과의 요인이 다중적이고 이해하기 힘들기 때문이다. 사무실의 실내공기 오염은 제련소의 유독성 증기(fume)나 광산의 먼지와 같지 않다. 제련소와 광산의 오염은 노동조합과 의료의 중재 덕분에 알려진 위험이다. 거기에는 너무 높을 수는 있지만 오염 수준에 대한 기준이 있고 그것들을 줄이기 위해서 부적절하게나마 환기와 여과 시스템이 있다. 그곳에서 일하는 노동자들은 작업에 충분하지는 않지만 최소한 노동자 건강에 대한 중요성은 상징하는 개인 보호구를 지급받는다.

보통 사무실에서 나타나는 증상은 너무나 다양하고 많은 요인의 조합에 기인하며, 그 개별 노출 수준은 위험하다고 평가되기에는 너무 낮다. 과학자들은 분명한 연관성을 찾는 데 성공하지 못했기 때문에 그 증상들을 '비현실적'이거나 작업조건과 관련이 없다고 의심한다.

이러한 상황은 여성에게 더 많이 발생하는데, 그 이유는 여성들이 명백한 위험과 분명한 하나의 원인, 하나의 효과를 보이는 상황에 덜 노출되기 때문이고 여성은 건강 위험에 더 주의를 기울이나 여성의 언어는 남성보다 더 많이 의심받는 경향이 있기 때문이다. 그러므로 여성은 문제적인 조건을 인식하는 것이 더 어려워진다. 전통적인 공장에서 위험한 영역에 대한 보호는 자주 제공되지만 사람들이 담배를 피우는 사무실이나 복사기 주위에 추가적인 환기장치를 제공하는 사무실은 적다.

몇몇 연구자는 여성의 근골격계 또는 다른 증상의 '현실성'에 대한 논쟁이 물리적·심리적 작업조건 사이의 인위적인 분리에서 발생하고 잘못 다뤄지고 있다고 생각한다. 그들은 작업장은 전체로서 간주되어야 한다고 제안한다. 야시(A. Yassi)는 작업장의 전기 충격으로 고통받는 전화교환원에 대해 조사했다. 작업 환경에 대한 지칠 대로 지친 연구 끝에 야시는 충격의 원인을 아무엇도 찾을 수 없었다. 그는 충격이 경영진의 압박으로 인한 집단적인 스트 레스 반응과 관련이 있다고 제시했다(Yassi et al., 1989: 816~820). 또한 옹(C. N. Ong)과 그 동료들은 컴퓨터 단말기 작업자들의 근골격계 질환에 관한 논 문을 검토하면서 건강 안전 전문가들은 물리적인 작업 환경뿐 아니라 동시 에 반복과 단조로움에도 개입해 들어가야 한다고 제안했다(Ong et al., 1995). 스텐버그와 월은 빌딩증후군에 관해 사회심리적인 작업 스트레스가 고려되 어야 한다는 유사한 결론에 도달했다(Stenberg and Wall, 1995: 105).

복잡한 문제에 대해서는 다학제적 접근만이 현명하다. 그러나 만일 그들 이 물리적인 문제에 대해서 심리적인 설명을 허용한다면 여성 노동자들은 보상을 거절당하게 될 실질적인 위험이 있다.

이러한 편견을 알고 있는 여성들은 보통 화학물질과 방사선처럼 뚜렷하게 드러나는 위험에 자신들의 투쟁을 더 집중한다. 앞에서 언급한 것처럼, 컴퓨 터 단말기 방사선의 건강 유해성은 답답한 작업자세, 반복작업, 그리고 너무 빠른 작업속도보다 아마도 덜 중요한 것이다. 그렇지만 많은 여성은 그들의 작업 조직을 바꾸는 것이 너무나 어렵다는 것을 발견하고 방사선에 집중한 다. 작업 조직이 위험하다는 증례를 쉽게 제시하지 못하기 때문일 것이다. 실내공기 오염은 더 중요한 호소일 수 있는 '스트레스'나 '과로'보다는 더 쉽 게 위험한 것으로 받아들여지는 '현실적인' 화학적·생물학적 요인으로 구성 된 것이다.

다음 장에서는 일하는 여성이 느끼는 스트레스를 직업건강 과학자들이 어 떻게 다루는가에 대해서 살펴보고자 한다.

제9장	여성의 직업과 감정적 스트레스 요인은 어떤 관련이 있는가?

One-eyed Science

북미의 많은 노동자는 고용불안정이나 구조조정과 같은 최근의 흐름에 특히 스트레스를 많이 받고, 여성은 이에 더 취약하다고 할 수 있다. 1992~1993년 퀘벡의 건강조사 자료를 분석한 결과에 따르면(Bellerose, Lavallée and Camirand, 1994), 일페드 측정도구[1]를 사용했을 때 여성 노동자의 31%와 남성노동자의 22%가 심리적 곤란(distress)을 겪고 있는 것으로 나타났다. 같은 도구를 사용하여 1987년 이루어진 조사에서는 그 비율이 9~18% 정도였다.[2] 특

---

1 일페드 측정도구(The Ilfeld Psychiatric Symptom Index)는 29개 문항으로 구성되어 있는 심리적 증상에 대한 설문지로, 프랑스어로 되어 있으며 다음과 같은 질문을 포함하고 있다.
  • 지난 7일간, 어지럽거나 쓰러질 것 같은 느낌을 받으신 적이 있습니까?
  • 압박감이나 긴장감을 느낀 적이 있습니까?
  이는 병적인 현상을 진단하는 것이 아니라 일시적인 병적 사건에 대한 징후를 파악하는 설문이다(Ilfeld, 1976: 1251~1258).
2 귀용(L. Guyon)은 싱글맘이나 혼자 사는 여성에게 일이 심리적 곤란을 예방하는 효과가 있다고 보고했다. 그러나 남편 및 아이와 같이 사는 여성은 전업주부에 비해서 심리적 곤

히 서비스업과 사무직처럼 주로 여성이 종사하는 업무에서 같은 측정도구를 사용했을 때 스트레스 수준이 더 높게 나타났다(Vézina et al., 1992: 84~86). 자료 입력 업무를 하는 여성을 대상으로 한 연구에서 여성 노동자들은 한꺼번에 여러 사람에게서 업무 지시를 받을 때 스트레스를 많이 받는 것으로 나타났다(Billette and Bouchrd, 1993: 101~113). 또한 업무 전환을 경험한 여성 은행 노동자들이 쾌벡 여성 노동자들 스트레스 평균 점수에 비해 스트레스 점수가 2배 이상 높다는 결과도 있다(Seifert, Messing and Dumais, 1996, 1997: 55~477).

미국 국립산업안전보건연구원은 스트레스가 여성 노동자에게 어떤 영향을 주는지 살펴본 적이 있는데 스트레스를 특히 많이 받는 직종으로 비서를 꼽았다(Lippel, 1993: 167 참조). 영국에서는 여성 노동자들이 남성에 비해 더 많이 긴장하고 쉽게 지치는 경향이 있다고 보고했다(Cox, Thirlaway and Cox, 1984: 499~510). '여성, 노동과 건강(Women, Health and Work)'이라는 국제학회에서 최근에 발표된 내용의 5분의 1은 스트레스에 대한 것이었다(Programme Abstracts, 1996). 또한 『여성, 노동과 건강: 스트레스와 기회(Women, Work and Health: Stress and Opportunities)』라는 최근의 저서도 스트레스를 여성의 직업보건 문제로 정의하고 있다(Frankenhaeuser, Lundbergh and Chesney, 1991).

그러나 우리는 여성이 남성보다 '실제로' 스트레스를 더 많이 받는지에 대해 의문을 가질 수밖에 없다. 앞의 장에서 언급한 것처럼 여성에게 스트레스를 강조하는 것은 여성의 건강 문제를 규명하는 데 일정 정도 장애가 된다. 이는 여성 노동자와 의사가 모두, 육체적인 문제를 배제할 수 있는 정신적인

란을 겪는 비율이 통계적으로 유의하게 높았다(Guyon, 1996: 144; Vézina et al., 1992: 142).

원인을 먼저 찾는 잘못된 관행으로 이어진다. 의사는 여성의 신체적 건강에 대한 연구가 적기 때문에 진단을 내리기가 어렵다. 일단 정신건강의 문제로 진단을 내리면 증상에 대한 다른 설명이 불가능해진다. 이러다 보니 병원을 찾은 45~69세 여성 중 정신건강과 관련한 증상으로 이야기를 시작하는 경우는 1%인데도, 9%의 여성은 의사에게 '불안 상태와 신경증'이라는 진단을 받는다(Verbrugge and Patrick, 1995: 173~182). 이러한 관행 때문에 여성들은 스스로가 자신의 문제가 '마음속에' 있는 것이라고 믿는다.

정말로 여성의 정신건강 문제가 실제에 비해서 과대평가되는지와 별개로 여성 노동자들이 심리적 곤란을 심각하게 느낀다는 것은 확실하다. 일례로 몇 년 전 연구를 위해 방문한 프랑스 가금 공장의 실내 온도는 거의 얼기 직전 수준으로 낮았고 사람들은 옷을 여러 겹 껴입고 있었다. 작업장의 습도가 높았으며 외풍이 심했다. 소음이 심해서 작업장에서 이야기를 하는 것도 불가능했다. 노동자들은 위험해 보이는 칼을 매우 빠르게 휘두르고 있었고 사고가 많았다고 했다. 노동조합은 설문조사에서 가장 중요한 문제로 드러났던 반복작업으로 인한 근골격계 질환의 예방을 위해 많은 노력을 하고 있었다. 현장순회 이후 우리는 노동조합의 안전보건 담당자를 만났다. 나는 그녀에게 현장의 가장 중요한 문제가 뭐냐고 물었다. 나는 근골격계 질환에 대한 이야기를 듣게 될 거라고 예상했지만 그녀의 대답에 깜짝 놀랐다. 그녀는 손가락으로 이마를 가볍게 두드리면서 "머리가 문제예요. 가장 심각한 것은 머릿속에 있어요"라고 대답했다. 나는 "절단사고나 소음, 통증이 문제가 아니고요?"라고 다시 한 번 물었다. 그러나 그 여성 노동자는 "아니요. 스트레스예요"라고 대답했다. 그녀는 여성 노동자들이 존중받지 못한다고 느끼고 있고 직속상관과 갈등을 겪는 경우가 많다고 설명했다. 그녀가 느끼기에는 이것이 신체적인 불편함보다 더 큰 문제인데 노동조합과 연구자들은 오로지 육체적인 문제에만 관심을 둔다는 것이다.

직업보건 전문가가 작업장의 전체적인 스트레스 원인을 확인하고 이를 제거하기 위한 방법은 충분하지 않다. 간호, 교육 및 사회사업과 같은 일부 직종을 대상으로 노동조합은 스트레스 감소를 위한 활동을 집중적으로 전개해 왔다. 그러나 스트레스는 쉽게 감소하지 않으며 연구자와 노동자들은 유연하면서도 복잡해 보이는 스트레스 문제를 다루는 것이 어렵다고 생각한다.

1. 스트레스와 관련된 몇 가지 정의

'직무 스트레스'라는 말은 싱희롱에서 가족과 일에 대한· 책임 사이의 균형을 맞추려는 노력과 같은 다양한 현상을 포함한다. 스트레스를 유발하는 환경뿐만 아니라 이에 대한 작업자의 반응 역시 스트레스라고 한다. 스트레스는 정신건강에 영향을 줄 뿐만 아니라 궤양, 심근 경색과 같은 육체적 건강에도 영향을 준다.

원활한 논의를 위해 다음과 같이 몇 가지 용어를 정의했다(Frankenhaeuser, 1991: 39~61; Astrand and Rodahl, 1986: 161~163, 498~501). 기술적으로 '스트레스원(stressor)'은 사람에게 스트레스 반응을 유발하는 요인을 말한다. '스트레스 반응(stress response)'은 뇌와 호르몬의 복합작용에 의해 순환기, 소화기, 호흡기 등의 기능에 변화가 생기는 것을 의미한다. 다양한 스트레스원에 의해서 동일한 스트레스 반응이 유발될 수 있다는 것을 유념할 필요가 있다. 환자 또는 고객에게 위협을 당하는 것 또는 시끄러운 사무실에서 일하는 것, 직무 요구도가 높은 작업 일정이 모두 스트레스 반응을 일으킨다.

스트레스 반응은 위험을 인지한 후 일어나는 신체의 종합적인 반응 방식을 의미하는 '놀람 반응(fight or flight)'이라는 짧은 용어로 설명할 수 있다. 놀람 반응은 위험에 대처하기 위해서 즉각적으로 몸이 모든 생리적 기능을 억제하고 방어에 적합한 자신만의 체계를 구축하는 것이다. 신체기관을 활성화하는 기능이 있는 카테콜아민(예: 에피네프린)이라는 호르몬의 분비가 이러한 변화를 유발한다. 카테콜아민은 근육에 즉각적으로 높은 에너지를 전달하고 일시적으로 몸 전체에서 최소한의 기능만을 유지하게 하여 "집을 지키게"[3]한다. 즉, 순환기가 산소와 에너지의 공급에 집중하는 동안 소화와 배설의 기능을 떨어뜨리는 것이다. 급성 스트레스를 경험하면 대개 호흡과 맥박이 빨라지고 식욕은 떨어진다. 한편 면역계에 작용하는 것으로 알려진 코르티코스테로이드라는 일군의 호르몬도 생리학적 변화가 생기게 한다. 이러한 스트레스 반응은 의식적, 또는 무의식적으로 인체의 반응과 정서에 영향을 준다.

스트레스원은 신체에 즉각적 반응을 유발하는 한편 만성적 영향도 있다. 스트레스에 대한 반응들은 위협이 닥친 그 순간에 작업자를 보호할 수 있도록 한다. 그러나 이런 방어작용이 반복적으로 이루어지면 장기간에 걸쳐서 손상을 유발한다. 스트레스원에 대한 노출은 음식 섭취와 배설에 영향을 끼쳐서 소화기 장애를 유발하고 혈압을 높이며, 지속적 긴장으로 근골격계 질환을 유발하기도 하고, 면역체계의 변화로 감염에 대한 저항력을 떨어뜨린다.

또한 스트레스원은 노동자가 불편감과 정신적인 어려움을 느끼는 것과 같은 심리적인 영향을 준다. 스트레스가 많은 상황에서 두려움을 느낀 작업자는 그 상황을 회피하려 하며 그 자체가 심리적이고 생리적인 영향을 준다.

---

3 위협에 대해 신체를 보호하는 것을 집을 지키는 것으로 비유적으로 설명한 표현이다. _ 옮긴이

어떤 작업자들은 화를 억누르기만 하며, 일부는 신체적인 싸움이나 말다툼을 하기도 하고 일부는 장시간 뛰기도 하고, 일부는 담배를 피우거나 술을 마시거나 약을 먹는다. 동료들과 함께 해결을 모색하는 사람도 있고 혼자서 부담을 견디기도 하며 어떤 이들은 가족이나 친구들을 통해 스트레스를 풀기도 한다. 스트레스에 대한 반응으로 나타나는 행동은 어떤 스트레스원에 노출되었느냐뿐만이 아니라 스트레스를 받은 노동자가 어떠한 상황에 처해 있었는가에 따라 달라진다. 즉, 은행 강도에 대한 은행원들의 반응은 강도가 가진 무기가 무엇인지에 따라 달라지는 것이 아니라 개인적으로 위협받는 상황에 놓여 있느냐에 따라 달라진다. 강도가 아닌데도 은행원들이 실제로 더 놀라는 상황이 발생하기도 한다.

예전에 한 예금자가 추위를 피하기 위해 옷으로 몸을 칭칭 감싸고 특이한 마스크를 하고 온 적이 있었어요. 그는 눈을 털기 위해 발을 쿵쿵거렸죠. 저는 그 소리에 놀라서 뛰쳐나갔어요.

다른 은행원은 다음과 같이 설명했다.

사람이 무엇인가에 반응을 하는 것은 그동안의 개인의 삶이 영향을 주는 것이잖아요. 좋지 않은 상황에서 지내왔다면 더 그런 거지요.

지점장은 일상적인 일에 대해서는 반응이 별로 없고, 강도에 대한 반응이 더 심각하게 나타나는 것이 당연하다고 생각하는데, 노동자들이 이렇게 반응하지 않는 이유를 이해하기 어렵다고 했다.

개인과 집단의 대처방식은 다양하며 상호작용이 있기 때문에 스트레스 반응을 연구하는 것은 쉽지 않다. 노동조합의 노동안전부장이나, 작업자, 그리고 보건관리자들은 집에서 생기는 스트레스와 작업장에서 생기는 스트레스를 분리하기 어렵다는 데에 모두 동의한다. 그럼에도 작업장의 스트레스 원인을 밝히는 것은 직무 스트레스를 감소시키기 위한 전략 수립의 측면에서 중요하다.

2. 스트레스 연구

다양한 조건들이 스트레스 반응을 포함하여 신체적으로나 정신적으로 영향을 줄 수 있다. 일반적으로 건강을 위협하는 것은 스트레스 반응을 유발할 수 있다. 상처, 시끄러운 소음이나 화학적 유해물질 등은 스트레스 반응을 유발할 수 있다. 일반적으로 우리는 스트레스에 대해 정신적 영향을 주는 작업 조직이나 폭력적 위협 또는 가부장적 관계 같은 이른바 사회심리적 요인을 일차적으로 생각한다. 작업자는 작업 과정 자체나 신체에 대한 위험을 느끼는 것 또는 자기 존중감, 가족의 요구에 대한 충족도를 스트레스로 느끼기도 하며 스트레스 반응이 이러한 요인에 영향을 주기도 한다.

즉각적인 스트레스 반응을 〈표 9-1〉과 같이 네 가지로 단순하게 나눠 살펴보는 것이 유용할 수 있다.

학자들은 직무 스트레스의 효과를 연구하기 위해 다양한 방법을 사용한다. 스트레스 반응은 심박수, 혈압, 카테콜아민이나 코르티코스테로이드의 분비, 근육 긴장도, 면역 반응의 수준을 통해 생리적으로 확인이 가능하다. 스트레스 원인과 사람들의 반응에 대한 인식은 설문지나 면접조사를 통해서 확인이 가능하다.

<표 9-1> 스트레스 반응의 원인과 효과

작업자의 반응	스트레스 유발 요인	
	육체적	심리적
육체적 반응	소음으로 인한 심박수 상승	관리자의 비판으로 인한 심박수 상승
정서적 반응	소음으로 인한 심리적 곤란 경험	관리자의 비판으로 인한 심리적 곤란 경험

<표 9-2> 스트레스의 만성적 영향

작업자의 반응	스트레스 유발 요인	
	육체적	심리적
육체적 범주	소음이 많은 환경에 대한 반응으로서의 심장 질환	작업 중 갈등에 대한 반응으로서의 심장 질환
정서적 범주	물리적 환경과 고통에 장기간 노출된 부담으로 인한 정신 질환	작업 중 갈등과 관련한 정신 질환

단기간의 반응은 이후 좀 더 장기적인 영향으로 이어질 수 있고 이는 비슷한 방식으로 도식화할 수 있다(〈표 9-1〉 참조).

이러한 개념 틀은 여성 노동자의 스트레스에 대한 과학적 연구의 결과를 살펴보는 데 유용하다. 그러나 스트레스 원인을 육체적인 것과 정신적인 것으로만 범주화를 하는 것이 어렵기 때문에 이 틀은 지나치게 단순화된 측면이 있다. 마찬가지로 스트레스 반응을 육체적 영역이나 정신적 영역의 한 가지로만 정리하기도 힘들다.

이에 따라 심리적 스트레스 원인을 평가하기 위한 몇 가지 설문지는 신체적 스트레스를 동시에 평가한다. 제조업 노동자들을 주로 연구했던 요한손 (J. A. Johansson)과 노낸스(K. Nonans)는 '심리적 업무 부담'과 허리 근골격계 질환 사이에 높은 관련성이 있다고 했다. 그들은 "허리 증상은 심리적인 요인과 신체적인 스트레스원 모두와 관련이 있다"라고 결론을 내렸다. 그러나 이들이 '심리적인' 부담을 평가하기 위해 사용한 설문지의 항목들은 육체적 또는 정신적 스트레스로 명확하게 구분되지 않는다. 심리적 업무 부담을 정의하기 위해서, '업무 부담', '작업 후 느끼는 피로감이나 탈진의 정도' 또는 '이완과 휴식을 취할 기회'와 같은 모호한 항목과, '정신적 긴장'과 '직무 스트레스'처럼 조금 더 분명한 심리적 항목을 포함했다(Johansson and Nonas, 1994: 191~204).

직업건강의 영역에서 많은 연구자가 정신적이고 감정적인 요인과 반응을 신체적인 것과 구별하는 데 어려움을 느끼고 있다. 봉거(P. M. Bonger) 등은 작업과 사회심리적 요인의 관련성에 대한 많은 논문을 검토한 결과 "단순 작업, 높은 인지 노동강도, 시간 압박이 근골격계 증상과 관련이 있다"라고 결론 내렸다(Bongers et al., 1993: 297~312, 297). 이렇게 표현된 요인들은 정신적 영향을 미치는 것으로 알려져 있는 작업 조직과 같다고 할 수 있다. 그러나 같은 요인에 대해서 '반복작업, 과도한 근골격계의 사용, 빠른 움직임'처럼 표현을 하는 것이 가능하고 이렇게 표현을 하면 마치 직접적으로 신체에 영향을 주는 요인인 것처럼 생각된다. 이러한 혼동은 스트레스 연구에서 흔히 사용되는 요인 중 하나인 '직무 만족도'에서도 마찬가지이다. 자신의 업무에 대한 불만족은 심리적 스트레스원으로 생각되지만 이는 한편으로 노동자가 불만족스럽다고 느낄 수밖에 없는 물리적·환경적 조건과도 관련이 있다.

나는 혼란을 피하기 위해서 이 장에서 〈표 9-1〉와 〈표 9-2〉의 우측 열에 신체적 또는 정신적 영향을 미치는 심리적 조건만으로 논의를 한정하고자 했다.

3. 여성이 하는 일에서의 스트레스 발생 조건

실제의 업무 과정에서 직무 스트레스에 노출된 사람들에게 발생하는 생리학적인 반응을 직접적으로 평가한 연구는 거의 없기 때문에 우리는 작업장의 어떤 스트레스 원이 스트레스 반응을 일으키는지에 대해 충분히 알지 못한다. 사회심리적 요인에 대한 다음의 목록은 어느 정도 가설이라고 할 수밖에 없다. 언급된 작업 조직과 조직적 정책에서의 몇 가지 주제는 학술 연구에서 가능성 있는 스트레스 요인으로 일관되게 인정받고 있거나 노동자들과의 대화를 통해 밝혀진 것이다.

이러한 스트레스 유발 조건 중 일부는 남성과 여성에게 공통적으로 작용하는 것이다. 여성과 남성 모두 상사가 일관성 없는 지시를 내리거나 업무 부담이 과도할 때 또는 고객이 쉽게 동의를 하지 않을 때 스트레스를 느낀다. 여성이 특수하게 노출되는 사회심리적 스트레스원은 주로 여성들이 하는 작업의 특성, 고객 응대 방식에 대한 훈련, 다양한 조건에서의 차별 또는 작업장 외부 상황 때문에 발생하는 것들이다.

서비스 부문에서의 사회심리적 요구

고객을 상대하는 업무는 그 자체로 고유한 부담이 있다. 스프라우트(J. Sprout)와 야시는 서비스 분야 여성 노동자의 물리적 위험으로 불편한 자세에서 비롯된 근육의 긴장, 감염에 대한 위험, 폭력에 노출될 가능성 등을 제시했다(Sprout and Yassi, 1995: 104~124). 정서적인 부담은 설명하기가 더 어렵고 심각했다. 웨이트리스, 은행 창구 직원, 판매원이나 예약 업무를 하는 서비스 노동자들은 고객의 필요와 감정 및 행동상의 변화에 차분함과 미소로 응대해야 한다.

고객을 상대하는 업무를 하는 대부분의 서비스 부문 노동자는 실제로 기계로 대치가 가능한 과정에 대해 사람이 직접 서비스를 제공한다는 사실뿐만 아니라 이렇게 함으로써 고객을 즐겁게 만들어 줄 수 있다는 것에 대한 대가로서 임금을 받는다. 혹실드는 이러한 종류의 업무를 '감정노동'이라고 불렀으며, "공식적으로 편안한 표정과 동작을 만들기 위해 작업자 자신의 감정을 관리하는 업무로서 이에 대해 임금이 지불되는 감정적인 노동"(Hochschild, 1983: 7)이라고 정의했다. 감정노동 자체가 서비스 업무에서는 필수사항이며 일하는 기술이기도 하다. 계산원과 창구 직원은 고객이 최대한 빨리 움직일 수 있도록 도와줘야 하고 공손하고, 친절하게 실질적인 고객에게 도움을 줄 수 있도록 업무를 처리해야 한다. 노동자들은 자신의 자존감을 유지하는 한편, 고객을 편안하게 만들어줘야 하고 그 과정에서 발생할 수 있는 여러 가지 어려운 상황을 해결해야 한다(Soares, 1996: 37~56). 한 은행 창구 직원은, 남편과 흥분하며 싸우고 나서 출근을 한 어느 날 "42번 고객님이 '뭐가 잘못되었나요? 별로 안 좋아 보여요'라고 말했을 때 웃어 보이는 것이 너무 힘들었어요"라고 말했다. 나는 그녀에게 그런 상황에서 어떤 대답을 했고 그녀의 대처방식은 무엇이었냐고 물었다. 그녀는 "그런 상황이 너무 심하면 전 기절을 해버려요"라고 대답했다.

여성의 업무는 갑자기 무례하게 굴거나 화를 낼 수 있고, 심한 경우 폭력을 행사할지도 모르는 사람들을 차분하고 친절하게 대해야만 하는 일이다. 남성들은 실제적 신체 폭력의 대상이 되는 경우가 더 많지만 서비스 부문에서 일하는 여성은 폭언과 물리적인 폭력 모두에 노출된다.[4] 서비스업에 종사하는 노

---

4 1994~1995년에 한 신문은 미국 여성들이 직장에서 폭력으로 인해 사망할 가능성이 높다

동자들은 가끔 고객으로 가장하고 들어오는 강도나 난봉꾼에 대한 두려움이 있다. 우리의 연구에 따르면 지난 2년간 강도를 경험했던 은행창구 직원들이 심각한 심리적 곤란을 겪는 경우가 많았다(Seifert, Messing and Dumais, 1996, 1997).

서비스업은 정서적으로 압박감을 느끼는 상황에서도 냉정함과 친절함을 유지할 것을 요구한다. 어떤 경우에는 서비스직종 노동자에게 고객을 돌볼 뿐만 아니라 고객을 사랑하라고 요구하기도 한다. 예를 들어 보육교사와 초등학교 교사, 보건업 종사자, 사회복지 종사자는 일을 하는 과정에서 그 아이가 사랑스럽든 아니든 항상 이들을 사랑하고 돌보는 것이 기본이다. 한 교사는 다음과 같이 이야기했다.

밤에 찾아가서 그 사람 얼굴을 정면에서 후려치고 싶을 정도로 마음에 안 드는 학부모가 있었어요. 제 남편이 그러더군요. "그 사람 앞에서 문이라도 쾅 닫지 그랬어?"라고요. 하지만 제가 그렇게 하지 않은 것은 그 집의 모든 아이를 위해서이지, 단지 제가 맡고 있는 아이만을 위해서 그런 건 아니에요. 그 여학생은 셋 중에 첫째 아이거든요. 제가 만약 그 아이의 아버지를 이해시킬 수 있다면 세 명의 아이들이 모두 좀 더 나아지는 거니까요.

서비스직종 중에는 고도의 집중력을 필요로 하는 경우도 많다. 사무직 여성 노동자들은 여러 가지 업무가 중첩되면서 당황하는 경우가 있다고 이야

고 발표했다. 작업 중 사망한 여성의 42%가 직장에서 발생한 폭력이 그 원인인 것으로 밝혀졌다. 반면 남성은 19%가 폭력에 의한 사망이었다. 그러나 남성이 여성에 비해 작업 중 사망률이 높으므로 여성보다 실제 폭력으로 인한 사망 건수는 몇 배에 달한다(Kedjidjian, 1996: 42~45).

〈표 9-3〉 은행 창구 직원의 업무 과정 중 직무의 변화

직무			
1	2	3	4
영수증 처리	서류작업	서류복사	현금채권 업무
9:37~9:42			
고객 1명 상대			
9:45~9:50			
고객 3명 상대			
9:59~??	30분간 휴식		
	10:30~10:35		
	고객 2명 상대		
	10:38~10:44		
	고객 1명 상대		
	10:46~10:48		
	동료 1명, 관리자 상대		
		10:50~10:53	
		고객 1명 상대	
		10:57~11:00	
		고객 1명, 동료1명 상대	
	11:03~11:05		
		11:06~11:09	
			11:09~11:10
			동료 1명 상대
			11:11~?
			45분 휴식
		12:00~12:01	
		고객 1명, 동료 1명 상대	
		12:03~12:04	
			12:05~12:07
12:07~12:08			
			12:08~12:09
		12:10~12:13	
		고객1명 상대	
		12:15~12:17	
		고객 9명, 동료 4명 상대	

기했다. 다음은 한 은행 창구 직원의 오전 업무 시간을 관찰해서 나온 결과

이다(〈표 9-3〉 참조). 인간공학자가 여성 노동자를 관찰하기 시작했을 때 부서의 관리자는 그녀에게 은행의 미결제분과 나머지 영수증을 처리하라고 했다. 그녀는 그 일을 하다가(1열) 고객을 상대하기 시작했고(2열) 도중에 관리자가 보고를 위한 서류작업을 해달라고 요구하여 또 다른 작업을 시작했다. 그녀는 계속 고객을 상대하다가 관리자가 시킨 서류 복사를 했고 도움을 요청하는 동료를 상대하기도 했다(3열). 그녀는 서류 복사와 서류작업을 하면서 동료의 도움에도 응했고 심지어 관리자가 시키는 네 번째 작업인 현금채권 업무도 했다(4열).

고객에게 서비스를 제공하는 동안 여러 가지 일을 동시에 해야 하는 경우는 많다. 창구 직원은 두 번째 고객에게 서비스를 시작하면서 처음 고객과 관련한 업무를 마무리하고 서류작업을 끝냈다. 작업을 하는 과정에서 언제 스트레스가 많이 생기는지를 묻자 창구 직원은 한 번에 여러 가지를 고려하고 처리해야 하는 것이 어렵다고 대답했다. 이러한 종류의 직업에 대해 심리학자들은 "요구도가 높은"(Karasek and Theorell, 1990) 작업이라고 정의했다.

일부 직무에서의 요구도가 과도하게 높은 것이 사실이지만 감정노동이나 정신노동이 본질적으로 스트레스가 높다고 하기는 어렵다. 돌봄노동을 하는 여성은 그들이 하는 일이 중요하고 가치가 있다는 것을 알고 있다(Walters et al., 1995: 125~149). 노동자는 자신이 책임을 지고 있는 부분에 대해서 돌봄노동을 적절히 수행하지 못한다고 생각될 때 "감정적 허탈 상태로 인격이 상실되고 '일하는 사람'으로서의 개인적 성취감이 떨어지는 상태"(Maslach and JAckson, 1986: 1)인 탈진(burn out)을 겪을 가능성이 높아진다.

정신적인 부담을 평가하는 과정과 마찬가지로 외부에 드러나는 조건만을 평가하면 양적인 육체적 부담도 정확하게 평가하기 어렵다고 지적하는 인간공학자들이 있다. 즉, 어떤 사람에게는 너무 무거운 짐이 다른 사람에게는 그렇지 않을 수 있다는 것이다. 오전에는 작업자가 손쉽게 취급할 수 있었던 정도의 중량물 작업이 피로도가 높아지는 늦은 오후가 되면 오전만큼 수월하지 않을 수 있다. 비틀어진 자세로 물건을 집어 올리는 것이 똑바로 선 자세로 들어 올리는 것보다 더 힘들고, 쪼그리고 있는 아이를 들어 올리는 것이 같은 무게의 상자를 들어 올리는 것보다 더 어려운 것이 사실이다. 물체의 물리적인 무게로 노동 강도를 평가할 수 있다는 착각하는 경우가 많지만 '몇 kg'과 같은 숫자가 개별 노동자들이 쏟아부어야 하는 노력과 일치하는 것은 아니다. 전문가들은 스트레스를 유발할 수 있는 육체적 부담에 대한 기준을 제정하는 과정에서 어느 정도의 무게를 몇 번이나, 얼마 동안 들어 올리면 육체적 부담을 주는가와 같은 작업 기준을 개발하기 위해 수년간 노력해 왔다. 대부분 육체적 업무 부담을 이와 같은 평가방법만으로 측정하는 것이 어려움에도 보통 이렇게 만들어진 각종 지침이 육체적 부담을 정확하게 반영한다고 여겨지고 있다.

일반적으로 업무 수행 과정에서의 정신적 부담을 정확하게 평가하는 것은 불가능하다고 생각한다. 인간공학자들은 내용적으로 부담을 줄 수 있는 요소가 있다고 하더라도 주어진 환경에서 이를 처리하는 개인의 역량에 차이가 있기 때문에 정신적 업무 부담의 역치를 정확하게 밝히기는 힘들다고 했다(Sperandio, 1988: 91~92). 또한 직무에서 요구되는 정서적 요소는 일정 시간이나 개인에 따라 수용할 수도 있는 것이지만 환경이 다르다면 받아들이기 어려운 것일 수도 있다. 즉, 은행 창구원이 수행했던 4가지의 직무가 너무 많은 것인가? 또는 웨이트리스는 얼마나 오래 동안 웃어야 하는 것일까?[5]

---

5   육체적·정신적·정서적 부담에 대한 주관적인 평가는 노동자 자신의 역량과 업무상 요구도의 호응에 대한 인식이 포함되어 있는 카라세크의 직무 내용 설문(Job Content Questionnaire)으로

존중

노동자들은 스트레스 요인으로 자신의 직업에 대한 존중이 부족하다는 점을 지적하기도 한다. 청소부들은 다른 사람들이 그들을 대하는 태도가 불편하다고 했으며 이러한 사람들의 태도가 일하는 데 특히 어려운 부분이라고 이야기한다. "우리는 병원의 쓰레기예요"라고 청소부들은 말한다. 일반적으로 육체노동자에 대한 존중은 그 수준이 더 낮다. 노동자들을 존중하지 않기 때문에 중요한 정책을 입안하고 결정하는 데 그들을 고려하지 않는 경우가 많아지고 이 때문에 노동자들은 물리적으로 적절치 않은 작업 환경에서 일하는 경우가 많아진다. 또한 그들에게 발생한 문제를 이야기할 사람이 없는 경우도 있다. 화상실에 가기 위해서조차 허락을 받아야만 되는 상황에 이르면 노동자들은 자신들이 존중받고 있지 못하다는 사실을 단적으로 느낀다.

특히 여성 노동자를 존중하지 않는 것은 차별적 대우로 이어진다. 가장 대표적인 예로 여성의 기술과 능력을 과소평가하고 여성의 임금을 낮게 책정하는 것이 있다(Gaskell, 1991: 141~159). 북미에서 여성 노동자들의 임금은 남성 노동자 평균 시급의 70% 정도에 불과하다. 인종까지 고려할 경우 여성에 대한 차별은 더욱 심각해진다.

또한 여성은 업무 배치에서도 차별을 경험한다. 제3장에서 기술한 바와 같이 여성 청소부는 이른바 '가벼운 청소 업무'에 배치되고 남성은 이른바 '무거운 청소 업무'에 배치된다. 많은 청소부와 관리자는 '가벼운' 청소 업무가 작업의 속도가 빠르고 자세도 불편하기 때문에 더 어려운 일이라고 생각하며[6] 그런 업무를 '가볍다'고 표현하는 것이 업무 부담을 과소평가하는 것

수행이 가능하다(Karasek, 1994).

이라고 생각한다. 앞서 지적한 바와 같이 이러한 식의 노동분업은 제조업이나 서비스업에서도 마찬가지이다. 여성들은 이미 자신들의 업무 성과를 인정받고 이를 바탕으로 승진을 하는 것은 어려운 일이라는 것을 알고 있다.[7] 이처럼 자신의 업무 성과에 대해 제대로 인정받지 못하는 것은 여성의 전반적인 정신건강에 악영향을 줄 수 있으며 이로 인해 자신에 대한 존중감도 약해질 수 있다.[8]

차별의 또 다른 형태인 성희롱은 최근에 스트레스의 한 요인으로 주목받고 있다. 캐나다 일부 지역에서는 여성 노동자들이 업무 중 발생한 심리적 손상에 대해 산재보상을 받기도 했다(Lippel, 1993: 53~56). 그러나 지금까지 여성의 심리적 손상에 대한 소송은 처음 단계부터 거부되어온 것이 사실이다. 성희롱이 여성 교도관과 같은 일부 직종에서는 정상적이고 당연한 노동 조건이라는 것이다(Lippel, 1995: 265~291). 그러나 같은 법정은 성희롱의 피해를 호소한 남성 교도관에 대해 이러한 조건이 남성에게는 예측 가능한 것이 아니므로 스트레스 요인으로 작동할 수 있다고 판결하여 산재보상을 받을 수 있게 했다.

---

6   K. Messing, "Hospital trash: Cleaners speak of their role in disease prevention," *Medical Anthropology Quarterly*(in press).

7   태넨(D. Tannen)은 여성들이 자신의 의견을 이야기하면 남성 중심적인 조직 문화 속에서 불이익을 받을 수가 있다고 했다. 자신의 생각을 이야기하는 여성은 남성보다 더 정중한 방식으로 이야기를 하지만 훨씬 더 많이 비판받는다(Tannen, 1994).

8   여성이 남성보다 자신의 평가가 낮게 나오는 것에 대한 반응이 덜 민감하다는 몇 가지 증거가 있다. 이는 아마도 여성들의 기대 수준이 낮고 업무 과정에서 여러 가지 역할을 한꺼번에 해야 하기 때문에 자신들에 대한 평가가 쉽지 않기 때문일 것이다(Phelan, 1994: 95~107).

일과 가정의 균형

여성 노동자에 대한 연구에는 일과 가정의 균형 문제에서 비롯된 정신적 증상과 관련된 것이 많다. 어린아이를 양육하는 엄마는 일터와 가족 사이에서 상충되는 요구들을 받으면서 각각에 치이고 있다. 또한 이를 자신에 대한 기대와 요구를 조정하지 못해 발생하는 심리적 문제인 '역할 갈등'의 측면에서 강조하는 연구들도 있고, 시간 압박과 일하는 여성에게 요구되는 시간표를 조정하는 문제로 해석하는 연구도 있다(Hessing, 1993: 37~63).

여성 노동자는 일반적으로 심리적 곤란을 호소하는 경우가 많다. 퀘벡에서 가장 규모가 큰 여성노동조합은 이러한 심리적 곤란을 줄이기 위해서 일과 가정의 균형에서 해답을 찾자는 캠페인을 시작했고 대단히 열광적인 반응을 이끌어냈다. 안내책자는 예상보다 2배 이상 팔렸고 사무실로 여러 통의 전화가 걸려오기도 했다. 이러한 요구에 부응해 여성노동조합에서는 매우 대중적인 비디오를 만들기도 했다. 나는 노동조합의 캠페인이 성공할 수 있었던 이유가 일과 가정 사이에서 발생하는 갈등의 원인을 작업장에서 찾았기 때문이라고 생각한다. 여성 노동자가 일과 가정 모두에서 꼼꼼히 체계적으로 일을 잘하지 못한다고 비난하는 것이 아니라 각 기업들이 제공하는 현재의 노동 조건에서는 노동자 개인이 완벽한 엄마와 완벽한 노동자가 동시에 될 수는 없다는 사실을 설명한 것이다.

우리는 가족생활과 근무일정이 맞지 않아 고통스럽다는 노동자들을 조사했다(Prévost and Messing, 1995). 전화교환원의 경우 근무일정은 적기 대응 (just-in-time)[9] 방식에 따라 계획되었다. 이렇게 되면 교환원은 업무 시간에

---

9   전화교환 요청이 많으리라고 예상되는 시간과 날짜에 많은 인력을 배치하고 그렇지 않은

실제로 전화를 받는 것 이외에는 여유 시간을 갖기 힘들다. 적기 대응 방식이 실제로 잘 이루어지도록 근무일정을 관리할 책임을 지고 있는 관리자는 다음 주의 휴일과 일기예보, 인기 있는 텔레비전 프로그램이나 스포츠 경기 일정과 같이 전화가 감소할 수 있는 요인에 대한 정보뿐 아니라 주당 전화 횟수에 대한 과거의 자료들을 시계열적으로 수집한다. 그리고 이렇게 수집한 자료들과 교환원이 요청한 근무시간과 휴가, 경력 등을 컴퓨터 프로그램에 입력한다. 그 프로그램은 매주 목요일에 다음 주의 근무일정표를 산출한다. 이때가 되어서야 노동자는 다음 주에 자신의 근무일정이 어떻게 진행이 될 것인지 비로소 알게 되는 것이다.

교환원은 하루 8시간 노동을 하는데, 개별적으로 15분의 간격을 두고 출근을 한다. 업무 시작 시간의 변화가 매우 심해 다음 근무까지의 간격이 10시간에서 하루 정도 차이가 나는 등 다양하다. 예를 들어 월요일 오전 6시에 근무를 시작한 노동자가 화요일은 오후 4시, 수요일은 오전 8시에 출근하는 일이 벌어지는 것이다. 근무일정표가 작성되는 방식은 약간씩 다를 수 있지만 슈퍼마켓의 계산원, 항공사 예약담당 직원, 병원 노동자와 은행 창구원 등도 대동소이한 방식으로 근무일정표가 운영된다.

이러한 방식의 근무일정표는 아이를 키우는 데 문제가 된다. 특히 보육을 위한 비용을 별도로 지불하기에는 부족한 임금 수준인 경우 더욱 문제가 된다. 이런 경우 대부분의 부부는 각자의 일정을 조정해서 1명이 반드시 집에 있을 수 있도록 해서 아이를 돌봐줄 사람을 구하지 않아도 되게 시간을 조정하려고 한다. 신생아를 키우는 한 노동자는 고정적인 야간 근무(밤 12시~오전

시간에는 인원을 적게 배치하는 방법. 짧은 기간에 소비자의 요구를 예측해 즉각적으로 인력을 배치하는 방식이다. _ 옮긴이

8시)를 택했는데, 이는 남편의 근무시간을 고려할 때 서로가 돌아가면서 아이를 돌보기 위해서 확보할 수 있는 가장 안정적인 시간이 그때였기 때문이었다. 또한 본인이 일을 하는 시간은 아이들이 자는 시간이기 때문에 돌아가면서 육아와 일을 병행하기에 더 적합하다고 생각한 것이다. 결국 그녀는 낮에 아이를 돌보고 집안일을 하느라 수면을 취하지 못했다. 부부는 이렇게 서로의 일정을 조율하고 육아의 책임을 분담하는데, 만약 남편이 연장근무가 흔한 직장에 다닌다면 부부간의 일정 조율과 가사 일에 대한 분담의 양상은 특히 더 악화된다. 한 작업자는 6일 동안 남편이 깨어 있는 것을 본 적이 한 번도 없다고 이야기하기도 했다.

사업주는 근무일정표가 문제가 될 때를 대비해 근무시간을 선택하거나 조정할 수 있게 하는 방법을 최소한 10개 정도 마련해놓아야 한다. 가장 흔한 방법은 다른 작업자와 근무시간을 바꾸는 것이다. 우리는 한 작업자가 그녀의 일정표를 살펴보면서 바로 방법을 찾는 것을 봤다. 일정표를 보기 시작하고 몇 분이 지나자 그녀는 다음과 같이 말했다.

저는 메리의 근무일정표가 좋지만 메리는 제 일정을 좋아하지는 않을 거예요. 메리는 재클린의 근무일정표를 좋아할 거고 재클린도 저의 일정표를 좋아하지는 않겠지만 애니의 일정표는 좋아할 거예요. 애니는 저의 일정표를 좋아하겠지요. 그러니까 저는 애니와 근무시간을 바꾸고 이를 다시 재클린과 바꾸면 다음에는 매리와 바꾸는 것이 가능할 겁니다.

회사는 현재 근무일정표가 너무 자주, 복잡하게 변경되는 경우가 많다고 생각해서 근무일정표 변경에 관여하는 사람의 수를 4명으로 제한했다. 그러나 작업자들은 변경이 가능한 상황을 만들기 위해 근무일정표를 계속 들여

다봤다. 조사 기간인 10일 동안 30명의 노동자가 자신과 다른 사람의 근무일정표를 살펴본 횟수는 총 314회에 달했다.

작업자는 또한 무급 휴가를 주거나 앞으로의 휴가를 모아서 휴일을 한꺼번에 사용할 수 있도록 해달라고 요구했다. 이러한 근무일정표에 대한 모든 변경은 회사의 승인이 있어야 했고 대개 개인 전화로 승인 여부를 전달했다. 놀랍게도 작업자가 가족과의 연락을 유지하고 아이의 안전이나 상황을 확인하기 위해 전화를 거는 것이 금지되어 있었다. 일단 작업을 시작하면 작업 시간에 일정을 변경하거나 서로 일정을 바꾸는 것은 불가능했다. 작업자들의 휴식시간과 식사시간이 서로 어긋나도록 근무일정표가 되어 있기 때문에 노동자들끼리 만나는 것조차 어려웠다. 10일 동안 156번의 근무시간을 바꾸는 과정을 통해서 노동자들은 휴식 및 점심시간과 가족과의 시간을 확보했다. 여기에 보육과 관련한 시간을 배치하기 위해서는 추가로 212번의 또 다른 변경이 필요했다.

이런 종류의 일과 가정의 갈등은 여성의 일상 시간과 창조력의 상당 부분을 소진하게 한다. 가족 안에서 남성이 실제 가사 일을 돕고 육아를 돕는다고 할지라도 여전히 일과 가사, 육아와 관련된 일을 계획하고 배치하는 주요한 책임은 여성이 지고 있다.

4. 스트레스 요인과 건강 영향의 관계

학자들은 스트레스가 신체에 미치는 영향으로 심장 질환과 면역체계에 대한 영향과 같은 것을 조사해왔다. 이러한 연구의 결과는 보통 젠더에 대한 고려가 없거나 심지어는 성차별적인 경우도 있어서 결론을 내리는 것이 쉽지 않다. 정신적 영역에 대해서는 그 영향을 밝히는 것 자체가 어렵다. 심리적인 스트레스 요인들과 건강 영향의 관계를 밝혀서 보상 판정에 충분한 근거가 되게 하고 이를 근거로 작업장을 바꾸는 것은 쉬운 일이 아니다.

스트레스 요인이 건강에 미치는 영향은 생물학적인 문제보다 원인과 결과를 밝히기가 더 어렵다. 석면 광산에서 20년 이상 일한 노동자가 중피종이나 석면폐증에 걸렸거나 다른 석면 관련 폐 질환에 걸렸다는 것은 어찌 보면 당연한 일이다. 석면이라는 단일 요인이 일으킬 수 있는 영향이라고 정의된 범위에서 문제가 발생했기 때문이다. 중피종처럼 석면과의 관련성이 명백한 경우에도 질환의 원인을 밝혀내고 보상 과정이 종결되는 데까지는 상당한 시간이 걸린다. 근골격계 질환처럼 그 원인이 명확하게 규명되지 않은 질환의 경우에는 상황이 더욱 어려워신다. 스트레스 관련 질환은 원인과 결과를 확인하기가 어렵고, 이 사이의 관계를 규명하기도 매우 어렵기 때문에 업무 관련성을 밝히는 것이 더욱 어렵다. 가정에서 스트레스를 유발한 사건이나 상황이 직무 스트레스 요인의 영향력을 더 강하게 하기도 하고, 작업자의 증상에 전적으로 영향을 끼친 단일 스트레스 요인을 찾는 것도 어렵다. 스트레스와 관련된 증상 자체가 다양하며 이러한 증상과 스트레스의 관련성을 찾는 것도 어렵다. 또한 스트레스 반응은 다양한 신체기관에 영향을 주기 때문에 스트레스 관련 질환과 질병은 불쾌감부터 소화기 장애, 정신 증상, 심장 질환까지 다양하다. 전문가나 안전보건활동가는 작업장에서 나타나는 스트레스 반응들의 원인을 밝히고자 애를 쓰지만 나타나는 증상과 관련된 조건을 확인하고 이들의 관련성을 규명하는 것에 난항을 겪고 있다.

상황이 이렇다 보니 직무 스트레스를 연구하기 위해 많은 학자가 정신 증상보다는 심장 질환처럼 '실제적'이고 객관적인 질병을 연구 주제로 선택하는 것이 당연하다. 만약 원인이 명확하게 규명되지 않는다면 최소한 그 영향만이라도 논문을 쓰는 데 적절해야 하기 때문이다.

노동 조건과 심장 질환

심혈관계 질환은 직무 스트레스와 관련된 육체적 영향 중 가장 흔하게 연구되는 주제이다. 직업의 심장 질환에 대한 영향을 연구하는 대부분의 학자는 연구 대상을 남성으로 제한해왔다.[10] 관상동맥 질환이 여성들의 가장 흔한 사망 원인이고(Steingart et al., 1991: 226~230), 여성의 고혈압 유병률이 남성과 비슷한 수준임에도 심장 질환은 여전히 남성의 문제로 인식된다(Doyal, 1995: 17). 예를 들어 1996년에 발표된 1만 2,517명의 남성을 대상으로 심장 질환과 사회심리적 요인의 관계를 연구한 논문에 대한 글에서 해당 학술지의 편집장은 그 논문의 결과가 마치 모든 심장 질환과 관련이 있는 것처럼 기술하고 있다. 남성만을 대상으로 했다는 한계가 있다는 것은 언급조차 하지 않은 상태로, 편집장은 저자들이 "직업적 또는 비직업적인 사회심리적 요구도와 자율성, 사회적 지지처럼 관상동맥 질환과의 관련이 있을 것으로 생각되는 요인들에 대한 우리의 이해를 넓히는 데 기여한다"(Fine, 1996: 301~303)라고 평가했다. 저자들이 밝혀낸 관련성을 여성에게 그대로 적용이 가능한 것인지에 대한 판단이 어려울 뿐만 아니라 이러한 요인들이 여성에게 미치는 영향은 다르다고 주장하는 논문들이 있는데도 편집장이 그렇게 평가하는 것은 적절치 않다(Hall et al., 1996: 134~143).

---

10 스트레스와 심장 질환에 대한 선두적인 연구자인 카라세크와 그의 연구팀은 연구 대상을 확장하고자 했으나(Pickering et al., 1991: 179), 혈압과 직무 긴장의 관계를 연구한 모든 논문의 연구 대상은 남성이었다고 했다(Pickering et al., 1991: 171~186).

이런 식의 태도는 최근에 밝혀진 관상동맥 질환의 치료에서도 마찬가지 양상으로 작용하는 편견이 된다. 여성의 심장 질환은 남성과는 그 양상이 다르다. 여성의 경우 관상동맥 질환의 중증도가 남성에 비해서 낮기 때문에 의사들은 관상동맥 질환이 여성에게서도 잘 생긴다는 사실을 진지하게 고려하지 않는다. 따라서 여성은 심각한 증상이 있어도 중재를 시작하는 시기가 늦어지고 거치는 중재의 단계도 적다(Steingart et al., 1991). 여성의 관상동맥 질환은 입원을 한 후에야 비로소 진단되는 경우가 많으며 따라서 사망률도 높다(D'Hoore, Sicotte and Tilquin, 1994: 1013~1015). 여성의 경우 심장 질환을 진단하는 시기가 늦고 이로 인해 결국 불행한 결과가 생기는 것이다. 여성의 심장 질환과 관련이 있다고 알고 있는 노동 조건이 남성에게 중요한 영향을 준다고 알고 있는 발생요인과 일치하는지, 아니면 밝혀내야 하는 나른 결정 요인이 있는 것인지 우리는 모른다.

심지어 학자들은 심장 질환의 연구 대상에 여성이 포함되어 있는 경우에는 성별을 보정해버리기도 한다. 즉, 젠더에 대해 고려하지도 않고 여성의 심장 질환과 관련이 있는 요인들을 밝혀내려는 노력도 하지 않는 것이다. 대규모의 건강 조사 자료를 사용한 연구에서 레이(J. P. Leigh)는 노동 조건과 심혈관 질환의 관련성을 살펴보기 위해 혈압과 직업의 관계를 조사했다(Leigh, 1991: 853~861). 이완기 혈압이 가장 높은 10개의 직업군 중에는 일반적으로 여성이 수행하는 것으로 알려진 세탁소, 음식서비스 노동자, 사설 보육 노동자와 전화교환원이 포함되었다.[11] 이 연구는 성별에 따라 직업과 혈압의 관계를 조사하지 않고 성별을 보정하여 연구를 진행했다. 성별에 따른 차이를 조사했다면 좀 더 정확한 결과를 도출할 수 있었을 것이다. 남성과 여성의

---

11 이완기 혈압은 120/80과 같은 형식으로 혈압을 보고할 때 더 작은 두 자리 숫자를 의미한다.

혈압은 연령에 따라 다양한 양상을 보이는데, 이는 같은 직업이더라도 남성과 여성이 반드시 똑같은 일을 하지 않기 때문이다. 이는 타당도에 영향을 줄 만한 것이고 전체 노동자의 직무 긴장과 심장 질환 징후의 관련성을 과소평가했을 가능성이 있다.

화학물질이 없는 작업 환경에서 심혈관 질환에 영향을 주는 요인에 대한 연구들을 고찰한 결과 논문의 저자들은 노동 조건을 파악하는 과정이나 순환기의 생리적 반응에 영향을 미치는 요인을 파악하는 과정 모두에서 젠더를 중요하게 고려하지 않았다(Kristensen, 1989: 165~179). 한 저자는 성별에 따라 고온과 한랭이 심장 질환에 미치는 영향을 조사했는데 체온 조절 기전이 성별에 따라 차이가 있는데도 이런 성별 차이를 고려하지 않았다(Astrand and Rodahal, 1986: 617). 나는 이 연구의 대상에 실제로 여성이 포함되었는지를 확인하고 싶고, 성별을 보정하는 것이 연구 결과를 더 명확하게 드러내는 것이라는 저자들의 의견에 반론을 제기하고 싶다. 이 논문의 저자들이 여성과 남성의 조건을 개별 산업에서 세심하고, 주의 깊게 조사하는 것으로 알려진 학자들인데도 성인지적 관점이 이렇게 부족하다는 것은 매우 놀라운 일이다(Kristensen, 1991: 15~27). 이것은 아마도 그의 과학적 틀에 근거해 생각할 때 작업장에서 발생한 심혈관계 질환에서 젠더의 영향을 고려하는 것보다 성별을 보정하는 것이 더 중요하다고 생각했기 때문일 것이다.

심혈관계 질환은 보건학적으로 매우 중요한 질환이므로 이와 관련된 여성의 노동 조건을 조사하는 것 역시 매우 중요하다. 1980년대 후반기 이전에 이루어졌던 심장 질환의 원인을 확인하고자 하는 일부 연구에는 여성이 포함되었지만 노동 조건에 대한 언급은 거의 없다. 그나마 고용 노동자와 비고용 상태 또는 가정주부로 구분하는 것처럼 일반적인 고용 상태를 고려한 것이 최선이었다. 여성의 노동 조건에 대한 무관심은 매우 심각한데 일례로 모저(K. A. Moser) 등은 실업과 심장 질환의 관련성에 대한 연구를 하면서 실업을 당한 남성과 그들의 아내들은 연구 대상으로 했지만 실업에 처한 여성과 그녀의 남편에 대한 연구는 진행하지 않았다(Moser et al., 1986: 787~789).

여성의 고용 상태를 고려하여 진행한 연구 결과 직업을 가진 여성과 전업주부 사이에 심장 질환의 유병률과 사망률에서 유의미한 차이는 없는 것으로 나타났다(Waldron, 1991: 17~38). 그러나 고혈압처럼 심장 질환과 관련이 있는 것으로 알려진 위해요인은 전업주부에서 더 흔히 나타났다. 이러한 차이는 건강에 문제가 있는 사람들이 직장을 떠난다는 사실, 즉 건강 노동자 효과와 관련이 있을 것이다. 전업주부들의 직업력에 대한 정보가 이 조사에 포함되어 있지 않기 때문에 실제로 건강 노동자 효과가 있었는지를 평가하지는 못했다(Hazuda et al., 1986: 623~640; Haertel et al., 1992: 68~78).

최근에 연구자들은 스트레스가 많은 작업조건에 있는 노동자들의 심혈관 질환에 대한 연구를 수행하면서 연구 대상에 여성을 포함하기 시작하고 있다. 교대 근무를 하는 여성(Kwachi, 1995: 3178~3182), 판매원이나 점원(Haynes, 1991: 157~169), 그리고 작업이 굉장히 바쁘고 단조롭다고 대답하는 여성들에게서 관상동맥 질환이 발생할 가능성이 더 높았다(Theorell, 1991a: 381~389). 비숙련노동을 하는 여성/남성은 관리자에 비해 혈압이 더 높으며 소음에 노출되거나 조립라인에서 일을 하는 노동자의 혈압도 그렇지 않은 조건에서 일하는 사람들에 비해 높은 것으로 알려져 있다(Fouriaud et al., 1984: 372~386). 소음에 노출되는 것은 임신부의 혈압을 높인다는 연구 결과도 있다(Saurel-Cubizolles, 1991: 337~343).

교대 근무, 굉장히 바쁜 작업, 소음처럼 심리적인 영향을 미치는 것으로 알려져 있는 많은 스트레스 요인은 서로 다른 경로를 통해 심혈관계에 영향을 준다. 따라서 연구자들은 심혈관 질환과 관련이 있는 사회심리적 요인과 조직적인 요인을 평가하기 위해 특별한 도구를 개발하고자 애써왔다. 이 중 가장 잘 알려져 있는 것은 심리학자인 카라세크와 심장전문의인 퇴레스 테오렐(Töres Theorell)이 개발해서 사용하고 있는 설문지로 높은 직무 요구도와 업무를 수행하는 방식에 대한 자율성이 낮은 직업에 종사하는 사람들을 '고긴장군(high strain group)'으로 정의하는 방식이다(Karasek, 1994). 이 설문지는 100편이 넘는 연구에서 사용되었다. 카라세크 등은 남성을 대상으로 한 연구에서 높은 직무 긴장이 심장 질환의 발생에 대한 예측인자라고 했다. 홀(E. M. Hall)은 카라세크와 테오렐의 접근방법을 사용해 여성이 배치된 작업이 직무 자율성이 낮아 스트레스가 높은 특성을 보인다고 보고했다(Hall, 1989: 725~745). 한편 직무긴장과 심혈관 질환의 증상 또는 위해요인과의 관련성에 대한 36개의 연구를 고찰한 슈넬(P. L. Schnall)의 1994년 논문을 살펴보면 36편의 논문 중 22편의 연구는 오직 남성만을 대상으로 했고 12편은 남성과 여성을 동시에 대상으로 했으며 여성만을 대상으로 한 연구는 2편에 불과했다. 남성만을 대상으로 한 연구는 연구 대상이 평균 2,533명으로 대상집단이 커서 연구비가 많이 소요되고 확실한 결과를 낼 수 있는 연구였다. 반면에 여성만을 대상으로 한 두 연구는 총 연구 대상이 576명에 불과했다(Schnall, Landsbergis and Baker, 1994: 381~411).

연구들은 남성과 여성 모두 고긴장군에서 심혈관 질환의 발생률이 높다고 결론을 내리고 있다. 그러나 테오렐의 접근방식에 따라 4개의 영역[12]으로 다

---

12 카라세크와 테오렐은 직무 요구도와 자율성의 두 차원으로 직무 스트레스의 다양한 집단을 구분했다. 직무 요구도는 높고 자율성은 낮은 집단을 고긴장군, 직무 요구도도 높고 자율성도 높은 집단을 능동적 집단(active group), 직무 요구도는 낮고 자율성도 낮은 집단을 저긴장군(low strain group), 직무 요구도도 낮고 직무 자유성도 낮은 집단(passive group)으로 나누고 이 중 고긴장군은 건강상 가장 위해가 높은 집단이라고 봤다. _ 옮긴이

양한 직업을 구분한다 해도 남성과 여성이 같은 사회심리적 환경에 처해 있는 것은 아니다. 직무 내용에 차이가 있기 때문에 한 성별의 노동자는 같은 직군 내에서도 다른 성별의 노동자에 비해 더 많거나 더 적은 위해요인을 가진다(Theorell, 1991b: 1, 87~204).

연구진이 사회적 지지를 심장 질환에 대한 하나의 결정요인으로 설정하여 직무 긴장 모형을 재설계해본 결과는 아직 결론에 이르지는 못했다. 최근 연구자들은 이러한 혼란의 원인을 찾고 있는데, 같은 직업이라고 하더라도 여성과 남성이 사회적 관계망 안에서 반응하는 방식이 다르기 때문이라는 추측도 있다(Johnson and Hall, 1996: 362~374). 연구자들은 성별 차이가 노동자들의 반응에서 기인하는 것인지 아니면 그들의 환경에서 기인하는 것인지에 관심을 기울이고 있다. 알다시피 같은 직업의 여성과 남성이라도 그들에 대한 기대가 전혀 다르기 때문이다.

호르몬 대사라는 생리학적 측면에서 수행한 연구들은 여성과 남성이 같은 스트레스 요인에 대해서 일반적으로 다른 반응을 보인다는 결과를 제시했다. 메리앤 프랑켄하우저(Marianne Frankenhaeuser) 등은 스웨덴의 볼보 공장에서 일하는 관리자와 직원들의 생리학적 영향에 대한 성별 차이를 조사하기 위해 정상적인 근무일 중 실험실 연구를 지속적으로 실시해왔다. 같은 직종 내에서도 여성과 남성의 노동 조건은 달랐으며 일과 가정 갈등 역시 다른 수준이었다. 스트레스 호르몬 수준 자체가 성별에 따라 다르지는 않았지만 실험실에서 측정한 심리적 스트레스 요인에 대한 반응은 성별에 따라 차이가 있었다(Frankenhaeuser, 1991: 39~61).

기타 생리학적 영향

스트레스가 미치는 다른 종류의 생리학적 영향에 대한 연구는 아직 시작 단계에 있다. 면역체계에 대한 사회심리적 스트레스의 영향을 살피는 것은 직업성 암과 감염성 질환의 발생경로에 대한 이해에 도움이 된다. 그러나 작업장에서의 스트레스가 면역체계에 미치는 영향에 대한 조사는 거의 없고 성별을 고려한 것은 더욱 없다. 베르네스(R. Vaernes)가 이끄는 노르웨이의 연구진은 스트레스와 면역체계에 대한 연구를 일부 수행했다. 그들은 공군 조종사와 잠수부, 간호사를 대상으로, 인지된 직무 스트레스가 면역체계에 미치는 영향을 조사했다. 설문지 조사결과 조종사들이 직무에서 느끼는 시간 압박이 면역 반응에 관여하는 단백질의 수준을 높이거나 낮추는 것으로 나타났다. 이 결과는 스트레스를 받은 노동자들의 면역 반응에 대한 저자들의 이전 연구와 정확하게 일치하는 결과는 아니었고(Endresen et al., 1987: 365~375), 스트레스와 면역 반응 사이에서 일관된 관계를 찾지는 못했다.

이 연구는 성 인지적이지 않았다. 노동자들의 성별은 무시되었고 저자들은 연구 결과를 발표할 때 조종사와 잠수부가 모두 남성이었다는 사실을 중요하게 생각하지 않았다. 저자들은 잠수부를 '스트레스가 높은 집단'으로 정의한 반면에 간호사와 초등학교 교사는 '더 정상적인 직업'으로 분류했다(Vaernes, 1991: 6, 15~16). 실제로 같은 논문에서 작업 환경과 관련된 스트레스 수준은 간호사와 잠수부에서 거의 비슷했다. 같은 저자 두 명이 포함된 다른 논문에서는 교사를 "작업하는 동안 집중력이 높아야 하고 주관적인 스트레스가 높은 집단"(Endresen et al., 1987: 365)이라고 하기도 했다. 이렇게 논문마다 일관되지 못하게 기술한 것에 대해 저자들의 설명이 없으므로, 그들이 여성의 직업에 대해 편견이 있지는 않은지 의심할 수밖에 없다.

호르몬과 면역 반응에 대한 연구에서 여성 노동자를 고려하는 것은 매우 중요하다. 여성이 업무와 관련해 직면하고 있는 어려움은 건강에 영향을 주고, 이는 '객관적'이고 '실질적'인 생물학적 효과를 보여줄 것이다. 스트레스가 미치는 심리적 영향을 확연하게 보여주는 것이 어렵고 아직까지는 진행된 것도 거의 없지만 스트레스의 심리적 영향이라는 것은 생물학적 효과와 마찬가지로 신뢰할 만한 것이다. 사업장에서 주요 정책에 대한 결정권이 있는 사람들은 업무가 개인의 심리에 미치는 영향보다 신체에 미치는 영향이 더 중요하다고 생각하는 경향이 있다. 이는 타당한 생각은 아니지만 이렇게 생각하는 것이 일반적이라고 할 수 있다. 그러므로 단지 여성이 직업과 가정에서 겪을 수 있는 스트레스 요인에 대한 인식을 보여주는 심리-생리학적 연구는 별로 중요하지 않다고도 할 수 있다.

직업건강 전문가는 어떻게 심리적 영향을 살필 것인가?

심리학자들이 직무 스트레스를 여성과 남성 모두에게 중요한 문제로 생각하고 있음에도 직업과 정신건강의 관련성을 조사하는 직업건강 전문가는 적다. 이는 정신 질환에 대한 보상이 매우 어렵기 때문이기도 하며 역으로 이 때문에 보상이 어려워지는 결과를 초래하기도 한다.

대부분의 의사는 그 관련성을 증명하는 것이 어렵다는 사실 때문에 심리적 문제와 관련된 모든 소송을 불편해한다. 그리고 정신 질환과 관련된 모든 소송에 개입하지 않음으로써 스스로의 평안을 찾는다(Lippel, 1995: 284).

여성이 산업재해에 대한 보상을 받는 것이 유난히 어려운 이유도 바로 이

것과 관련이 있다(Lippel, 1996: 82~91).

이러한 상황에서 보상을 받는 데 성공한 사례에서 사용한 방법은 심리적 상태와 질환을 직업에 따라 분석하는 것이다. 예를 들어 게르베(M. Gervais)는 여성 청소부들에게서 우울, 불안, 심리적 곤란과 같은 모든 심리적 문제가 다른 직업의 노동자들보다 더 많다고 했다. 이는 청소부들이 자신의 업무와 관련해서 스트레스를 많이 받았기 때문일 수도 있고 상대적으로 타인과의 접촉이 적은 직업의 특성을 고려할 때 정신적 문제로 사회생활에 불편을 겪고 있는 사람들이 청소부라는 직업을 선택했기 때문일 수도 있다.

게르베에 따르면, 웨이트리스와 판매원은 다른 여성 노동자에 비해 심리적 곤란을 더 많이 경험했다(Gervais, 1993). 이런 직업에서 여성 노동자들이 정신건강상의 문제가 생길 위험성이 높은 것은 여성이어서가 아니라 그 일자체의 특성 때문이다. 이전에 그 일을 하던 남성 노동자들에게 정신건강과 관련한 문제가 많이 생기면서 여성이 그 직종의 대다수를 차지했기 때문이다(Gervais, 1993: 24). 다시 말해 웨이트리스나 판매원의 심리적 요구는 일반적으로 남성에게도 과도한 것이기도 하며 한편, 정신건강에 문제가 있는 남성은 다른 종류의 직업을 선택한다는 것이다.

여성의 자살률은 남성보다 7배 정도 높은 것으로 알려져 있으므로 자살은 여성의 심리적 곤란을 반영하는 좋은 지표라고 할 수 있다. 그러나 여성 노동자들의 자살에 대한 연구는 상대적으로 매우 적다. 한 문헌 고찰에서는 여성 보건 전문가, 심리학자, 화학자, 사회복지사, 설계사, 비숙련노동자, 학교 교사, 비서와 계산원의 자살률이 높다고 한 바 있다(Boxer, Burnett and Swanson, 1995: 442~452).

업무의 심리적 영향에 대한 지표로 의사가 진단한 정신과적 질병명이 사용되기도 했다. 병원 여성 노동자들의 정기건강검진 결과를 살펴본 결과 교대 근무가 정신과 질병의 진단 관련이 있는 것으로 나타났다(Estuyn-Behar et al., 1990: 20~28). 학술지 ≪직업과 건강(Work and Stress)≫ 최근호는 간호사나 다른 여성 노동자들의 교대 근무가 스트레스와 밀접한 관련이 있다고 했다.[13] 야간 근무, 장시간 근무, 새벽에 시작하는 근무와 순환 근무는 노동자의 정동(mood)과 직무 만족에 영향을 주고 일상생활에까지 영향을 미쳐 문제를 야기할 수 있다는 것이다. 또한 교대 근무는 생리학적인 리듬을 파괴할 뿐만 아니라 가족생활과 직장생활의 조화를 어렵게 만들며, 이로 인해 다양한 문제가 생기는 것이다.

카라세크와 테오렐의 직무 긴장 모형은 심리적 요인과 심혈관계의 영향을 살펴보는 데 사용되었으며 직무 스트레스를 평가하는 표준 도구로서 역할을 해왔다. 카라세크는 직무 긴장과 우울, 허탈, 심리적 곤란이 관계가 있다고 했다. 이 연구는 성별을 보정했기 때문에 여성과 남성이 같은 방식으로 영향을 받는지는 알 수 없었다(Karasek and Theorell, 1990: 177, 184~185).

심리학자는 어떻게 작업에의 영향을 살필 것인가?

전통적으로 산업안전보건기구들은 심리적 곤란에 대한 연구를 거의 지원하지 않는다.[14] 일하는 여성의 심리적 곤란과 관련이 있는 요인들을 조사하기 위해 연구에서 사용되는 변수들이 직업건강 연구에서 전형적으로 사용되는 것들과는 다르기 때문이다. 심리적 곤란이나 정신건강과 관련된 영역의

---

13 *Work and Stress* 9(2/3)(1995).

14 중요한 예외는 최근 직업건강연구소(Institute for Occupational Health)와 노동생활연구소 (National Institute for Working Life)가 합쳐져 만들어진 스웨덴의 노동생활의 질연구소 (Swedish Institute for the Quality of Working Life)이다.

연구는 정신보건 전문가들이 시작했는데, 이들은 보통 노동 조건이나 노동 자의 특성에 대해 깊이 있는 조사를 해본 적이 없기 때문에 심리적인 문제를 야기할 수 있는 특정한 노동 조건을 규명하는 것이 어려워지고 안전보건관 리자들에게 개선해야 할 요인이 무엇인지를 알려주기도 어렵고 노동자들이 보상을 받게 하는 것도 어려워진 것이다.

　나는 사업장에서 일하는 심리학자들이 직무 스트레스 요인으로 발생하는 심리적 문제에 접근하는 방법을 조사하기 위해 1995년 워싱턴 DC에서 열린 미국심리학회(American Psychological Association)의 노동, 건강과 스트레스 (Work, Health and Stress) 학회에 갔다. 거기에서 나는 사업장에서 일하는 많은 심리학자를 만날 수 있을 것이고 이를 통해 조사 대상을 확보할 수 있을 것이라 기대했다. 약 400명의 학자들이 심리적 곤란을 유발하는 다양한 요인들의 상관관계에 대해 발표했다. 전혀 예상하지 못한 것은 아니지만, 나는 문화적 충격에 휩싸였다. 이들 발표의 관점은 직업건강 전문가들의 것과는 완전히 달랐다. 감정에 대해 이야기하는 것이 금기시되지도 않았고 성별은 모두 변수의 목록에 포함되었고 질적 연구도 허용되었다. 여성을 주제로 다루는 한 세션에서는 일과 가정의 갈등에 대한 여러 편의 연구가 발표되었다. 발표자는 작업장 정신건강에 대한 문제를 살펴보면서 성별에 따른 차이를 명확하게 다루었다. 저자들은 작업장에서 여성과 남성은 다른 스트레스 요인에 노출되고 반응 역시 다르다고 했다. 그들은 권력관계, 감정노동, 그리고 일과 가정의 갈등을 대처 방법만큼 중요하게 다루었다(Matuszek, Quick and Nelson, 1995: 249).

　그러나 과학적 편견은 여기에서도 얼마든지 확인이 가능했고 직업건강 영역에서 흔히 생기는 편견은 미국심리학회에서도 마찬가지로 나타나고 있었다. 사회적으로 처한 상황 때문에 심리적 상태를 조절하는 방법이 다를 수 있는데도 연구 대상에서 남성과 여성이 차지하고 있는 비율을 제시하지 않은 채 한꺼번에 분석하기도 했다. 또한 타당도에 어떤 영향을 미칠지에 대한 고려 없이 성별을 보정해버리는 경우도 많았다. 게다가 심리적인 수준을 측정하는 데 사용된 일부 도구는 도구 자체가 젠더에 대한 감수성이 떨어지기도 했다. 카라세크의 설문지와 같은 도구들은 남성에 대해서만 타당도 검사가 되었는데도, 중요한 변수들을 고려하지 않은 채 여성에게 그대로 적용하기도 했다.

편향된 도구를 만드는 것은 여성의 타고난 특성에 대한 몇 가지 가정 때문인 경우가 있다. 예를 들어 우울증과 관련 있는 작업장 요인을 조사한 최근의 연구는 평균 우울 점수가 남성에서 17점, 여성에서 23점이므로(Goldberg et al., 1993: 110), 여성에게 우울증과 관련한 증상이 더 많은 것이 '당연하고', 이의 노동 조건과의 관련성은 찾을 수 없다고 했다. 이 연구의 결과에 대해 또 다른 연구는 반론을 제기했다. 미국 국방부 소속 연구자들은 비전투원과 전투원, 그리고 그들의 배우자가 성희롱과 성차별을 경험했을 때 우울증을 겪는다는 사실을 보여주었다. 이 연구에서는 여성이 남성에 비해 우울증에서 높은 점수를 보였으나 성희롱과 성차별을 감안하면 그 차이가 사라지는 것으로 나타났다(Bassan et al., 1995).

심리학자들은 일과 스트레스에 대한 연구를 할 때 직업건강 전문가들이 조사하는 것과는 다른 변수들을 조사한다. 심리학자들은 개인의 특성이나 효과적인 대처방식을 작업장의 스트레스 요인보다 중요하게 생각하는 경향이 있다. 심리학자들은 종종 '역할 갈등'[15]이라고 표현되는 심리적 문제와 임

---

15 역할 간 갈등(inter-role conflict), 역할 내 갈등(intra-role conflict), 개인과 역할 간 갈등
    (person-role conflict) 등을 말한다. 역할 간 갈등은 두 가지 이상의 역할을 동시에 수행함

금·비임금 노동의 관련성에 대해 집중적으로 연구해왔다. 가족관계에서 느끼는 어려움과 건강 문제의 관련성이 임금노동과의 관련성보다 더 통계적으로 유의하게 나타나는 경우가 많은데, 이는 기술적인 문제 때문이다. 즉, 가족과 일은 똑같이 복잡하지만 연구자들이 여성의 결혼 여부, 아이가 있는지, 있다면 아이의 나이는 어느 정도인지와 같은 가족 문제와 관련된 변수를 알아내기가 더 쉽기 때문인 것이다. 연구자들은 대개 가족관계에 대해 조사하는 것을 더 편하게 생각하고 가사노동으로 인한 부담에 대해서 대부분 그 내용을 잘 알고 있으며, 이를 밝혀내기 위해서 적절한 질문을 한다.

한편 임금노동과 관련해 다양한 범주의 노동 조건에 대해 정확한 정보를 얻는 것은 상대적으로 어렵다. 앞의 장에서 언급한 바와 같이 직업명이 주는 정보는 상대적으로 적고 작업장에서의 노출에 대한 정보를 충분히 얻기도 힘들다. 게다가 가장 노동 조건이 열악한 노동자들은 연구자들이 접근조차 하기 어렵고 그들의 요구와 필요는 우리가 생각하는 것과는 매우 다르다. 조립라인이나 은행을 대상으로 연구를 하는 연구자들은 많지 않으며 생산직 노동자는 대개 회사가 도입한 가족 친화적 정책에서 소외된다(Hocschild, 1997). 대학에 있는 많은 연구자는 임금노동자에게 접근하기도 어렵고 접근한다고 해도 사회심리적 변수에 대해 신뢰할 만한 정보를 얻으려면 노동자에게 무엇을 물어야 하는지를 알기도 어렵다. 그들은 직무만족이나 상사와의 관계에 대한 일반적인 질문을 하거나 해당 작업장의 기본적 요소조차 포괄하지 못하는 표준화 된 직무 내용 설문지를 그냥 사용하는 것이 보통이다.

으로 인해 겪는 갈등을 말하며, 역할 내 갈등은 동일 역할에 관해 다른 사람들에게 서로 상충되는 기대를 받을 때 느끼는 갈등이고, 개인과 역할 간 갈등은 주어진 역할이 개인의 기본적인 가치관·태도·욕구 등과 상충될 때 발생하는 갈등을 말한다. _ 옮긴이

예를 들어 회사가 일과 가정의 갈등이 심리적 곤란에 주는 영향을 줄이기 위해 취하는 정책이 어떠한지에 대한 정보는 충분치 않다. 전화 사용의 편의성, 지각에 대한 벌칙, 출산 휴가의 기간과 같은 가족 관련 요인이 미치는 심리적 영향을 살핀 연구는 없다. 특정 경영방침이 일과 가정 갈등에 어떠한 영향을 주는지 알아보기 위해서는 작업장의 일상을 꼼꼼히 조사할 필요가 있다. 예를 들어 의류 공장에서 CINBIOSE의 베지나가 수행한 연구에 따르면, 품질 관리체계의 도입이 여성 노동자들에게 악영향을 주는 것으로 나타났다(St-Jacques, Vézina and Stock, 1995: 43~48). 노동자들이 조립라인에서 하는 일은 각자의 세부작업으로 분업화되어 있고 노동자들 역시 자신이 하는 세부작업에 대해서만 알고 있었다. 품질 관리체계가 도입되면서 노동자들은 한 팀으로서 전체 작업에 대해 공동의 책임을 졌다. 이론적으로 이러한 품질 관리체계는 직무 만족도를 높이고 업무의 반복성을 줄이고 자율성을 높여 근골격계 질환의 발생을 줄이기 때문에 노동자에게 도움이 되는 것으로 알려져 있다. 그러나 이 공장에서는 이런 체계가 도입됨에 따라 임금 체계가 성과급에서(노동자들이 생산한 건수마다 임금을 받는) 팀 임금제(팀의 생산량에 따라 전체 팀이 같은 임금을 받는 것)로 바뀌었고 이는 여성에게 악몽이 되었다. 팀 체계에서는 집안 문제로 휴가를 사용하는 것은 거의 불가능해진 것이다. 전에는 아이가 아프거나 하면 개인의 임금을 포기하고 휴가를 쓸 수 있었다. 그러나 새로운 체계에서는 자기가 빠지고 숙련도가 떨어지는 노동자가 자신의 자리를 대치하면 전체 팀의 생산량이 감소한다. 이렇게 되면 여성 노동자는 자신 때문에 다른 동료들의 임금도 줄었다는 죄책감에 시달리고, 다른 노동자들은 화를 내기도 했다. 동료와의 관계가 즐거운 것이 아니라 고통과 괴로움의 원천이 된 것이다.

5. 스트레스 예방

스트레스가 건강에 미치는 영향에 대한 연구가 많은데도, 작업장에서 심리적 곤란의 원인을 확인하고 이를 없애고자 하는 여성 노동자들이 참고할 만한 연구는 많지 않다. 지금까지의 연구는 문제가 되는 노동 조건에 대해 자세히 알려주기보다 노동자 개인의 특성에 집중되어 있는 경우가 많다. 이러다 보니 그동안의 연구 성과는 대부분 관리자가 심리적인 문제로 고통받고 있는 노동자를 확인하는 목적으로 사용하기에 더 적절했다.

지금까지 안전보건관리자와 노동조합의 대표는 공장과 사무실에서 발생 가능한 육체적인 문제에 대한 조사 방법들을 발전시켜왔다. 만약 노동자가 졸린다고 하면 환기를 하게 하거나 작업 과정을 바꾸게 할 것이고, 노동자가 건염을 앓고 있다면 반복적인 작업에 주의를 기울일 것이다. 이러한 방법들의 결과가 항상 만족스러운 것은 아니지만 최소한 작업과 건강영향에 대한 이해가 바탕이 된 과정이다.

심리적 곤란을 근거로 작업장의 문제를 찾는 것은 더 어려운 일이다. 스트레스를 유발하는 상황은 단 하나의 스트레스 요인이 작용한다기보다 여러 개의 작은 이유들이 복합적으로 작용하는 경우가 많기 때문이다. 직무 스트레스 요인들은 노동자들이 보통 언급하지 않는 가족생활과 관련이 있거나 서로 영향을 주고받기도 한다. 게다가 문제의 핵심은 '건드릴 수 없거나' 금기로 생각되는 상사의 성격, 작업장에서 집에 전화할 수 있는 방법의 존재, 동료와의 관계 또는 문제 고객에 대한 대응 체계가 없는 것 등인 경우가 있다. 아마도 이러한 이유 때문에 사업주나 노동조합이 중심이 되는 중재 방법들은 스트레스를 유발하는 노동 조건을 없애는 것보다 대처 방법의 개발에 더 집중하는 것으로 생각된다(Kasl and Serxner, 1992: 111~142).[16]

최근 몇 년 동안 노동자를 직접적으로 바꾸기 위한 스트레스 감소 프로그램이 늘어났다. 이 프로그램들은 스트레스의 원인을 집안 문제나 개인적인 문제로만 집중하고 노동자에게 이러한 스트레스의 원인을 다루는 방법을 배워야 한다고 이야기한다. 교사, 사회복지사나 다른 노동자들은 그들이 직접 그 프로그램에 참여해야만 한다는 이야기를 듣는다. 그들이 강조하는 것은 다음과 같다.

직무 스트레스 감소를 위한 노력은 건강 증진의 측면에서 중요한 부분이다. 스트레스의 원인과 결과에 대해 노동자들을 교육하고, 관련한 문제를 해결하기 위한 전략을 가르치거나, 문제에 대해 다르게 생각할 수 있는 방식을 제안하고, 스트레스가 높아짐에 따라 나타나는 증상을 감소시킬 수 있는 피트니스 센터나 조용한 이완을 위한 공간, 바이오피드백 기구 등의 자원을 제공하는 것이 포함된다(Heaney, 1995: 85).

그러나 실제로는 직무 스트레스 요인에 대한 접근은 조금 다를 필요가 있다. 중요한 접근방법 중 하나는 새로운 작업 방법을 고안하고 업무를 배치하거나 성과를 내는 것과 같은 업무 변화의 전 과정에 노동자들의 다양한 참여를 확대하는 것이다.

작업장에서의 스트레스 요인은 다양하며, 영향을 미치는 신체의 기관 역시 다양하다(Frankenhaeuser, 1991). 그러므로 단 하나의 요인과 단 하나의 효과만을 이용한 스트레스 모형을 조사에 사용하는 것은 적절치 않다. 직무 특

---

16 이 논문의 저자들은 북미의 노동자 지원 프로그램과 작업장 건강 증진 프로그램이 유난히 노동 조건에 주의를 기울이지 않는다는 점에 주목했다.

성에 대한 다양한 변수와 작업자의 직무 긴장의 관련성을 다양하게 살펴봄으로써 연구자들은 직무 스트레스에 대해서 더욱 포괄적인 접근을 할 수 있게 된다(Carayon, Yank and Lim, 1995: 1199~1211; Kasl and Serxner, 1992). 네덜란드 법에 따르면 사업주는 노동자의 전반적인 정신적 건강과 육체적 건강에 대한 평가와 보고서를 매년 제출하도록 되어 있고 작업 환경뿐 아니라 작업 조직에 대한 중재를 권장한다. 비슷한 종류의 정책들이 북유럽에서도 시작되고 있다.

크리스토프 드주르(Christope Dejours)에 따르면 '직무 정신역동(work psychodynamics)'은 문제가 있는 작업장을 '치료'하는 것을 목표로 한 정신분석학적 접근방식으로 프랑스에서 시작되었다(Dejours, 1993). '치료사'는 작업장에서 노동자를 만나 일하는 과정에서 노동자들이 느끼는 기쁨과 고통의 원인을 설명해준다. 그들은 적절한 대처 방식을 설명해주고 심리학자가 중요하다고 생각하는 '구체적인 방어전략'을 알려준다. 일부 심리학자는 개인이 느끼고 있는 괴로움을 줄일 수 있는 변화를 끌어내고 이러한 변화를 강제하기 위해 노동조합과 해당 노동자를 동시에 만나기도 한다(Carpentier-Roy, 1991a). 직무 정신역동에서는 실제로 그 노동자가 겪었던 작업장에서의 긴장과 문제에 대한 경험을 전달하기 위해 노동자들이 주로 사용하는 단어를 사용하여 보고서를 작성한다. 한편 노동자가 몹시 어려운 상황에 직면했을 때 사용하는 그들만의 방어기제를 존중하기는 하지만 작업 조직의 변화를 위해 기본적인 개선사항들도 제안한다. 예를 들어 매우 위험한 작업을 하는 (남성) 노동자들은 실제로는 지키기가 불가능한 안전 수칙을 지켜야만 한다. 드주르와의 개인적인 의견교환을 통해, 노동자들 개인의 공포와 위험 자체를 부정하는 것은 자신의 삶이 위험에 처하는 것에 대한 반응이라 했다. 위험과 공포에 대한 부정은 실제 위험을 높이는 만용을 부리게 한다. 심리학자들은 노동자와의 상담 과정에서 실제로 지킬 수 있는 안전 수칙을 세우라고 권한다.

이런 접근방법은 여전히 초기 대응에 불과하다. 드주르는 비행기 조종사나 핵발전소 노동자, 군인, 건설업 노동자처럼 일차적으로 육체적 위험이 높은 작업을 하고 모두 남성인 노동자들을 대상으로 연구를 했다. 일부 연구자가 전화교환원, 간호사와 교사에 대한 연구를 해오기는 했지만 성별에 대한 고려는 거의 없었다. 여성주의 사회학자인 히라타(H. Hirata)와 케고트(D. Kergoat)는 직무 정신역동의 개념을 발전시키기 위해서는 여성이 임금노동 과정에서 겪는 특별한 조건에 대한 것뿐만 아니라 젠더와의 관련성을 고려해야 한다고 했다(Hirata and Kergoat, 1988: 131~163). 드주르의 제자인 마리-클레르(Marie-Claire), 카르펜티에르-로이(Carpentier-Roy)는 간호사가 AIDS 환자를 돌보면서 겪는 스트레스에 대해 정신분석학적으로 언급했나(Carpentier-Roy, 1991b). 그녀는 모성에 대한 판타지를 주입하고 있는 것이 사업주라는 사실을 보여주었고(Carpentier-Roy, 1991b: chap.3), 간호사의 자존감과 권한을 강화하기 위해 본인의 업무에 대한 이해와 자율성을 높이고 직무 내용에 대한 판단의 자유를 주는 등의 몇 가지 방법을 제안했다.

나는 결론에는 동의하지만 카르펜티에르-로이의 분석의 전제에 이의를 제기한다. 나는 여성은 기본적으로 모성본능이 있고 남성은 그렇지 않다는 본질주의적 접근에 문제가 있다고 생각한다.[17] 이러한 접근은 정신분석에 그 뿌리를 두고 있는데 이는 이미 프로이트(Freud)의 정신분석학에서 확인된 많은 여성 문제 중 일부이다. 나는 또한 정신역동 전문가가 노동자의 행동에 대한 그들의 기술을 신뢰하게 만드는 방식에도 쉽게 동의하기 어렵다.

---

17 본질주의는 여성이 자연스레 모성이 있고 남성은 자연적으로 폭력적이라는 것과 같은 생물학적 '본성'에 기반을 두고 사람들의 특성을 규정짓는다.

나는 개인적으로 노동자들이 스스로 자신이 하고 있는 업무의 활동 정도를 분석하고 그 위험을 스스로 알아 노동 조건을 바꾸게 하는 프랑스 심리학자인 티거의 접근법을 선호한다(Teiger, 1996: 282~289). 이 방법은 참여적 훈련, 노동자의 인식 확장, 작업장에 대한 포괄적 접근을 시도하며 전문가는 질문하기와 같은 일부 역할을 맡는다(Wendelen, 1995: pp.49~58).[18] 지금까지 이러한 접근방식은 전통적인 위해요인인 화학적 특성과 물리적 특성에 집중되어왔다. 그러나 나는 이러한 접근방식을 정신보건의 측면에도 적용하는 것이 가능하다고 생각하고 NIOSH(미국산업안전보건연구원)의 위그모어(Dorothy Wigmore) 같은 사람들과 함께 이러한 방식을 시도하고 있다.

6. 결론

전통적으로 여성의 직업은 스트레스가 높다. 게다가 가정에 대한 요구가 스트레스를 가중하는 원인으로 작동한다. 많은, 아마도 대부분의 여성 노동자는 일뿐만 아니라 가족들도 사랑한다고 말할 것이다. 그들은 일을 그만두고 전업주부가 되거나 일 때문에 가족관계를 와해되는 것을 원치 않는다. 대부분의 서비스 노동자는 업무를 수행하는 과정에 사적 감정이 들어가서는 안 된다고 생각한다. 우리가 연구한 모든 집단의 사람들은 다른 사람과 다양한 관계를 맺는 것이 그들 직업의 가장 큰 장점이라고 했다. 그러나 이러한 장점이 스트레스로 인해 다양한 건강 영향이 나타나는 것을 막지는 못한다.

즐거움을 주는 업무의 특성은 다른 한편에서는 가장 심각한 스트레스 요

---

18 영어로 된 요약은 *Safety Science* 3(2/3) (1996), pp.181~182; Wigmore(1996)에 있다.

인이 될 수도 있으므로 여성의 직무 스트레스를 예방하는 것은 매우 힘들다. 연구자들조차 여성 노동자들이 업무에서 수행하는 돌봄과 사랑을 조사할 필요가 있고 다양한 경로를 통해 재구성되었을 가능성이 높은 또 다른 종류의 직무 요구라고 해석하기보다는 이러한 돌봄과 사랑이 여성들만의 특성이라고 생각한다.

제10장 생식 관련 위해요인은 직업의 영향을 받는가?

One-eyed Science

제7장부터 제9장까지의 분석에 의하면 직업건강 연구자들은 젠더에 대해 무감각하다는 것을 알 수 있다. 근골격계 질환이나 실내공기 오염, 또는 스트레스가 여성에게만 특이하게 나타나는 것은 아니지만 이런 주제에 대해 연구하는 연구자들이 여성들의 일과 삶의 맥락을 같이 고려하지 못했다. 그러나 생식과 출산의 경우 여성과 남성의 생식기관이 엄연히 다르기 때문에 젠더의 중요성을 무시하기 어렵다. 따라서 생식에 관한 연구에서는 젠더를 고려하여 연구할 것이라고 생각하기 쉽다. 기본적으로는 이 말이 맞다. 그러나 작업장에서의 생식 관련 위해요인에 관한 연구에 여성 노동자의 요구가 제대로 반영되었다고 할 수는 없다. 역설적이지만, 오히려 여성은 임신의 위험 때문에 많은 연구에서 배제되었으며, 여성에게 중요한 다른 생식 관련 문제들은 역시 무시되었다.

1. 노동과 임신

일하는 여성의 생식체계는 사회에 '귀속되어 있다'는 점이 남성과 다르다. 남성은 원하기만 한다면 직장 동료나 상사 모르게도 몇 명이고 아이를 낳을 수 있지만, 여성의 임신은 가시적이어서 그것이 불가능하다. 그뿐 아니라 일반적으로 정자는 개개인의 남성에 속하는 것으로 간주되지만, 임신은 임산부뿐 아니라 태아도 관련되어 있고, 태아는 때때로 (예를 들어 방사선 노출에 관한 규제 같은 경우) 사회의 구성원으로 간주되기도 한다.

따라서 이전에 언급했던 직업적 위해요인과는 달리, 작업장의 생식 관련 위해요인의 연구가 여성, 특히 임산부와 관련되어 이루어져 왔음은 놀라운 일이 아니다. 남성의 상해나 여성의 가임능력, 성기능, 생식기능, 아기를 돌보는 능력들은 임신에 비해서 그다지 관심을 끌지 못했다. 1985년에 발간된, 다소 일반적인 제목의 책 『직업성 위해요인과 생식(Occupational Hazards and Reproduction)』 서문에서는 작업장에 여성 노동자가 존재하므로 재생산에 관심을 가져야 한다고 말하고 있다. 서문은 이렇게 시작한다.

> 지난 수십 년간 노동인구 중 여성이 차지하는 비중은 크게 증가했다. 고용평등의 진전과 함께 여성은 위해한 화학물질 노출위험이 많은 직업 분야까지 진출했다(Hemminki, Sorasa and Vainio, 1985: ix).

1993년에 발간된 여성주의적 관점의 『작업장에서의 생식 위해요인(Reproductive Hazards in the Workplace)』에서는 서두에서 이렇게 선언했다.

> 이제 노동은 결혼·임신·모성과 마찬가지로 오늘날 여성의 삶에서 중요한 부분

이다(Kenen, 1993).

1994년에 발간된 ≪산업의학: 최신지견(Occupational Health: State-of-the-art Review)≫은 첫 문장에서 생식 위해요인이 초점임을 설명하면서, 작업장에 있는 수많은 화학물질 및 과거에는 여성이 일하지 않았던 작업장에서 일하는 여성의 수가 증가하고 있음을 언급하고 있다(Gold, Lasley and Schenker, 1994: ix). 이상의 예들을 보면 임산부가 생식 위해요인 연구의 시발점이었음을 확실히 알 수 있다.

초기의 연구는 납, 비소, 수은, 벤젠 등과 같은 위해화학물질에 집중되어 있었다. 임신기간에 여성의 호흡과 신진대사는 더 활성화되고, 이는 화학물질에 대한 노출을 증가되게 할 수 있다. 이 분야는 아직까지도 가장 인기 있는 연구 분야로, 살충제, 유기용, 의약품, 금속이나, 염료 등에 직업적으로 노출될 경우 기형아 발생이 증가한다는 증거가 축적되어왔다. 기형발생물질은 임산부가 노출될 경우 태아에 해를 입히는 물질을 말한다. 1995년 출간된 기형발생 물질 목록에서 셰퍼드(T. H. Shepard)는 태아에 영향을 미치는 2,571개의 화학물질을 열거했다(Shepard, 1995).

일부 물리적 요인 또한 연구의 대상이 되어왔다. 방사선이 세포의 발달에 선택적인 공격을 하기 때문에, 엑스레이와 같은 이온화된 방사선의 효과에 대한 연구가 집중적으로 이루어졌다. 출생 전에 방사선에 노출된 어린이에게 기형이나 암이 발생할 수도 있다(Wakeford, 1995: 1018~1925). 최근에는 밀도가 높은 전자기장이 있는 재봉틀 작동자의 경우 태아가 손상을 입을 위험이 있다는 연구 결과도 발표되었다(Infante-Rivard, 1995: 177). VDT에서 일하는 임산부의 태아가 가질 수 있는 위험도 연구자들의 관심을 끌었다(제8장 참조). 소음 역시 태아의 청각발달에 영향을 주고, 태아의 체중저하와 임신기간 단축에 영향을 미치는 것으로 나타났다(Lalande, Hétu, and Lambert, 1986: 427~435; Nurminen, 1995: 945~950).

임신에 영향을 미치는 다른 요인에 대한 연구도 시작되고 있다. 임산부는 몸무게와 체형이 바뀌고, 작업에 대한 반응이 달라진다. 순환계에 부하가 증가하거나 순환계에 문제가 있을 경우 태아에게 가는 혈액 공급이 영향을 받을 수 있다. 장시간 앉아 있거나 서 있는 것, 육체적인 힘을 사용하는 것과 같은 인간공학적인 위해요인이 있을 경우 유산의 위험이 증가하고(Goulet, 1987: 399~403), 저체중아 출산, 조산의 위험이 증가한다(Marbury, 1992: 73~83). 맞교대 작업도 임신결과에 영향을 주는 것으로 나타났다(Nurminen, 1995). 사회심리적 스트레스도 자연유산율에 영향을 주고, 유산이나 저체중아 출산과도 관계있을 수 있다고 추정되고 있다(Stein, Susser and Hatch, 1986: 405~409; Swan et al., 1995: 751~769).

  • 지금까지의 연구들은 노동 조건이 태아에 어떻게 영향을 미치는지, 예를 들어 유산, 저체중아 출산, 조산 등에 대한 연구가 대부분이었다. 태아에 영향을 미치는 노동 조건은 대부분 임산부에도 영향을 줌에도, 임산부의 건강에 대한 연구가 거의 없다는 점은 놀라운 일이다. 1987년에 체리(N. Cherry)는 태아에 미치는 영향이 아닌, 임산부의 건강에 초점을 맞춘 체계적인 연구는 거의 존재하지 않는다고 지적했다(Cherry, 1987: 689~701). 체리의 언급 이후 임산부의 허리 통증이나 고혈압에 관한 연구도 일부 이루어졌지만(Moore, Dumas and Reid, 1990: 169~174; Saurel-Cubizolles, 1991: 37~43), 산업보건 관련 문헌에서 노동 조건이 여성의 건강에 미치는 영향에 관한 연구는 아직도 거의 찾아보기 힘들다. 이런 이유로 이 장의 서문에서 여성이 임신 연구에서 배제되어왔다고 이야기한 것이다.[1]

작업장에서 임산부들이 자신에게 도움이 될 만한 변화를 요구하기는 어려

위도, 태아에게 도움이 될 만한 변화를 요구하기는 더 쉬울 수도 있다. 노동
조합과 여성주의자의 지원을 받고 있는 기관에서는 임산부에게 다음과 같은
지침을 내리고 있다.

임신 중에 느끼는 육체적으로 심한 피로는 태아가 당신의 혈액에서 오랫동안 충
분한 영양소를 공급받지 못하고 있음을 의미할 수 있습니다. 당신의 심박동과 호흡
이 정상으로 돌아오도록 충분히 휴식하십시오(Massachusetts Coalition for Occu-
pational Safety and Health, 1992: 39).

이 글은 마치 심각한 신체적인 피로가 여성이 충분한 휴식을 취해야 할 이
유가 되지 못하는 것처럼 말하면서, 태아가 손상 가능하다는 점을 들어 휴식
을 정당화하고 있다.

VDT에서 나오는 전기장 방사선의 효과에 관한 다양한 연구들을 검토한
후 특히 놀라웠던 점은 VDT작업이 사무직 여성의 유방암에 미치는 영향에
관한 연구가 전무하다는 점이었다. 반면 여성 유방암 발생률의 3% 정도 되
는 남성 유방암 연구에서는 VDT에서 나오는 전자기장과 그다지 다르지 않
은 방산선의 전반적 노출 정도와 전기공의 유방암이 관련되어 있다는 연구
결과가 있다(Wilson and Stevens, 1996: 299~ 306).

---

1   리펠이 인용한 전문가들이 목격한 임신 중 방사선 노출사례를 보자.
    "…… 이는 임신부의 태아를 일반인으로 보고 임산부 노동자의 방사선 노출을 규정한 사
    례이다. 일반인은 방사선에 5mSv 이상으로 노출되면 안 되고, 모체는 노출량을 반으로 감
    소되게 하는 방패막 역할을 하므로 일반인(이 경우는 태아)에 대한 방사선 노출한도인
    5mSv를 준수하기 위해서는 임신한 여성은 방사선 노출량을 10mSv를 넘겨서는 안 된
    다"(Lippel, 1995).

노동 조건이 여성에게 미치는 영향에 대한 관심의 결여는 성차별주의나 남성 중심주의 때문이라고 할 수 있다. 그러나 여성주의적 관점을 가진 사람들도 이런 문제에 대해서는 관심이 없다. 미국의 과학잡지 ≪산업의학: 최신지견≫은 관심 분야에 관한 특집을 발간하고 있는데, 1993년 '여성 노동자'를 주제로 한 최신지견을 출판했다. 여성 노동자 특집판으로 꾸며진 215쪽에 달하는 ≪산업의학: 최신지견≫ 편집자는 여성주의자 의사와, 여성주의적 관점을 가진 연구자들의 논문을 게재했다. 나에게는 보건의료 노동조합이 질의한 '임신 중 작업이 허리 통증에 미치는 영향'에 대한 문의가 왔다. '직업성 생식건강 위해요인'에 관한 장은 전적으로 태아에 관한 것이었고, 임산부에 미치는 영향은 하나도 들어 있지 않았다. 「여성과 인간공학」 장에서는 전통적으로 여성이 일하지 않았던 공장 노동에 여성이 통합되는 데서 생기는 문제에 관해서만 다루었을 뿐 임신에 대한 언급은 전혀 없었다(Headopohl, 1993). 1994년에 발간된 196쪽에 달하는 생식 위해요인에 관한 ≪산업의학: 최신지견≫에서도 임신 가능성에 영향을 미치거나 건강한 아이를 낳는 데 영향을 미치는 요인 외에는 허리 통증이나 다른 여성건강 문제에 대한 언급은 전혀 없었다.

여성주의 과학자들이 왜 여성의 요구에 무관심한지는 『여성 노동자들 (Women Workers)』이라는 책의 서문을 살펴보면 알 수 있다. 거기에는 다음과 같은 질문이 있다.

태아를 보호하면서 동시에 여성에게 동일 고용기회를 제공하기 위해서는 어떻게 해야 하는가?

생식 위해요인을 서술한 장도 역시 서문에서 보여준 것과 같은 전제로 시작하고 있다.

오늘날 산부인과 의사들은 임신의 잘못된 결과나 선천성 결함에 대한 소송이 증가하는 환경에서 진료하고 있다. 그로 인해 많은 산부인과 의사가 여성과 노동에 대해 보수적인 태도를 견지한다(Filkinds and Kerr, 1993: 733~754).

생식보건에 관한 ≪산업의학: 최신지견≫ 중 한 장은 임산부 차별에 대한 내용이다(Saiki, Gold and Schenker, 1994: 541~550).

북미의 여성들은 노동권을 위해 싸워왔다. 과거에는 작업장에 여성이 있는 것이 비정상인 것으로 간주되었다. 얼마 전까지만 해도 여성은 결혼 또는 임신을 이유로 합법적으로 해고당할 수 있었다. 생리적인 특징으로 인해서 여성은 노동에 적합하지 않은 것처럼 취급되어온 것은 놀라운 일이 아니다. 미 대법원은 전미자동차노동조합(United Auto Workers)과 존슨 컨트롤(Johnson Controls Inc.)의 소송에서 여성의 생리적 특성이 비정상적인 것으로 취급되어서는 안 된다고 판결했다. 1992년 존슨 컨트롤은 납에 노출된 것이 태아에게 해가 될 수 있다고 주장하며 가임여성을 배터리 생산부서에서 제외했지만 생식 가능 남성은 제외하지 않았다. 납은 정자에도 위해하지만, 존슨 컨트롤의 관리부서에서는 여성의 생식기에 미치는 위해만을 고려했다. 그 결과 노동조합에서 소송을 제기했고, 1심에서는 소송이 기각되었지만, 대법원에서 받아들여졌다(Kenen, 1993: 18~19).

여성이 이와 같은 권리를 쟁취하기는 했지만, 그 권리는 아직도 공고하지 못하다. 여성은 아직도 남성보다 훨씬 낮은 임금을 받고 있으며, 직업안전도도 남성에 비해 낮다. 고용주들은 임신이나 양육과 관련되어 일어나는 문제를 용납하지 않으며, 임신으로 문제가 된 노동자에게는 거리낌 없이 불이익을 주고 있다(Hochschild, 1989: chap.6). 브라질의 화학 노동자에 따르면, 임산부에게 가장 힘든 일을 배당해서 출산휴가를 신청하기 전에 공장에서 나가도록 유도한다고 한다. 1990~1995년에 퀘벡노동표준위원회(Québec Labour Standard Commission)에 제기된 고충의 67%가 임산부의 해고와 관련된 것이었다(Malenfant, 1996: 21). 미국에서는 임신차별방지법(Pregnancy Discrimination Act) 위반으로 제기되는 소송이 1년에 수천 건에 달한다(Kenen, 1993: 211).

상황이 이렇게 열악하므로 많은 사람은 임신과 관련된 문제는 제기하지 않는 편이 여성에게 더 나을 것이라고 생각한다. 남녀평등 활동가의 입장에서는 임산부가 9개월 동안 다른 사람과 똑같이 일하고, 출산과 회복을 위해 일정 기간 쉰 다음, 자신이나 태아에 어떤 나쁜 영향도 입지 않은 채 곧 일에 복귀하는 것이 가장 좋을 것이다. 그리고 여러 가지 작업에서 일하는 많은 여성이 그렇게 할 수 있다. 그러나 건강이 좋지 않은 여성이나, 특별한 문제가 있는 여성, 그리고 위험한 일을 하는 여성은 휴식이 더 많이 필요하고, 더 오래 쉴 필요가 있으며 노동 조건을 바꿀 필요가 있다. 많은 국가에서 법적으로 이런 권리를 보장하고 있다. 그러나 납에 대한 노출이 태아에 해를 줄 수 있고, 고용주를 상대로 수백만 달러의 소송을 제기할 수 있다는 것이 확실해지면, 미국의 많은 고용주는 납에 노출될 수 있는 직업에서 가임여성을 제외하는 방식으로 대응한다. 이처럼 여성을 제외하는 '태아보호' 정책은 여성의 일을 남성이 쉽게 대체할 수 있는 작업장에서 일반적으로 이루어져 왔다(Kenen, 1993; Draper, 1991).[2]

따라서 작업장에서의 동일 권리에 관심을 가진 사람들에게는 노동 조건이

---

2 케넨의 요점은 모든 여성 간호사의 병원 야간 교대 근무나 그 밖의 다른 여성 직업에서 나타나는 위험한 상황을 금지해야 한다고 어느 누구도 제안하지 않았다는 점이다.

태아에 미치는 영향에 대한 과학적 연구가 문제가 되어왔다. 이런 문제는 북미, 특히 미국에서 첨예화되었다. 미국은 산업화된 국가 중에서는 유일하게, 출산휴가와 육아휴가에 대한 중앙 정부 차원의 정책이나 임산부에 대한 재정적 지원에 대한 법규가 수립되어 있지 않은 나라이다. 국민 의료보장도 없다. 이와 같은 고용과 보건의료정책으로 인해 미국과 다른 나라 간에는 연구의 차이가 생길 수 있다. 예를 들어 프랑스의 경우 전체 임산부는 유급 출산휴가가 있고, 특별히 힘든 조건에 있는 사람에게는 특별휴가제도가 있다. 이 외에도 임산부에게는 노동시간 단축, 산전 의사 방문시간 허용, 임산부의 업무 조정이 불가피한 작업의 경우 더 편안한 작업으로의 전환과 같이 힘이 덜 드는 노동 조건을 제공하도록 되어 있다(Saurel-Cubizolles and Romito, 1992: 49~65). 미국의 국립보건연구소(Naitonal Institutes of Health)와 같은 역할을 하고 있는 프랑스의 INSERM에는 여성건강 연구를 담당하는 연구 단위가 있으며, 1980년대 초기부터 노동과 임신에 관한 연구를 수행해오고 있다.

따라서 노동 조건이 임산부 자신의 건강에 미치는 영향에 관한 연구는 대부분 유럽에서 이루어졌다. 네덜란드의 지넷 폴(Jeanette Paul)은 임산부에게 더 편안한 노동 조건을 만드는 데 필요한 변화에 관해 연구했다(Paul, 1993). 프랑스의 소렐-쿠비졸은 노동 조건이 혈압에 미치는 영향에 대해서 연구했다(Saurel-Cubizolles et al., 1991). 이탈리아의 연구팀은 여성 출산 직후 여성의 우울증을 조장하는 고용 요건에 대해서 연구했다(Romito and Saurel-Cubizolles, 1996).

퀘벡은 미국과 유럽의 중간 정도에 놓여 있다. 출산휴가와 육아휴가정책은 있지만, 출산휴가에 대한 재정적 지원은 실업보험 대상자인지 아닌지에 따라 달라지며, 대부분의 여성이 혜택을 받을 수 있지만 전체 여성이 다 받지는 못한다. 임신 중 노동 조건의 변화에 대한 일반정책은 없지만, 임산부나 태아, 또는 출산아의 건강에 위험을 미치는 조건에 노출되는 여성에 대해서 예방적으로 재배치할 수 있는 법이 있다.[3] 여성은 임금이나 다양한 혜택을 잃지 않고 재배치되며 적절한 재배치가 이루어지지 않을 경우 세후임금의 90%를 받고 일을 쉴 수 있다(Lippel, Bernstein and Bergeron, 1995). 임신이 정당하게 대우받는 이런 조건에서는 여성주의자들은 임신부의 건강에 위험이 되는 조건에 되한 연구가 가능하다고 생각할 수 있다. 체리의 임산부 노동 조건에 관한 논문은 퀘벡에서 출판되었으며, 임산부의 등·허리 통증에 대한 논문은 캐나다에서 나왔다. 캐나다의 법과 제도는 퀘벡과 비슷하기는 하지만 임산부에 대한 고려는 부족한 편이다.[4]

과학적 무지: 그 결과는 누가 부담하나

다른 노동자와 마찬가지로 임산부도 과학적 무지에 따른 비용을 감수해야 할 것이다. 미국의 경우 과학자들은 주로 태아보호에 관한 소송에서 증언을 하고, 퀘벡에서는 예방적 작업 전환을 허용하는 시기를 결정하는 데 과학자

---

3 노동자는 위험한 일을 떠나 휴가를 갈 수 있다. 이 휴가 동안의 임금은 모든 고용주가 기여하는 기금에서 지불된다. 여성 노동자를 고용하든 하지 않든 상관없이 모든 고용주가 내는 기금 일부를 활용하는 것이다. 이로 인해 고용주는 위험한 작업을 개선하지 않아도 된다. 물론 고용주는 위험한 작업을 개선하도록 또는 노동자를 부서 이전하도록 권유받고 있으나 고용주의 입장에서는 이런 방법보다 직업안전보건위원회의 기금으로 노동자를 집으로 보내는 것이 더 손쉬운 방법이 될 것이다. 따라서 임신한 노동자에 관한 이러한 조치는 퀘벡주의 직업안전보건법의 근저를 이루는 '위험을 근원부터 차단하라'는 원칙의 유일한 적용 예외사항이다.
4 캐나다에서는 연방정부 노동자를 위해 예방적 차원의 부서 이전이 가능하도록 되어 있지만, 만약 해당 노동자가 부서 이전을 할 수 없거나 휴가를 가야만 하는 상황이라면 전체 출산휴가 기간에서 해당 기간을 뺀다.

들의 증언이 필요하다. 연구자들은 태아 위험요소에 관해 30여 년 동안 적극적으로 연구해왔지만, 정보는 아직 충분하지 않다. 북미 작업장에서 사용되는 6만 개가 넘는 화학물질 중 생식에 미치는 영향에 대한 검사가 시행된 것은 극히 일부에 불과하다(Draper, 1991: 65~66). 그리고 그 검사조차도 이해관계가 걸려 있는 회사가 그 화학물질이 안전함을 제시하고자 이루어진 경우가 많다(Castleman and Ziem, 1988: 531~599). 심지어 허용기준이 정해진 경우에도 여성을 포함하지 않은 상태에서 검사가 진행된 경우가 많다. 많은 화학물질이 임산부의 혈액에 들어와 독성 대사산물(toxic metabolites)을 생성하면 이것이 태아에게 전달되거나 모유에 포함된다는 것을 우리는 알고 있다. 우리가 잘 모르는 것은 어느 정도의 유기용제나 납에 노출되었을 때, 태아나 신생아의 지적·정신운동적 발달에 영향을 미치는지에 대해서이다. 반복적인 작업, 빠른 속도의 노동, 불편한 자세, 부동자세와 같이 임산부가 노출되는 다른 노동 조건들이 미치는 영향에 대해서는 화학물질보다도 더 모르고 있다.

만약에 노동자가 영향이 알려져 있지 않은 화학물질이나 다른 환경에 노출되면 어떻게 되나? 과학의 영향력은 법적인 조건에 따라 달라진다. 퀘벡에서는 노동자와 산업보건안전위원회가 생식 위해요인에 관한 정보를 공유하고 있다. 노동자를 재배치할 것인지, 아니면 예방 차원의 예방적 휴가를 허용할 것인지는 과학적 증거에 따라 결정된다. 이와 같은 재배치나 휴가 결정의 60%는 '인간공학'에 근거해서 주어지는데(Malenfant, 1992: 5~44; Malenfant, 1993: 61~75), 인간공학적 제한이 태아에 미치는 효과에 관한 정보가 거의 없기 때문에 어떤 물리적인 노동 조건이 법적인 의미의 '위험'에 해당하는지에 관한 논란이 계속되어왔다(Lippel, Bernstein and Bergeron, 1995: 53). 검증되지 않은 화학물질의 경우, 예방적 재배치가 가능한 노출기준을 어떻게 정할 것인가에 대한 논쟁이 벌어졌다. 기준을 과학적으로 확립하기 위해 퀘벡 주 정부는 어떤 조건에서 유산이나, 저체중아 출산, 또는 조산이 일어나는가에 관한 연구에 수백만 달러를 지원해왔다(McDonald, 1994: 136~139). 여성주의 과학자들은 위험한 노동 조건을 제시함으로써 예방적인 재배치를 정당화하기 위해 노력해왔다(Messing et al., 1988).

미국의 사회적 맥락은 퀘벡과는 매우 다르며, 정부, 고용주, 여성주의자들도 다른 방식으로 행동하고 있다. 미국에서는 유급 노동 재배치나 휴가가 없기 때문에 위험하다고 확정되지 않은 경우에 그 위험은 개별 노동자가 지고 있다. 따라서 여성의 권리를 주장하는 사람들은 여성의 노동권을 보호하기 위해 임신 위해 여부가 확실하지 않은 사안에 대해서는 무해한 것으로 간주하는 경향이 있다(Vogel, 1990: 9~32). 1985년에 미 의회의 기술평가국(The Office of Technology Assessment of the U.S. Congress)은 「미국 남녀 노동자의 생식건강 및 그 자녀들의 건강과 안녕, 유해요인과 추정 유해요인에 관한 최근 지식」에 대한 보고서를 출간했다(U.S. Congress, Office of Technology Assessment, 1985: iii). 전미시민자유연합(American Civil Liberties Union)의 대표도 자문위원회에 참가했고, 44쪽에 걸친 '성차별 문제'가 보고서에 포함되어 있었다. 성차별문제에 관한 ≪산업의학: 최신지견≫에서는 임산부 여성에게 위험한 조건은 다른 모든 노동자에게도 똑같이 위험하다는 것을 보여주는 데 초점을 맞추고 있었다.

나는 얼마 전 퀘벡에서 예방 차원의 재배치가 거절된 임신한 엑스레이 기사에 관해 증언했는데, 그것을 보면 미국과 캐나다의 접근방법의 차이를 확실히 볼 수 있을 것이다(제6장 참조). 엑스레이 기사가 속한 노동조합과 나의 주요 논점은 엑스레이 노출사고가 일어날 수 있으며, 그렇게 되면 태아가 위험할 수 있다는 점이었다. 우리의 강조점은 국제적 기준에 따른 일상적인 노출보다는 과다노출의 가능성이 있다는 점이었고, 과학적인 문헌에 따르면 아주 낮은 수준의 방사선 노출도 임신에 영향을 준다는 점도 조심스럽게 지적했다. 그러나 미국의 과학자들은 나와는 전혀 다른 입장을 취하고 있었다. 미국의 과학자들은 기형아로 인한 소송을 두려워한 고용주에게 해고당한 엑스레이 기사를 방어하는 데 초점을 맞추고 있었다. 여성주의 과학자들은 방사선 노출에 대한 국제기준만 준수된다면 태아는 위험하지 않다는 것을 증명하려고 하고 있었다. 퀘벡에서는 고용주 측 과학자가 위험이 없다는 것을 보이려고 하는 반면 미국에서는 고용주 측 과학자가 위험하다는 것을 입증하려고 한다.[5]

정보가 충분하지 않을 때는 과학자들도 다른 이들처럼 자신의 정치적인 입장에 따라 이쪽이나 저쪽으로 기울어질 수 있다. 각자 적절한 과학적 문헌을 근거로 자신의 입장을 주장한다. 앞의 예처럼, 우리는 출판된 과학적 논문에 의거해 우리의 입장을 변호할 수 있다. 임신한 엑스레이 기사의 태아는 통상적인 수준의 방사선 노출로는 통계상 별 위험이 없을 것이고, 위험이 있다 해도, 정자가 방사선에 노출된 남성 방사선 기사보다 더 크지는 않을 것이다. 그렇지만 여성 노동자의 태아는 노동현장에 있기 때문에 혹시라도 있을 사고로 인한 노출이 가능하다. 따라서 여성 노동자의 위험수준이 높다는 것을 입증할 수 없을 지라도 예외의 경우를 대비해 노동자는 보호받아야 한다.

그렇다고 퀘벡에서 임산부가 완벽히 보호받고 있는 것은 아니다. 고용주들은 예방 차원의 재배치에 대해서 강력하게 항의하고 있으며, 그에 드는 비용 지불(산업보건안전위원회 연간 비용의 4.4%)에 반대하고 있다(Occupational

---

5 미국 법원은 그 기사를 해고하는 것이 차별적이라고 판정했다. 하지만 퀘벡 주에서 는 예방적 휴가를 가려는 한 노동자가 패했고 비슷한 사례가 아직 진행 중이다(U.S. Congress, Office of Technology Assessment, 1985: 246~ 247).

Health and Safety Commission of Québec, 1996). 노동조합 여성위원회는 시시 때때로 벌어지는 현 상태에 대한 공격을 막아내는 조직을 해야만 한다. 최근에 수백만 달러에 달하는 임신 관련 연구를 수행하고 있는 연구자는 여성의 고용에 미치는 위험이나 비용이 법률의 편익을 초과하고 있다고 주장했다 (McDonald, 1994). 그러나 이 연구에서는 태아에 미치는 영향만을 편익으로 고려하고 있다. 나 자신도 처음에는 비슷한 이유로 작업장을 떠나는 것에 반대했다. 그러나 생식위험에 관한 노동조합 교육을 하면서 수백 명의 여성 노동자를 만나고 난 후 내린 결론은 화학물질이 태아에 미치는 영향을 고려해 볼 때, 임산부는 보통 해를 방지하기에는 너무 늦은 시기에 작업장을 떠나며, 태아에게 해가 되는 화학물질은 정자에도 나쁜 영향을 미친다는 것이었다. 따라서 작업장에서 그런 화학물질을 제거하는 것이 작업장을 떠나는 것보다 더 우선적으로 고려되어야 할 일이다.

노동자들에게 상황에 대한 자세한 설명을 듣고 나서야 나는 상황을 제대로 이해할 수 있었다. 노동자들이 감독관에게 임산부뿐 아니라 일반 노동자에게도 아주 위험한, 법적 기준을 초과하는 수준의 유기용제에 대해 여러 차례 보고했지만, 그때마다 고용주는 약간의 벌금을 내고 말았다고 한다. 단기적으로 보면 작업장을 떠나지 않고 노동자들이 화학물질에 노출되지 않을 방법은 없다. 융통성이 없는 이론가가 아니라면 임신한 여성 노동자들에게 작업장에서 모든 노동자에게 보호장치가 시행될 때까지 기다리라고 할 수는 없다.

그런데 화학물질은 여성 노동자가 겪고 있는 노출의 극히 일부분일 뿐이다. 노동자들은 불러오는 배를 압박하는 작업 환경에서 일하거나, 어지럽고 다리가 퉁퉁 부을 때까지 계산대에 종일 서서 일해야 하고, 비위가 상할 정도로 악취가 나는 음식물을 처리해야 하고, 뜨거운 세탁장의 다림질 기계에서 일하고, 어린이집에서 애들을 안아 올리고 있다. 여성 노동자들은 건강이 좋은 상태에서도 이와 같은 조건에서는 일하기 힘들며, 임신 중에는 더욱 참을 수 없다. 임신 후기에 작업장을 떠나는 것도 그들에게는 큰 도움이 된다. 음식물 처리 과정에서 일하는 노동자의 말은 아직도 잊을 수가 없다. "내가 다른 때는 참을 수 있지만, 임신했을 때도 여기서 일해야 한다면 참을 수 없을 것이다." 이 말은 다시 말하면, 이 여성 노동자가 자신의 노동 조건에 대해서 효과적으로 항의할 수 있고, 항의할 자격이 있다고 생각하는 때는 그녀가 임신했을 때뿐이라는 것이다.

쾌벡에서는 이와 같은 예방 차원의 재배치를 통해서 여성노동 조건이 위험하다는 것이 알려져 왔다. 임신한 여성 노동자들이 열악한 노동 조건에서 일하는 경우가 많다는 사실은 임신한 여성 노동자의 3분의 1 정도가, 임산부 자신이나 태아, 또는 수유 중인 아이에게 위험하다는 것을 증명하여 작업장을 떠나는 휴가 혜택을 받아왔다는 것으로도 잘 알 수 있다.[6] 연구 결과에 의하면 예방 차원의 재배치를 받을 수 있는 여성은 최악의 노동 조건에서 일하는 여성이었다(Turcotte, 1992). 이 사회가 이상적인 사회라면 많은 노동자가 위험한 노동 조건에서 일하는 것이 밝혀지면, 노동 조건을 개선하라는 압력을 받게 될 것이고 그에 따라 모든 노동자가 화학물질에서 격리되며, 앉아서 일할 수 있고, 감염에서 보호를 받을 수 있을 것이다. 그러나 임산부나 수유를 하고 있는 많은 여성이 위험한 환경에서 일하고 있다는 사실만으로는 여성의 노동 조건이 안전하다는 일반적인 생각은 바뀌지 않았다. 임산부는 예

---

6   여기에 해당하는 사례가 많지는 않다. 이탈리아와 프랑스에서는 임신한 여성의 60%가 이러한 혜택을 받은 것으로 추정되고 있다(Stellman, 1978; Stellman and Henefin, 1984; Stock, 1991: 87~107; Turcotte, 1992: 79~96).

외적으로 연약한 존재라고 간주될 뿐이다. 그리고 퀘벡에 있는 여성들은 이와 같은 생각을 지지하고 있다. 왜냐하면 임신을 하면 힘든 노동 조건에서 벗어날 수 있을 것으로 기대할 수 있기 때문이다.

남성의 생식 관련 위해요인

1989년 나는 한 학생과 함께 지역의 불임클리닉에서 의사를 상대로 남성 불임의 환경적 원인에 대해 강의를 했는데, 그들은 우리의 강의를 매우 놀랍게 받아들였다. "우리는 남편에 대해서는 생각해본 적이 없습니다. 우리는 환자만 다루었을 뿐이에요." 물론 '환자'는 불임부부 중 여성을 말하는 것이다. 그러나 이러한 생각은 바뀌고 있다. 대부분의 불임 전문가는 아직도 여성에 대해 초점을 맞추고 있지만 작업장의 위해요인에서 정자를 보호한다는 생각은 점차 더 중요해지고 있다.

남성의 생식능력이 작업 환경의 영향을 받을 수 있다는 최근의 연구 결과를 통해 우리는 작업장에서 여성을 배제하는 것만으로는 생식능력을 보호할 수 없다는 것을 알 수 있다. 이런 사실을 제일 처음 널리 알린 연구는 캘리포니아에 있는 한 노동조합의 연구이다. 한 살충제 제조 회사의 남성 노동자들은 자신들이 아이를 갖는 데 문제가 있다는 것을 깨닫기 시작했다. 여러 연구를 통해서 문제는 DBCP(dibromodichloropropane)라는 살충제라는 것이 밝혀졌다(Narod et al., 1988: 401~415). 놀랍게도 얼마 안 있어 미국에서 DBCP 사용이 금지되었다. 내가 아는 바로는 그때까지 여성의 임신에 영향을 미친다는 이유로 작업장에서 사용이 금지된 화학물질은 없었다.

작업 환경으로 인해 남성의 생식이 영향을 받을 수 있다는 앞의 사례와 또 다른 증거로 인해 가임여성을 직업에서 제외하는 것이 공정하지 못하다는 것이 드러났다. 1986년 남성 생식에 관한 선구적 연구자가 적어놓은 것처럼, "주 초점은 여성과 태아에 주어지고 있지만 1970년대에 일어난 사건들로 인해 작업 환경이 남성의 생식에 미치는 잠재적 영향에 대한 관심이 촉발되었다"(Whorton, 1986: 375~379; Lindbolhm et al., 1991: 1029~1033). 이러한 관심으로 살충제, 방사선, 금속과 열에 대한 노출 등 정자와 남성의 가임에 영향을 미치는 여러 물질과 조건이 알려졌다.

퀘벡에 있는 한 공장 남성 노동자의 경우, 아이를 갖고자 하면 납 노출 지역에서 일을 하지 않을 수 있다. 몇 달 전에 나는 임신센터의 야심만만한 젊은 연구자의 전화를 받았다. 그 사람은 나에게 "생식에 문제를 일으키는 것 중에 지금 가장 문제가 되고 있는 것이 무엇입니까?"라고 물었다. 그 연구자는 정자의 유전자 변형을 가져오는 체계를 연구하려면 어떤 화학물질을 연구해야 하는지 알고 싶어 했다. 이제 젊은 연구자는 남성의 유전자 변형에 관한 연구가 연구비 획득에 유망한 연구 영역이라는 것을 알고 있다.

그러나 나에게 임신한 노동자의 통증이나 불편함에 관한 연구에서 '중요한' 영역이 무엇인가를 묻는 전화는 걸려오지 않는다. 사실 이 같은 영역에서 여성의 문제는 근골격계나 스트레스와 같은 다른 영역에서의 여성의 문제처럼 그다지 신뢰를 받지 못하고 있다. 임산부의 위해요인은 일하는 여성의 다른 위해요인이나 비슷한 상황이다. 태아가 관련되지 않는 한 이러한 문제는 거의 주목을 받지 못한다. 어떤 문제가 있으면, 열악한 노동 조건을 개선하려 하기보다는 여성을 제외하는 쪽으로 문제를 해결하려 한다. 상황이 이렇기 때문에, 많은 여성이 남성과 똑같이 행동하여, 여성을 노동현장에서 제외하고자 하는 시도를 사전에 예방해야 한다고 생각하고 있다.

2. 월경

이와 같은 압력의 영향이 가장 잘 나타나는 곳이 여성의 월경이다. 여성은 월경을 하고 남성은 하지 않기 때문에, 월경은 여성의 특징이다. 미 대륙에서 월경은 아주 개인적이고 창피한 것으로 간주된다(Delaney, Lupton and Toth, 1988: 62~63 참조). 내가 어떤 학문적 모임에 갔을 때 한 여성 연구자가 휴식시간에 이런 말을 했다. "사무실에서 일할 때 화장실에 생리대를 거리낌 없이 가지고 갈 수 있을 때 자유롭다고 할 수 있다." 그러나 어느 누구도 그럴 수 있다고 생각하지 않았다. 내가 박사 과정에 있을 때, 연구실의 남성 기술자가 당당하게 얘기하기를 자기는 여성이 화장실 갈 때 지갑을 가지고 가면 그 여성이 월경 중이라는 것을 안다고 했다. 그 얘기를 들은 후 나는 화장실에 지갑을 가지고 가는 것을 중단했고, 그 이후에는 생리대를 연구실에서 입는 가운 주머니에 넣고 다녔다.

노동자들이 CINBIOSE 연구자를 작업장 밖으로 쫓아낸 적이 단 한 번 있었는데 그때가 바로 우리가 월경에 대해 연구했을 때였다. 머글러와 베지나는 음식처리 노동자에 관해서 연구하고 있었는데, 일부 노동자가 아주 심한 월경통에 대해서 언급했고, 이들은 이 월경통이 저온의 작업조건과 연관되어 있다고 봤다. 머글러와 베지나는 낮은 온도가 월경통 등에 미치는 효과에 관해 연구하기 위해 설문지를 작성하여 아홉 군데의 가금류 처리 공장에서 설문조사를 했다. 열 번째 공장에서 노동자들은 설문 작성을 거부했다. 설문 항목이 '너무 개인적'이라는 것이 이유였는데, 자세히 알아본즉슨 월경통에 관한 질문 때문이었다.

그러나 다른 9개 공장에서 연구가 이루어졌고 그래서 나온 논문이 저온 노출에 따른 경련성 월경곤란증에 대한 첫 번째 보고였다(Mergler and Vézina,

<表 10-1> 메드라인 데이터베이스의 탐색결과(menstr-X work, menstr-X environment)

	1983~1986	1987~1990	1991~1994	전체
노동과 월경에 관한 논문 수	11	11	16	38
지불노동이 월경 주기에 미치는 영향	36%	18%	62%	42%
신체적 노력이 월경 주기에 미치는 영향	9%	64%	12%	26%
주기의 단계가 노동이나 신체적 노력의 역량에 미치는 영향	55%	18%	25%	32%
전체	100%	100%	100%	100%

1985; 106~111). 이는 매우 이례적인 훌륭한 논문이었다. 월경 관련 문헌 중 작업장의 위해요인이 월경 주기 증상에 미치는 영향을 고찰한 논문은 거의 없었고, 서구의 산업보건 연구 논문들은 월경증상을 결과변수로 다루는 경우가 거의 없었다. 저자들이 문헌 고찰을 할 당시, 월경과 노동에 관한 과학적 논문의 대부분은 여성이 월경 주기상의 여러 단계에서 일하기에 적합한가에 관한 것이었다.

1995년 월경과 산업환경을 다룬 논문을 찾기 위해 메드라인(Medline) 의학 데이터베이스에서 'menstr-'라는 키워드가 'work'나 'environment'와 함께 있는 영어 논문을 찾아봤다. 그 결과는 <표 10-1> 이다.

전체 문헌('menstr-'가 키워드로 의학 학술지에 수록된 논문)은 1983년 624개에서 10년 후에는 767개로 23% 증가했다. 월경과 노동에 관한 논문은 이보다 약간 더 증가했고, 초점도 바뀌었다. 첫 4년 동안의 논문은 주로 월경 주기가 노동의 적합도에 미치는 영향에 관한 것이었다. 그다음 기간에는 스포츠나 신체적 운동이 월경 주기에 미치는 영향이 연구의 초점이었고, 운동선수들의 무월경에 관한 논문도 몇 개 있었다. 전반적으로 3분의 1 정도의 논문은 스포츠라는 여성의 전문적인 활동 영역을 다루었다. 이 기간에 월경 주기의 여러 단계에서 통증 또는 저온에 노출된 여성을 연구한 논문은 14개가 있었는데, 이들은 월경 주기의 단계에 따라 통증 역치(threshold)가 달라지는 알아 보기 위한 연구였다. 노동 조건이 월경 주기에 미치는 영향에 관한 연구는 대부분 CINBIOSE나 동유럽에서 수행된 연구였다. 노동 조건과 조기 폐경에 관한 연구가 딱 하나 있었는데 이는 폴란드에서 이루어졌다(Stanosz, Kuligowski and Pieleszek, 1995: 340).

이처럼 월경과 관련해 여성 노동자의 건강보호에 관한 연구는 거의 없다. 그렇지만 유럽이나 북미의 가임연령 여성의 대부분은 노동을 하고 있고, 30%에서 90%의 월경 중인 여성이 월경 주기와 관련된 아랫배 또는 허리 통증을 보고하고 있다(Woods, Most and Dery, 1982: 1257~1264; Sundell, Milsom and Andersch, 1990: 588~594; Pullon, Reinken and Sparrow, 1988: 52~54).

이와 같은 관심의 결여는 경련성 월경곤란증에 대한 연구지의 태도에도 일부 원인이 있다. 이것은 또한 남성이 경험하지 않는 여성의 건강 문제는 무시되는 점을 반영하는 것이다. 예를 들어 비행기에서 일을 시작한 여성 노동자가 월경 주기가 바람직하지 않게 바뀌는 비율이 바람직하게 바뀌는 비율보다 3.5배가 높다는 것을 보고하면서 연구자는 다음과 같이 언급했다.

경련성 월경곤란증의 병리생리학을 설명하는 정보는 충분치 않다. 경련성 월경곤란증과 다른 신경과민증상의 연관성이 높다는 점은 경련성 월경곤란증에 심리적인 원인이 있음을 보여주고 있다(Iglesias, Terrés and Chavarria, 1980: 518~520).

초기 연구자는 이보다 더 솔직하게 기술하고 있다.

항공사 여성 노동자의 연례 건강검진의 주요 부분을 차지하는 토론 과정에서 확실히 알 수 있었던 것은 이 여성 노동자들이 [비행이 항공노동자에 미치는 영향에 대한 일반인 대상의 기사를 보고 불안해하고 있다는 것이었다. …… 비행, 특히 제트기 비행이 여성 노동자의 월경 기능에 확실하게 나쁜 영향을 미친다는 주장을 살펴보자. …… 가장 큰 문제는 월경이 불규칙해진다는 것이고 그다음이 경련성 월경곤란증이다. 전자, 즉 불규칙성은 시차 적응이 남성의 생체 리듬에 미치는 영향이 이미 알려져 있기 때문에, 그다지 놀라운 것이 아니다. 그러나 후자, 경련성 월경곤란증은 측정할 수 있는 것이 아니고, 아주 주관적이며, 심리적인 측면이 가장 중요하다고 할 수 있다(Cameron, 1969: 1020~1023).

한마디로 말해서 월경통의 보고는 믿을 수 없다는 것이다.

노동 조건이 경련성 월경곤란증에 미치는 영향에 관한 연구에 대한 연구비 지원 요청에 대한 동료 평가위원회에게 받은 평가서에서도 우리는 여성의 무시되는 것을 확인할 수 있었다. 우리는 월경과 관련된 연구 논문을 4편 출판했지만, 연구비는 전혀 받지 못했다. 되돌아보면 우리가 산업보건안전연구소에 제출했던 9개의 연구계획서 중에서 단 하나만이 우선순위와 관련성이 떨어진다는 이유로 연구비를 거절당했는데 그것이 바로 월경 관련 프로젝트였다. 하지만 월경 관련 연구를 저평가하는 것은 잘못이다. 왜냐하면 월경통은 산업보건에서 '중요한' 허리 통증에 대한 보고와 혼동할 수 있기 때문이다(Tissot, and Messing, 1995: 511~522).

월경 문제를 제대로 연구하지 못하는 것은 불행한 일이다. 우리가 여성의 생식보건에 관한 정보에서 가장 얻기 쉬운 변수가 바로 월경이다. 작업장에서 일하는 대부분의 여성은 월경을 하고, 보통 7명 중 1명은 월경 중이다. 이와는 대조적으로 1년에 5% 미만의 여성만이 임신을 하며,[7] 그중에서 조산,

---

7 Statistics Canada(1992)와 Québec Occupational Health and Safety Commission(1992: table

유산이나, 저체중아 출산과 같은 결과의 비율은 아주 낮다. 작업장에서 상대적으로 적은 수의 여성만이 임신을 하려고 하고, 불임의 경우 연구자는 일어나지 않은 사건을 발견해야 하는 것이기 때문에 연구하기가 더 어렵다. 불임 연구를 하려면 부부가 임신을 위해서 정확히 무엇을 하고 있는지를 알아야 하기 때문에 월경보다 훨씬 더 깊이 '사생활'을 파고들어야 한다.

따라서 노동이 월경 주기에 미치는 영향을 연구하면 많은 여성이 다달이 겪는 통증을 줄여주거나 생식건강을 개선하는 데 공헌할 수 있을 것이다. 그러나 177쪽에 달하는 1986년도판 직업성 생식 관련 위해요인에 관한 《산업의학: 최신지견》에는 월경에 대한 언급이 전혀 없다. 1993년도판 여성 노동자의 산업보건에 관한 《산업의학: 최신지견》에서도 월경 관련 내용은 과거에 월경이 여성을 장애인화한다고 잘못 생각해왔다는 언급뿐이었다. 1994년도판 생식 위해요인에 관한 《산업의학: 최신지견》은 진보의 흔적을 약간 찾을 수 있지만, 월경 주기에 영향을 미치는 작업장에서의 노출에 대한 토론이 196쪽 중 단 1쪽만을 차지하고 있으며 그나마 월경통은 언급도 되지 않았다.

앞에서도 언급했던 것처럼, 여성의 월경이 무시되는 이유는 아마도 여성이 작업장에서 여성으로 보이고 싶어 하지 않는 것과 연관되어 있을 것이다. 여성들은 자신을 여성으로 규정하는 것은 자신들에게 어떤 이득도 주지 않을 뿐 아니라 오히려 해를 주리라는 것을 경험으로 알고 있다. 소아레스(Angelo Soares)가 인터뷰한 슈퍼마켓의 계산대 직원은 적대적인 감독관이 그녀의 여성성을 이용하여 그녀에게 굴욕감을 주었던 것을 얘기했다.

---

1)을 활용해 계산했다.

우리가 서서 일할 때, 여성으로서 힘든 때가 있어요, 내 생각에는 화장실 가는 것도 그렇고 …… 그들이 화장실에 가는 것을 허락하지 않았기 때문에 집에 가야 했던 적도 있어요. 매월 일정 기간에 …… 매우 악의적이고, 불쾌해요. 양해해주지 않는 거죠 …… 언제나 그러는 건 아니잖아요. 한 달에 한 번이 전부죠(Soares, 1995: 144).

3. 결론

앞에서 말한 여성 계산원과 같은 사례는 임산부와 수유 여성 노동자에게도 일어난다. 일하는 남성과 여성 모두, 여성이 일하고 싶다면 자신의 특수한 상태를 스스로 책임져야 한다고 생각하는 듯했다. 내가 어떤 모임에서 만난 한 미국 과학자는 자신의 연구소에서 일하는 직원이 돈 때문에 제왕절개 출산 후 1주일 만에 출근해야 했는데 참 힘들어하더라는 얘기를 한 적이 있었다. 그 직원은 현미경 슬라이드를 읽기 위해 높은 의자에 올라가야 했기 때문에 특히 힘들었다고 한다. 나에게 이야기를 한 그 과학자는 그녀에게 약간의 휴식시간을 주거나, 좀 더 편안한 의자를 제공해야겠다는 생각은 전혀 하지 못한 것 같았다. 그 과학자는 단지 개인적인 문제가 있는 그녀가 안타깝다고 느꼈을 뿐이었다.

여성이 작업장에서의 상해와 질병에 대한 보상을 받는 것은 쉬운 일이 아니다. 여성이 산재보상을 청구할 때 과학자들은 별 도움이 되지 않는다. 여성의 산재에 대한 보상 청구에서 더 중요한 것은 고용주 - 피고용인의 역학관계와 양쪽 의사 중 누가 더 말을 잘하는가이다. 오히려 과학자들은 여성에게 불리한 사회적인 과정을 만드는 데 기여했다. 여성 노동자에게 해가 되는 사회적 태도는 과학이라는 이름으로 객관성을 부여받았다. 과학적 연구 결과를 근거로 부적절한 근로기준과 보상의 거부, 부적절한 예방행위가 정당화되었다. 다시 말해서, 과학자들은 작업장 정책과 작업장에서의 이해관계, 그리고 여성의 사회적 역할과 신체적 구조라는 정형화된 사고의 영향 하에서 연구 주제를 선택하고 연구 결과를 산출했다.

노동조합의 안전보건 담당자에 의하면 여성만 보상을 받는 데 어려움을 겪고 있는 것은 아니다. 남성은 위험한 일을 하며 남성도 보상을 받기가 어렵다. 남성 역시 보상위원회에서 열악한 취급을 받은 사례가 부지기수이다.

내가 주장하는 것은 여성이 남성보다 더 열악한 대우를 받는다는 것이 아니고, 여성의 경우는 그런 일조차 잘 알려져 있지 않다는 것이다. 여성의 문제는 쉽고, 깨끗한 노동 조건이라는 환상 뒤에 감춰져 있다. 이런 일들은 여성을 심각하게 생각하지 않는 감독관에 의해서, 그리고 이미 2류 노동자로 일하고 있는 여성들이 자신의 노동을 더 위험에 빠지게 하고 싶어 하지 않기 때문에 그냥 묻히고 있다. 노동조합의 보건환경담당자는 여성이 왜 보상 청구를 하기를 꺼리는지를 다음과 같은 사례를 들어 얘기해주었다.

이 여성 노동자는 1주일에 이틀 일하고 있는데 혼자 벌어서 가정을 부양해야 하는 한부모 가정의 엄마입니다. 이 노동자는 1주일에 이틀 일해야 합니다. …… "나는 일자리를 잃을 거예요. 지금도 나는 그다지 많이 일하고 있시 않아요. 나는 그 돈이 필요합니다." 그 사람들을 산재보상을 받기 위한 진정위원회에 진정하면, 그 사람들 입에서 얘기가 나와야 합니다. 그렇지만 그 사람들은 위원회에 오고 싶어 하지 않을 뿐 아니라 설사 온다고 해도 제대로 얘기를 못 할 겁니다. 그들은 너무 무서워하고 있어요. 믿을 수 없을 정도로.

여성은 산업보건체계에서 자신이 남성의 세계에 있다는 것을 알게 된다. 이곳에서는 여성의 신체, 여성의 일, 여성의 사회적 환경은 여성을 판단하는 사람들의 신체, 일, 환경과 다르다. 여성은 그동안 위험하다고 알려지지 않았던 물질과 환경으로 고통받고 있지만, 여성은 이런 환경의 영향을 받는 신체기관에 대해서 얘기하기 쑥스러워하며, 얘기한다고 해도 여성의 말은 신뢰를 받지 못한다. 이와 같은 적대적인 상황에서 여성들이 밝히고 싶지 않은 개인적인 삶이 낱낱이 밝혀질 수도 있다.

이러한 상황은 관련 연구 자료의 부족으로 계속되고 있다. 과학자와 작업장의 상호 교류는 위해요인에 대한 노출기준, 보상절차, 사업장 방침이라는 세 가지 노동기준을 통해서 여성의 건강에 가장 직접적으로 분명하게 영향을 미친다. 나는 여기서 이 세 가지가 어떻게 여성에게 악영향을 미치는지 보여주고, 어디에서 어떻게 여성과 여성의 일이 포함되어야 하는지를 보여줄 것이다.

1. 노출기준

화학물질, 방사선, 소음, 육체노동에 대한 노출기준은 작업장 표준을 따르고 있다. 화학물질에 대한 노출기준은 비정부기관으로 미국과 다른 지역의 기준설정에 큰 영향을 미치고 있는 미국의 정부산업위생사협회(American Conference of Governmental Industrial Hygienists: ACGIH)의 권고를 따르고 있다. 이온 방사능의 노출기준은 국제위원회의 기준에 따라 각 나라에서 입법화하고 있다. 소음노출 허용기준은 주나 지방에 따라 다르다. 육체노동의 기준은 미국의 국립산업보건연구소(National Institute of Occupational Health)의 권고를 따르고 있으며, 유럽에서는 전 유럽 기준을 개발하고 있다.

그러나 이와 같은 기준의 상당 부분은 여성의 생리에 적합하지 않으며, 여성이 하는 일의 조건을 포함하고 있지 않다. 그 밖에 이 기준이 실제의 작업장 환경에 맞지 않기 때문에 전체 노동자에게 적합하지 않을 때도 많다.

화학물질의 기준이 노동자의 관점에서 결정되지 않았다는 점에 대해서는 많은 비판이 있었다. 캐슬먼(B. I. Castleman)과 지엠(G. E. Ziem)은 화학적 발암물질의 기준이 정해지는 과정을 자세히 검토한 후, 발암물질의 기준을 세운 증거가 불충분하며, 실험은 검증되지 않았다고 비판했다(Castleman and Ziem,

1988: 530~559). 이들은 기준을 정하는 데 화학물질 제조 회사의 영향력이 크게 작용했다는 점을 보여주었다. 또 다른 연구에서는 ACGIH의 기준위원회 (Threshold Limit Value Committee)에서 일하는 과학자들이 이해갈등의 당사자인 경우도 있다는 것을 발견했다(Castleman and Ziem, 1988, 1994: 133~143).

기준위원회 회원은 산업체와 상담을 함으로써 상당한 정도의 소득을 올릴 수 있고, 또 실제로 상담을 하고 있다. 그러나 기준위원회 책자에는 회원의 대학 소속만 적어놓고 있다. ACGIH는 기준위원회의 회원 자격에 제한을 두지도 않고 재정적으로 연관이 있는 당사자와의 상담을 공개하도록 하고 있지도 않다. 또한 고용, 상담, 또는 연구비 등으로 이해 당사자가 되면 특정 화학물질에 대한 기준위원회에 위촉하는 것을 제한하는 정책도 없다(Castleman and Ziem, 1988: 555).

또 다른 과학자들은 미국 산업안전보건청(Occupational Safety and Health Administration: OSHA)이 정하는 화학물질의 기준 설정에 산업체가 직접적으로 영향을 미치고 있다는 점을 지적해왔다(Landrigan and Perera, 1988: 375~377; Nicholson and Landrigan, 1989: 185~188). OSHA는 기준을 지키도록 강제할 책임이 있는데도, 기준위원회에서 제시한 기준보다 높은 수준의 화학물질 노출을 허용해왔다(Rekus, 1996: 45~46). 캐나다와 퀘벡에서는 미국 기준에 따라 화학물질 노출기준을 정해왔다.[1]

따라서 일반적으로 화학물질 노출의 기준은 엄격하지 않을 가능성이 높

---

1   1994년 1월 24일 몬트리올 공중보건부서의 마크 골드버그(Mark Goldberg)와 이베 봉발로 (Yvette Bonvalot)가 서명한 편지가 다양한 학문의 과학자에게 전달되었다. 이 편지에서 밝힌 내용은 퀘벡 주에서 활용하고 있는 노출기준의 90% 가량은 AGGIH의 기준을 그대로 사용하고 있다는 것이었다.

다. 특히 여성 노동자의 관점에서 보면 다음과 같은 세 가지 문제가 있다. 첫째, 노출기준을 정하는 연구에서 여성과 여성의 신체는 제외되어왔다. 인간의 노출에 관한 연구는 주로 남성이 일하는 산업체에서 이루어져 왔다. 사람을 화학물질에 노출되게 할 수는 없기 때문에 대부분의 실험은 동물을 이용했다. 어느 누구도 실험을 목적으로 인간이 독성물질에 노출되기를 원하지 않는다. 그러나 동물실험을 인간에게 적용하려면 어느 정도 추정이 필요하다. 이와 같은 추정작업에서 주로 수컷동물을 이용한 연구임에도 성적인 차이에 관한 요소가 들어가는 일은 거의 없다.

심지어 인간의 노출이 고려된다고 해도 여성이 포함되는 경우는 거의 없다. 인간 특성의 차이에 따라 독성물질에 대한 반응이 달라질 수 있다는 점은 거의 고려되지 않는다(Sass, 1988: 355~363). 같은 밀도의 독성물질이 공기 중에 있더라도 그 효과는 몸집에 따라 달라질 수 있기 때문에 몸무게는 특히 중요하다.[2] 일반적으로 여성은 남성보다 몸집이 작기 때문에 몸집이 더 큰 남성을 기준으로 한 산업노출기준은 여성들에게는 너무 높을 수도 있다.

둘째, 기준을 정할 때 임산부에 대한 고려가 제대로 이루어져 있지 않다. 한편으로 임신 중에는 호흡률이 높아져서 같은 밀도의 공기 중에서도 유해 화학물질 노출 정도가 더 높을 수 있기 때문에 여성은 임신 중에 특별 고려가 필요하다. 하지만 다른 한 편으로는 여성은 '보호'라는 명목으로 자신의 직장을 놓치는 것을 원하지 않는다.

임산부의 이온 방사선 노출과 관련해 이런 갈등은 계속 일어나고 있다. 캐나다의 원자에너지위원회(Atomic Energy Commission)에서 후원한 방사능 노

---

2 독성의 수용은 몸집에 대개 비례한다. 몸집이 작은 사람은 같은 용량에 비해 높은 비율의 수용성을 가질 수 있다.

출 허용기준에 대한 토론회에서 여성 노동자들과 그들의 대리자들은 다양한 견해를 피력했다. 한쪽에서는 기존 제한기준이 태아를 보호하기에 미흡하다고 주장했고, 다른 한쪽에서는 기준을 올릴 필요가 없으며 기준을 올리면 여성이 직업을 갖는 데 방해가 될 수 있다고 주장했다. 양쪽 다 과학적인 증거가 있었다.

  토론은 매우 격렬하게 진행되었지만, 토론 과정에서 여성의 고용권 보호는 전혀 언급되지 않았고, 기준을 설정할 때 여성의 직업보호 문제도 고려해야 한다는 제안도 제출되지 않았다.[3] 어느 쪽에서도 기준이 존재한다 해도 실제 상황에서 방사능에 노출되는 대부분의 노동자를 보호할 수 없다는 점이나, 실제 상황은 성장에 영향을 받기 쉬운 태아에게 특별히 해가 될 수 있다는 점을 지적하지 않았다. 이는 작업장에서 방사능 노출을 측정하는 방식과 관련되어 있다. 방사능 관련 노동자는 보통 옷 위에 방사능 측정기를 착용하고 있다. 방사능에 노출되는 노동자는 대부분 병원이나 연구소에서 일하는 여성 노동자인데 이들은 석 달에 한 번씩(임산부의 경우는 2주에 한 번씩) 이 측정기를 보내 측정을 받고 있으며, 결과는 몇 주 후에 통보된다. 만약 너무 많이 노출되었을 경우 그 결과가 진짜인지 또는 무슨 실수인지를 조사한다.[4] 따라서 임산부는 많은 양에 노출되었다 해도 몇 주 후에나 그 결과를 통보받는다. 임산부가 아니라면 결과를 더 늦게 통보받는다. 많은 양에 노출된 노동자가 노출이 적은 다른 자리로 옮겨갈 수 있겠지만, 이미 태아는 많은

---

3 캐나다에서 방사선에 노출되는 노동자 중 극히 일부만 퀘벡 법에서 규정한 예방적 부서이전의 적용을 받고 있다.
4 방사선 노출량을 측정하는 선량계(dosimeter)는 과거에는 필름으로 만들어져 여러 번 읽을 수 있었다. 현재 선량계는 화학적 센서로 만들어져 더 예민해졌으나 한 번밖에 읽을 수가 없다. 따라서 실수로 잘못 읽힌 것을 다시 점검할 수 없는 한계가 있다.

양의 방사능에 노출되어 해를 입은 후이다. 많은 과학자가 태어나는 적은 양에 노출되어도 해를 입을 것이라고 믿고 있다(Otake, Schull and Neel, 1990: 1~11).

우리가 연구했던 노동자들의 노출 형태는 지속적인 저 수준 노출이 아니라, 사고에 따른 노출이었다. 경험이 없는 의사가 서두르다가 방사능 기사가 아직 피폭 지역에 있을 때, 방사능 방출 기구를 작동시켰던 것이다. 방사능 용액을 엎지르면, 방사능 피폭 수준이 달라질 수 있다. 나중에 결과가 통보되는 방사능 측정기를 사용하면 이런 노출을 예방할 수 없다. 대부분 남성으로 구성된 핵발전소의 퀘벡 노동자들은 노동자가 과대하게 노출되었을 경우 즉시 신호를 주는 방사능 측정기를 착용하고 있다. 그러나 병원에서 일하는 노동자(대부분이 여성)는 이런 방사능 측정기를 사용하지 않는다. 그러나 우리가 연구한 병원 방사능 기술자들은 핵발전소 노동자들보다 더 높은 방사능에 노출되어 있었다(Seifert et al., 1993: 61~70).

그런데 직업 안정에 대한 고려 없이 임산부나 임신 가능성이 있는 여성이 방사능에 노출되는 것을 강력하게 규제하면 아마도 임산부의 노출위험이 낮아지기보다는 오히려 임금이 높은 이와 같은 직업에서 여성을 배제하는 식으로 문제를 해결하려 할 것이다. 따라서 다른 노출기준에 대한 정보가 거의 없는 것을 감안할 때, 방사능 노출기준을 낮추자는 제안은 적절한 방법이 아니다. 산업안전과 건강을 위한 매사추세츠연합(Massachusetts Coalition for Occupational Safety and Health)에 따르면 극소수의 화학물질만이 생식 독성에 관한 시험을 거쳤으며, 기준이 설정된 500개의 화학물질 중 4개(납, 벤젠, 디브로모 디크로로프로페인, 에틸렌옥사이드)만이 생식 위해 예방기준이 설정되어 있다 (Massachusetts Coalition for Occupational Safety and Health, 1992).

세 번째 문제는 여성이 일하는 작업장의 경우 노출기준이 아예 없다는 점이다. 화학물질의 산업기준은 화학업체에서 제조에 이용되는 물질을 대상으로 수립되었고, 제조업체가 아닌 여성이 일하는 다른 사업체에서 사용되는 화학물질은 포함되지 않은 경우도 있다. 최근까지 미용사, 청소부, 심지어 병원 노동자는 화학물질을 다루는 노동자로 인식되지 않았다. 그뿐 아니라, 과거에 화학물질에 노출되는 공장에서 일하던 여성들이 이제는 자영업자가 되어 자신의 집에서 하도급 노동이나 재택노동을 하고 있으며, 이런 여성들은 노출에 대한 정보도 거의 없으며, 대부분 보상도 받지 못한다.

육체노동의 기준

제3장에서 본 것처럼 육체노동의 기준 수립에 여성 노동자도 포함되기 시작했다. 그러나 여성 노동자가 포함된 사료로 기준을 수립하는 과정이 젠더적 관점에서 이루어지고 있지는 않다. 스티븐슨이 지적한 것처럼 과학자들은 거대한 남성의 자료에 약간의 여성에 관한 자료를 합침으로써 여성과 남성의 생리적 능력을 모두 고려하고 있다고 생각하고 있다. 이렇게 함으로써 여성과 남성의 차이는 없어지고, 과학자들은 자신의 결론이 양성에 근거하고 있다고 말할 수 있게 된다(Messing and Stevenson, 1996: 156~167).

육체노동의 기준은 무거운 물건 들기를 중심으로 세워졌으며, 이 일은 전통적으로 남성의 일이었다. 여성의 일 중에도 이와 같은 무거운 것을 드는 노동이 있다. 그런데 드는 상대는 물건이 아니라 사람이다. 예를 들어 렁버그(A. S. Llungberg)와 동료들은 간호보조원과 창고 직원의 육체적 노동 요구를 비교 연구했다. 창고 직원이 훨씬 무거운 물건을 옮겼으나, 간호보조원은 더 오랫동안 일하고 더 불편한 자세를 취했으며 환자가 예상치 않게 움직일 때 신속하게 반응해야 하는 위험을 감수해야 했다. 그들은 이러한 어려움 때문에 간호보조원의 사고율이 높다고 결론지었다(Llungberg, Kilbom and Hägg,

1989: 59~78). 사람을 옮기는 것은 NIOSH 지침에 의하면 무거운 물체를 옮기는 것에 해당된다(Waters et al., 1993: 749~776). 간호보조원이 일상적으로 행하는 전형적인 드는 일을 인간공학적으로 분석해본 결과, 평균 몸무게의 환자를 다루는 일상적인 일들도 척추 하단에 상당히 높은 압박을 가한다는 결과가 나왔다(Garg, Owen and Carlson, 1992: 979~995). 척추에 압력이 가는 일 외에도 간호보조원은 8시간 동안 평균 52번 환자의 자세를 바꾸는 것으로 나타났다. 유치원 교사와 탁아소 교사들의 경우, 작업 환경이 노동자가 아닌 아이를 중심으로 만들어져 있으며, 매일 10~20kg에 달하는 아이들을 들어 올려야 한다(Stock, 1995: 62~74; Legault-Faucher, 1994: 30~31). 가정간호 노동자들은 가정에서 환자를 들어 올리거나 자리를 옮겨줘야 하는데, 집안의 환경은 그런 일을 하기에 적합하지 않다.

트럭에 물건을 싣거나 벽돌을 나르는 것과 같은 종류의 들기는 아니지만, 이런 작업이 건강에 위험하다는 것은 쉽게 알 수 있다. 피고용자가 1시간에 20kg짜리 상자를 여러 번 들어야 하는 작업은 수동 물자취급 작업으로 간주되며 그에 적당한 취급을 받는다. 따라서 그 일을 위한 장비가 제공되고, 작업장조사가 이루어지고, 노동자는 그만한 무게를 감당할 수 있도록 훈련받는다. 사람을 다루는 여성의 직업에도 그와 같은 과정이 도입되어야 한다는 인식이 점차적으로 확산되고 있다. 최근 인간공학 학술지에서 탁아소에서 아이를 안아 올리는 것이 NIOSH의 기준을 초과하는 것이며, 그와 같은 작업 부담은 바뀌어야 한다고 언급되었다(Grant, Habes and Tepper, 1995: 405~410).

인간의 손으로 들어 올리는 작업에 대해 양성평등적인 지침을 도입하려는 시도에도, 전통적으로 여성에게 할당된 육체적 노동에 대한 기준이 만들어지지 않았다. 여성이 담당하는 '가벼운 일'로 치부되는 대부분의 일은 NIOSH의 지침에 속하는 작업이 아니다. 노동조합의 건강과 안전 활동가가 우리에게 다음과 같이 말했다.

> 그 일(옷 만드는 일)은 아무것도 아닌 것처럼 보여요 그 일이 육체노동이 아니
> 라는 것은 맞고, 전신주에 올라가는 수리공이 하는 일과 같은 것은 아니죠. 눈에
> 훨씬 덜 띄는 일이죠.

규제대상이 되는 여성노동의 특성으로는 얼마나 많이 반복하는가, 얼마나
오랫동안 정자세로 있어야 하는가, 피고용자가 어떤 자세로 어떤 장비를 사
용하는가, 작업대의 면적이 노동하기에 적합한가 등이 있다. 반복적인 작업
이 근골격계 문제와 관련되어 있다는 것을 알고 있지만, 북미에서는 반복작
업의 횟수는 규제대상이 아니다. 브라질에서는 비서들이 1시간에 8,000번
이상 자판 키를 치는 것을 규제하고 있다. 빌레트(A. Billette)와 동료들의 관
찰에 따르면 캐나다에서는 자료입력자의 경우 1시간에 2만 번까지의 업무량
이 주어지고 있었다(Billetee and Piché, 1987: 942~948). 걷기가 반복적인 움직
임으로 간주되는 경우는 거의 없으며, 하루에 걷는 거리에 제한이 없다. 병
원 노동자, 웨이트리스, 청소부와 그 외의 여러 직업종사자들은 일을 시작할
때부터 끝까지 계속 뛰어다녀야 할지도 모른다.

가만히 있어야 하는 일, 움직임 없이 일하는 것은 잘 보이지 않고, 규제를
받지도 않는다. 남성이 하는 많은 일은 동적인 노력을 요구하며, 동작 중에
근육의 수축을 가져온다. 동적인 일은 상자를 들거나 못을 박는 것 같이 눈
에 보이는 일이다. 정적인 일은 근육이 수축된 상태로 장기간 지속된다. 움
직임 없이 계속 서 있는 것과 같은 이런 종류의 일들은 순환을 방해하여, 근
골격계와 순환기에 문제를 가져온다.[5] 높은 곳의 먼지를 닦거나 변기 위로
몸을 구부리는 청소일은 불편한 자세로 장시간 일하는 경우가 많다.

서 있는 것은 많은 여성의 일의 특성이기도 하며, 정적인 노동의 사례이다. 북미에서 공장이나 서비스직에서 일하는 많은 여성(판매원, 미용사, 창구직원, 계산원)이 장시간 서 있어야 하는 일을 하고 있으며, 그 결과 등이나 다른 근골격계에 문제가 생긴다. 실제로 작업장은 서 있는 것을 표준으로 설계되어 앉을 수가 없다. 은행창구 직원에 대한 연구에 의하면, 노동자는 창구 앞에 장시간 서 있을 뿐 아니라 1.8분에 한 번씩 반 발짝을 걷는다. 예를 들어 현금 서랍의 위치는 그들이 돈을 내어줄 때마다, 한 발짝 뒤로 물러서도록 되어 있다. 그들은 컴퓨터를 사용하려면 한 발짝 옆으로 가야 하고, 계산기를 사용하려면 반대쪽으로 가야 한다. 이와 같은 작은 움직임은 다리의 통증을 예방하기에 충분치 않을 뿐 아니라, 이 때문에 앉을 수도 없다. 유럽과 남미에서는 이런 작업장은 앉아서 일하도록 설계되어 있고, 은행의 창구 직원, 계산원이나 판매원들은 앉아서 일을 한다.

정적인 일에 대한 작업 기준의 결여로 인해 북미의 여성 노동자들은 또 다른 문제에 직면하고 있다. 열 노출의 법적인 제한은 온도가 아주 높은 작업장(제련소, 용광로)에서 수행된 연구에 기초해 수립되었고, 그런 작업장에서 행해지는 전형적인 작업, 동적이며 남성적이고, 열을 생성하는 작업을 고려하여 정해졌다. 어느 날 나의 동료인 머글러는 세탁 노동자 조합에서 전화를 받았다. 세탁 노동자들은 여름에 온도가 섭씨 30도(화씨 86도)에 도달하면, 세탁 노동이 참을 수가 없을 정도로 힘들어진다고 했다. 몇몇 노동자는 열 때문에 기절을 하기도 하지만, 정부 지침에 의하면 '가벼운 노동'에 속해 있

---

5   우리가 박물관을 방문하여 각각의 작품 앞에서 오랜 시간을 보낼 때 경험하는 것과 같은 불편함이다. 만약 노동자가 자신이 취하고 있는 자세에서 아무런 움직임이 없다면 그 정도는 더 악화될 것이다. 일부 공장 노동자가 흔히 경험하는 자세이다.

는 세탁 노동의 경우 그 정도는 적정 온도라고 한다.

사실 섭씨 30도는 열과 관련된 특정 질병을 얻게 될 정도로 높은 온도는 아니다. 그렇지만 작업을 관찰해본 결과 세탁 노동자는 매우 빨리 일해야 하며, 많은 수의 젖은 시트를 손질한다. 그런 조건에서 정적인 노동과 낮은 수준의 동적 노동이 결합하면 심장에 부담이 된다(Brabant, Bédard and Mergler, 1989: 615~628). 머글러와 동료들은 더운 여름 몇 개월 동안은 여성 세탁 노동자가 받는 심장 부담이 권장 기준을 넘는 경우가 40% 정도이며, 광산노동자와 비슷한 수준을 보인다는 것을 알았다. 이들은 이 작업을 '가벼운' 것에서 '중간' 정도로 재분류해 온도 제한을 27도로 낮추는 데 성공했다.

제7장에서 지적한 것처럼 노동자의 육체와 작업대 설계의 적합도가 낮은 것은 여성에게 특히 문제가 된다. 많은 공간이 남성을 기준으로 설계되어 있다. 고정된 자세로 일하는 임신부는 작업대의 신체적 기준에 대한 명확한 지침이 없기 때문에 특히 어렵다. 지넷 폴과 동료들은 많은 과학적 연구를 검토한 후, 임신이 진행되어서 몸이 변화되어도 노동자세를 그에 맞게 조정할 수 없기 때문에 수많은 임산부가 근골격계 문제를 가지는 것이라고 결론지었다(Paul, van Dijk and Frings-Dresen, 1994: 153~159). 연구자들은 작업대를 측정해, 작업대의 높이가 임산부의 안전과 편안함에 중요한 요소라는 것을 보여주었고, 작업대를 설치할 때 이런 점을 고려하지 않기 때문에 배가 불러옴에 따라 많은 작업대가 상당히 불편해진다는 점을 지적했다. 노동자 개인에게는 임신은 일시적이고 짧은 기간에 일어나는 일이지만 조직의 입장에서 보면 장기적으로 많은 여성을 고용하기 때문에 이를 감안해야 한다는 점을 적절히 지적했다(Paul et al., 1995: 129~133). 따라서 병원이나 사무실과 같은 작업장에서는 임산부가 편안하게 앉아서 일할 수 있는 작업대를 개발할 수 있고 개발해야 한다.

2. 산재보상

또한 산재보상체계는 발판에서 떨어져 다리가 부러진 노동자처럼 고전적인 산업재해처리를 위해 만들어졌다. 다리가 부러지면 회복을 위해 몇 주간 쉬어야 한다. 쉬는 기간에 휴업급여가 지급되고, 치료비나 필요한 재활비용이 제공된다. 작업장에 복귀 후 재발했다면 다시 쉬는 기간의 보상이 주어질 것이다. 상해로 인해 사망하면 가족들이 보상을 받는다. 장애인이 되어 그전과 같은 임금을 받을 수 없어도 보상금을 지급받는다. 예전에 했던 일을 다시 할 수 없으면, 재교육을 위한 돈을 받을 수 있다.

남성 노동자도 보상을 받는 것이 쉽지 않다. 그러나 여성 노동자는 성차별로 인해 보상받기가 특히 어려우며, 제도적인 문제로 더 어려움을 겪는다. 리펠과 다이앤 데머스(Diane Demers)는 퀘벡의 산재보상체계에서 성차별주의가 만연하고 있다고 지적한 바 있다. 이 책의 초반부에서 얘기한 것처럼, 이들의 연구에 의하면 비슷한 수준의 스트레스 문제로 인한 보상의 경우 여성이 남성보다 적게 보상받을 가능성이 높았다. 그뿐 아니라 작업으로 인한 상해 때문에 일상적인 가사노동을 할 수 없는 여성은 그 일을 대신할 다른 사람에게 지불한 돈을 받는 비율이 남성보다 적었다. 여성의 가사노동은 긴급한 것이라거나 적절한 도움을 받을 필요가 있는 것으로 간주되지 않기 때문이다. 마지막으로 여성은 예전에 하던 작업을 할 수 없을 경우, 일반적으로 재교육 대상 여성의 교육수준이 남성보다 더 높음에도, 재교육을 받을 수 있는 작업의 수는 남성이 훨씬 많았다. 여성의 절반은 사무직과 판매직 영역의 재교육을 받는 반면, 남성의 5분의 1은 관리나 서기와 같이 더 나은 작업으로 재교육을 받고 있었다(Lippel and Demers, 1996).

체계적인 차별로 인해 여성이 남성과 같은 수준으로 보상을 받기는 어렵다. 어깨가 아픈 재봉노동자와 다리가 부러진 건설노동자를 비교해보면, 확실히 건설노동자가 더 많은 돈을 보상받고 있다. 물론 1차적인 이유는 임금이다. 건설노동자의 임금이 높기 때문에 재봉노동자보다 2배 이상의 돈을 받는 것이다. 일반적으로 보상은 평상시 임금의 90%가 지급되고, 여성은 남성보다 임금이 훨씬 더 낮기 때문에 여성이 받는 보상금은 남성보다 훨씬 낮다. 평균적으로 남성은 자신들의 임금보다 더 낮은 보상을 받지만, 최대 보상수준에 도달할 가능성이 높다.

여성에게 흔한 직업병은 남성에게 더 흔한 산업재해보다 보상이 어렵기 때문에 재봉노동자는 더 낮은 보상을 받는 것이다. 특히 재봉노동자는 어깨에 압력이 가는 가사노동을 일상적으로 해왔다는 것이 조사를 통해 밝혀질 것이므로 여성 노동자는 작업장의 노동으로 어깨 통증이 발생했다는 것을 입증하기가 어려울 것이다. 건설노동자가 작업장에서 다리가 부러진 것은 훨씬 더 명백하다.

보상은 임금을 받는 노동능력과 연계되어 있기 때문에 재봉노동자는 통증을 느끼는 시간 일부만 보상받을 것이다. 매일 일할 때 통증을 느낀다 할지라도 일을 할 수 없을 정도로 심하게 악화되기까지는 긴 시간이 걸릴 것이고, 그때까지는 고생을 한다고 해도 보상을 받을 자격이 없다. 그리고 만약 재봉노동자가 어깨 통증으로 조기 퇴직을 한다고 해도 보상을 받을 수 없다.

현재의 산재보상 체계는 한 가지 상해로 인한 장기간의 보상에 적합하도록 만들어져 있기 때문에 여성에게는 잘 맞지 않는다. 제10장에서 지적했던 것처럼 아주 낮은 온도(섭씨 0도와 화씨 32도)에서 일하는 것이 심각한 월경통과 관련되어 있다는 증거가 축적되고 있다. 그러나 현재의 체계에서 30년 동안 월 하루나 이틀 정도 일을 쉴 필요가 있는 노동자에게 보상을 하는 것은 쉽지 않다. 각각의 결근은 따로따로 취급되고, 하나하나에 대해 보상이 결정되어야 하기 때문이다.

마지막으로 현재의 보상체계에서는 여성이 행하는 많은 노동을 '가벼운 노동'으로 잘못 간주하기 때문에 남녀 노동자 모두가 불편을 겪고 있다. 퀘벡과 다른 지역에서 산업보건안전 위원회는 상해노동자들을 일시적으로 별 노력이 필요 없는 작업으로 옮김으로써 상해 노동자의 보상기간을 제한하도록 고용주에게 권장하고 있다. '여성의 일'이 가진 쉬운 일이라는 이미지 때문에 사실은 강도 높은 신체적 노동을 필요로 하는 '여성노동'이 일시적으로 여성과 남성에게 할당되기도 한다. 이와 같이 '쉬운 노동'으로의 단기적인 재배치는 오히려 노동자의 회복이 지연되게 할 수도 있다(Courville, Dumais and Vézina, 1994: S17~S23).

3. 사업장 방침이 가정에서의 역할에 미치는 영향

제1장에서 본 것처럼, 여성들은 여전히 가사노동을 대부분 책임지고 있다. 노동과 가정의 균형에 관한 사업장 방침은 비록 건강과 안전에 관련된 법은 아니지만, 여성의 건강에 지대한 영향을 미친다. 보건과 안전 관련 입법과 법집행은 보통 노동자들이 살아가고 노동을 지속하기 위해서 필요한 것으로 간주되고 있다. 고용주는 휴식시간, 음료수, 화장실, 점심시간을 제공해야 한다. 그러나 이러한 기준은 남성이 일을 하여 돈을 벌고 부인은 집에 있었던 시대를 기준으로 이루어져 왔기 때문에, 노동의 기준에 가정의 책임은 포함되어 있지 않다. 노동자, 특히 여성 노동자는 일을 하려면, 아이 돌보는 문제를 해결해야 하고, 노인 돌보기, 식사준비, 빨래, 청소 등등의 집안일을 해야 하며, 노동시간의 증가를 견뎌내야 하지만, 고용주는 이를 감안해

주지 않는다.

임금 노동은 전통적으로 정해진 시간에 일어나는 현상으로 간주된다. 노동자는 편안한 상태로 작업장에 도착하여, 작업시간 동안 일에 집중하며, 가정에 돌아가 다시 회복하는 것으로 기대된다. 가정과 노동이 서로 겹치지 않기 때문에 산업재해는 원칙적으로 가정의 영역이나 노동의 영역 중 한 군데에서 일어나고 두 군데에서 같이 일어날 수는 없다. 노출의 기준은 8시간 노동과 16시간 휴식을 기준으로 하고 있는 경우가 많다.

그러나 남성과 여성이 가사노동과 임금노동을 공유하는 경우가 많아짐에 따라 이런 개념은 낡은 것이 되었다. 부모와 노인을 부양하는 사람은 대부분 16시간 휴식이 불가능하고 노동이 끝난 다음에 휴식하면서 회복하기가 불가능하다. 노출기준은 이런 현실을 감안하여 바뀌어야 한다. 3교대나 2교내로 일하는 노동자들의 경우 다른 가족원과 함께할 시간이 거의 없다는 점을 감안할 때, 교대노동의 기준도 다시 생각해봐야 한다.

최근에 연구자들은 작업장에서 가정에 책임이 있는 노동자들에게 일어나는 여러 가지 문제 ─ 예를 들어 비상시에 부모와 자녀 또는 부모와 자녀양육노동자의 의사소통 ─ 를 검토해왔다(Delaney-LeBlanc, 1993: 85~88). 스위스에서는 노동자가 선호하는 교대시간을 고려하여 근무시간을 정하는 컴퓨터 프로그램이 개발되었다(Ramaciotti, Blaire and Bousquet, 1994).

4. 노인여성과 작업장

제7장에서 언급한 것처럼 많은 작업장에서는 비공식적이긴 하지만, 예전과 같은 노동강도를 견딜 수 없는 나이가 든 노동자를 보호하는 정책이 채택

되고 있다. 그러나 나이가 든 여성 노동자는 나이가 든 남성 노동자와 같은 대접을 받지 못하고 있다. 유럽에서 시행된 두 연구에 의하면 남성의 노동 조건은 그들이 나이가 들어감에 따라 개선되지만 여성의 경우는 그렇지 않다고 한다(Saurel-Cubizolles et al., 1991: 46; Kilbom and Torgén, 1996: 17). 예를 들어 열차 청소부에 관한 우리의 연구에 의하면, 은퇴를 앞둔 남성 노동자는 일반적으로 남성에게 할당되는 일(예를 들어 물 트럭을 운전하는 일이나 쓰레기 봉지를 운반하는 일 등)을 할 수 없을 것으로 간주되어 크롬 닦기(서서 하는 아주 쉬운 작업)와 같은 일을 할당받았다. 그러나 나이 많은 여성 노동자의 경우에는 하루에 150개 이상의 화장실을 계속 청소해야 하는데 이 노동은 자세를 계속 바꿔야 하고, 4분의 1 정도의 시간은 구부린 자세에서 일해야 하는 노동이었다. 40세 여성의 경우 담당 의사가 허리의 문제 때문에 이 일을 할 수 없다는 편지를 보내왔는데도 화장실 청소를 하지 않으면 규율위원회에 회부하겠다는 협박을 받을 정도였다. 64세 여성의 호소에 의하면, 수년간 그 일을 한 결과 등이 완전히 굽어버렸지만, 그녀가 화장실 청소를 하지 않을 방법은 없다고 한다(Messing, Doniol-Shaw and Haëntjens, 1993: 133~146).

5. 기준이 중요한가?

여성과 여성의 일을 노동기준과 정책에 포함하라는 요구 외에도, 작업장에서 노동기준을 근거로 한 예방을 지속해야 하는지 의문을 한 번쯤 제기해 볼 필요가 있다. 불편한 자세, 복잡한 일과 스트레스 등과 같은 작업장의 여러 조건은 기준을 설정하기가 쉽지 않다. 창구 직원이 맞닥뜨려야 하는 심술 궂은 고객의 수를 어떻게 제한해야 할지, 웨이트리스는 얼마나 미소를 짓고 있어야 하는지, 감독의 비판의 톤은 어떠해야 하는지와 같은 일을 정하기란 쉽지 않다. 좀 더 유연한 방법이 필요하다.

캐나다의 브리티시 컬럼비아 주에서는 노동자보상위원회(Worker's Compensation Board)에서 특정한 기준을 포함하지 않은 전향적인 인간공학에 따른 규제(forward-looking draft ergonomics regulation)를 제안했다. 그에 따르면 고용주는 '노동자의 건강에 해로운 영향을 줄 수 있는 요소들'(아주 긴 목록이 첨부되었다)을 규명하고, "노동자의 건강에 해로운 영향을 줄 수 있는 위험요소를 최소화하거나"(Workers' Compensation of British Columbia, Secretariat for Regulation Review, 1994) 제거해야 한다. 고용주의 반대로 이 규정이 무산되기는 했지만, 그 취지는 좀 더 적극적으로 상해를 예방하는 단계를 갖자는 것이었다. 측정하기 어려운 다른 노출의 경우에도 이와 같은 다른 방식의 건강 증진이 가능할 것이다.

학교 교사들과 일하면서 좀 더 전반적인 접근이 중요하다는 것을 좀 더 명확히 알 수 있었다. 스트레스가 많은 노동 조건을 규명하기 위해 우리는 82%가 여성인 초등학교 교사들의 노동을 관찰했다. 교사들은 정신적인 스트레스가 매우 높았다. 데이비드와 페이어(C. Payuer)는 90%의 교사들이 자신의 일들이 부담되고, 74%는 스트레스를 받는다고 보고했다(David and Payuer, 1993: 113~131). 교육은 자살률이 상당히 높은 직종 중의 하나이다(Boxer, Burnett and Swanson, 1995: 442~452).

초등학교 교사들의 노동 조건에 대한 조사를 통해서 우리는 아주 심각하고 특정한 한 가지의 스트레스 요인은 없다는 점을 알았다(Messing, Seifert and Escalona, 1997: 45~62). 교사들은 그 대신 여러 가지 어려운 조건이 결합되어 스트레스를 받고 있었다. 가난한 아이나, 이민자의 아이를 담당하는 경우에 특히 어려움이 많았다. TV의 리듬과 자극에 익숙해진 어린이들의 주의 지속 시간에 맞추어야 하기 때문에, 가르치는 일은 속도가 요구되는 행위였다. 교사와 학생의 평균 의사소통 시간은 초등학교 1학년이 9초이고, 초등학교 4학년이 14초였다. 교사들은 학구적인 것을 가르치는 동시에, 행동규범을 가르쳐야 하며 심리적 지지를 해줘야 하고 주의를 기울여야 한다. 우리가 교사들에게 왜 특정한 아이를 부르거나 특정한 질문을 하는가를 물었을 때, 그들은 동일한 행동에 대여섯 가지의 이유를 댔다. (메리에게 용기를 북돋워주려고, 그 옆에 앉은 남자아이를 조용히 시키기 위해, 지미에게 그렇게 소리를 친다고 해서 그를 선택해주지 않는다는 것을 알게 하기 위해서 등)

교사들은 고된 신체적 조건에서 이와 같은 집중적인 정신활동을 하고 있다. 교사들은 아이들의 주의를 끌기 위해 거의 언제나 서 있어야 한다. 아이들을 가르치는 교사들은 일하는 시간의 10% 정도는 허리를 숙이며 지내고, 그것이 허리에 좋지 않은 영향을 준다. 이런 모든 행위가 때로는 습기가 너무 낮거나 온도가 너무 높은 것 등 도저히 받아들이기 어려운 물리적 환경에서 일어나기 때문에 집중하고 규율을 지키기가 더 어려워진다.

교사들은 교실 밖에서도 일을 한다. 1주일에 평균 15시간을 수업준비나 교정이나 지도와 같은 일을 한다. 한 교사는 어려움을 겪고 있는 어린이와 1개월에 26번을 만났다고 한다. 근친상간의 문제가 있는 어린이의 문제를 해결하기 위해 가을을 다 보낸 교사는 크리스마스 방학 때 병에 걸려서 병가를 내고 쉬고 있다고 한다.

그러나 교사들은 지원을 거의 받지 못하고 있다. 교사들은 개별적인 교실에 고립되어 있다. 문제 상황에 대해 서로 도움을 주고받을 시간이 거의 없다. 교사 교육을 위한 날에는 고용주(지역학교위원회)가 부과한 패키지 교육을 받기만으로도 벅차, 서로 경험을 교환할 시간이 없다. 교사들이 자신의 동료들과 의사교환을 하고, 자신의 교재를 개발하고, 심리학자와 함께하며,

새로운 기술을 배우기 위해 자유시간을 더 달라고 하면, 고용주와 일반 대중의 공격을 받는다.

교사들은 우리가 그들의 노동 조건을 언급하는 것에는 동의했지만 노동 조건을 어떻게 바꿀지는 알지 못했다. 보건과 안전 관련 대표자는 우리의 연구가 그들에게 어떤 도움을 줄지 모르겠다고 했다.

당신이 말한 것 중에서, 내가 산업보건안전위원회에 말할 수 있는 것이 없습니다. 내가 교사들이 28도에서 일해야 한다고 하면 그들은 웃을 것입니다. 그들은 주로 수천 도의 오븐 옆에서 일하는 제련소 노동자들을 상대하고 있습니다.

사실 그의 말이 맞다. 현재의 산업보건안전체계로는 질병 발생 요인과 직업병의 관계가 복잡하며 다면적인 현재의 상황에 제대로 대응할 수 없다. 질병 발생 요인이나 기준을 하나씩 적용하는 방식으로 노동 조건을 증진시킬 수 있지만, 그런 방식으로는 낮은 수준의 질병 발생 요인이 축적되어 생기는 많은 중요한 보건안전 문제는 간과될 수밖에 없다.

6. 결론

노동조합이, 허용기준이 지켜지도록 강제하거나 다리가 부러진 데 대한 보상을 요구하는 것뿐 아니라 그 이상의 일을 해야 한다는 인식이 점차 확산되고 있다. 많은 노동조합이 문제해결방식을 이용하여 적극적인 예방프로그램을 개발하려고 노력하고 있지만 여성이 이 과정에 포함되는 경우는 거의 없다. 여성이 건강과 안전에 관한 활동에 참여하는 것을 주저해왔던 것은 아마도 그들이 할 만한 일이 아니라고 생각했기 때문일 수 있다. 여성은 안전보건 분야는 특유의 기술과 전문성이 중요한 영역이라고 생각하고 있다. 그런데 불행하게도 그 '적절한' 기술을 가진 사람들은 여성의 노동이 건강에 미치는 영향에 무심한 경우가 많다. 최근에는 여성의 일과 관련된 위험에 관련된 활동을 노동조합 여성위원회와 안전보건위원회에서 함께하려고 시도하고 있다.

일하는 여성의 건강을 위한 연구는 무엇을 담아야 하는가?

One-eyed Science

이 책의 마지막에 해당하는 제12장 내용의 대부분은 내가 1996년도 스웨덴의 스톡홀름에서 열렸던 국제직업보건학회(International Congress on Occupational Health: ICOH)에 참석했을 때 구상되었다. 당시 학회에는 직업보건학 분야에서 활약하는 약 4,000여 명의 전문가가 참석했다. 이에 앞서 1993년 프랑스에서 국제직업보건학회가 열렸을 때 라발(Laval) 대학교의 연구원인 로멘느 말렁팡(Romaine Malenfant)은 담당자들에게 서신을 보내 여성과 직업에 관한 발표 세션 하나를 학회에 포함해줄 것을 제안한 바 있다. 그런데 "프랑스 사회에서 성평등은 이미 웬만큼 달성된 상황이라서 여성과 직업을 주제로 하는 특별 발표세션을 열 필요성을 못 느낀다"라는 회장의 답신과 함께 이 제안은 거절되었다. 그러나 스웨덴에서 개최된 1996년 국제직업보건학회에서는 그러한 식의 여성건강 문제에 대한 거부반응은 더 이상 통용되지 않았다. 1996년 학회에서는 젠더와 직업보건에 관해 3개의 그룹 발표가 있었을 뿐 아니라 이 주제는 학회의 주요 사안으로 다뤄지기도 했다. 학회 역사상 처음으로 '여성과 직업'에 관한 연구를 전문으로 하는 국제 전문가들이 연사로 초빙되었고 연사의 발표를 영어와 프랑스어로 동시통역하는 서비스도 제공되었다. 이에 학회에 참석한 수백 명이 여성과 직업을 주제로 다루는 발표를 경청할 수 있었다. 또한 심장 질환, 인간공학, 업무 조직화와 같은 주제를 제목으로 단 여타 그룹 발표에서도 여성과 직업에 관한 여러 흥미로운 논문들이 선을 보였다.

아울러 1996년 학회를 통해 또 하나의 새로운 진전이 학계에서 진행되고 있음을 알 수 있었는데 바로 노동자들이 직접 연구에 참여한다는 사실이었다. 학회로서는 역사상 처음으로 기조강연 시간에 노동자 참여 연구에 관한 강연이 있었다. 당시 기조강연을 맡은 르네 로웬슨(Rene Loewenson)은 이탈리아, 라틴아메리카, 아프리카 등지에서 자신을 초청한 노동자들과 함께 그들의 건강 문제와 위해요인을 연구한 경험을 발표했다. 로웬슨의 발표 이외에도 연구 목적이나 목표 또는 연구 결과의 활용 면에서 노동자의 건강 증진에 초점을 맞춘 몇몇 논문이 발표되기도 했다. 그들의 발표를 통해 테일러 시스템[1]에 근거한 단조롭고 제한적인 작업 과정, 작업할 때 경험하는 여러 가지 불편한 자세, 작업 과정에서 사용되는 여러 가지 위험한 화학물질 등 노동자가 경험하는 여러 건강 문제에 대해 우리는 들을 수 있었다.

그러나 진보적 발전에 대한 이와 같은 증거들에도 내가 학회를 통해 전반적으로 받은 인상은 여성주의자나 여성 노동자들이 지금껏 애써 부르짖어온 주요한 사항들이 아직도 직업보건학자들에 의해 제대로 수용되지 못하고 있

---

1   프레더릭 테일러(Frederick W. Taylor)는 하나의 작업 과정을 구성하는 일련의 업무가 무엇인지를 파악한 후 각 업무를 노동자들에게 나누어 맡기는 업무 분담체계를 고안해냈다. 이러한 테일러 방식하에서는 한 노동자가 한 상품을 전적으로 도맡아 생산하는 것이 아니라 자기에게 맡겨진 상품의 한 부품만을 반복적으로 만들어야만 한다(Taylor, 1947 참조).

다는 것이었다. 그래서 지금부터는 학회에서 받았던 이와 같은 인상에 대해 더 이야기해보려고 한다. 아직도 직업보건학자들은 연구를 수행하는 방식이나 연구 결과를 보고하는 방식에 여성주의적 통찰력을 충분히 활용하지 못하고 있다. 이 장을 통해 나는 여성주의적 입장을 따르는 학회와 그렇지 않은 학회가 연구 결과를 보고하는 방식에 어떠한 차이점을 보이고 있는지 말해보려고 한다. 연구 결과들이 어떻게 전달되고 소통되는가 하는 문제는 과학문화의 주요한 한 부분이며, 이는 연구 결과를 낳은 자료들이 어떻게 수집되고 분석되는지를 말해주고 있는 부분이기도 하다. 이와 같은 이야기들을 바탕으로 직업보건학의 연구 환경 변화를 위해 필요한 몇 가지 사항을 제시하면서 이 책을 마무리하려고 한다.

1. 국제직업보건학회에 참석한 여성주의자의 경험

여성 노동자의 건강 문제를 다루고자 노력하는 진보적 모습이 일부 관찰되긴 했으나, 1996년도 국제직업보건학회에서 관찰된 대부분의 모습은 이전의 학회에서 본 것과 별반 다르지 않았다. 대부분의 발표논문이 노동자들의 성별 정보를 발표 내용에 포함하지 않았고 여성 노동자들에게 흔히 발견되는 건강 문제들도 논의에서 제외하고 있었다. 이러한 식의 연구 발표는 연구 결과의 왜곡으로 이어질 수밖에 없는데 왜냐면 건강과 깊은 연관이 있는 젠더라는 변인이 전체 연구 결과에 묻힌 채 별도의 설명 변인으로 제시되지 못하고 있기 때문이다. 전시관에는 크기가 큰 노동자용 안전화나 보호장비들만이 진열되어 있었고 따라서 그러한 진열을 통해 일차적으로 소개되고 있는 것은 오직 남성 노동자 또는 남성 노동자의 업무였다. 여성 노동자 건강에 대한 과학자들의 관심 표명이라는 점에서 어느 정도 진일보한 모습이 학회를 통해 관찰되기는 했으나 이는 아주 간헐적인 모습으로밖에 나타나지 않았으며 그나마도 그것이 가능했던 것은 몇 안 되는 학회 임원 덕분이었다. 해서 다음번 싱가포르에서 학회가 다시 열릴 때 과연 여성들의 관심을 끌만한 것들을 학회가 보여줄 수 있을는지 자못 궁금했다.

학회에 참석한 사람들의 분포를 보면 기업에 고용된 의사와 자문위원들을 합친 수가 노동자나 노조원의 수보다 훨씬 많았고, 그 비율은 10 대 1을 넘었다. 대부분은 아닐지라도 많은 수의 발표 논문이 노동자의 건강 증진에 간접적으로나마 기여할 수조차 없는 종류의 것들이었다. 미국의 대기업에서 일하고 있다고 밝힌 한 의료원장은 노동자들이 경험하는 요통이 일 때문에 생긴 것이라고 증언하는 의사들을 향해 스스럼없이 '매춘부' 또는 '살인청부업자'라고 부르며 모욕하기도 했다.

1996년 학회에서 나는 2개의 발표를 했다. 하나는 초청연사의 자격으로 한 발표인데 내용은 여성과 직업에 관한 것이었으며 이때 참석한 청중 대부분은 여성이었다. 또 하나는 내가 개인적으로 지원해서 발표한 것인데 여기에 참석한 청중에는 여성도 있고 남성도 있었다. 이 두 번째 발표 때 일어났던 일들이 바로 현재 직업보건학이 당면하고 있는 문제들(도전들)의 실상을 일부 보여주고 있다는 점에서 주목할 만한 것이었고, 그래서 이 지면을 빌려 그때 내가 한 발표 내용과 오갔던 논의들에 대해 이야기해보려고 한다.

지금까지 내가 수행한 연구 중에서 스스로 가장 흐뭇하게 생각하는 연구가 있다면 그것은 은행출납계 직원으로 구성된 노조와 함께했던 연구였다. 당시 나는 무엇보다 연구에 참여한 노조원들의 의식이 상당히 열려 있다는 점에 놀랐다. 예컨대, 이들은 다른 노조들처럼 일부 노조원의 임금 상승을 위해 투쟁하기보다는 최대한 많은 노조원을 위한 고용조건 증진을 위해 같은 노조원들을 설득하고 투쟁하는 사람들이라는 점에서 남달랐다. 노조의 운영진에는 여성노조원과 남성노조원이 만족할 만한 비율로 고루 섞여 있었지만 노조에서 주요한 직위는 대부분 여성이 차지하고 있었는데 이는 은행 출납계 직원노조에서 여성노조원이 차지하는 비율이 워낙 높은 현실을 반영하고 있는 것이다. 다음으로, 노조원들과 연구진의 협력관계가 매우 흥미롭고 자극적이라는 점이 좋았다. 연구가 진행되는 매 단계마다 노조 측은 매우 성찰적이면서도 적극적인 자세로 연구에 임했다. 우리가 이 출납계 직원노조를 소개받은 것은 전국노조연맹의 여성국 사무를 맡고 있던 매우 유능한 한 여성수장을 통해서이다. 처음 직원노조 집행위원들을 만났을 때 우리는 그들이 연구 프로젝트에 대해 보여준 열의와 헌신성에 매우 깊은 감명을 받았다. 출납계 직원의 근로조건에 관해 면접조사를 할 수 있도록 현장에서 일하고 있는 직원 중 대표적인 사람들을 소개해달라고 부탁하자 그들은 우선 면접 대상자의 선출 근거에 대해 논의하기 시작했다. 먼저 그들은 근로조건상의 주요 차이들을 기준으로 다음과 같이 직원의 범주를 분류했다. 첫째, 비상근 직원과 상근 직원, 둘째, 빈곤층 지역에서 일하는 직원과 부유층 지역에서 일하는 직원, 셋째, 이민노동자 거주 분포가 높은 지역에서 일하는 직원과 낮은 지역에서 일하는 직원, 넷째, 아이를 키우는 여성 직원과 그렇지 않은 여성 직원, 다섯째, 은행 강도가 빈번히 일어나는 곳에서 일하는 직원과 상대적으로 적게 발생하는 곳에서 일하는 직원, 여섯째, 몬트리올 지역에서 근무하는 직원과 도시근교지역에서 근무하는 직원, 일곱째, 주거지역에서 근무하는 직원과 상업지역에서 근무하는 직원 등, 이와 같은 일곱 부류의 직원 범주를 우선 우리에게 제시해주었다.

그리고는 이와 같이 설정된 각 범주를 대표할 수 있는 직원들을 선출해 우리에게 소개해주었는데, 그 직원들 또한 매우 근면하면서 협조적이고 지성적인 사람들임을 알 수 있었다. 각 범주를 대표하는 직원들과 함께 우리는 연구 프로젝트에서 우선순위를 두고 다루어야 할 내용들을 뽑아봤다. 그들은 자신에게 가장 중요하다고 생각하는 건강 위해요인들을 뽑았는데 그러한 위해요인으로는 장시간 서서 근무하기(은행출납계 직원은 하루 근무시간의 80%를 서서 보내야 하고 그래서 허리와 다리에 문제가 있다), 빈번한 은행 강도 경험(몬트리올 은행원의 경우, 은행원당 평균 다섯 번의 강도피해 경험이 있다), 은행 서비스상품을 사줄 고객을 확보하라는 은행의 압력(은행사주들은 행원들에게 개인 할당제를 부과하고 신용카드나 기타 특별 계좌서비스 등의 판매실적을 쌓을 것을 요구하기 시작했다) 등이 거론되었다. 그다음 노조 집행위원들은 우리 연구진이 참여 관찰과 면접조사를 위해 각 지점의 근무현장에 들어갈 수 있도록 우리를 대신해 지점들과 협상을 해주었다.

노조원들과 마찬가지로 나를 포함한 연구팀원들 — 아나 사이페르토(Ana Maria Seifert)와 뤼시 뒤메(Lucie Dumais) — 또한 열심히 연구에 매진했다. 우리는 6개 은행 지점을 방문하여 총 90시간에 걸친 참여 관찰을 실시했고 아울러 출납계 행원들이 경험하는 문제가 과연 무엇인지 알기 위해 행원들과 관리자들을 대상으로 면접조사를 실시했다. 그리고 이 면접조사에서 수집한 정보를 기반으로 설문지를 작성한 후 이를 이용하여 305명의 출납계 직원들에게 설문조사를 실시했다. 노조원들의 적극적인 참여와 함께 면접 및 관찰을 통해 수집한 심층적인 정보들 덕분에 우리는 우리가 개발한 설문지에 대해 특히 자부심을 가질 수 있었다. 그리고 설문지에 대한 연구 대상자들의 응답이 그와 같이 형성되는 맥락에 대해서도 제대로 이해하고 있다는 자신감을 가질 수 있었다. 이전에 다른 곳에서 연구할 때는 해당 작업장의 구체적인 상황에 대해 이만큼의 사전 이해가 없는 상태에서 설문조사를 하고 연구 결과를 얻었기 때문에 그때와 지금을 비교해보면 이번 설문조사를 통해 얻은 연구 결과는 내용 면에서 훨씬 이해도가 높은 것들이었다.

　연구가 종료될 시점에 이르자 우리는 행원들의 근로조건을 거의 파악할 수 있었고 이를 근거로 노조를 위해 나름대로 좋은 제언도 할 수 있었다. 행원들이 앉아서 일할 수 있게끔 의자가 제공되는 경우에조차 — 물론 그렇게 의자가 제공되는 경우도 극히 드물긴 했지만 — 앉아서 업무를 보는 행원들은 없었는데 참여 관찰 결과 우리는 그 이유가 무엇인지 알아낼 수 있었다. (사무실 내부로 통하는 쪽문이 앉아서 일할 수 있게끔 설계되어 있지 않았기 때문이다.) 또한 은행 강도를 경험한 출납계 행원들이 느끼는 두려움과 스트레스를 은행 지점장이 제대로 공감할 수 없게끔 만드는 요인들이 무엇인지도 파악할 수 있었다. 행원 간의 협력과 팀워크가 얼마나 중요한 건강 요인인지도 알 수 있었고, 행원 간의 경쟁심을 부추기는 은행의 판매 전략이라는 것이 왜 관리자의 입장에서 봤을 때조차 좋지 않은 아이디어가 될 수밖에 없는지도 알 수 있었다.

　우리 연구팀은 이 연구 결과를 행간 없이 작성한 100쪽에 달하는 상세보고서에 담았고 노조원들은 이를 다시 약 25쪽에 달하는 좀 더 이해하기 쉬운 형태의 보고서로 압축했다. 그리고 더 나은 근로조건을 얻어낼 수 있도록 노사협상에 우리의 제안을 포함했다. 또한 노조원 총회에서 연구 결과를 발표하도록 우리를 초대했는데 발표회에서 우리는 노조원들에게서 눈물이 고일 정도로 감동적이고 대대적인 기립박수를 받았다. 그러나 우리는 은행노조원들이 보여준 호의적인 반응에 의해 고무되고 감동된 상태로 마냥 지낼 수는 없었다. 왜냐하면 이제는 그러한 우호적인 분위기를 뒤로 한 채 차갑고 비판적인 태도로 우리를 맞이할 과학계 동료들 앞으로 우리의 연구 결과를 들고 나가야 했기 때문이다.

　1996년 스톡홀름 학회에서 나는 영어권 청중들에게조차 우리가 수행한 연구의 모든 것을 다 보여줄 수가 없었다. 왜냐하면 각 발표자의 발표가 하나의 단일 주제와 단일 영역에 초점을 맞추게끔 발표 세션의 틀이 짜여 있었고 그런 이유가 아니더라도 발표시간은 오직 발표당 15분으로 한정되어 있었기 때문이다. 그래서 나는 연구 결과 중 은행 강도에 관한 부분만을 뽑아 발표하기로 했다. 발표 논문의 제목은 「은행 강도를 경험한 출납계 행원들이 겪는 두려움과 고통」으로 달았고 '작업장에서의 폭력'이라는 주제를 다루는 세션에 이 발표문을 포함해주도록 학회에 신청했다. 은행 업무가 수행되는 맥락에 대한 이해는 이 연구에서 매우 중요한 사항이다. 그리고 출납계 행원들이 경험하는 심리적 고통과 직접적으로 관계가 있는 근로조건이 무엇인지, 강도사건을 경험한 후 출납계 행원들과 감독관들이 어떤 느낌을 가지는지, 그리고 그러한 느낌이 은행에서 진행되는 다른 업무 과정들과 통계직으로 어떤 유의미한 연관이 있는지 파악하는 것 또한 중요한 사항이다. 예컨대 출납계 행원들이 수행하는 업무는 회계 업무 및 돈을 관리하는 업무에서 판매(세일즈) 업무로 전환되기도 하며, 그러한 업무 전환에 따라 출납계 행원, 고객, 그리고 감독관 간에 맺어지는 관계도 따라서 변화하기 마련이다. 통계적 분석결과를 제시하는 것 이외에도 나는 출납계 행원들(이 중 90%는 여성)과 그들의 감독관(이 중 85%가 남성)들이 은행 강도 경험 이후 느끼는 감정과 그러한 감정을 다루는 전략에 관해 면접 과정에서 직원들이 우리에게 했던 말들을 인용하면서 설명했고 그렇게 함으로써 앞에 앉아 있는 청중들의 맥락적 이해를 도우려 노력했다. 강도를 당해 겪는 심리적 고통의 예방과 관리를 위해서 출납계 여성 직원과 남성 직원의 업무 분장은 어떤 식으로 반영되어야 하는지 청중에게 이해시킬 필요가 있었기 때문이다.

발표가 끝나고 나는 이어 나타날 청중의 반응을 떨리는 마음으로 응시했다. 이와 같은 학회 모임에서 앞에 가까이 앉아 있는 동료 과학자들을 마주한다는 것은 굉장한 자기도전에 해당된다. 과학적 연구의 질을 보장한다는 명분하에 남들이 제시하는 연구 결과에 대해 마구 비판하고 달려드는 것이 일종의 규범으로 용인된 학회 발표장에서 발표자는 언제나 '동료'들에게 자신의 급소를 드러내야 하기 때문이다. 대부분의 학회 발표에서 여성 참석자 1명당 남성 참석자는 약 2명꼴로 남성 참석자가 많다 보니(스톡홀름 학회 초청 연사의 경우, 여성 1명당 남성은 4명꼴이었다) 발표와 토론에서 오가는 논조들은 마치 축구나 레슬링을 하는 것처럼 전투적이다. 나 또한 응용보다는 이론 쪽에 가까운 생물학을 연구하는 수년 동안, 학회에 참석하면 다른 사람들과 마찬가지로 이른바 과학적 엄격함이라는 것에 기대어 타인의 비판에 대해 내 연구를 방어하고 그렇게 함으로써 나를 지키고자 분투했다. 여기서 과학적 엄격함에 기댄다는 것은 '끊임없이 반복적으로 실시된 실험을 통해 해당 연구 결과를 도출해내었다는 것과 본 연구 결과에 대해 있을 수 있는 다른 가능한 설명들을 하나도 놓치지 않고 검토했다는 것'을 상대편에게 확실히 주지해주는 일을 의미한다. 동료인 베지나는 과학자들 앞에서 나와 유사한 상황에 처했을 때 자신의 연구 결과에 노동자들이 보여준 호응에 대한 기억으로 이를 버틸 수 있었다고 했다. 그 말에 자극받아 나도 스톡홀름 학회에서 발표하는 동안 그 방법을 시도해봤지만 결과는 그다지 성공적이지 못했다.

스톡홀름 학회에 가서 보니 애초 학회에 신청했던 것과는 달리 나의 논문은 '외상 후 스트레스 장애'라는 이름의 임상의학적 성격의 세션에서 발표되도록 일정이 조정되어 있었다. 이는 학회가 내 연구를 스트레스에 대한 연구로 간주했으며, 나를 예방학적 접근을 취하는 학자들과 동일시하기보다는 임상의학적이고 진단학적 접근을 취하는 학자들과 동일시했음을 의미한다. 그 세션에서 발표된 대부분의 논문은 표준화된 도구에 의해 측정된 심리학적 스트레스 진단결과와 스트레스를 유발하는 사건 간의 관계를 통계학적으로 설명하는 내용을 주로 다루고 있었다. 발표 논문 중 젠더 요인에 대해 논의하는 논문은 없었고 세션에 참석한 청중들 또한 스트레스를 경험한 노동자가 어떠한 사람들인가에 관해서는 아무런 생각도 없는 듯 보였다. 그런 점에서 그 세션은 과학적 객관성에 대한 전통적인 믿음과 함께 연구 대상자와 거리 두기가 곧 연구의 수준과 질을 보장하는 것이라고 믿는 사람들로 채워진, 생의학 부문에서 흔히 볼 수 있는 여타 세션들과 별반 다를 바 없었다.

출납계 행원들과 함께한 연구가 준 신선한 느낌과 기억을 간직한 채 나는 내 앞에 있는 과학자 청중이 지금까지 알고 있던 종전의 발표 스타일이나 내용과는 아주 다른 방식으로 「은행 강도를 경험한 출납계 행원들이 겪는 두려움과 고통」에 대한 발표를 진행해나갔다. 보통 과학 분야의 논문발표는 한 가지 내용을 집중적으로 파고드는 경향이 있는데 나는 그러한 종전의 방식과는 다른 방식으로 발표를 진행했다. 우선 딱딱한 느낌의 발표가 되지 않도록 주의를 기울이며 이야기를 풀어나갔다. 그러나 내 발표는 어색한 느낌만을 남긴 채 청중에게서 어떤 환호나 질문도 끌어내지 못한 채 끝나버렸다. 발표가 끝나자 미국 캘리포니아에서 온 한 정신과 자문위원은 나에게 다른 발표자들처럼 표준화된 설문지를 사용하여 자료 수집을 했으면 좋았을 거라고 부드러운 어조로 조언했다. 그의 말투는 마치 '미개인'에게 복음을 전하는 선교사의 어조와도 같았다. 이어서 고용주 측에서 일하고 있다는 스웨덴 출신의 한 자문위원 여성이 같은 비판을 했고 시카고에서 온 나의 친구는 더욱 혹독한 반응을 보였다. 진보적 성향의 의사인 그 친구조차 "왜 연구에서 아무런 통계정보도 제시되고 있지 않은가?"라고 문제를 제기했다. 내가 중점을 두어 이야기하려고 했던 것은 노동자들의 감정이지 통계가 아닌데 통계결과가 없다는 사실 때문에 그 친구는 내가 발표를 통해 말하고자 했던 결론이 무엇인지조차 생각할 수 없게끔 되어버린 것이었다. 그는 나의 발표 스타일이 어떻게 보면 '달콤한 감언'에 지나지 않는다는 지적까지도 마다하지 않았다. 상황이 이렇다 보니 그날 저녁 나의 다른 친구인 도로시(Dorothy)는 무려 3시간에 걸쳐 내가 결코 어리석거나 단순한 사람이 아니고 나의 발표 스타일이 종단에는 어떤 가치를 발휘할 수 있을 거라면서 나를 설득하고 위로하는 우정을 보여주기도 했다.

그 발표가 있은 후 캘리포니아에 살고 있다는 그 정신과 자문위원은 나에게 논문을 한 편 보내왔는데 캘리포니아 주에서 시행하는 외상 후 스트레스 장애를 위한 의학적 치료의 권고사항들이 수록된 논문이었다. 그런데 권고사항으로 제안된 치료들을 살펴보니 이는 노동자가 '좀 더 기능적으로 업무를 수행할 수 있는 상태에 이를 수 있도록 돕고 궁극적으로는 이들의 업무 복귀를 도울 수 있도록 취하는 조치들'에 지나지 않음을 알 수 있었다. 논문에 수록된 권고사항 중 어떤 것도 작업장의 조건에 관한 언급은 없었다.

이 학회 발표 사건은 내가 직업보건학 분야의 연구에서 일반적으로 사용하는 전통적인 접근방식과 연구진이 채택한 접근방식에 일정한 차이가 있음을 깨닫게 하는 계기가 되었다. 그 세션에 참석한 다른 학자들의 발표와 나의 발표는 다음과 같은 차이점을 보이고 있었다. 첫째, 나의 발표는 사람이 경험하는 감정이라는 부분에 초점을 맞춘 것이고, 따라서 출납계 직원들과 지점장들이 강도사건을 경험함으로써 느끼는 감정이 어떤 것인지 설명하기 위해 감정을 지시하는 언어들을 사용해 이를 설명하고자 했던 것뿐인데 전통적인 과학과 발표방법에 익숙한 청중에게는 이러한 접근방식이 그저 어색한 것에 지나지 않았던 것이다. 캐나다 출신의 과학자 페기 트립-놀스(Peggy Tripp-Knowles)는 〈색다른 질문하기: 여성과 과학(Asking Different Questions: Women and Science)〉(1996)[2]이라는 제목의 영상물에서 자신의 학회 발표 경험을 이야기한 적이 있다. 그녀가 환경학 관련 학회에서 나무와 환경문제에 관한 발표를 했을 때 한 경험에 대한 이야기로서, 이는 스톡홀름 학회에서 내가 한 경험과 유사한 것이었다. 페기 트립-놀스 역시 자신이 추구하는 스타일대로 학회에서 발표를 했는데 발표를 마치자 청중들이 보여준 반응 때문에 자신이 마치 무슨 큰 잘못이라도 저지른 것 같은 느낌을 받았다고 했다. 『여성 생물학의 정치(The Politics of Women's Biology)』라는 책의 첫 장에서 허버드는 과학자들이 교육훈련을 받기 시작하면 자신의 감정적 반응을 무디게 만드는 것부터 배운다고 지적한 바 있다(Hubbard, 1990: chap.1). 사실상 과학자들은 훈련 과정에서 사실을 맥락에서 분리해 연구하고 보고하는 방식을 배운다. 허버드의 말이 이를 입증한다.

> 과학적 글쓰기에서는 어떤 사실과 관련된 시간, 장소, 사회적 맥락이 임임리에 묵과되고 있으며, 한 개인의 독자적이고 고유한 권한과 책무감 또한 간과되고 있다(Hubbard, 1990: 13).

둘째, 그 세션에 참석한 다른 과학자들은 연구 질문이 제기된 맥락에서 연구 목표와 연구 결과를 애써 분리하며 발표한 반면, 나는 연구가 수행되어야 했던 맥락을 부각하면서 발표했다는 차이점을 들 수 있다. 그 세션에 참가한 발표자 중 그 어떤 누구도 자신들의 연구가 수행된 맥락에 대해 이야기하는 경우는 없었다.

셋째, 우리 연구는 여태껏 누구도 시도한 적이 없는 방식으로 변화를 위한 제언을 제시하고 또 여태껏 누구도 시도한 적이 없는 방식으로 연구 결과에

---

2 이 필름은 몬트리올에 있는 캐나다 국립영화제작소(The National Film Board of Canada) 에서 찾아볼 수 있다.

서 이러한 제언을 끌어냈다는 점을 들 수 있다. 우리의 연구 결과가 출납계 행원을 위한 바람직한 변화를 위해 활용되는 것이 우리로서는 가장 중요한 사안이며 궁극적 목표였기 때문에 해당 연구를 통해 밝혀내야 할 주제나 내용을 선정할 때도 기존 연구 문헌에 대한 검토에 기반을 두고 이를 선정하는 방식을 취하기보다는 행원들의 입장에서 연구 문제를 선정하는 접근방식을 취했다. 이러한 접근방식은 학술적인 질문에서부터 연구를 시작하는 종전의 연구 방식과는 사뭇 달랐기 때문에 아마 세션에 참석했던 청중들에게 우리 연구는 깊이가 없는 것처럼 보였을 수도 있다. 멕시코의 로럴(Asa Christina Laurell)이나 이탈리아의 베링거(Berlinguert), 프랑스의 라빌(Laville)과 티거, 그리고 짐바브웨의 로웬슨과 같은 직업보건학자들이 지난 수십 년간 이론과 실천의 통합을 위해 그토록 애를 써왔건만, 북미나 영국, 아시아, 그리고 비라틴계 서부유럽 지역에서 활동하고 있는 학자들은 대체로 아직도 위에서 언급한 학자들의 실천지향적 시각을 수용하지 못하고 있는 것 같다.

그러나 학자들의 전통적인 태도들도 일부 변화하고 있는 듯 보이며 비록 부분적이긴 하나 이 학회에서 그러한 변화의 징조는 명백히 나타나고 있었다. 최소한 스칸디나비아 출신 학자들에게서 그러한 변화를 확실히 감지할 수 있었다. 어떻게 하면 작업장의 구체적이고 효과적인 변화를 위해 지금까지 널리 인정받고 잘 알려진 연구 결과들을 활용할 수 있을까 고민해왔다고 말하는 스웨덴 학자들이 그러한 경우에 해당한다. 그러한 생각에서 스웨덴 학자들은 로웬슨을 스톡홀름 학회의 기조 연설자로 초빙해 노동자들의 연구 참여에 관해 강연하도록 부탁했던 것이고 로웬슨의 그런 경험이 다른 과학자 청중들에 의해 공유되기를 바랐던 것이다.

발표에 대해 청중들이 보인 반응 때문에 비록 실망은 했지만 직업보건학 분야에도 이제 변화의 시기가 도래했다는 인상을 남겨준 관계로 스톡홀름 학회는 내게 아주 나쁜 기억으로만 남지는 않았다. 여성주의자들과 노동운동가들이 그동안 열심히 활동해온 덕분에 드디어 이제는 과학자들도, 열린 마음의 일부 과학자를 중심으로, 자신들이 여태껏 연구의 기반으로 삼아왔던 전제들이 과연 무엇인지 지금까지 사용해온 연구 방법이 과연 어떠한 것들인지 진지하게 돌아보기 시작한 것이다.

2. 과학의 변화를 위한 실천사항

과학의 변화를 달성하기 위해서는 연구의 엄격함과 중요성을 확보해줄 수 있으면서도 활용 가능성이 높은 새로운 연구 가이드라인들을 수립하는 작업이 필요하다고 본다. 예컨대 캐나다의 주요 연구비 지원 기관 중 한 곳은 마그리트 아이클러(Margrit Eichler)가 성차별이 없는 과학을 위해 수립, 제시한 원칙들을 채택하고 이를 연구비 지원 심사 과정에 적용하고 있다(Eichler and Lapointe, 1985). 성차별이 없는 과학의 수립과 관련해 아이클러는 연구 대상에 여성을 포함하거나 여성 과학자들을 연구진에 포함하는 노력에서 한발 더 나아가 연구 질문을 설정하고 연구 대상을 선택하는 과정이나 자료 분석과 같은 모든 기술적인 영역에서 여성 고유의 문제와 사안이 포함되고 고려될 수 있도록 노력할 것을 당부하고 있다(Eichler, 1991, 1992: 329~341). 또한 아이클러는 이와 같은 기준에서 의학 분야의 연구들을 분석하고 의학 연구에서 관찰되는 성차별주의적인 요소를 제시한 바 있다(Eichler, Reisman and Menace-Borins, 1992: 61~70). 특히 그녀는 연구자들이 성적 차이에 대해 민감해야 한다고 주장하고 있는데 이때의 민감성이란 최소한 연구에서 여성과 남성을 한데 묶어 취급하는 것이 올바른 것인지 별개로 취급하는 것이 올바른 것인지를 제대로 구분할 수 있는 그런 종류의 민감성을 의미한다. 예컨대 그녀는 "가구나 가족에 관한 의사결정 과정에서의 남녀 참여 정도가 서로 상이한 상황"(Eichler, 1991: 115)에서 남성과 여성을 구별하지 않고 가족을 하나의 단위로 묶어 취급하는 연구 방법은 문제가 있다고 지적한다. 아울러 가족에서 여성의 역할과 남성의 역할을 차별화할 의도에서 여성의 역할과 남성의 역할을 분리해서 다루고, 그런 차별적인 시각을 연구 질문에 반영하는 접근방법 또한 문제가 있는 것으로 보고 이를 비난하기도 한다(Eichler, 1991: 108).

아이클러의 접근방법을 직업보건학 연구에 적용해보면 성차별이 없는 직업보건학 연구를 위해서는 다음과 같은 사항들이 지켜져야 함을 알 수 있다. 우선 연구 대상자 중 남성과 여성이 차지하는 비율에 관한 정보가 논문에서 명시되어야 한다. 또한 오직 남성들에게만 해당되는 연구 논문 제목이나 요약은 그 자체가 문제라는 것이 지적되어야만 한다. 또 성적 차이라는 변인이 중요한 연구 변인이라고 추정할 만한 정당한 사유가 있을 경우 여성과 남성에 대한 자료는 따로 분리되어 분석될 필요가 있다(Deguire and Messing, 1995: 9~30).

이러한 연구 가이드라인에 입각하여 생각해보면, 우리가 근무일정이나 직무만족과 관련해 여성 노동자와 남성 노동자에 관한 정보를 제시하는 과정에서 중요한 문제가 발생하고 있음을 알 수 있다(이에 대한 자세한 내용은 제1장 참조). 예컨대 과학자들이 노동자의 병가를 조사하는 방식에 관해 연구해본 결과, 병가의 요인 중 여성이 경험하는 월경통이나 아니면 여성 사이에서 점차 증가하는 바륨(Valium, 정신안정제) 복용과 같은 요인 등은 등한시되는 한편 여성들의 가족에 대한 책무 같은 요인들은 과도하게 강조되는 경향이 있음을 알 수 있다.

우리는 또한 사회과학 분야에서 활동하는 여성주의자들의 접근방법과 자연과학 분야 학자들의 접근방법을 조심스럽게 비교함으로써 과학자들이 전통적으로 사용하고 있는 자료 수집 방법의 문제점을 생각해볼 수도 있다. 사회과학 분야의 여성주의 학자들은 연구 대상자와 연구자의 관계를 둘러싸고 존재하는 근본적인 문제들과 질적 연구 방법과 양적 연구 방법의 상대적 가치들에 관해 오랫동안 고민을 해왔다. 반면 직업보건학 분야에서는 이제 막 이러한 고민들이 시작되고 있을 따름이다.[3] 이러한 점들에 주목하면서 나는 지금까지 우리가 획득한 교훈 중 일부를 직업보건학의 어젠다(agenda)로 소개함으로써 이 학문의 변화를 모색해보고자 한다.

직업보건학의 변화를 위한 어젠다에 대해 이야기하기에 앞서 우선 인종과 종족이라는 주제는 이러한 어젠나에서 세외했음을 미리 일려 두고자 한다. 나는 성인기 대부분을 프랑스어권인 캐나다의 퀘벡 지역에서 보냈다. 퀘벡에서 인종이나 종족문제는 북미의 여타 지역과는 매우 다른 방식으로 다뤄지고 있다. 즉, 퀘벡에서는 프랑스어와 영어라는 언어적 차이가 나머지 모든 문제를 압도하고 있다. 나의 개인적 경험에서 종족과 인종 문제에 관한 어떤 일반화를 시도할 수 있는 형편도 아니고 또한 직업보건과 관련해 인종이나 종족문제가 어떻게 다루어져야 하는지에 대해 현재로서는 확신 있는 어떤 대안이 있는 것도 아닌 상황이라서 이 부분에 대한 논의는 여기서 제외하기로 한다.[4]

---

3 1997년과 1998년 하라레와 헬싱키에서 열린 국제직업보건학회에서는 로웬슨을 비롯한 역학분과 위원들이 직업보건학자들과 이 문제에 관해 토론을 벌이기도 했다.

4 인종 문제에 관한 논의를 위해서는 낸시 크리거(Nancy Krieger)와 엘리자베스 피(Elizabeth Fee)가 공중보건 부문에서의 인종과 성 문제에 관해 발표한 논문 "Man-made medicine and women's health: The biopolitics of sex/gender and race/ethnicity"가 좋은 출발이 될 수 있

좋은 연구 자료 수집

앞 장에서 제시한 요점 일부를 다시 정리해보면, 여성 노동자를 위한 직업 보건학의 변화를 위해 우리가 해야 할 일은 다음과 같다.

- 여성 노동자에게 고유한 직업건강 문제와 그 원인을 파악할 수 있도록 건강 정보를 수집하고 분석할 수 있어야 한다.
- 여성 노동자에 관한 건강정보를 담고 있는 데이터베이스를 개선해야 한다 (여기에는 사망진단서나 정부자료, 병원 의무기록에 명시되어 있는 직업 관련 정보들이 모두 포함된다).
- 여성과 남성의 고용분리(employment segregation)가 여성건강에 대해 갖는 함의에 민감할 수 있어야 한다(즉, 남성과 여성의 업무 분장이 달라지면서 이들이 경험하는 건강 문제도 달라질 수 있음을 인식해야 한다).
- 남성 노동자와 마찬가지로 여성 노동자에 관한 건강정보 수집을 위해서도 타당성이 높고 표준화된 도구를 사용할 수 있어야 한다.
- 사고에 대한 통계정보는 노동자의 수에 근거하기보다는 근로시간에 기초해 산정될 수 있도록 정보수집체계가 개편되어야 한다.
- 노동자들에게 위험한 업무가 진정 무엇인지 파악할 수 있기 위해서는 현재 주요 조사도구이자 방법인 양적·통계적 접근의 문제점을 보완할 수 있는 조사도구나 방법이 새롭게 고안되어야 한다. 질적 방법을 활용한 면접조사방

다. 이 논문은 처음에 ≪국제보건서비스학회지(International Journal of Health Services)≫에 실렸고 다시 출판되었다(Fee and Krieger, 1994). 이 책에서 저자들은 인종과 성(sex)이라는 요인이 건강의 생물학적 결정요인이 아니라 건강의 환경적 결정요인을 형성하는 사회적 범주임을 설명하고 있다.

법의 사용이 이에 해당된다고 할 수 있다.

- 여성 노동자가 경험하는 생식상의 건강 문제에는 태아에 대한 보호 문제뿐만 아니라 여성의 임신과 출산, 섹슈얼리티, 조기폐경, 생리상의 장애 등이 포함될 수 있도록 관심의 범위가 확대되어야 한다.

- 질병으로 인한 휴무를 기록하는 방법이 개선되어야 한다.[5]

성 인지적 분석

유급노동이든 무급노동이든 상관없이 기본적으로 노동에는 일정한 성별 분업이 존재한다는 사실 때문에 직업과 관련한 건강 연구에서 성적 차이 (sexual difference)와 성적 차별이 쉽게 혼동되곤 한다. 이와 같이 두 가지 차원이 혼동되는 것을 해결하기 위해 흔히 '성별 요인 보정 방법'을 사용하기도 하지만 이 방법 역시 다음과 같은 두 가지 이유에서 만족할 만한 해결책이 못 된다. 우선 머글러가 제시하고 있듯이(Mergler, 1995: 236~251) 구성원 거의 대부분이 남성인 직업과 구성원 거의 대부분이 여성인 직업을 비교하는 것은 무의미한 일이다. 머글러에 따르면 여성과 남성이 처한 근로조건이 유사하다고 확신이 서는 경우에 한해서만(그러나 이는 남성과 여성의 직업 이름이 같다는 것을 의미하지는 않는다) 그러한 성별 요인에 대한 보정이 비로소 가능하다(Mergler et al., 1987: 417~421). 둘째, 전통적인 성별 보정방법은 일과 가정생활에서 여성과 남성이 처한 각각의 특수한 상황을 은폐하도록 만든다. 예컨대 가금류 가공업에 종사하는 프랑스계 노동자들의 병가에 관한 연구에

---

5   이 목록은 내가 캐나다 보건부에 제출한 보고서 "Women's Occupational Health in Canada: A Critical Review and Discussion of Current Issues"(1996)에서 가져왔다.

서 여성 노동자와 남성 노동자에 대한 정보를 별개로 분석했을 경우와 이들의 정보를 함께 뭉뚱그려 분석했을 경우 상이한 분석결과가 도출됨을 알 수 있었다(Messing et al., 1998: 250~260). 그러므로 직업과 건강에 관한 연구를 할 때는 연령별, 인종별, 성별, 그리고 유관성이 있는 여타 변수가 있으면 그러한 변수별로 정보를 분리해서 분석할 필요가 있다.

그러나 잔 스텔먼과 조앤 버틴(Joan Bertin)이 지적하고 있듯이 그러한 종류의 자료를 분석할 때는 유의할 점이 몇 가지 더 있다. 우선 수집 자료를 성별(또는 인종별)로 구분해 분석할 경우, 통계적 유의미성이라는 정의에 기초해(즉 그러한 결과가 우연히 나올 확률은 오직 사례의 5%에 한해 이루어진다는 정의에 따라서), 남성과 여성 간에 통계적으로 유의미한 성별 차이(또는 흑인과 백인 간에 통계적으로 유의미한 인종적 차이)는 모든 분석에서 5% 이내에서 발견되어야 한다는 것을 염두에 둬야 한다. 또한 남성과 여성 간의 차이를 형성하고 있는 근본적인 기제가 생물학적인 것에 기인하는 것이든 아니면 일 자체나 가정환경에 기인하는 것이든 우리는 남성과 여성 간의 차이와 차별을 낳고 있는 기제에 주의를 기울일 수 있어야 한다.[6]

노동자들과 함께 연구하기

이제 직업보건학자들은 직업건강에 관한 흥미로운 연구 질문들이 노동자들에 의해 스스로 제기될 수 있음을 깨닫기 시작했다.[7] 국제직업보건학회에

[6] 잔 스텔먼과 버틴은 1996년 미국 식품의약안전청(The U.S. Food and Drug Administration) 앞으로 보낸 서한에서 이에 대해 설명했다.
[7] 사실 일반적으로 공중보건학자들은 대중에게서 유익한 정보를 얻을 수 있다는 것을 알고 있다(Popay and Williams, 1996: 759~768 참조).

참석했을 때인데, 직업 관련 질환을 전공하는 한 덴마크 출신의 과학자가 자신의 모든 초기 연구는 노동자들과의 만남에서부터 시작되었으며 그렇게 시작한 모든 연구는 연구 문제 파악에 모두 성공적이었고 그와 같은 방식으로 파악된 연구 문제들은 이른바 전통적인 과학적 방법에 의해서도 타당한 것으로 이후 교차 확인되었다고 말하는 것을 들은 적이 있다.

산업재해에 노출된 노동자들은 자신들에게 일어나는 문제를 다른 사람들보다 먼저 간파할 수 있게 마련이다. 대부분 노동자는 무언가 문제가 있다고 판단되면, 예컨대 고용주에게 사용이 힘든 기계를 수리해줄 것을 요구하거나 안락의자를 설치하고 근로속도를 줄여줄 것 등을 요구하기도 하면서 문제해결을 위한 자체적 노력을 먼저 시도하며 나오게 마련이다. 만일 노동자와 관리자로 구성된 협의회가 있다든지 또는 활발하게 활동하는 노조가 산업장에 있다면 문제해결 과정은 훨씬 더 쉬워진다.

그러나 때로는 화학물질이나 방사선에 의한 유전적 변화처럼 근로조건이 건강에 미치는 영향이 쉽게 간파되지 않는 경우도 있다. 또 초기에는 그 이상증상이 잘 잡히지 않는 건강 문제도 있기 마련이다. 무엇보다 노동자들은 위해요인을 파악하는 데 필요한 전문지식을 갖추고 있지 못한 경우가 대부분이다. 머글러가 우리에게 들려준 이야기가 한 사례인데, 그에 의하면 어떤 공장의 노동자들이 만성적으로 어지러움에 시달리자 자기들의 작업장 안에 필시 어떤 문제가 있다는 생각을 하기 시작했다고 한다. 그런데 이들은 자신들의 어지럼증이 공장 내부가 너무 덥기 때문에 야기된 것으로 생각하고 있었다. 이에 대해 전문가적 입장에서 머글러는 "당신들이 어지러움을 느끼는 것은 당신들이 생각하는 것처럼 공장 내부가 너무 더워서 일어난 것이 아니라 작업장 내부의 열이 공기 중에 있는 용제(솔벤트)를 점차 응축하기 때문에 일어나는 현상"이라고 설명해주었다고 한다.

이 사례처럼 노동자들은 문제의 정확한 원인을 규명할 수 없거나 고용주에게 그들의 불만에 귀를 기울이도록 할 수 없을 때 과학자를 필요로 한다. 때로는 고용주가 고용한 과학자가 노동자들의 의견을 무시하고 나올 경우도 있는데 그러한 경우에도 노동자들은 그들의 편에서 그들의 의견에 귀를 기울여줄 수 있는 과학자를 필요로 한다. 그런데 노동자들의 재원조달 능력은 대부분 제한되어 있기 때문에 전문가에게서 필요한 도움을 받을 수 있는 경우가 매우 드물다. 그러나 다행스럽게도 이러한 상황은 점차 개선되어가는 추세에 있다. 예컨대 캐나다의 '전국 인문학 및 사회과학연합회(Federation of Humanities and Social Sciences)'는 지역사회 주민들이 과학적 전문지식에 좀 더 근접할 수 있도록 25개 지역에 과학센터를 설립해줄 것을 정부에 제안한 바 있는데 캐나다 정부는 이러한 제안 수용에 대해 현재 진지하게 고민 중이다. 미국의 경우에는 매사추세츠 주의 엠허스트 지역에 있는 로카연구소(Loka Institute)가 그러한 예에 해당하는데 이 연구소는 과학에 관심을 보이는 지역사회 주민들 중심으로 구성된 연구 네트워크를 갖추고 있다.[8]

노동자 권익을 위한 전문지식의 생성과 활용

노동자들이 연구에서 비중 있는 역할을 담당해야 한다는 생각을 가진 학자라면 노동자를 위한 전문지식의 생성, 활용과 관련한 쟁점이 무엇인지도 생각할 수 있어야 한다. 여성주의 학자들에게 이는 전혀 새로운 질문이 아니다.

---

8 로카연구소와 지역사회연구회(The Community Research Network)는 매사추세츠 주립대학 확대연계기구(University of Massachusetts Extension)에 의해 창설되었다. 로카연구소는 다양한 포럼을 통해 과학자들과 지역사회를 연결하는 주도적 역할을 수행하고 있다 (P.O. Box 355, Amherst, MA 01004. Loka@amherst.edu).

왜냐하면 여성주의 연구가 발달하는 과정에서 지식과 실천이라는 질문은 항상 그 중심에 있었기 때문이다(Code, 1991: chap.6). 여성의 경험과 그들의 생각을 존중하는 것은 여성주의 연구 방법론에서는 아주 핵심적인 사항이다.[9]

연구의 신빙성이 돈과 직접적으로 결부된 직업보건학 연구에서는 노동자가 제공하는 정보를 연구에 포함하거나 이를 인정하는 일은 중요한 사안일 수밖에 없다. 여성 노동자의 진술을 인정한다는 것은 그 여성이 경험한 근로사고를 인정하거나 (그녀의 맡은 업무가 위험한 경우에는) 그녀의 임신휴가를 위해 고용주가 돈을 지불해야 하는 것을 의미하기 때문이다. 만일 연구자가 그 반대의 선택을 한 경우라면 이는 정부나 고용주가 재정적인 이익을 취하는 것을 의미한다. 이러한 상황에서는 누가 질병이나 장애를 규정할 권리가 있는가에 대해 관심이 쏠릴 수밖에 없다. 보상 문제가 걸리면 전문지식의 진위와 적용을 둘러싼 논쟁이 크게 부각되기 마련이다. 어떤 학자는 자신이 노동자들을 대상으로 실시한 설문조사결과를 해당 노동자들에게 알려주었다는 이유 하나만으로 '위법적인 의료행위'로 소송, 기소하겠다는 위협을 받은 적도 있다.

상황이 이렇다 보니 정말 어떻게 행동해야 잘하는 것인지 당황스러울 때도 있다. 귀중한 정보와 영감의 근원이자 제공자가 되어준 노동자들에 대해 감사한 마음이 일고 그래서 연구에 대한 그들의 기여를 인정하고 싶은 마음이 드는 것은 인지상정이다. 그러나 보고서나 논문의 객관성과 관련해 이미 공식화된 입장들이 있고 우리는 아직까지 이에 도전할 만한 입장을 세우지 못하고 있는 것 또한 엄연한 현실이다.[10] 여성 학자이기 때문에, 노조원들과

---

9 이에 대해서는 슐라미트 라인하르츠(Shulamit Reinharz)가 저술한 백과사전과 Reinharz(1992) 참조.

함께 일을 하기 때문에, 그리고 의사가 아니라는 이유만으로 이미 우리는 직업보건학 연구 분야에서 주변적 위치에 놓여 있다. 그렇다고 우리가 소극적으로 대응하는 모습을 보이면 회사 고용주에게 기용된 전문가들과 맞서야 하는 상황에서 자칫 불리한 위치로 내몰릴 수도 있게 된다. 과학자들은 기존의 과학적 연구 방법에 대한 우리 여성주의 과학자들의 문제제기를 이상한 것으로 치부하면서 마치 그런 이상함이 이상한 학문적 배경에서 비롯된 것인 양, 그리고 우리가 기존의 연구 방법을 잘 이해하지 못하는 데서 비롯된 것인 양 폄하하곤 한다. 단지 여성 연구자들이라는 이유 때문에, 그리고 정통언어를 사용하여 연구를 하지 않는다는 이유만으로 우리는 노동자나 고용주 양쪽 모두에게서 어떤 존경도 받을 수 없는 처지에 놓일 수 있다. 예컨대 사람들은 우리를 부를 때는 그냥 이름으로 부르지만 다른 전문가들을 부를 때는 이름 뒤에 직위를 붙여서 부르곤 한다. 노동자의 보상에 관한 청문회에 참여한 우리에게 이러한 호명 방식은 불리한 요인으로 작용할 수도 있다.[11] 여성주의적 전문지식을 존중해달라고 요구하는 것과 여성주의적 전문지식을 무조건적으로 신화화하지 말 것을 요구하는 것 사이에는 다소 간극이 있으며 우리는 이 간격에서 발생하는 문제를 아직 성공적으로 다루지 못하고

---

10 로미토(Patrizia Romito)는 자신이 미국 학회지에 제출했던 의학관계 연구 논문 중 한 편이 학회지에서 충분히 공정한 취급을 받지 못했던 일에 대해 신랄한 유머를 곁들여 비판하고 있다(Romito, 1990: 13~23 참조).

11 어떤 청문회에서 베지나와 로버트 길버트(Robert Gilbert)는 각각 노동자 측과 사용자(고용주) 측 대변자로 출석한 적이 있었다. 그 청문회는 Société canadienne des postes et Diane Corbeil et Monique Grégoire-Larivière Commission dappel en matière de lésions professionnelles, Dossiers 05775-61-8712, 10911-61-8902, 02380-61-8703에 관한 것이다. 이 두 학자 모두 박사학위 소지자로서 많은 논문을 발표한 대학의 정교수였지만 청문회가 진행되는 동안, 특히 청문회 결정사항을 발표하는 순간 사용자 측을 대변한 길버트 교수만 오직 '박사'라는 호칭으로 불렀다.

있는 실정이다.

그렇지만 전문지식의 중심을 과학자에서 노동자로 이동하는 일과 노동자들의 생각이 정당함을 인정하는 일은 노동자 자신들이 자신의 근로조건을 바꾸어나갈 수 있는 능력을 기르는 데 아주 필요한 부분들이다. 한번은 우리 연구진이 병원 노조들과 협력해 연구를 수행한 적이 있었는데 의사들로 구성된 사용자 측 대표들이 취하는 권위주의적인 자세 때문에 종종 마찰이 일어나곤 했다. 언제인가 병원의 방사선과 사무실에서 노조원들을 대상으로 교육프로그램을 진행하던 때에 수업시간의 절반이 지나갈 무렵 방이 너무 무덥고 후덥지근하여 수업을 더 지속하기가 힘들 정도가 되었다. (그 방 온도가 섭씨 25도 또는 화씨 77도 정도에 달했던 것으로 기억한다.) 방이 너무 덥다고 했더니 방 안에 있던 여성 교육생들은 자기들이 일하는 방은 원래 항상 그렇다면서 우리를 보고 웃었다. 그러면서 말하길 언젠가 자기들이 이러한 방 문제를 과장에게 들고 갔더니 그가 '당신들이 여성이라서 더위를 더 느끼는 것'이라고 하면서 자기들은 그다지 더위를 못 느낀다고 하더라는 것이다. 과장인 그 의사 말에 따르면 남성과 비교해볼 때 여성의 생리구조는 정상적인 기온에서조차 다소 비정상적으로 반응하도록 만들어져 있기 때문에 여성이 남성보다 더위를 더 탈 수밖에 없다는 것이다. 이 말을 들은 우리 연구진은 여성과 남성이 동일한 실내온도에서 온도 차이를 느낀다면 이는 생리구조의 차이에서 오는 것이 아니라 여성과 남성의 업무가 서로 다른 것에서 기인하는 것이라고 여성 교육생들에게 말해주었다. 즉, 여성 방사선 기사의 업무는 들것에 실려 오는 무거운 환자를 들어 방사선 촬영대로 옮기는 일과 같이 육체적 힘을 필요로 하는 활동이 대부분인 반면 남성 의사의 업무에는 그러한 육체노동이 포함되지 않기 때문에 남성 직원과 여성 직원이 더위를 느끼는 것에서 차이가 나는 것뿐이라고 말해주었다. 우리의 이러한 해석이 여성 교육생들에게 상당히 그럴 듯하게 들리는 듯싶긴 했지만 그렇다고 과장에게 이 문제를 다시 들고 가서 맞설 만한 용기가 그들에게는 아직 없는 듯 보였다.

이 사건으로 말미암아 우리는 전문가의 지식과 힘이 여성 노동자 편에 실리는 것이야말로 여성 노동자의 근로조건 개선을 위해 필수적인 사항임을 다시 한 번 깨달을 수 있었다. 우리가 노동조합의 여성위원회와 함께 일을 하는 것은 여성 노동자들이 스스로 업무량을 조직화하고 확인할 수 있도록 도우려는 의도에서이다. 여성노조위원회가 연구 프로젝트에 참여하면 그들이 일하는 작업장의 변화를 위한 제안에 연구 결과가 반영될 가능성도 그만큼 높아지는 것이다.

거리 두기(정치적 중립성)와 과학적 객관성에 대한 혼동 금지

노동자의 연구 참여에 관한 기조강연에서 로웬슨은 다음과 같이 말했다.

내 목적은 오직 노동자들이 연구에 참여할 때만이 직업과 건강에 관한 독특하고 좋은 지식이 생산될 수 있고 진정한 실천도 가능하다고 주장하려는 것이 나의 목적이 아니고, 상황에 따라서는 노동자들이 연구에 참여할 때가 그렇지 않을 때보다 그 연구 진행이 적절하거나 효과적일 수 있다는 점을 말하고자 하는 것이다 (Loewenson, 1996: 73, 강조는 원문).

계속해서 그녀는 참여 연구와 관련해 지적될 수 있는 문제점들을 하나하나 짚어나가면서 노동자가 참여하는 연구가 과연 과학적인지 아닌지에 관한 논증을 펼쳐나갔다. 전통적 입장을 따르는 과학자들 역시 연구 발표를 할 때면 누가 묻지 않아도 스스로 먼저 자신들이 수집한 자료의 타당성이나 신뢰성과 관련해 해당 연구가 지닐 수 있는 한계점을 지적하기도 하지만, 어떤 과학자도 자신의 연구가 '과학적'인지 아닌지를 증명하기 위해 그녀처럼 많은 시간을 할애하지는 않는다. 그런데 특이하게도 로웬슨은 참여 연구의 과학적 엄격성에 대한 자기 논증에 열을 올리고 있었던 것이다. 아마도 그녀는 참여 연구의 과학적 엄격성 또는 객관성에 대해 제기될 수 있는 청중의 공격을 미리 의식했던 탓에 스스로 먼저 자기 논증을 펼침으로써 참여 연구의 과학성을 증명하려고 한 것 같다. 그러나 이를 지켜보다 보니 자기 논증을 너무 열심히 펼치는 그러한 모습이 되레 청중에게 참여 연구의 과학성에 뭔가 문제가 있는 것은 아닌가 하는 의구심이 들게끔 부추기는 것은 아닐까 싶기도 했다.

서구 과학에서는 과학과 정치를 분리하여 생각하는 것이 하나의 규범이지만 사실상 이의 분리는 불가능하다. 과학자란 객관적인 자료를 만들어낼 수 있어야 한다고 사람들은 생각한다. 과학자 역시 과학자이기에 앞서 일반 시민으로서 어떤 정치적 견해를 가질 수도 있지만 사람들은 그러한 과학자의 정치적 견해가 연구의 객관성을 방해해서는 안 된다고 생각한다. 그러나 나는 직업보건학처럼 논쟁적인 영역에서는 그 어떤 학자도 중립적인 위치에 서 있을 수 없다고 생각한다. 사실상 모든 이에게 나름의 이념이 있으며, 비주류에 속한 사람들만 이념이 있는 것은 아니다. 나는 이 책을 통해 여성 노동자에 대한 우리의 평소 이념 또는 생각이 연구 질문의 제기에서부터 자료분석이라는 기술적 부문에 이르는 연구의 전 과정을 통해 어떻게 영향을 미칠 수 있는지 보여주려고 했다.

과학자라면 자신의 이념적 입장이 무엇인지, 그러한 입장이 자신의 연구에 미치는 영향이 무엇인지 의식할 수 있어야 하고 또한 의식하려고 애를 쓰는 것이 마땅하기에 어떤 과학자도 자신이 가치중립적인 연구를 했다고 주장할 수는 없다. 그런 의미에서 객관적 과학의 추구란 하나의 환상에 불과하다고 말할 수 있다. 그런 까닭에 주류 과학자들은 자신과 사상이 다른 비주류 과학자들을 날려버리기 위한 수단으로 '(과학적) 객관성'을 운운해서는 안 될 것이며, 또 그렇게 되지 않도록 노력해야 한다. 내가 볼 때는 한 과학자의 생각과 그에 대한 비평가의 생각이 서로 일치하지 않을 때 각자의 생각이 지니는 이념성이 더욱 분명해지는 것 같다. 사무실을 여러 명의 근로자가 함께 쓰고 있다는 사실이 근로자의 실내공기 감염 노출에 미치는 영향을 연구하는 대신에 노동자가 왜 담배를 피움으로써 실내공기 감염에 노출되는지를 연구하기로 했다면 후자의 연구 주제 선택은 피해자 비난의 의도가 담겨 있는 일종의 이념적 선택으로 간주될 수 있다. 왜냐하면 다른 과학자들은 그러한 연구 방향의 선택에 대해 반대 의견을 가질 수도 있을 테니 말이다.

과학자로서의 정체성에 충실하고자 한다면서 다른 과학자들의 연구가 이념적인지 과학적인지에 대해서는 따져 묻지 않은 채 오직 우리 여성주의자들의 연구에 대해서만 연구가 이념적인지 과학적인지를 묻고 나서는 기관들이 있다면 이는 여성주의 연구 자체를 문제 삼고 나서겠다는 것으로밖에 볼 수 없다. 이는 현명하지도 공평하지도 않은 처사이다. 이런 경우 우리는 우리와 다른 편에 선 과학자들에게도 똑같이 과학적 엄격성을 적용할 것을 요구함으로써 그와 같은 불공평한 처사에 대응해 싸워나갈 수 있어야 한다.

과학자의 감정이입과 조절

내가 최초로 직업건강 관련 연구를 수행했던 공장에서 있었던 일이다. 이 공장에서 일하는 노동자들은 작업 중 인광석(燐鑛石) 노출로 인해 턱뼈를 제대로 사용할 수 없을 정도로 매우 쇠약해져 있었기 때문에 치과진료를 받아야 했는데 진료에 앞서 수 주 동안 휴가를 먼저 받아야 할 정도로 그 아픈 상태가 심각했다. 공장 노동자들은 아주 사무적인 어투로 우리에게 이 사실을 전달했다. 노동자들에게서 이 말을 들은 우리 연구팀은 분개해서 인광석 다루기 업무가 그들의 건강에 어떻게 해를 끼쳤는지를 보여줄 수 있는 증거를 그들에게 제시했다. 그런데 우리의 이러한 처신은 오히려 (모두가 남성인) 노동자들의 신경을 거스르는 결과를 낳았다. 왜냐하면 이들은 이미 자신의 가족을 위해서, 그리고 자신들의 자존심을 지키기 위해서 설사 위험하고 불편하기 짝이 없는 업무라도 이를 계속 강행하겠다는 생각을 지닌 사람들이었기 때문이다. 말하자면 중산층 출신의 젊고 낭만적인 우리 여성들의 분개가 그 남성 노동자들에게 통할 이유가 별로 없었다.

연구가 거의 끝나갈 무렵 노동자들은 작업장 환기 상태 개선을 요구하기 위한 근거자료로 우리의 예비조사결과를 활용하는 선에서 우리와의 연구를 마무리 짓겠다는 통보를 보내왔다. 고용주 측은 우리가 연구에서 빠진다면 실내 환기체계를 바꾸어주겠다고 약속 했고 노동자들은 이 조건을 받아들였다. 우리는 다시 한 번 분개했다. 노동자들이 우리와 계속 함께함으로써 종국에는 분진이 노동자의 건강에 미치는 전반적 영향에 대한 증거를 제시할 수 있어야 하고 그렇게 함으로써 고용주와의 협상에서 노동자들이 좀 더 유리한 입장에 설 수 있어야 한다고 생각했기 때문이다. 이 일을 계기로 우리는 노동자의 작업조건이나 삶의 조건을 개선하기 위해 무엇을 할지 결정하는 일은 결국 노동자들 자신에게 달렸다는 상식을 다시 한 번 확인할 수 있었다.

한편 여성 전화교환수 노동자들과도 이와 비슷한 경험을 한 적이 있었는데 전자의 사례에 비해 상황이 더 심각했던 것 같다. 연구자인 나 역시 혼자서 어린아이들을 키워야 하는 싱글맘이었기에 직장 일과 가정 돌보기 사이에서 초인적인 노력을 하는 여성 전화교환수들에게 연민을 느끼지 않을 수 없었다. 그들의 작업일정이 주는 부담 정도는 매우 심각해 노동자 몇 명은 거의 신경쇠약에 빠질 정도였다. 실제로 우리 연구가 끝난 직후 연구에 참여했던 전화교환수 중 1명이 자살을 시도하기도 했다. 한 회의 석상에서 나는 그들의 열악한 작업 환경에 대한 나의 소감을 말한 적이 있었다. 이것이 나의 의도와는 다르게, 그들은 열악한 상황에 있는데도 거기에서 벗어나려 노력하지 않는 사람들로 치부하고 경멸하는 것으로 나의 소감을 곡해한 듯했다. 이 일을 통해서도 우리는 다시 한 번 '노동자 건강 문제의 해결을 위해서는 노동자 스스로가 자신들의 처한 상황을 돌아보면서 스스로 문제해결을 위한 선택을 해야 하고 우리 연구자는 그들이 한 선택을 수용할 수밖에 없다'는 사실을 확인할 수 있었다. 1996년 몬트리올의 좋지 않은 사회경제적 상황에서는 직업이 주는 스트레스가 어떠한 것이든 그 직업에 매달리는 것 외에는 다른 대안이 없었던 그들이었기에 아마 연구자인 나의 지적과 소감에 대해 그와 같은 반응을 보일 수밖에 없었을는지도 모르겠다.

물론 우리는 노동자들이 일하는 일터 안으로 들어갈 수 있도록 계속 노력해야 하고 그래서 그들이 겪고 있는 열악한 근로조건을 보고 가슴 아파할 수 있어야 한다. 그러나 연구자들은 노동자들이 내린 어떤 선택이나 대안이 자신들에게 가져올 결과를 수용하거나 배척해야 할 입장에 있는 사람들은 아니기 때문에, 노동자들이 고용주 X를 위해 일하는 것이 좋은지, 고용주 Y를 위해 일하는 것이 좋은지 또는 어떠한 조건에서 일하는 것이 좋은지에 대해 찬반 의견을 낼 입장은 아니라는 점을 확실히 해두고자 하는 것뿐이다. 연구자료의 출처를 명확히 하거나 연구를 끌어가는 동력으로서 연구자와 연구대상자의 간주관성(intersubjectivity)을 중시하는 것도 중요하지만 노동자들에 대한 동정심으로 인해 그들의 이익을 지나치게 대변하는 길로 빠져들어서도 안 되는 것이다. 오직 당사자인 노동자들만이 어떤 행동이 자신들에게 최선인가를 결정할 수 있는 위치에 서 있어야 한다. 바로 이러한 이유 때문에 우리는 노동자 자신들이 원하는 결정에 이르게끔 도와주는 민주적인 토론의 장(場)을 제공하면서 또한 자신들이 결정한 바를 실천에 옮길 수 있고 힘도 있는 노조와 함께 일하는 것을 선호하는 것이다.

3. 지식의 생산과 전파를 위한 여건 개선

연구 결과 보고에서 지켜야 할 과학적 엄격성

노동자들이 인지하고 제기한 문제에서 연구를 출발한 학자들은 전통적인 방법으로 노동자의 건강 문제에 접근하는 학자들과 충돌할 가능성이 많다. 환경학, 제약학, 공중보건, 생식보건과 여타 다른 과학 분야에서와 마찬가지로 직업보건학 또한 갈등관계에 있는 이해집단들이 서로 얽히고설켜 있는 분야이다. 연구에서 채택한 접근방식은 그 자체로 중요한 정치적·경제적 함의를 지니고 있다. 대규모 표본을 활용한 연구 방법을 선택할 것인가 아니면 위험인자에 노출된 소규모 표본을 중심으로 세부적이고 구체적으로 조사를 추진하는 연구 방법을 선택할 것인가를 놓고 고민하는 것이 그 좋은 예이다. 일부 과학자, 특히 역학자는 연구 오차 5% 이하 수준에서 확보된 연구 결과의 통계적 유의미성이 연구의 신뢰성 확보, 즉 연구를 반복 시행했을 경우 동일한 연구 결과를 얻을 수 있는 확률을 확보하는 데 중요한 조건이 되며 제대로 된 과학을 하는 데 이는 필수적인 요건이라고 생각한다. 그들은 대규모 표본을 사용하는 연구에 감명을 받는다. 대규모 표본을 사용하는 연구 방법을 따를 경우 위험인자에의 노출경로와 같은 세부적인 사항을 놓칠 수도 있고 진짜 위험한 요인이 무엇인지 찾아낼 수 없을지도 모르는 한계가 있지만 그래도 대규모 표본 연구에 대한 선호 때문에 그러한 제한을 수용한다. 그런가 하면 또 다른 부류의 과학자들, 특히 독성학자나 인간공학자들은 소규모 표본을 활용하는 연구를 선호하기 때문에 개개인에게 좀 더 초점을 맞추면서 건강 위해요인에 노출되는 경로에 대한 더 상세한 정보를 수집하길 원한다. 그런 접근방법을 취했을 경우 연구 결과의 통계적 유의미성을 놓칠 위험부담이 증가할 수 있다는 것도 감수하면서 말이다.[12]

그러나 연구를 하는 사람이 역학자가 되었건 인간공학자가 되었건, 고용주 측에 좀 더 친화적인 학자들이라면 만일 고용주 측에 불리한 연구 결과가 나왔다손 치더라도 가장 신뢰성이 높으면서 통계적으로 유의미한 일부 산출 결과는 반드시 제시해야 하겠지만 이를 제외한 나머지 결과에 대해서는 되도록 그 의미를 축소하려고 할 것이다. 반면 노동자 측에 좀 더 친화적인 학자들이라면 설사 통계적 유의미성의 확보라는 측면에서 '확실한' 연구 시행이 불가능한 작은 규모의 일터라도 이를 마다하지 않고 연구를 감행하려 할 것이다. 여성이나 유색인종을 연구에 포함하지 않은 경우나 성별, 계층별 자료를 분석하지 않은 경우에 왜 그러한 접근방법을 선택했는지, 그러한 선택의 결과가 무엇인지에 관해 설명하는 경우는 거의 찾아볼 수 없다. ≪미국산업의학회지(American Journal of Industrial Medicine)≫를 포함한 여타 학술지는 연구비를 직접 지원한 기구의 명칭을 논문에 명시할 것을 투고 규정으로 제

---

12 위험인자에 노출된 소수 표본 노동자를 대상으로 심층적인 조사를 실시하는 연구 방법은 이들의 처한 상태를 더욱 잘 파악하도록 돕고 또한 통계적으로 유의미한 결과를 얻을 가능성을 더욱 높인다(제6장 식당종업원에 관한 사례 참조).

시하고 있지만, 그렇다고 해서 학자들에게 학술지의 이념적 입장이나 해당 연구와 간접적 연관이 있는 재정적 이해관계를 논문에 명시하도록 강제할 수는 없다. (예컨대 자문위원들이 그들의 잠정적인 고객을 자문 대상에서 제외하는 것을 꺼리는 것이 그와 같은 간접적 이해관계의 한 예시이다)

래드클리프(J. W. Radcliffe)와 곤살레스-델-바예(A. Gonzalez-del-Valle)에 따르면, 과학적 엄격성이 담보된 연구는 연구 문제의 파악과 연구 문제에 대한 정의를 도출하는 과정에 관계된 모든 사항을 분명하게 진술할 수 있어야 하고, 연구와 관련되는 모든 이해집단이 연구와 맺는 관계에 대해서도 기술할 수 있어야 한다(Ratcliffe and Gonzalez-del-Valle, 1988: 361~392). 학자들에게 연구 결과의 보고방식을 개선하도록 요구하는 것과 그들의 이념적 입장을 진술하도록 요구하는 것이야말로 연구의 질 향상에 중요한 기여를 할 것이다.

과학에서 '정치'란 외설이 아니다

과학자는 정치와는 상관없는 사람들인 것처럼 생각하는 경향이 종종 있지만 이는 사실과 다르다는 것을 이미 많은 과학자가 알고 있다. 스톡홀름에서 학회가 열리기 1주일 전 프랑스어권 인간공학자들이 중심이 된 한 학회가 브뤼셀에서 열릴 예정이었고 나는 이를 위해 인간공학과 성별 노동분업을 주제로 하는 한 워크숍을 조직하고 있었다. 그런데 그 워크숍은 이 학회로서는 처음 있는 여성주의적 색채를 띤 워크숍이었기 때문에 조직 과정에서 많은 문제점과 마찰이 일었다. 이 워크숍을 학회 프로그램에 포함하는 문제를 둘러싸고 준비위원회 내부에서 위원 간에 마찰이 일었고, 결국 이 워크숍은 유명 인사의 기조강연 시간과 겹치는 시간에 열리도록 일정이 짜였다. 이와 같은 시간 배정, 특히 이 워크숍이 그 학회 전체를 통틀어 기조강연과 시간이 겹친 유일한 프로그램이었다는 사실은 어찌 보면 우연한 일이 아닐 수도 있다.

그 워크숍에서 발표하기로 예정된 여성 발표자 중 1명은 그녀의 남성 상사에 의해서 발표를 제지당하기도 했다. 프랑스 공무원인 그녀의 상사에 따르면 그녀가 발표하기로 한 내용이 자신이 수행하고 있는 공무의 이미지와 부합하지 않고 따라서 이를 발표할 수 없다는 것이다. 나와 다른 연사들은 그 상사의 결정에 대해 공박하면서 왜 그러한 결론에 도달했는지 더욱 자세히 말해줄 것을 요구했다. 슈퍼마켓 계산대 점원이 경험하는 열악한 근무조건에 관한 이야기가 대부분인 그녀의 연구가 발표될 수 없는 이유는 도대체 어디에 있는 것인가? 그 상사는 2가지 반대 이유를 제시했다. 첫째, 그들의 공무는 일차적으로 사고 문제를 다루고 있는데 그녀의 연구는 사고에 관한 정보를 전혀 다루고 있지 않다는 것이다. 우리는 이것이 발표 제지의 진정한 이유라고 믿을 수가 없었다. 왜냐하면 애초에 그가 그녀에게 슈퍼마켓 계산대 점원의 근무조건에 관해 연구하게끔 허락했고 그 직장에서 사고는 한 번도 문제가 된 적이 없었기 때문이다. 그가 제시한 발표 제지의 또 다른 이유는 그녀의 연구가 과학적이지 못하기 때문이라는 것이다. 이러한 이유들에도 우리가 계속해서 발표를 허락하지 않는 이유가 무엇이냐고 추궁하자 그는 발표문의 제목이 너무 정치적이라는 이유를 달았다. 그에 따르면 그 여성 부하직원이 발표하기로 한 논문의 제목, 「대형 유통점의 근무일정: 여성에게 불리한 조건들(Horaires flexibles dans la grande distribution: Un mauvais lot réservé aux femmes)」은 과학적인 소통보다는 팸플릿이나 신문기사 제목으로 더 적절하다는 것이다.

자신이야말로 소통의 주인공을 학회에서 배제하려는 아주 정치적인 행동을 하고 있으면서 부하인 여성 연구자가 지금까지 잘 알려지지 않은 직업을 대상으로 그동안 잘 알려지지 않은 건강 위해요인에 관한 발표를 하려고 하니까 제목이 너무 정치적이라는 이유로 논문발표를 비난하고 나선 것이다. 그 남성 상사는 여성 부하의 저항적인 행동을 부각하기 위해 '정치적'이라는 용어를 사용했다. 그러나 우리는 그의 그러한 해석을 받아들이지 않았고, 워크숍 내내 이 문제에 대한 토론이 계속되었다. 청중들은 그 워크숍이 학회에서 열린 가장 흥미로운 워크숍 중 하나였다고 우리를 칭찬했다.

이 사건은 일부 인간공학자의 의식을 고양하는 계기가 되었으며 또한 인간공학 연구에서 노동자 친화적인 시각과 여성주의적 시각이 인정받을 수 있는 계기를 제공하기도 했다. 내가 이 경험에서 배운 것이 있다면 과학 분야도 다른 분야와 마찬가지로 조직화의 전략과 정치적 전술이 필요하다는 것이다. 우리가 우리 자신들을 잘 조직화하고 서로가 서로에게 든든한 지원을 할 수 있었던 덕분에 우리는 진일보할 수 있었다. 다른 분야와 마찬가지로 과학 분야에 있는 조직체들도 정치적 투쟁에서 비켜 갈 수 없는 것이다.

문화적·물리적·사회적·정서적 맥락에 대한 이해의 중요성

사전 계획에 따라 움직이는 대신 나는 가끔 일이 흘러가는 대로 자신을 맡기고 그 흐름에 따라 움직이는 것을 즐기곤 하는데 1996년 가을에 있었던 7주의 기간이 바로 그런 경우에 해당한다. 당시 나는 다양한 청중을 대상으로 출납계 행원에 관한 우리의 연구 결과를 차례로 발표한 적이 있다. 발표 대상으로는 프랑스어권의 산업심리학자들을 비롯하여 영어권의 건강심리학자들, 프랑스어권의 여성주의 학자들, 프랑스어권의 인간공학자들, 영어권의 직업보건학자들, 영어권의 사회과학자 및 직업보건학자들, 영어권의 지역사회활동가들이 차례로 포함되었으며 마지막에는 노조원의 건강 및 안전을 위해 일하는 프랑스어권 활동가들로 그 발표 대상이 옮겨갔다. 그리고 라틴아메리카 여성의 직업 관련 건강에 대한 협동 연구 프로젝트 때문에 스페인어권의 직업보건학 교수들과도 만나 연구 결과를 공유했다. 이와 같이 다양한 청중을 대상으로 차례로 발표하는 과정에서 나는 다양한 문화 간에 존재하는 차이점을 엿볼 수 있었다. 직업보건학 분야의 영어권 청중 앞에서 발표할 때는 출납계 행원들의 업무 수행 맥락에 관한 나의 이야기가 청중들에게 잘 먹혀들어가고 있지 않다는 느낌을 받았다. 프랑스어권의 인간공학자들을 대상으로 발표할 때는 이 문제에 대한 세계적인 연구 추세와 함께 우리 연구진이 고안한 문제해결책을 제시하기도 했다. 프랑스의 학문적 전통상 프랑스어권의 학자들은 세계적 차원에서의 문제 접근 방식에 대해 듣고 아는 것을 선호하리라는 점을 이미 잘 알고 있었기 때문이다. 또 프랑스어권 인간공학자들이라면 근무 중 행원들의 자세, 은행 강도에 대한 행원들의 대처, 세일즈 업무를 강요하는 은행 측의 압력이라는 요인 간의 상호 연관성에 초점을 맞추고 있는 나의 발표를 온당한 것으로 받아들이리라는 점도 이미 짐작하고 있었다(은행 강도 예방을 위해 설정된 주의사항을 보면 이 주의사항을 따르기 위해서는 행원들이 앉은 상태에서 업무를 수행하는 것이 어려울 수 있다는 것을 알 수 있었다. 또 고객 확보를 위해 행원들에게 가해지는 은행의 압력은 동료직원에게 상호 경쟁을 부추김으로써 강도의 위협 앞에서 필히 요구되는 동료직원 간의 단결을 저해했다). 그렇지만 이 프랑스어권의 인간공학자들에게도 내가 제시한 여성주의 시각은 전적으로 새롭고 기이한 것으로 받아들여졌다.

교사들의 직업보건에 관한 연구 결과가 나왔을 때도 이 경우와 비슷하게 처음엔 영어권의 직업보건학자들을 대상으로, 그다음은 프랑스어권의 인간공학자들을 대상으로 발표를 진행했다. 그리고 교사의 업무 수행 맥락에 관해 발표했을 때도 출납계 행원에 대한 연구 결과 발표 때와 마찬가지로 프랑스어권 청중이 훨씬 수월하게 나의 발표를 받아들이고 있다는 느낌을 받았다. 또 프랑스어권 청중을 대상으로 발표할 때에는 해당 문제에 대한 새로운 정보를 제공하는 차원에서 한발 더 나아가 업무가 수행되는 맥락에 관한 여러 이야기들을 들려줌으로써, 연구 결과 보고의 완성도를 훨씬 높일 수 있고 청중의 이해도 또한 높일 수 있다는 확신이 생겼다. 그러나 프랑스어권의 인간공학자들도 교사들의 성별 업무 분장과 건강의 관계에 대해서는 맥락적 설명을 이색적인 것으로 받아들이고 있었고, 성별 문제에 관해 말할 때는 나름 신중을 기해야만 했다.[13]

노동자의 건강 문제에 관한 한 영어권의 직업보건학자들은 세계에서 가장 영향력 있는 연구 집단일 것이다. 영어가 과학의 공용어라는 사실이 영어권 학자인 우리에게는 행운이기도 하지만 대신 영어권 학자들은 직업보건학에 대한 정치경제학적 접근방법, 즉 유럽이나 라틴아메리카에서 더욱 발달해온 직업보건학적 접근방법을 알고 배우는 데는 나름 한계를 겪고 있다. 그렇기 때문에 영어권에서 진행되는 강의나 제작되는 교과서들은 유럽이나 라틴아메리카에서 발달해온 대안적인 시각에 대한 더 많은 정보를 제공할 수 있도록 만들어져야 한다.

4. 여성 노동자를 위한 과학 연구에 우호적인 조건 조성

내가 참석한 학회 중에서 비교적 즐거움을 맛볼 수 있었던 학회를 든다면

---

13 나는 MAGE(Marché de Travail et Genre)라는 연구회 주최로 개최된 세미나 발표를 위해 이 문제에 관한 논문을 쓴 적이 있다. 이 주제는 인간공학자 사이에서 뜨거운 논쟁을 유발했다. 이와 달리 MAGE에 소속된 프랑스어권 여성주의 사회학자들은 이 주제를 아주 쉽게 받아들였다(Messing, 1996: 45~60 참조).

1995년 몬트리올에서 열렸던 여성월경주기학회(The Society for Menstrual Cycle Research: SMCR)를 들 수 있다. 이 학회에는 북미 출신의 학자 200여 명이 참석했고 참석자 대부분이 여성이었다. 학회에서는 여성 월경에 관한 사회적 태도에서 여성생리에 따른 통증 및 고통이라는 주제에 이르기까지 실로 다양한 주제가 발표되었다. 또한 학회를 통해 내분비학·심리학·직업보건학 분야에서 창출된 새로운 지식과 정보들이 교환되었다. 사회과학자와 의학자 양쪽 집단 모두 자신의 입장에서 좋은 발표들을 했고 연구비에 대한 결정에서 연구 방향의 설정에 이르는 연구의 모든 단계에 여성이 참여해야 한다는 기본적 사실에도 양쪽 집단 모두 동의했다. 자연과학자들이 주종을 이루는 다른 학회들과 달리, 이 학회는 연구자들이 자신의 연구에 대한 소감을 허심탄회하게 이야기하게끔 북돋아주는 분위기를 연출했다. 나는 이 학회에서 여성의 직업이 생리주기에 미치는 영향에 관한 발표를 했는데 세션에 참석한 사람들이 보여주는 느긋함과 관용에 힘이 솟는 듯했다. 거기서는 질문을 하거나 나의 무지함을 드러내는 것이 결코 두렵지 않았다. 알고 보니 이 학회는 여성건강 향상을 위해 활동하는 운동가들과 과학자들이 함께 모여 운동가들의 지식에 대한 요구와 과학적 정보를 잘 연결하고 이를 통해 실천 활동을 잘해보려는 의도로 만들어진 학회였다.

시민의 건강 향상을 위해 일하고 있는 스페인 출신 내분비학자인 카르멜 발-로베(Carme Valls-Llobet)의 추진력 덕분에 열릴 수 있었던 '여성, 일, 그리고 건강(Women, Work and Health)'이라는 주제의 바르셀로나 학회에 참석할 때 까지만 해도 나는 여성생리주기연구학회에서 느꼈던 따뜻하고 개방적인 학회분위기가 이례적인 것이라고 생각하고 있었다. 그런데 바르셀로나 학회도 여성생리주기연구학회와 비슷하게 37개국에서 온 수백 명의 연구자들이 나눔과 교환의 분위기를 만들어내고 있었다. 자신의 모국어와 동일한 언어를 사용하지 않는 참석자가 있을 수 있고 또 자신의 전공 분야와는 다른 학문 분야에서 온 참석자가 있을 수 있다는 것을 배려하는 듯 발표자의 대부분이 또박또박 주의 깊게 자신의 의견을 전달하는 식으로 발표를 진행했다. 여성기자들은 기사를 쓰기위해 학자들을 인터뷰하려고 왔다가 직업인으로서 자신들이 겪는 건강과 안전 문제에 관해 이야기를 나누기도 했으며 한 여성기자는 남성 지배적인 직업세계에서 여성으로 일하고 있는 것이 어떤 느낌인지 이야기하다가 울음을 터뜨리기도 했다.

질문을 통해 자신의 약점이 드러날 수도 있다는 두려움 때문에 무언가 질문을 할 때는 굉장한 용기를 내야만 하거나 아니면 아주 저명한 학자의 경우처럼 어떤 공격에서도 자유롭기 때문에 감히 논쟁적인 질문을 하기도 하고 또 그런 이유에서 섣부른 질문을 해도 무방한 진통적인 학회의 풍경들괴 이 바르셀로나 학회의 풍경을 비교해보니, 대부분의 전통적인 학회에서 관찰되는 두려움과 경쟁의식, 그리고 공격성이 과학의 진보를 위해 꼭 좋은 것만은 아니라는 생각이 들었다.

과학제도를 바꿔나가는 일이 결코 쉬운 일은 아닐 것이나 우리는 이미 최근 수년 동안 변화를 위한 진보를 경험하고 있는 중이다. 그런데 그러한 진전은 기성 전문가집단에 의해서 만들어지기보다는 대안적인 성격의 학회들을 통해 이루어지고 있다. '젠더, 과학, 그리고 기술(Gender and Science and Technology)'이라는 국제학회, '과학자 여성을 위한 연합학회(The Association for Women in Science)', '과학과 여성을 위한 캐나다학회(The Canadian Association for Women in Science)', 그 외 여타 학회들이 여성 친화적인 과학을 만들기 위해 노력 중이다. 캐나다 정부는 뉴브런즈윅 주립대(University of New Brunswick)의 공과대학에 여성 학자를 위한 직위를 만들었고 곧 4개의 직위가 더 추가될 예정이다. 또한 미국 국립보건원의 여성보건연구원(The Women's

Health Initiative)은 여성 문제를 다루는 포럼들을 운영해오고 있다.

한편 학회 외부에서 전개되고 있는 이러한 대안적 노력들은 기성 학회의 자체 노력에 의해 보완될 필요가 있다. 아직도 여성회원들만의 공식적인 내부 모임을 인정하는 학회가 없고, 설사 그런 모임이 있다고 하더라도 이는 여성주의 과학의 달성이라는 학문적 변화를 위해 노력하고 활용되기보다는 여성회원 개인들의 경력 향상을 위해 활용되는 경향이 더 짙다. 여성들(또는 유색인종의 사람들)이 비전문가라는 인상을 주지 않으면서 학회에서 영향력을 행사하기란 매우 어려운 일이다. 그런 점에서 미국공중보건학회(American Public Health Association)의 여성분과는 예외적인 경우라고 할 수 있는데 이들은 학회 회원들이 더 높은 수준의 성 인지적 인식을 갖출 수 있도록 학회 내에서 중요한 역할을 담당하고 있다. 그러한 학회 분위기는 오직 진보적인 과학자들의 엄청난 수고와 활동 덕분에 가능할 수 있었다. 직업보건학 분야에서도 바로 이와 같은 노력이 진행될 필요가 있는 것이다.

의학과 사회과학의 균형 잡기

앞서 언급한 스톡홀름 학회에서 나는 「은행 강도를 경험한 출납계 행원들이 겪는 두려움과 고통」에 대한 개인발표 이외에도 여성과 일, 직업건강을 주제로 하는 한 세션의 초청연사 자격으로 또 하나의 발표를 했다. 그 세션의 초청연사 중 나는 유일한 생의학자였고 나머지 초청연사들은 '여성과 일'을 연구하는 사회과학자들이었다. 그런데 우리가 서로 공유하고 있는 여성주의 시각과 부드러운 어감 덕분에 세션에 참여하는 동안 나름 힘을 얻는 느낌은 들었지만, 발표 내용만을 두고 봤을 때는 사실상 상호 지지감을 그다지 느낄 수 없었다. 세션 참석자 중 직업보건학 분야의 전문가들은 거의 없었고, 또 참석자 중 일부는 직업보건학 문제에 대한 이해도가 떨어져서 내심 걱정이 되기도 했다. 한 발표자는 여성의 직업과 건강 향상을 위한 중재프로그램의 예로서 일터에서의 유방암검진 실시, 정신건강상의 문제가 있는 은행원들을 심리학자에게 의뢰하는 은행 업무 관리체계 수립과 가정폭력 예방을 위한 직장 개입 등을 제시했다. 그러나 나에게 그러한 문제들은 직업과 관련된 건강 문제의 예로 들리지 않았다. 은행에서 실시하고 있다는 정신건강 중재 프로그램은 은행 업무 자체에서 유발되는 정신건강 문제에 대해서는 주목조차 하지 않는 실정이라서 분노마저 느낄 지경이었다.

말하자면 젠더라는 주제를 놓고 구성된 이 특별 세션에서조차 직업보건학자와 그들의 시각은 빠져 있었다. 그런가 하면 주류 직업보건학에서는 젠더 요인을 분석하는 연구 논문은 찾아볼 수조차 없다. 대부분의 연구 결과가 젠더라는 변수를 고려하지 않고 있으며 따라서 연구 결과의 타당성에 대해 신뢰가 안 가는 경우가 많지만 그렇다고 할지라도 (15분 발표에 5분 토론이라는) 기존 학회의 발표형식 안에서는 각 발표자에게 일일이 그들의 연구에서 젠더 변인의 함의를 따져 묻기가 쉽지만은 않다. 많은 과학자에게 사회과학적 발표 내용은 너무 '엄밀하지 않은' 것이며 진정한 과학으로 받아들여지지 않을 수 있다. 그들을 설득하자고 들면 허용된 토론시간 5분보다 훨씬 더 긴 시간이 필요할 터이고 또 그렇게 한다는 것은 발표의 진행궤도에서 벗어나는 일이기 때문에 그렇게 한다는 것 자체가 어렵고 안 어렵고를 떠나서 '온당치 못한' 조치로까지 받아들여질 수도 있기 때문이다. 결국 그 세션에서 생의학자들과 사회과학자 간에 진정한 소통은 이루어질 수 없었고, 안타깝긴 하지만 나 역시 그러한 간극을 중재할 자신이 없었다.

직업보건학 분야에서 일하고 있는 캐나다 여성주의 학자들이 1993년과 1994년에 자체 학회를 열었을 때 여기에 참석한 생의학자와 사회과학자 간에 관찰되는 문화나 스타일의 차이는 참으로 놀라운 것이었다. 참석한 대부분의 생의학자는 양적 연구 방법에 근거해 연구 정보를 제시하는 방식으로 연구 결과를 발표하고 있었다. 이에 비해 사회과학자들은 일종의 의견제시 방식의 발표를 하거나 연구 내용을 뭉뚱그려 그 총합(synthesis)을 제시하는 방식으로 발표를 했는데 사회과학자들은 그러한 자신들의 발표 방식에 별로 개의치 않는 분위기였다. 한 역학자가 여성의 가사노동과 질병의 연관성에 대한 자료를 표로 제시하면서 설명하자 이를 다 듣고 난 한 사회학자는 "별로 중요하지도 않아 보이는 사실을 그렇게까지 세세하게 발표하는 것을 여태껏 본 적이 없다!"라는 평가지 내놓았다. 반면 참석한 대부분의 생의학자는 사회과학자 동료들의 발표 내용이 다소 깊이가 없다고 느끼고 있었다. 사실상 사회과학자들은 사실에 근거하기보다는 아이디어에 근거해서 자신들의 주장을 개진하는 경향이 보였다! 그러나 스톡홀름 학회와 비교해볼 때 이 여성주의학회는 참석자 간에 의견을 교환할 수 있는 체제를 잘 갖추고 있었기 때문에 생의학자와 사회과학자가 서로에 대한 편견들을 극복할 수 있었고, 또 상대편의 접근방식에서 무언가를 배우는 이점도 누릴 수 있었다. 우리가 앞으로 학회를 할 때 여성주의학회에서 시행된 이러한 방식으로 학회를 운영하려고 노력한다면 직업보건학자들은 직업이나 업무와 관련된 사회 분업체제를 더욱더 잘 이해할 수 있게 될 것이고 사회과학자들은 건강상의 위해를 초래하는 직업적 노출이나 질병의 세부적 사항들이 지니는 중요성을 더 잘 이해할 수 있게 될 것이다.

참다운 보건학자가 되기 위한 좀 더 쉬운 길

과학적 연구가 그동안 여성건강에 미친 영향을 살펴보면 어떤 과학자들은 여성 노동자에게 도움이 되는 연구를 한 반면 어떤 과학자들은 여성 노동자에게 해가 되는 연구를 했음을 알 수 있다. 누가 어디서 여성건강 증진에 보탬이 되는 연구를 수행했는지에 관해 살펴보면 이는 과학자의 성, 출신 국가, 그리고 연구 수행의 맥락과 일정한 연관성이 있음을 알 수 있다. 사실 여성 학자일지라도 많은 경우 여성의 이익에 반하는 연구를 수행하기도 했고 반대로 일부 남성학자가 여성 노동자에게 도움이 되는 중요한 연구를 수행한 적도 있다. 그렇지만 통계적으로 따져보면 여성 노동자에게 해를 끼치는 위해요인에 대해서는 여성 과학자들이 훨씬 많이 민감하다는 것을 알 수 있다.

실버스타인, 로라 펀네트(Laura Punnett), 킬봄(Asa Kilbom), 에리카 비카리-준트라(Erika Viikari-Juntura), 스토크와 같은 여성 학자들이 여성들이 경험하는 팔목터널증후군에 대해 이해를 도울 수 있는 연구를 했다는 것은 누구나 아는 일이다. 또한 근골격계 질환은 오직 기계를 활용해서만 진단할 수 있다는 일부 남성 연구자의 주장이 여성들에게 상처를 안겨주었다는 사실도 쉽게 알 수 있는 일이다. 남성 과학자에 비해 여성 과학자들이 여성을 위해 좋은 일을 더 많이 할 수 있었다는 것은 결코 우연한 일이 아니다.

말하자면 어떤 과학자들은 여성 친화적이고 노동자 친화적인 연구를 선호하는 이념적 성향과 함께 그러한 연구가 선호될 만한 맥락 안에서 연구를 추진해온 반면 그렇지 못한 과학자들도 있는 것이다. 물론 노동조합과는 무관한 곳에서 여성 노동자에 관한 연구를 지원해주는 경우가 종종 있긴 하지만 아무래도 여성의 업무를 둘러싸고 존재하는 편견과 언어들을 파악할 수 있는 안목은 조합 측과 일을 하거나 특히 여성 노동자들과 접촉함으로써 얻을 수 있다는 것이 나의 생각이다. 직업보건학 연구에 대해 노조원들이 미치는 영향력은 설사 그것이 간접적인 것이라 할지라도 과소평가해서는 안 된다. 최근 근골격계 질환에 대한 인지도가 높아진 것은 대체로 스칸디나비아반도

에 있는 국가들이나 미국과 퀘벡 지역에서 일하고 있는 과학자들의 덕분이
다. 스칸디나비아반도에 있는 국가의 경우 노동자의 90%가 조합에 가입하고
있기 때문에 노동자의 건강과 안전 문제는 모든 사람의 주목을 받고 있다.
미국이나 퀘벡에 있는 연구자 중 많은 이도 조합 측의 도움 덕분에 연구 수
행이 가능했거나, 또는 연구가 필요한 건강 문제 선택에 조합 측의 도움을
받기도 했다.

　최근 북미 지역에서 노동자, 특히 여성 노동자를 둘러싼 건강 위해요인에
관한 사람들의 인식을 높이는 데 그 누구보다도 기여를 많이 한 화학자 잔
스텔먼 역시 조합운동가 출신이다(Stellman and Daum, 1973; Stellman, 1978).
그녀는 석유, 화학, 원자력 부문 노조(The Oil, Chemical and Atomic Worker's
Union)의 보건안전관으로 일한 적이 있다. 그녀는 빌마 헌트(Vilma Hunt) 같
은 진보적인 여성 과학자를 만나면서 여성 노동자의 일에 관심이 생겼다고
한다. 그녀는 지금 국제노동기구에서 발간하는 『직업 보건 및 안전 백과사
전(Encyclopedia of Occupational Health and Safety)』의 발간을 관리·감독하는
업무를 하는데, 여성건강을 위해 필히 고려해야 할 점들을 백과사전 내용에
통합하기 위해 노력하고 있다(Stellman, 1993: 3~7). 프랑스의 경우도 마찬가지
이다. 내가 직업보건학자로 성장하는 과정에서 훈련을 쌓은 인간공학 분야의
경우, 이 분야 전문가들의 사상적 발전에 중요한 기여를 한 것은 다름 아닌 노
동조합이다. 노동조합은 '업무 심리역학'의 아버지라고도 할 수 있는 드주르
와 같은 사상가에게 상당한 영향을 주었다(Dejours, 1993). 고용주 입장에서
볼 때 달갑지 않은 연구 결과를 생산하는 과학자들에게 노동조합은 중요한
지지 근원이 되고 있다.[14] 베네수엘라의 경우 카라보보(Carabobo) 대학교의

14　1996년 직업보건학 전공자이며, 의사이자 역학자인 엘렌 임베르농(Ellen Imbernon)은 아

직업보건연구센터(The Center for the Study of Occupational Health: CEST)는 오스카 피오(Oscar Feo)의 지도로 노동조합들과 연합회를 구성하고, 이들 노조가 중심이 되어 운영하는 노동자교육센터나 지역의 여성센터와 연계해 활동을 벌이기도 한다. 현재 남아메리카의 유일한 직업보건학 학술지로서 직업보건학 분야의 새로운 시각에 관한 정보를 정기적으로 소개하고 있는 ≪살루드 트라바호(Salud y Trabajo)≫는 이 직업보건연구센터에서 발간하는 학술지이다.

미국의 경우에는 미시건 주에서 노조들이 힘을 발휘해 환경 및 직업보건에서 노동자 친화적인 연구 프로그램을 만들어내고 있는 것을 볼 수 있다. 다국적 제약 회사인 엠스디(MSD)에 대한 선구자적 연구를 수행한 실버스타인, 펀네트, 그 외 연구자들이 이에 속한다. 퀘벡에서는 샨탈 브리송이 노조 측과 협력하여 연구를 진행함으로써 사상 처음으로 봉제 공장 기계운전공들의 장기적 장애경험 가능성을 입증해낼 수 있었다. 과학자들은 노조운동을 접하면서, 특히 노동자들을 접촉하면서 연구를 위한 새로운 아이디어를 얻을 수 있고 이러한 연구는 결국 노동자를 돕는 역할을 한다.

여성주의적 연구 아이디어가 생성되도록 고무하고 격려하는 것도 마찬가지로 중요한 일이다. 여성 노동자들에게 도움이 되는 연구 결과를 내놓은 과학자들이 모두 여성주의자들은 아니지만 여성 노동자에게 이득이 되는 연구 결과들은 종종 여성 노동자들의 요구를 잘 인지하고 있는 여성 친화적인 국가들과 상황 안에서 얻을 수 있었다. 비록 여성학이나 여성주의 연구자 네트

무런 제제 없이 노동자의 건강을 연구할 권리가 있다는 주장을 개진했고 이 때문에 프랑스 국립전기가스공사에서 해고당한 적이 있다. 노동자 대표 측은 이러한 회사 측의 조치에 공식적으로 저항했다.

워크에 자연과학자가 포함되는 일은 드물지만 이들은 주로 대학에 머물면서 여성 노동자 건강에 대한 문제를 제기하거나 외부와의 연계를 통해 여성 노동자 건강에 대한 연구 진행이 가능하도록 노력함으로써 여성 친화적인 연구에 기여하고 있다.

결론적으로 말하면 직업보건학적 연구의 질을 향상하기 위해서는 여성 친화적이고 노동자 친화적인 연구가 수행될 수 있는 맥락을 조성하는 일이 중요하고 또 필요하다.

연구 조력자들에 대한 공정한 대우

허버드는 말했다. 어쩌면 과학 분야에서 일하는 사람 대부분이 여성일지 모른다.

> 과학이 생성되고 있는 상아탑에서 많은 근로계층과 중하류계층의 사람을 만난다. 그런데 그들은 대부분 실험실에서 일하는 기사이거나 비서 또는 청소원이다 (Hubbard, 1990: 23).

'과학 분야에서 보조 역할을 수행하는 일반 직원'과 이른바 과학자라고 하는 사람 간에는 엄연한 계층구분이 있다. 사람들은 확실히 그러한 구별 짓기를 하고 있다. 내가 학생으로 지내던 1960년대 말에서 1970년대 초에 이르는 시절, 어떤 교수가 내게 말하길 "교수가 학생하고 잠을 자는 일은 없어야 하지만 그러나 '실험실 기사'는 상대적으로 쉬운 상대"라는 것이다. 실제로 당시 ─ 비록 아무 일도 없었긴 하지만 ─ 자신이 데리고 있는 여성 실험실 기사를 성적으로 희롱하고 못살게 구는 걸로 유명한 한 남성 교수가 있었다. 최소한 여학생들은 훗날 교수가 되기 위해 현재 훈련 과정에 있는 여성들이지만 보조 업무를 수행하는 일반 직원은 그러한 여학생들과는 다른 부류에 속하는 여성이라는 생각에서 그 교수는 여학생과 여기사에게 서로 다른 규칙을 적용하지 않았을까 하는 생각이 든다. 경력 관리라는 측면에서 볼 때 실험실 기사들은 더 이상 위로 올라갈 자리가 없다. 이들은 수년 동안 일을 하면서 중요한 연구 결과들을 만들어내는 데 상당한 기여를 하지만, 그것도 때로는 최소한의 지도만 받고도 그런 일들을 해내기도 하지만, 그렇다고 해서 이들이 승진을 하는 경우는 없고 더구나 교수가 되는 일은 절대로 없다.[15] 연구에 대한 그들의 기여가 제대로 인정받느냐 아니냐 하는 것은 전적으로 그들이 모시고 있는 상관 교수가 어떻게 호의를 베푸느냐에 달려 있다.

기업 쪽에서는 찾아볼 수 없는 대우를 빋으면시도 이들이 계속 대학에 남아 있는 것은 아마도 그냥 연구에 함께 참여한다는 사실 하나만으로 흡족해하기 때문인 것 같다. 그러나 내가 재직하는 대학의 경우만 보더라도 한 기사가 설사 20년을 한 실험실에서 계속 근무했다 하더라도 소속 교수가 항상 연구비를 따낼 수 있는 것은 아니기 때문에 그의 고용을 무기한 보장하지는 못하는 실정이다. 수년간의 투쟁에도 여전히 그들은 연금기금도 받지 못하고 노사단체협약이 제공하는 대부분의 부가 혜택도 못 받고 있다. 그들 역시 자의적인 해고에서의 보호와 정당한 임금보장이라는 노사단체협약이 적용되는 산업노조원들이다. 그렇다 해도 북미 지역 대부분의 이공계 실험실에서 일하는 기사들에게 이러한 사항은 적용되지 않고 있다.

연구 조력자들에 대한 이와 같은 처우가 개선되려면 적어도 기사들이 소속 실험실 교수의 연구비 수주 상황과 무관하게 직장생활을 계속할 수 있도

---

15 이 문제를 깨닫게 해준 앙드레 뒤카스텔(André Duchastel)에게 감사드린다.

록 대학교와 연구비 지원 기관들이 함께 협력해 그들을 위한 경력 관리 계획을 세워줄 수 있어야 한다. 연구비가 없을 경우 실험실 이직이 가능할 수 있게끔, 즉 다른 새로운 분야에서 기술과 지식을 쌓아서 다른 교수 밑에서 일하는 것도 가능하게끔 이들을 위한 경력 관리 계획이 수립될 필요가 있다.

여성 노동자 친화적인 과학 하기에 우호적인 환경 조성

이 책을 통해 나는 과학의 제도적 특성이 여성, 특히 여성 노동자에 대한 적절한 과학적 지식과 정보를 생산하는 것을 어렵게 만들고 있음을 독자들에게 알리고자 했다. 정규훈련 과정을 통해서는 과학자들이 여성 노동자의 건강 문제를 접할 길이 없고 그들에게 어떤 연구가 필요한지 알아낼 방도도 없다. 이는 여성의 입장에서 볼 때도 마찬가지인데 대부분의 여성은 과학자들과 접촉할 방도가 없고 과학적 연구가 그들에게 어떠한 소용이 닿을 수 있는지에 대해서도 알 길이 없다.

그러나 예외적인 경우가 몇몇 있는데, 이를 살펴보면 과연 어떠한 방향으로 여성 노동자를 위한 과학의 변화가 이루어져야 하는지 미루어 짐작할 수 있을 것이다. 예컨대 내가 근무하는 대학이 취하고 있는 접근방식이 그러한 예 중 하나로 자랑할 만하다. 1978년 이래 우리 대학은 여성 노동자들과 협력 연구를 진행 중이다. 그렇지만 학교나 여성 노동자 양측 모두 스스로 나름대로의 제한점을 안고 있기 때문에 우리 연구 주제가 전적으로 여성들에 의해 주도적으로 설정된다고 말할 수는 없다. 사실상 연구 주제의 설정은 여성 노동자를 포함한 노동자들의 일반적인 필요와 요구, 대학, 연구비 지원 기관, 고용주, 노조가 제시하는 요구조건 간의 합의를 반영하며 이루어진다. 여성들이 제기하는 질문에 공감하고 여성들의 사회적 지위 신장에 기여하는 연구를 여성주의 연구라고 정의한다면 우리 대학은 15년 넘게 이미 여성주의 연구를 수행해온 셈이다. 이와 같이 우리 대학은 다른 대학들과는 다른 방식으로 학교를 운영해올 수 있었고 이는 노조와 퀘벡 대학의 합의 덕분에 가능할 수 있었다.

몬트리올에 있는 퀘벡 대학은 1969년도에 건립되었는데 이 대학은 "지역 사회에 대한 대학의 봉사활동에서 흔히 배제되는 부문들"조차 빠뜨리는 일 없이 포괄적인 지역사회 봉사활동을 펼칠 것을 추구하는 건학 강령이 있다. 이러한 건학 강령의 근저에는 "노동자들 역시 세금을 내는 사람들이므로 대학교수라는 공복들이 만들어내는 지식을 향유할 권리가 있다"라는 이론적 근거가 놓여 있다. 이러한 건학 이념에 따라 1976년 퀘벡 대학은 퀘벡의 3개 주요 노동조합 중 전국노동조합연맹(Confédération des syndicats nationaux: CSN)[16] 및 퀘벡노동자연맹(Fédération des travailleuses et travailleurs du Québec: FTQ)[17]와 협약을 맺었으며, 그 후 1991년에 나머지 1개 조합인 퀘벡중앙교사 (Centrale de l'enseignement du Québec: CEQ)[18]와도 비슷한 조약을 맺었다. 협약 내용을 보면 대학이 조합 측의 요구에 부응하여 필요한 연구 지원을 하겠다는 것, 교수들이 노조원을 위한 교육활동에 종사할 수 있도록 교수들에게 필요한 과외시간을 할당해주겠다는 것과 조합원을 위한 연구 착수비용을 대학에서 조달해주겠다는 것이 포함되어 있다.[19] 1981년에 대학은 이와 비슷

---

16 CSN은 퀘벡 지역의 조합원 20만 명의 노동조합이며, 노조원 절반은 여성 노동자이다.

17 FTQ는 퀘벡 지역의 조합원 35만 명의 노동조합이며, 노조원 약 30%가 여성 노동자이다.

18 CEQ는 퀘벡 지역의 초중등학교 교사, 전문대학 및 대학의 강사·교수와 직원으로 구성된 노조이다. 거의 대부분의 노조원이 여성이다.

19 Comité conjoint UQAM-CSN-FTQ, *Le protocole d'entente UQAM-CSN-FTQ: Sur la formation syndicale, Comité conjoint UQAM-CSN-FTQ*(1988), *Le protocole UQAM-CSN-FTQ: 1976-1986, Bilan et perspectives*, Both available from Services aux collectivités, Université du Québec à

한 협약을 여성단체협의회와 체결했다.[20]

이와 같은 협약에 따라 우리 대학교수들은 다음과 같은 일들을 수행했다. 조합이 주최하는 노동과 건강에 대한 워크숍에 참석하기, 여성건강센터에 여성건강강좌 개설하기, 소음·방사물질·용매(solvent) 등 산업재해와 관련된 정보를 조합 측에 제공하기, 조합 측 여성분과위원들과 협력하여 임산부 보호, 여성의 직업건강과 건강 위해요인에 관한 보건교육 책자 만들기, 필요한 경우 노동자들의 문제제기 또는 요구에 호응해 연구를 수행하기, 소송 중인 산업재해사건에 관해 전문가 입장에서 증언하기 등이다.

1970년대에 몬트리올의 퀘벡 대학은 CSN과의 단체협약을 통해 대학과 CSN 조합 측의 협력관계 유지를 목적으로 수행한 모든 업무에 대해 이를 대학과 조합원의 정규 업무로 간주하고 인정한다는 조항을 채택했다. 그래서 우리 교수들이 노동자들의 건강과 관련해 수행한 모든 업무는 우리의 정규 업무 중 일부로 인정받을 수 있었으며(예컨대 교수가 조합 측을 위해 45시간 강의를 한 경우 이를 대학에서 실시한 강의시간과 동일한 것으로 간주한다), 이 조항 덕분에 많은 교수가 조합 측과 함께 일하는 것이 가능했다. 한편 조합 측은 대학이 제공하는 여러 가지 서비스나 연구비를 이용하는 등 교수들의 여러

Montréal, CP 8888, Succ(1977); Centre-ville, Montréal, Québec, H3C 3PB, Canada.; Messing (1991: 355~367).

20 Université du Québec à Montréal, *Le protocole UQAM-Re-lais-femmes*(1982), Côté, M. H.(1988), Bilan des activités 1987-88 et perspectives pour la prochaine annéée. Both available from Services aux collectivités, Université du Québec à Montréal, CP 8888, Succ. Centre-ville, Montréal, Québec H3C 3PB, Canada. 이러한 맥락에서 우리는 지역의 여성건강센터와 여성노동자투쟁(Action-travail des femmes)와 같은 고용 관련 단체들에게 우리의 전문지식을 제공해왔다. 거의 대부분의 노조원이 남성이었던 노조와 함께 일했던 경험에 대해서는 Mergler(1987: 151~167)와 Messing(1987: 15~18)을 통해 발표한 바 있다.

위세적 요인이나 특권을 활용해 많은 이득을 취할 수 있었다. 그러나 조합 측이 주도하는 연구는 종종 기성 과학자들의 공격을 받아야 했고, 또한 단체협약에 의거하여 고충처리절차를 밟는 위험과 노고를 무릅쓴 후에야 겨우 고용주들에게서 그 성과를 인정받을 수 있었다.

이와 같은 생산적 연구의 수행은 모두 대학과 조합의 협력 덕분에 가능할 수 있었다. 우리는 연구자들의 힘과 지역사회 집단의 힘에서 차이가 있다는 사실을 명확히 인식했고, 따라서 연구 수행의 전 과정을 통해 양측의 요구가 모두 반영될 수 있도록 필요한 협력구조를 만들어나갈 것에 합의했다. 이 외에도 연구 결과에 대한 권리는 연구를 주도한 조합 측과 연구자 측이 공동으로 소유할 것, 조합 측에서 어떤 새로운 연구 질문들이 제안되면 이의 연구를 위해 필요한 기금을 조성할 것과 연구 결과에 대해서는 동료 전문가들의 검토를 받음으로써 연구의 과학적 신뢰성을 확보하도록 노력할 것 등이 합의사항으로 포함되었다. 제도권에 있는 동료 전문가집단들이 지역사회 기반의 연구 결과를 제대로 검토하기 위해서는 우선 그러한 연구들이 수행된 특유한 상황과 문제점을 먼저 이해하는 것이 선행되어야 하겠지만 어쨌거나 전문가집단의 연구 결과 검토는 연구의 질을 보장하고 과학자의 자질을 유지하는 데 도움을 주는 것도 사실이기 때문에 이들의 검토가 필요한 것이다.

연구비 지원 결정 과정에서 지역사회의 참여

퀘벡에 있는 2개의 연구비 지원 기관은 연구비 지원을 결정할 때 노동조합이나 지역사회 대표를 심사위원에 포함한다. 퀘벡 직업보건 및 안전연구원은 연구비 지원을 결정할 때 노조 측과 회사 측의 대표를 심사 과정에 포함한다. 이렇게 참여한 노사 양측의 대표들은 각각 자신들의 입장에서 볼 때 중요하다고 생각되는 연구에 대해 지원이 이루어질 수 있도록 자신들의 입장표명과 함께 공개적 협상 과정을 펼쳐나간다. 말하자면 연구 결과의 활용에 대해 입장을 달리 할 수 있는 노사가 이와 같이 출발 시점부터 토론 과정에 참여함으로써 어느 한쪽의 입장에 치우치지 않는 방향으로 연구비 지원이 이루어질 수 있게끔 하는 것이다.

퀘벡 직업보건 및 안전연구원의 경우, 어떤 회기에는 노조의 여성분과 책임자 직을 맡고 있는 여성이 노동자를 대표해 연구비 심사위원으로 참석했는데, 그 덕분에 여성주의 연구 과제 수행에 필요한 연구비를 지원받을 수 있었다. 그런데 그 후 그녀가 심사위원직을 그만두자(동시에 노조의 여성분과 책임자 자리에서도 물러났다) 이후 여성주의 연구 과제를 위한 연구비 수주는 주로 퀘벡사회과학연구위원회(Québec Council for Social Research)에 의존했다. 이 위원회는 연구비 지원에 관한 의사결정 과정에 지역사회 대표를 포함했으며, 또한 FTQ가 주도해 실시한, 가정과 일의 영역에서 여성의 책무 조정에 관한 프로그램의 효과와 결과를 평가하는 연구를 지원하기도 했다. 아울러 이 위원회는 여성들의 직업인지도 향상 방안을 개발하는 연구를 지원하기 위해 앞에서 언급한 3개 노조의 여성분과들과 협력하기도 했다.

이와 같이 퀘벡 직업보건 및 안전연구원이나 사회과학연구위원회와 같은 기구들 덕분에 우리는 여성 노동자들과 협력관계를 맺고 일을 할 수 있었다. 지난 수년 동안 우리는 퀘벡 지역 3개 조합의 조합원, 건강안전위원회 위원, 그리고 여성분과위원이 보내준 지지와 지도편달 덕분에 연구를 진행할 수 있었다. 이들 덕분에 여성 노동자들의 요구를 더욱더 잘 이해할 수 있었고 또한 그들에게 도움이 되는 정보를 제공할 수 있었다. 지난 수년 동안 그들이 보여준 단결력은 우리 힘의 근원이 되었고 그들이 우리에게 보여준 통찰력은 또한 매우 값진 것들이었다. '겉으로 보기에는 힘이 별로 들지 않을 것

같아 보이는 가벼운 일'들이 사실상은 '실제로 힘이 많이 드는 일'보다 왜 더 힘이 드는 일인지에 대해 말해주었던 청소부, 작업 생산성 향상을 위해 주로 활용되는 '시간 대비 동작'에 관한 연구들이 방사선치료 업무 분석에 적용되기에는 왜 부적절할 수밖에 없는지 그 이유를 일러준 방사선 기사, 필요할 때 화장실에 갈 수 있는 것도 중요한 건강행위의 하나임을 말해주었던 공장 노동자[21] 등 이 모든 노동자가 우리에게 노동자의 진짜 건강 문제가 무엇인지 들여다볼 수 있도록 많은 도움을 주었다. 다른 직업보건학자들도 이와 비슷한 기회를 접할 수 있었다면 자신들의 연구 규정을 바꾸었을지도 모른다. 아마 그랬다면 그들도 건강 위해요인 및 증상에 관한 노동자들의 진술을 더욱더 잘 받아들일 수 있었을 것이고 노동자들의 건강을 보호하는 일이 얼마나 중요한 일인지 더욱더 잘 이해할 수 있었을 것이다.

5. 결론

점점 더 많은 연구자가 노동자의 연구 과정 참여에 관심을 보이고 있다. 여성주의 연구자들은 여성들의 말에 귀를 기울이는 연구 방법을 발전시켜왔다. 그리고 과학 비평가들은 우리가 과학을 하나의 사회적 제도로서 이해할 수 있는 시각을 갖추는 데 도움을 주었다.

지금까지 노동조합은 노동자의 직업보건 및 안전에 관한 쟁점을 끄집어내고 조직화하는 현장 활동을 벌여왔으며 여성주의자들은 여성의 건강 증진과 보호를 위한 변화를 목표로 운동을 펼쳐왔다. 바라건대 이러한 모든 노력이

---

21 이에 대해 의사들은 다르게 증언했지만 결국 노동자들이 사건에서 승소했다.

한데 어우러짐으로써 여성 노동자의 건강에 관한 좀 더 효율적인 과학적 지식이 창출되고, 그리하여 궁극적으로는 여성 노동자의 건강 향상에 기여할 수 있는 민주적이고 성찰적인 과학이 태동하기를 기대하는 바이다.

Abenaim, L. and S. Suissa. 1987. "Importance of economic burden of occupational back pain: A study of 2,500 cases representative of Québec." *Journal of Occupational Medicine* 22, pp.670~674.

Advisory Group on Working Time and the Distribution of Work. 1994. *Report* No.MP43- 336/1994. Toronto: Ministry of Supplies and Services.

Ainley, M. 1990. *Despite the Odds*.

Akyeampong, E. B. 1992. "L'absentéisme." *Tendances sociales canadiennes* 25, pp.25~28.

Al-Haboubi, M. H. 1992. "Anthropometry for a mix of different populations." *Applied Ergonomics* 23(3), pp.191~196.

Andersson, R., K. Kemmlert and A. Kilbom. 1990. "Etiological differences between accidental and nonaccidental occupational overexertion injuries." *Journal of Occupational Accidents* 12, pp.177~186.

Anger, N. 1991. "Women swell ranks of science but remain invisible at the top." *New York Times*(May 21).

Armstrong, P. and H. Armstrong. 1991. *Theorizing Women's Work*. Toronto: Garamond Press.

_____. 1994. *The double Ghetto: Canadian Women and Their Segregated Work*(3d ed.). Toronto: McClelland and Stewert.

Association of Canadian Medical Colleges. 1996. *Canadian Medical Education Statistics*. Ottawa: Association of Canadian Medical Colleges.

Astrand, P. O. and K. Rodahl. 1986. *Textbook of work Physiology*(3d ed). New York: McGraw-Hill.

Ayoub, M. M.,J. D. Denado,J. L. Smith, N. J. Bethea, B. K. Lambert, L. R. Alley and B. S. Duran. 1982. *Establishing Physical Criteria for Assigning Personnel to Air Force Jobs: Final Report, Air Force Office of Scientific Research Contract No. F 49620-79C-0006.* Lubbock: Texas Technical University.

Bacchi, C. L. 1990. *Same Difference*. St. Leonard's: Allen and Unwin.

Basen, G. and E. Buffie. 1996. Asking Different Questions: Women and Science. Produced by Merit Jensen Carr, Artemis Productions, Signe Johansson and Margaret Pettigrew.

Bassan, D., M. A. Moore and T. W. Britt. 1995. Relationships between gender, discrimination, sexual harassment and depression. Communication presented at the American Psychological Association Conference on Work, Stress and Health '95 Creating Healthier Workplaces(September 12-14). Washington, D.C..

Behrens, V., P. Seligman, L. Cameron, T. Mathisas and L. Fine. 1994. "The prevalence of back pain and discomfort and dermatitis in the US working population." *American Journal of Public Health* 84(11), pp.1780~1785.

Bellerose, C., C. Lavallée and J. Camirand. 1994. *Enquête sociale et de santé 1992-1993: Faits saillants.* Québec: Ministère de la santé et des services sociaux.

Bentur, Y. and G. Koren. 1991. "The three most common occupational exposures reported by pregnant women: An update." *American Journal of Obstetrics and Gynecology* 165(2), pp.429~437.

Billetee, A. and J. Piché. 1987. "Health problems of data entry clerks and related job stressors." *Journal of Occupational Medicine* 28, pp.942~948.

Billette, A. and R. Bouchrd. 1993. "Pool size, job stressors and health problems: A study of data entry clerks." *International Journal of Human-computer Interaction* 5(2), pp.101~113.

Blishen, B. R., W. K. Carroll and C. Moore. 1987. "The 1981 socioeconomic index for occupations in Canada." *Canadian Review of Sociology and Anthropology* 24, pp.465~488.

Block, G., G. Matanoski, R. Seltser and T. Mitchell. 1988. "Cancer morbidity and mortality in phosphate workers." *Cancer Research* 48, pp.7298~7303.

Blumenthal, D., N. Causino, E. Campbell and K. S. Louis. 1996. "Relationships between academic institutions and industry in the life sciences-An industry survey." *New England Journal of Medicine* 334(6), pp.368~373.

Bongers, P. M., C. R. de Winter, M. A. J. Kompier and V. H. Hildebrandt. 1993. "Psychosocial factors at work and musculoskeletal disease." *Scandinavian Journal of Work Environment and Health* 19, pp.297~312.

Bouchard, J. A. 1984. *Les effets des conditions de travail sur la santé des travailleuses.* Montréal: Confédération des syndicats nationaux.

Bourbonnais, Renée and Alain Vinet. 1990. "L'absence pour maladie chez les infirmières et quelques indicateurs de charge de travail." in C. Brabant and K. Messing(eds.). *Sexe faible ou travail ardu: recherches sur la santé des travailleuses.* Montréal: Cahiers de l'Association canadienne-française pour l'avancement des sciences, pp.70, 87~101.

Bourbonnais, Renée, Alain Vinet, M. Vézina and S. Gingras. 1992. "Certified sick leave as a non-specific morbidity indicator: A case-referent study among nurses." *British Journal of Medicine* 49, pp.673~678.

Boxer, P. A., C. Burnett and N. Swanson. 1995. "Suicide and occupation: A review of the literature." *Journal of Occupational and Environmental Medicine* 37(4), pp.442~452.

Brabant, C., D. Mergler and K. Messing. 1990. "Vate faire soigner, ton usine est malade: La place de l'hystérie de masse dans la problématique de la santé des travailleuses." *Santé mentale au Québec* 15, pp.181~204.

Brabant, C., S. Bédard and D. Mergler. 1989. "Cardiac strain among women laundry workers engaged in sedentary repetitive work." *Ergonomics* 32, pp.615~628.

Bradley, H. 1989. *Men's Work, Women's Work.* Minneapolis: University of Minnesota Press.

Braid, K. 1991. *Covering Rough Ground.* Victoria, British Columbia: Polestar Book Publishers.

Brisson, C., A. Vinet and M. Vézina. 1989. "Disability among female garment workers." *Scandinavian Journal of Work, Environment and Health* 15, pp.323~328.

Brodeur, P. 1992. "Enemies of the peole." *New Solutions*(Summer), pp.6-10.

Broerson, J. P. J., F. J. H. van Dijk, A. N .H. Weel and J. H. A. M. Verbeek. 1995. "The atlas of health and working conditions by occupation. 1. Occupational ranking lists and occupational profiles from periodical occupational health survey data." *International Archives of Occupational and Environmental Health* 67, pp.325~335.

Cameron, R. G. 1969. "Effect of flying on the menstrual function of air hostesses." *Aerospace Medicine*(september), pp.1020~1023.

Canakis, A. 1995. Mouvements répétitifs: La problématique. Littérature scientifique. Document distributed during a colloquium on "Les mouvements répétitifs: À quelles conditions représententils un risque de lésions professionnelles?" organized by Robert Gilbert. Olivier Laurendeau and François LeBire in Collaboration with Canada Post Corporation and held in Montréal(December 1).

Cannon, L. J., E. J. Bernacki and S. D.Walter. 1981. "Personal and occupational factors associated with carpal tunnel syndrome." *Journal of Occupational Medicine* 23(4), pp.255~258.

Carayon, P., C. L. Yank and S. Y. Lim. 1995. "Examining the relationship between job design and worker strain over time in a sample of office workers." *Ergonomics* 38(6), pp.1199~1211.

Carlan, N. and M. Keil. 1995. "Developing a proposal for a working women's health survey." in K. Messing, B. Neis and L. Dumais(eds.). *Invisible: Issues in women's occupational Health/ Invisible: La santé des travailleuses*. Charlottwon: Gynergy Books, p.295.

Carpentier-Roy, M. C.1991a. *Organisation du travail et santé mentale chez les enseignantes et les enseignants du primaire et du secondaire*. Québec: Centrale de l'enseignement du Québec.

_____. 1991b. *Corps et âme*. Montréal: Éditions Liber.

Cassou, B., F. Derrienec, G. Lecuyer and M. Amphoux. 1986. "Déficience, incapacité et handicap dans un groupe de retraités dela Région Parisienne en relation avec la catégorie socio-professionnelle." *Reveu d'epidémiologie et santé publique* 34, pp.332~340.

Castleman, B. I. and G. E. Ziem. 1988. "Corporate influence on threshold limit values." *American Journal of Industrial Medicine* 13, pp.531~599.

_____. 1994. "American Conference of Governmental Industrial Hygienists: Low threshold of credibility." *American Journal of Industrial Medicine* 26, pp.133~143.

Chaffin, D. B., G. D. Herrin and W. M. Keyseling. 1978. "Pre-employment strength testing." *Journal of Occupational Medicine* 20, pp.403~408.

Chanaud-Rychter, D. 1996. "L'innovation industrielle dans l'électoménager: Conception pour l'usage et Conception pour la production." *Recherches féministes* 9(1), pp.15~37.

Chatigny, C., A. M. Seifert, K. Messing. 1995. "Repetitive movements in a non-repetitive task: A case study." *International Journal of Occupational safety and Ergonomics* 1(1), pp.42~51.

Cherry, N. 1987. "Physical demands of work and health complaints among women working late in pregnancy." *Ergonomics* 30(4), pp.689~701.

Cilboa, R., N. G. Al-tawil and J. A. Marcussion. 1988. "Metal allergy in cashiers." *Acta Dematovenereologica*

68(4), pp.317~324.

CINBIOSE. 1995. *Quand le travail 'léger' pèse lourd: Vers la prévention dans les emplois des femmes.* Montréal: Université du Québec à Montréal.

Cockburn, C. 1991. *Brothers: Male Dominance and Technological Change*(2d ed.). London: Pluto Press.

Code, L. 1991. *What Can She Know?: Feminist Theory and the Construction of Knowledge.* Ithaca: Cornell University Press.

Cole, J. R. and H. Zuckerman. 1987. "Marriage, motherhood and research performance in science." *Scientific American* 56(2), pp.119~125.

Colker, R. 1994. *Pregnant Men: Practice, Theory and the Law.* Bloomington: Indian University Press.

Comité conjoint UQAM-CSN-FTQ, Le protocole d'entente UQAM-CSN-FTQ: Sur la formation syndicale. Comité conjoint UQAM-CSN-FTQ(1988), Le protocole UQAM-CSN- FTQ: 1976-1986. Bilan et perspectives, Both available from Services aux collectivités, Université du Québec à Montréal, CP 8888, Succ(1977).

Courville, J., L. Dumais and N. Vézina. 1994. "Conditions de travail de femmes et d'hommes sur une chîne de découpe de volaille et développement d'atteintes musculo-squelettiques." *Travail et santé* 10(3), pp.S17~S23.

Couville, J., N. Vézina and K. Messing. 1991. "Analysis of work activity of a job in a machine shop held by ten men and one woman." *International Journal of Industrial Ergonomics* 7, pp.163~174.

_____. 1992. "Analyse des facteurs ergonomiques pouvant entraîner l'exclusion des femmes du tri des colis postaux." *Le travail humain* 55, pp.119~134.

Cox, T., M. Thirlaway and S. Cox. 1984. "Occupational well-being: Sex differences at work." *Ergonomics* 27(5), pp.499~510.

D'Hoore, W., C. Sicotte and C. Tilquin. 1994. "Sex bias in the management of coronary artery disease in Québec." *American Journal of Public Health* 84(6), pp.1013~1015.

Dagg, A. I. 1990. "Women in science-Are conditions improving?" in M. G. Ainley(ed.). *Despite the Odds: Essays on Canadian Women and Science*(Montréal: Vehicule Press), pp.337~347.

David, H. and C. Payuer. 1993. "Différences et similitudes entre les enseignantes et les enseignants des commissions scolaires." *Revue des sciences de l'éducation* 19(1), pp.113~131.

David, H. and D. Leborgne. 1983. "Au Québec: La santé et la sécurité des travailleuses." in J. M. Stellman(ed.). *La santé des femmes au travail.* Montréal: Éditions Parti Pris, pp.299~349.

Davidoff, A. L. and L. Fogarty. 1994. "Psychogenic origins of multiple chemical sensitivities syndrome: A critical review of the research literature." *Archives of Environmental Health* 49(5), pp.316~325.

De Krom, M., A. Kester, P. Knipschild and F. Spaans. 1990. "Risk factors for carpal tunnel syndrome." *American Journal of Epidemiology* 132(6), pp.1102~1110.

Deguire, S. and K. Messing. 1995. "L'étude de l'absence au travail at-elle un sexe?" *Recherches féministes* 8(2), pp.9~30.

Dejours, C. 1993. *Travail: Usure mentale*(2d ed). Paris: Bayard.

Delaney, J., M. J. Lupton and E. Toth. 1988. *The Curse: A cultural History of Menstruation.* Urbana: University of Illinois Press, pp.62~63.

Delaney-LeBlanc, M. 1993. "Presentation." *Proceeding of the Research Round Table on Gender and workplace Health*(June 22~23). Ottawa: Health and Welfare Canada, pp.85~88.

Dieck, G. S. and J. L. Kelsey. 1985. "An epidemiologic study of the carpal tunnel syndrome in an adult female population." *Preventive Medicine* 14, pp.63~69.

Doyal, L. 1995. *What Makes Women Sick?: Gender and the Political Economy of Health.* London: Macmillian.

Draper, E. 1991. *Risky Business.* Cambridge: Cambridge University Press.

Dumais, L. , K. Messing, A. M. Seifert, J. Courville and N. Vézina. 1993. "Make me a cake as fast as you can: Determinants of inertia and change in the sexual division of labour of an industrial bakery." *Work, Employment and Society* 7(3), pp.363~382.

Eichler, M. 1991. *Non Sexist Research Methods: A Practical Guide.* New York: Routledge.

_____. 1992. "Nonsexist research: A metatheoretical approach." *Indian Journal of Social Work* 53, pp.329~341.

Eichler, M. and J. Lapointe. 1985. *On the Treatment of the Sexes in Research.* Ottawa: Social Science and Humanities Research Council.

Eichler, M. , A. Reisman and E. Menace-Borins. 1992. "Gender bias in medical research." *Women and Therapy* 12(4), pp.61~70.

Endresen, I. M. , R. Vaernes, H. Ursin and O. Tonder. 1987. "Psychological stress factors and concentration of immunoglobulins and complement components in norwegian nurses." *Work and Stress* 1(4), pp.365~375.

English, C. J. , W. M. Maclaren, C. Court-Brown, S. P. F. Hughes, R. W. Porter, W. A. Wallace, R. J. Graves, A. J. Pethick and C. A. Soutar. 1995. "Relations between upper limb soft tissue disorders and repetitive movements at work." *American Journal of Industrial Medicine* 27, pp.75~90.

Enloe, C. 1988. *Does Khaki Become You? The Militarization of Women's Lives.* London: Pandora.

Estuyn-Behar, M. , M. Kaminski, E. Pegne, N. Bonnet, E. Vaichère, C. Gozlan, S. Azoelay and M. Giorgi. 1990. "Stress at work and mental health status among female hospital workers." *British Journal of Industrial Medicine* 47, pp.20~28.

Etkowitz, H. , C. Kemelgor, M. Neuschatz, B. Uzzi and J. Alonzo. 1994. "The paradox of critical mass for women in science." *Science* 266, pp.51~54.

Falkel, J. E. et al. 1986. "Upper body exercise performance: Comparison between women and men." *Ergonomics* 29, pp.145~154.

Falkel, J. E. , M. N. Sawka, L. Levine and K. B. Pandolf. 1985. "Upper to lower body muscular strength and endurance ratios for women and men." *Ergonomics* 28, pp.1661~1670.

Faucett, J. and D. Rempel. 1994. "VDT-related musculoskeletal symptoms: Interactions between work posture and psychosocial work factors." *American and Journal of Industrial Medicine* 26, pp.597~612.

Fausto-Sterling, A. 1992. *Myths of Gender.* New York: Basic Books.

Fee, E. and N. Krieger. 1994. *Women's Health, Politics and Power: Essays on Sex/Gender, Medicine and Public Health.* Baywood Press.

Filkinds, K. and M. J. Kerr. 1993. "Occupational reproductive health risks." *Occupational Medicine: State of the Are Reviews* 8(4), pp.733~754.

Fine, L. J. 1996. "Editorial: The psychosocial work environment and heart disease." *American Journal of Public Health* 86(3), pp.301~303.

Flodmark, B. T. and G. Aase. 1992. "Musculoskeletal symptoms and type A behaviour in blue collar workers." *British Journal of industrial Medicine* 49, pp.683~687.

Fothergill, D. M., D. W. Grieve and S. T. Pheasant. 1991. "Human strength capabilities during one- handed maximum voluntary exertions in the fore and aft plane." *Ergonomics* 34(5), pp.563~565.

Fouriaud, C., M. C. Jacquinet-Salord, P. Degoulet, F. Aimé, T. Lang, J. Laprugne, J. Main, J. Oeconomos, J. Phalente and A. Prades. 1984. "Influence of socioprofessional conditions on blood pressure levels and hypertension control." *American Journal of Epidemiology* 120(1), pp.372~386.

Franck, C., E. Bach and P. Skov. 1993. "Prevalence of objective eye manifestations in people working in office buildings with different prevalences of sick building syndrom compared with the general population." *International Archieves of Occupational Environmental Health* 65, pp.65~69

Frankenhaeuser, M. 1991. "The psychophysiology of sex differences as related to occupational status." in Frankengaeuser et al.(eds.). *Women, Work*, pp.39~61.

Frankenhaeuser, M., U. Lundbergh and M. Chesney. 1991. *Women, Work and Health: Stress and Opportunities*. New York: Plenum Press.

Fransson, C. and J. Winkel. 1991. "Hand strength: The influence of grip span and grip type." *Ergonomics* 34(7), pp.881~892.

Froberg, K. and P. K. Pederson. 1984. "Sex differences in endurance capacity and metabolic response to prolonged heavy exercise." *European Journal of Applied Physiology* 52, pp. 446~480.

Garfunkle, J. M., M. H. Ulshen, H. J. Harmick and E. E. Lawson. 1994. "Effect of institutional prestige on reviewers' recommendations and editorial decisions." *Journal of the American Medical Association* 272(2), pp.137~138.

Garg, A., B. D. Owen and B. Carlson. 1992. "An ergonomic evaluation of nursing assistants' jobs in a nursing home." *Ergonomics* 35(9), pp.979~995.

Gaskell, J. 1991. "What counts as skill?" in J. Fudge and P. McDermott(eds.). *Just Wages: A Feminist Assessment of Pay Equity*. Toronto: University of Toronto Press, pp.141~159.

Gervais, M. 1993. *Bilan de santé des travailleurs québécois*. Montréal: Institut de recherche en santé et en sécurité du travail du Québec.

Gilbert, J. R., E. S. Williams and G. D. Lundberg. 1994. "Is there gender bias in JAMA's peer review process?" *Journal of the American Medical Association* 272(2), pp.139~142.

Glantz, S. J. and L. A. Bero. 1994. "Inappropriate and appropriate selection of 'peers' in grant review." *Journal of the American Medical Association* 272(2), pp.114~116.

Gold, E. B., B. L. Lasley and M. B. Schenker. 1994. "Preface." *Occupational Medicine: State of the Art Reviews* 9(3), p.ix.

Goldberg, M. S. and F. Labréche. 1996. "Occupational risk factors for female breast cancer: A review." *Occupational and Environmental Medicine* 53, pp.145~156.

Goldberg, P., S. David, M. F. Landre, R. Fuhrer, S. Dassa and M. Goldberg. 1993. An epidemiological study of depressive symptomatology and working conditions of prison staff. Proceedings of the 24th International Congress on Occupational Health(September 26-Oct.1). Nice, p.110.

Goulet, L. 1987. "Association between spontaneous abortion and ergonomic factors." *Scandinavian Journal of Work, Environment and Health* 13, pp.399~403.

Grant, K. A., D. J. Habes and A. L. Tepper. 1995. "Work activities and musculoskeletal complaints among preschool workers." *Applied Ergonomics* 26, pp.405~410.

Greenberg, G. N. and J. M. Dement. 1994. "Exposure assessment and gender differences." *Journal of Occupational Medicine* 36(8), pp.907~912.

Guberman, N., P. Maheu and C. Maillé. 1994. *Travail et soins aux proches dépendants.* Montréal: Éditions Remue-mémage.

Guidotti, T. L., R. W. Alexander and M. J. Fedoruk. 1987. "Epidemiological features that may distinguish between building-associated illness outbreaks due to chemical exposure or psychogenic origin." *Journal of occupational Medicine* 29, pp.148~150.

Guo, H. R., S. Tanaka, L. L. Cameron, P. J. Seligman, V. J. Behrens, J. Ger, D. K. Wild and V. Putz-Anderson. 1995. "Back pain among workers in the United States: National estimates and workers at high risk." *American Journal of Industrial Medicine* 28, pp.591~602.

Gutek, B. 1995. *The Dynamics of Service.* San Francisco: Jossey-Bass.

Guyon, L. 1996. *Derrière les apparences: Santé et conditions de vie des femmes.* Québec: Ministère de la santè et des services sociaux.

Haertel, U., G. Heiss, B. Filipiak and A. Doering. 1992. "Cross-sectional and longitudinal associations between high density lipoprotein cholesterol and women's employment." *American Journal of Epidemiology* 135(1), pp.68~78.

Hagber et al., 1995. *Work-Related Musculoskeletal Disorders.* reviews many factors involved in determining exposure.

Hagberg, M., B. Silverstein, R. Wells, M. J. Smith, H. W. Hendrick, P. Carayon and M. Pérusse. 1995. *Work-related Musculoskeletal Disorders: A Reference book for Prevention.* London: Taylor & Francis.

Hagberg, M., H. Morgenstern and M. Kelsh. 1992. "Impact of occupations and job tasks on the prevalence of carpal tunnel syndrome." *Scandinavian journal of Work, Environment and Health* 18, pp.337~345, table 2.

Hakim, Catherine. 1996. *Key Issues in Women's Work: Female Heterogeneity and the Polarisation of Women's Employment.* London: Athlone.

Hall, E. M. 1989. "Gender, work control and stress: A theoretical discussion and an emoirical test." *International Journal of Health Services* 19, pp.725~745.

Hall, E. M., J. V. Johoson, K. Sparatt, J. Griffith and B. Curbow. 1996. "Methodological problems in measuring work in women: Double exposure, career patterns and emotional labor." *Proceedings of the International Congress on Work, women and Health*(April 17-20). Barcelona, pp.134~143.

Harber, P., D. Bloswick, L. Penna, J. Beck, J. Lee and D. Baker. 1992. "The ergonomic challenge of repetitive motion with varying ergonomic stresses." *Journal of Occupational Medicine* 34, pp.518~528.

Harrison, J., C. A. C. Pickering, E. B. Faragher, P. K. C. Austwick, S. A. Little and L. Lawton. 1992. "An investigation of the relationship between microbial and particulate indoor air pollution and the sick building syndrome." *Respiratory Medicine* 86, pp.225~235.

Hawes, M. R. and D. Sovak. 1994. "Quantitative morphology of th human foot in a North American population." *Ergonomics* 37(7), pp.1213~1226.

Haynes, S. 1991. "The effect of job demands, job control and new technologies on the health of employed women." in Frankenhaeuser et al.(eds.). *Women, Work*, pp.157~169.

Hays, M., M-J. Saurel-Cubizolles, M. Bourgine, A. Touranchet, C. Verge, M. Kaminski. 1996. "Conformity of workers' and occupational health physicians' descriptions of working conditions." *International Journal of Occupational and Environmental Health* 2, pp.10~17.

Hazuda, H. P., S. M. Haffner, M. P. Stern, J. A. Knapp, C. W. Eifler and M. Rosenhal. 1986. "Employment status and women's protection against coronary heart disease." *American Journal of Epidemiology* 123(4), pp.623~640.

Headopohl, D. M. 1993. "Women workers." *Occupational Medicine: State of the Art Reviews* 8(4).

Health Canada. 1993. Proceedings of the Round Table on Gender and Occupational Health. Ottawa: Health Canada.

Heaney, C. A. 1995. Worksite stress reduction programs: Integrating health protection and health promotion approaches. Abstracts from the American Pychological Association Conference on Work, Stress and Health '95 Creating Healthier Workplaces(September 12-14). Washington, D.C., p.85.

Heller, R. F., H. Williams and Y. Sittampalam. 1984. "Social class and ischaemic heart disease: use of the male: female ratio to identify possible occupational hazards." *Journal of Epidemiology and Community Health* 38, pp.198~202.

Hemminki, K., M. Sorasa and H. Vainio. 1985. *Occupational Hazards and Reproduction*. Washington, D.C.: Hemisphere Publishing Corporation.

Hessing, M. 1993. "Mothers' management of their combined workloads: Clerical work and household needs." *Canadian Journal of Sociology and Anthropology* 30(1), pp.37~63.

Hirata, H. and D. Kergoat. 1988. "Rapports sociaux de sexe et psychopathologie du travail." in C. Dejours(ed.). *Plaisir et souffrance dans le travail*, Vol.2. Paris: Édition de l'AOCIP, pp.131~163.

Hochschild, A. 1983. *The Managed Heart*. Berkeley: University of California Press.

_____. 1989. *The Second Shift*. New York: Avon Books.

_____. 1997. *The Time Bind: When Work Becomes Home and Home Becomes Work*. New York: Henry Holt/Metropolitan Books.

Hodgson, M. J., J. Frohliger, E. Permar, C. Tidwell, N. D. Traven, S. A. Olenchock and M. Karpf. 1991. "Symptoms and microenvironmental measure in nonproblem buildings." *Journal of Occupational Medicine* 4, pp.527~533

Hsairi, M., F. Kauffmann, M. Chavance and P. Brochard. 1992. "Personal factors related to the perception of occupational exposure: An application of a job exposure matrix." *International Epidemiology Association Journal* 21, pp.972~980.

Hubbard, R. 1990. *The Politics of Women's Biology.* New Brunswick: Rutgers University Press.

_____. 1996. "Gender and genitals: constructs of sex and gender." *Social Text* 14, pp.157~165.

Hubbard, R. and E. Wald. 1993. *Exploding the Gene Myth.* Boston: Beacon Press.

Iglesias, R. E., A. Terrés and A. Chavarria. 1980. "disorders of the menstrual cycle in airline stewardesses." *Aviation, Space and Environmental Medicine*(May), pp.518~520.

Ilfeld, F. W. 1976. "Methodological issues in relating psychiatric symptoms to social stressors." *Psychological Reports* 39, pp.1251~1258.

Infante-Rivard, C. 1995. "Electromagnetic field exposure during pregnancy and childhood leukemia." *Lancet* 346, pp.177.

Infante-Rivard, C. and M. Lortie. 1996. "Prognostic factors for return to work after a first compensated episode of back pain." *Occupational and Environmental Medicine* 53, pp.488~494.

Ison, T. 1986. "The therapeutic significance of compensation structures." *Canadian Bar Review* 64(4), pp.605~637.

Jensen, R. and E. Sinkule. 1988. "Press operator amputations: Is risk associates with age and gender?" *Journal of Safety Research* 19, pp.125~133.

Joffe, M. 1992. "Validity of exposure data derived from a structured questionnaire." *American Journal of Epidemiology* 135, pp.564~570.

Johansson, J. A. and K. Nonas. 1994. "Psychosocial and physical working conditions and associated musculoskeletal symptoms among operators in five plants using arc welding in robot stations." *International Journal of Human Factors in Manufacturing* 4(2), pp.191~204.

Johnson, J. V., and E. Hall. 1996. "Dialectic between conceptual and causal inquiry in psychosocial work-environment research." *Journal of Occupational Health Psychology* 1(4), pp.362~374.

Karasek, R. 1994. *Job Content Questionnaire and User's Guide, Revision* 1.12. Lowell: Department of work Environment, University of Massachusetts.

Karasek, R. and T. Theorell. 1991. *Healthy Work: Stress, Productivity and the Reconstruction of Working Life.* New York: Basic Books.

Karlqvist, L., M. Hagberg and K. Selin. 1994. "Variation in upper limb posture and movement during work processing with and without mouse use." *Ergonomics* 37(7), pp.1261~1267.

Karvonen, M. J., A. T. Jukk, P. V. Viitasalo, J. N. Komi and J. Tuulikki. 1980. "Back and leg complaints in relation to muscle strength in young men." *Scandinavian Journal of Rehabilitation Medicine* 12, pp.53~59.

Kasl, S. V. and S. Serxner. 1992. "Health promotion at the worksite." in S. Maes, H. Leventhal and M.

Johnston(eds.). *International Review of Health Psychology.* London: John Wiley and Sons, pp.111~142.

Kauppinen-Toropainen, K., I. Kandolin and E. Haavio-Mannila. 1988. "Sex segregation of work in Finland and the quality of women's work." *Journal of Organizational Behavior* 9, pp.15~27.

Kedjidjian, D. B. 1996. "Work can be murder for women." *Safety and Health*, March, pp.42~45.

Kelland, P. 1992. "Sick buildings syndrome, Working environments and hospital staff." *Indoor Environment* 1, pp. 335~340.

Kempeneers, M. 1992. *Les travail au féminin.* Montréal: Presses de l'Université de Montréal.

Kenen, R. 1993. *Reproductive Hazards in the Workplace: mending Jobs, Mending Pregnancies.* Binghampton: Hayworth Press.

Keyserling, M. 1983. "Occupational injuries and work experience." *Journal of Safety Research* 14, pp.37~42.

Kilbom, A. and M. Torgén. 1996. "Do physical loads at work interact with interact with aging?" *Proceedings of the 25th International Congress of Occupational Health*, vol.2(September 15-20). Stockholm, p.17.

Kipen, H. M., W. Hallman, K. Kelly-Mcneil and N. Fiedler. 1995. "Measuring chemical sensitivity prevalence: A questionnaire for population studies." *American Journal of Public Health* 85(4), pp.574~577.

Kraut, A. 1994. "Estimates of extent of morbidity and mortality due to occupational diseases in Canada." *American journal of Industrial Medicine* 25, pp.267~278.

Kreiss, K. 1990. "The sick building syndrome: where is the epidemiologic basis?" *American Journal of Public Health* 80(10), pp.1172~1173.

Kristensen, T. S. 1989. "Cardiovascular diseases and the work environment." *Scandinavian Journal of Work, Environment and Health* 15, pp.165~179.

_____. 1991. "Sickness absence and work strain among Danish slaughterhouse workers." *Social Science and Medicine* 32(1), pp.15~27.

Kwachi, I., G. A. Colditz, M. J. Stampfer, W. C. Willett, J. E. Manson, F. E. Seizer and C. H. Hennekens. 1995. "Prospective study of shift work and risk of coronary heart disease in women." *Circulation* 92(11), pp.318~3182.

Lalande, N. M., R. Hétu and J. Lambert. 1986. "Is Occupational noise exposure during pregnancy a risk factor of damage to the auditory system of the fetus?" *American Journal of Industrial Medicine* 10, pp.427~435.

Landrigan, P. J. and F. P. Perera. 1988. "Controversy in the regulation of formaldehyde." *American Journal of Industrial Medicine* 14, pp.375~377.

Laubach, L. 1976. "Comparative muscular strength of men and women." *Aviation, Space and Environmental medicine* 47, pp.534~542.

Laurin, G. 1991. *Féminisation de la main d'oeuvre: Impact sur la santé et la sécurité du travail.* Montréal: Commisssion de la santé et de la sécurité du travail, pp.64~69.

Legault-Faucher, M. 1994. "Educatrices et éducateurs de garderie: Faire grandir la prévention." *Prévention au travail* 71, pp.30~31.

Leigh, J. P. 1991. "A ranking of occupations based on the blood pressures of incumbents in the National Health and Nutrition Examination Survey I." *Journal of Occupational Medicine* 33 (8), pp.853~861.

Leino, P. and G. Magni. 1993. "Depressive and distress symptoms as predictors of low back pain, neck-shoulder pain and other musculoskeletal morbidity: A 10-year follow-up of metal industry employees." *Pain* 53, pp.89~94.

Levine, R. J. 1984. "Mass hysteria: Diagnosis and treatment in the emergency room." *Archives of Internal Medicine* 144, pp.1945~1946.

Lewpntin, R., S. Rose and L. J. Kamin. 1984. *Not in Our Genes*. New York: Pantheon.

Lindbohm, M. L., M. Hietanen, P. Kyyrönnen, M. Sallmén, P. von Nandelstadh, H. Taskinen, M. Pekkarinen, M. Ylikoski and K. Hemminki. 1992. "Magnetic fields of video display terminals and spontaneous abortion." *American Journal of Epidemiology* 136(9), pp.1041~1051.

Lindbolhm, M. L., K. Hemminki, M. G. Bonhomme, A. Anttila, K. Rantala, P. Heikkila and M. J. Rosenberg. 1991. "Effects of paternal occupational exposure on spontaneous abortions." *American Journal of Public Health* 81, pp.1029~1033.

Linton, S. J. and K. Kamwendo. 1989. "Risk factors in the psychosocial work environment for neck and shoulder pain in secretaries." *Journal of Occupational Medicine* 31(7), pp.609~613.

Lippel, K. 1986. *Le droit des accidéntes du travail à une indemnité Analyse historique et critique*. Montréal: Thémis.

_____. 1992. "L'incertitude des probabilités en droit et médicine." *Reuve de droit Université de Sherbrooke* 22(2), pp.445~472.

_____. 1993. *Le stress au travail: Indemnisation des atteintes á la santé en droit québecois, canadien et américanin*. Cowansvillle: Éditions Yvon Blais.

_____. 1995. "Watching the watchers: How expert witness and decision-makers perceive men's and women's workplace stressors." in K. Messing, B. Neis and L. Dumais(eds.). *Invisible: Occupational Health Problems of Women at Work/Invisible La Sarté des travailleuses*. Charlottetown: Gynergy Books, pp.265~291.

_____. 1995. Hôtel-Dieu de St-Jérome et Chaput, Commission d'appel en matiére de lésions professionnelles(May).

_____. 1996. "Workers' compensation and stress: Gender and access to compensation." *Proceedings of the International Congress on Women, Work and Health*, pp.82~91.

Lippel, K. and D. Demers. 1996. *L'invisibilité, facteur d'exclusion: Les femmes victimes de lésions professionnelles*. Montréal: Department of Legal Sciences, Université du Québec à Montréal.

Lippel, K., S. Bernstein and M-C. Bergeron. 1995. *Le retrait préventif de la travailleuse enceinte ou qui allaite: Réflexions sur le droit et la médecine*. Cowansville: Les Éditions Yvon Blais.

Llungberg, A. S., A. Kilbom and G. Hägg. 1989. "Occupational lifting by nursing aides and warehouse workers." *Ergonomics* 32(1), pp.59~78.

Loewenson, R. 1996. Participatory approaches in occupational health research. Proceedings of the 25th International Congress on Occupational Health. Keynote Addresses(September 15-20). Stockholm, p.73.

Lortie, M. 1987. "Structural analysis of occupational accidents affecting orderlies in a geriatric hospital." *Journal of Occupational Medicine* 29, pp.437~444.

Lucire, Y. 1986. "Neurosis in the workplace." *Medical Journal of Australia* 145, pp.323~327.

Macintyre, S. 1993. "Gender differences in the perceptions of common cold symptoms." *Social Science and Medicine* 36, pp.15~20.

MacKenzie, S. G. and A. Lippman. 1989. "An investigation of report bias in a case-control study of pregnancy outcome." *American Journal of Epidemiology* 129, pp.65~75.

Mäkelä, M., M. Heliövaara, K. Sievers, O. Impivaara, P. Knekt and A. Aromaa. 1991. "Prevalence, determinants and consequences of chronic neck pain in Finland." *American Journal of Epidemiology* 134, pp.1356~1367.

Malenfant, R. 1992. "L'évolution du programme de retrait préventif de la travailleuse enceinte ou qui allaite, Pour une maternité sans danger, Axes de recherche." *Rapport du groupe de travail pour une maternité sans danger.* Montréal: Institut de recherche en santé et en sécurité du travail du Québec, pp.5~44.

_____. 1993. "Le droit au retrait préventif de la travailleuse enceinte ou qui allaite: À la recherche d'un consensus." *Sociologie et sociétés* 25(1), pp.61~75.

_____. 1996. *Travail et grossesse: Peut-on laisser la maternité à la porte de l'entreprise?* Montréal: Éditions Liber.

Marbury, M. C. 1992. "Reltionship of ergonomic stressors to birthweight and gestational age." *Scandinavian Journal of Work, Environment and Health* 18, pp.73~83.

Maslach, C. and S. E. JAckson. 1986. *The Maslach Burnout Inventory Manual*(2d ed). Palo Alto: Consulting Psychologists Press.

Massachusetts Coalition for Occupational Safety and Health. 1992. *Confromting Reproductive Health Hazards on the Job: A Guid for Workers.* Boston: MassCOSH.

Matuszek, P. A. C., J. C. Quick and D. L. Nelson. 1995. "Women at work: Gender differences in distress." Abstract from the American Psychological Association Conference on Work, Stress and Health '95 Creating Healthier Workplaces(September 12-14). Washington, D.C., p.249.

McCurdy, S. A., M. B. Schenker and D. V. Lassiter. 1989. "Occupational injury and illness in the semiconductor manufacturing industry." *American Journal of Industrial Medicine* 15, pp.499~510.

McDonald, A. D. 1994. "The 'retrait préventif': An evaluation." *Canadian Journal of public Health* 85(2), pp.136~139.

Medical Research Council of Canada. 1994. *Report of the Advisory Committee on Women's Health Research Issues.*

Mendell, M. J. and A. H. Smith. 1990. "Consistent pattern of elevated symptoms in air conditioned office buildings: A reanalysis of epidemiologic studies." *American Journal of Public Health* 80, pp.1193~1199.

Menzies, R., R. Tamblyn, J-P. Farant, J. Hanley, F. Nunes and R. Tamblyn. 1993. "The effect of varying levels of outdoor-air supply on the symptoms of sick building syndrome." *New England Journal of Medicine*

328, pp.821~827.

Mergler, D. 1987. "Worker participation in occupational health research: Theory and practice." *International Journal of Health Service* 17, pp.151~167.

_____. 1995. "Adjusting for gender differences in occupational health studies." in K. Messing, B. Neis and L. Dumais(eds.). *Invisible: Issues in Women's Occupational Health and Safety/ Invisible: La santé des travailleuses.* Charlottetown: Gynergy Books, pp.236~251.

Mergler, D. and N. Vézina. 1985. "Dysmenorrhea and cold exposure." *Journal of Reproductive Medicine* 30, pp.106~111.

Mergler, D., C. Brabant, N. Vézina and K. Messing. 1987. "The weaker sex? Men in women's working conditions report similar health symptoms." *Journal of Occupational Medicine* 29, pp.417~421.

Messing, K. (in press). "Hospital trash: Cleaners speak of their role in disease prevention." *Medical Anthropology Quarterly.*

_____. 1987. "Union-initiated research on genetic effects of workplace agents." *Alternatives: Perspectives on Technology, Environment and Society* 15, pp.15~18.

_____. 1988. "Union-initiated research in genetic effects of workplace agents. Alternatives: Perspectives on Technology." *Environment and Society* 15(1), pp.14~18.

_____. 1990. "Environment et santé: La santé au travail et le choix des scientifiques." in G. Bourgeault(ed.). *L'avenir d'un monde fini: Jalons pour une éthique*, no.15. Saint-Laurent: Editions Fides.

_____. 1991. "Putting our two heads together: A mainly women's research group looks at women's occupational health." in J. Wine and J. Ristock(eds). *Feminist Activism in Canada: Bridging Academe and the Community.* Toronto: James Lorrimer Press. Reprinted in *National Women's Studies Association Journal* 3, pp.355~367, 1991.

_____. 1991. *Occupational Health and Safety Concerns of Canadian Women: A Review.* Ottawa: Labour Canada.

_____. 1993. "Doing something about it: Priorities in women's occupational health." in *Proceedings of the Round Table on Gender and Occupational Health.* Ottawa: Health Canada, pp.155~161.

_____. 1996. "Le genre des 'opérateurs': Un paramètre pertinent pour l'analyse ergonomique?" *Les Cahiers du MAGE* 4, pp.45~60.

Messing, K. and D. Mergler. 1986. "Determinants of success in obtaining grants for action-oriented research in occupational health." *Communication presented at the annual meeting of the American Public Health Association*(September 28-October 1). Las Vegas.

Messing, K. and J. Stevenson. 1996. "A procrustean bed: Strength testing and the workplace." *Gender, Work and Organization* 3(3), pp.156~167.

Messing, K., A. Lippman, C. Infante-Rivard and N. Vézina. 1988. "Les nouvelles normes sur le retrait préventif de la travailleuse enceinte." *Report of an ad-hoc committee, submitted to the CSN union, Montréal*(September).

Messing, K., A. M. Seifert and E. Escalona. 1997. "The 120-second minute: Using analysis of work activity to prevent psychological distress among elementary school teachers." *Journal of Occupational Health psychology* 2(1), pp.45~62.

Messing, K., C. Haëntjens and G. Doniol-Shaw. 1993. "L'invisible nécessaire: L'activité de nettoyage des toilettes sur les trains de voyageurs en gare." *Le travail human* 55, pp.353~370.

Messing, K., C. Shatigny and J. Courville. 1996. "L'invisibilité du travail et la division léger/lourd dans l'entretien sanitaire: Impact sur la santé et la sécurité du travail." *Objectif prévention* 19(2), pp.13~16.

Messing, K., F. Tissot, M-J. Saurel-Cubizolles, M. Kaminski and M. Bourgine. 1998. "Sex as a variable can be a surrogate for some working conditions: Factors associated with sickness absence." *Journal of Occupational and Environmental Medicine* 40(3), pp.250~260.

Messing, K., G. Doniol-Shaw and C. Haëntjens. 1993. "Sugar and spice: health effects of the sexual division of labour among train cleaners." *International Journal of Health Services* 23(1), pp.133~146.

Messing, K., L. Dumais and P. Romito. 1993. "Prostitutes and chimney sweeps both have problems: Toward full integration of two sexes in the study of occupational health." *Social Science and Medicine* 36, pp.47~55

Messing, K., L. Dumais, J. Courville, A. M. eiferet and M. Boucher. 1994. "Evaluation of exposure data from men and women with the same job title." *Journal of Occupational Medicine* 36(8), pp.913~917.

Messing, K., M-J. Saurel-Cubizolles, M. Kaminiski and M. Bourgine. 1992. "Menstrual cycle characteristics and working conditions in poultry slaughter houses and canneries." *Scandinavian Journal of Work, Environment and Health* 18, pp.302~309.

Messing, K., M-J. Saurel-Cuizolles, M. Kaminski and M. Bourgine. 1993. "Factors associated with dysmenorrhea among workers in French poultry slaughterhouses and canneries." *Journal of Occupational Medicine* 35, pp.493~500.

Misner, J. E., R. A. Boileau and S. A. Plowman. 1989. "Development of placement tests for firefighting." *Applied Ergonomics* 20(3), pp.218~224.

Mital, A. 1983. "The psychophysical approach in manual lifting: A verification study." *Human Factors* 25(5), pp.485~491.

_____. 1984. "Maximum weights of lift acceptable to male and female industrial workers for extended shifts." *Ergonomics* 27, pp.1115~1126.

Moher, D., C. S. Dulberg and G. A. Wells. 1994. "Stastical power, sample size and their reporting in randomized controlled trials." *Journal of the American Medical Association* 272(2), pp.122~124.

Monson, R. R. 1980. *Occupational Epidemiology*. Boca Raton: CRC Press.

Moore, K., G. A. Dumas and J. G. Reid. 1990. "Postural changes associated with pregnancy and their relationship with low-back pain." *Clinical Biomechanics* 5, pp.169~174.

Moser, K. A., A. J. Fox, P. O. Goldblatt and D. R. Jones. 1986. "Stress and heart disease: Evidence of associations between unemployment and heart disease from th OPCS Longitudinal Study." *Postgraduate Medical Journal* 62, pp.787~789.

Motard, L. and C. Tardieu. 1990. *Les femmes ça compte*. Publications du Québec.

Murata, K., S. Araki, F. Okajima and Y. Saito. 1996. "Subclinical impairment in the median nerve across the carpal tunnel among female VDT operators." *International Archives of Occupational and Environmental Health* 68, pp.75~79.

Narod, S. A., G. R. Douglas, E. R. Nestmann and D. H. Blakey. 1988. "Human mutagens: Evidence from paternal exposure?" *Environmental Molecular Mutagenesis* 11, pp.401~415.

Nathan, P. A. 1992. "Hand and arm ills linked to life style." *Letter to the New York Times*(April 7).

National Institute of Occupational Safety and Health. 1993. *Fatal Injuries to Workers in the United States, 1980-1989.* Cincinnati: National Institute of Occupational Safety and health, U.S. Department of Health and Human Services.

Needleman, H. L. 1990. "What can the study of lead teach us about other toxicants?" *Environmental Health Perspectives* 86, pp.183~189.

_____. 1992. "Salem comes to the National Institutes of Health: Notes from inside the crucible of scientific integrity." *Pediatrics* 90(6), p.977.

Nelson, N., J. D. Kaufman, J. Burt and C. Karr. 1995. "Health symptoms and the work environment in four nonproblem United States office buildings." *Scandinavian Journal of Work, Environment and Health* 21, pp.51~59.

Neuverger, J. S., A. M. Kammerdiener and C. Wood. 1988. "Traumatic injuries among medical center employees." *AAOHN Journal* 36, pp.318~325.

Nicholson, W. J. and P. J. Landrigan. 1989. "Quantitative assessment of lives lost due to delay in the regulation of occupation exposure the benzene." *Environmental Health Perspectives* 82, pp.185~188.

Norback, D., I. Michel, J. Widstrom. 1990. "Indoor air quality and personal factors related to the sick building syndrome." *Scandinavian Journal of Work, Environment and Health* 16, pp.121~128

Norback, D., M. Torgen and C. Edling. 1990. "Volatile organic compounds, respirable dust and personal factors related to the prevalence and incidence of sick building syndrome in primary schools." *British Journal of Industrial Medicine* 47, pp.733~741

Nurminen, T. 1995. "Female noise exposure, shift work and reproduction." *Journal of Occupational and Environmental Medicine* 37(8), pp.945~950.

Occupational Health and Safety Commission of Québec. 1992. *Annual Report* 1991. Québec.

_____. 1996. *Annual Report* 1995. Québec.

Oleske, D. M., R. D. Brewer, P. Doan and J. Hahn. 1989. "An epidemiologic evaluation of the injury experience of a cohort of automotive parts workers: A model for surveillance in small industries." *Journal of Occupational Accidents* 10, pp.239~253.

Ong, C. N., S. E. Chia, J. Jeyaratnam and K. C. Tan. 1995. "Musculoskeletal disorders among operators of visual display terminals." *Scandinavian Journal of Work, Environment and Health* 21, pp.60~64.

Otake, M., W. J. Schull and J. V. Neel. 1990. "Congenital malformations, stillbirths and early mortality among the children of atomic bomb survivors: A reanalysis." *Radiation Research* 122, pp.1~11.

Paoli, P. 1992. *First European Survery on the Work Environment* 1991-1992. Dublin: European Foundation for the Improvement of Living and Working Conditions.

Paul, J. A. 1993. *Pregnancy and the Standing Working Posture: An Ergonomic Approach.* Amsterdam: Coronel Laboratory, University of Amsterdam.

Paul, J. A. and M. H. W. Frings-Dresen. 1994. "Standing working posture compared in pregnant and non-pregnant conditions." *Ergonomics* 37(9), pp.1563~1575.

Paul, J. A., F. J. H. van Dijk and M. H. W. Frings-Dresen. 1994. "Work load and musculoskeletal complaints during pregnancy." *Scandinavian Journal of Work, Environment Health* 20, pp.153~159.

Paul, J., M. H. W. Frings-Dresen, H. J. A. Salle. and R. H. Rozendal. 1995. "Pregnant women and working surface height and working surface areas for standing manual work." *Applied Ergonomics* 26(2), pp.129~133.

Pheasant, S. 1986. *Bodyspace.* London: Taylor & Francis.

Phelan, J. 1994. "The paradox of the contented female worker: An assessment of alternative explanations." *Social Psychology Quarterly* 57(2), pp.95~107.

Pickering, T. G., G. D. Jame, P. L. Schnall, Y. R. Schlussel, C. F. Pieper, W. Gerin and R. A. Karasek. 1991. "Occupational stress and blood pressure: Studies in working men and women." in Frankenhaeuser et al.(eds.). *Women, Work*, pp.171~186.

Pines, A., C. Lemesch and O. Grafstein. 1992. "Regression analysis of time trends in occupational accidents(Israel 1970-1980)." *Safety Science* 15, pp.77~95.

Popay, J. and G. Williams. 1996. "Public Health Research and Lay Knowledge." *Social Science and Medicine* 42(5), pp.759~768.

Prévost, J. and K. Messing. 1995. "L'activité de conciliation des responsabilités familiales et professionnelles chez des téléphonistes qui concilient unhoraire de travail irrégulier et la garde des enfants." *Report submitted to the Syndicat de la communication, de l'énergie et du papier.* Montréal: CINBIOSE.

Programme Abstracts. 1996. *Conference in Women, Health and work, Barcelona*(April 17-20).

Pukkala, E., A. Auvinen and G. Wahlber. 1995. "Incidence of cancer among Finnish airline cabin attendants, 1967-1992." *British Medical Journal* 311, pp.649~652.

Pullon, S., J. Reinken and M. Sparrow. 1988. "Prevalence of dysmenorrhea in Wellington women." *New Zealand Medical Journal*(February 10), pp.52~54.

Punnett, L., J. M. Robins, D. H. Wegman and W. M. Keyserling. 1985. "Soft tissue disorders in the upper limbs of female garment workers." *Scandinavian Journal of Work, Environment and Health* 11, pp.417~425.

Ramaciotti, D., S. Blaire and A. Bousquet. 1994. *Quels Critéres pour l'aménagement du temps de travail?* Toronto: Communication at the International Ergonomics Association, August.

Raphael, K. 1987. "Recall bias: A proposal for assessment and control." *International Journal of Epidemiology* 16(2), pp.167~170.

Ratcliffe, J. W. and A. Gonzalez-del-Valle. 1988. "Rigor in health-related research: Toward an expanded conceptualization." *International Journal of Health Services* 18(3), pp.361~392.

Reid, J., C. Ewan and E. Lowy. 1991. "Pilgrimage of pain: The illness experiences of women with repetition strain injury and the search for credibility." *Social Science and Medicine* 32(5), pp.601~612.

Reinharz, S. 1992. *Feminist Methods in Social Research*. New York: Oxford University Press.

Rekus, J. 1996. "The real meaning of threshold limit value." *Occupational Hazards*(June), pp.45~46.

Rest, K. M. "Advancing the understanding of multiple chemical sensitivity(MCS): Overview and recommendations from AOEC workshop." *Toxicology and Industrial Health*.

Robinson, A. 1995. *Travailler, mais à quel prix!* Québec: Cahiers de recherche du Groupe de recherches et d'etudes multidisciplinaires sur les femmes, Université Laval.

Robinson, J. C. 1989. "Trends in racial equality and inequality and exposure to work-related hazards, 1968-1986." *American Association of Occupational Health Nurses(AAOHN) Journal* 37, pp.56~63.

Roman, E., V. Beral, M. Pelerin and C. Hermon. 1992. "Spontaneous abortion and work with visual display units." *British Journal of Industrial Medicine* 49, pp.507~512.

Romito, P. 1990. *Lavoro e dalute in gravidanza*. Milan: Franco Angeli.

Romito, P. and M-J. Saurel-Cubizolles. 1996. "New mothers' depression in Italy and France: The role of the couple employment and social factors." *Communication presented at the Women, Work and Health Conference*(April 19). Barcelona.

Root, N. 1981. "Injuries at work are fewer among older employees." *Monthly Labor Review*(March), pp.30~34.

Rosenstock, L., J. Logerfo, N. J. Heyer and W. B. Carter. 1984. "Development and validation of a self-administred occupational health history questionnaire." *Journal of Occupational Medicine* 26(1), pp.50~54.

Rossignol, M., S. Suissa and L. Abenaim. 1992. "The evolution of compensated occupational spinal injuries. A three-year follow-up study." *Spine* 17(9), pp.1043~1047, 1046.

Rossiter, M. 1982. *Women Scientists in America*. Baltimore: Johns Hopkins University Press.

Rubin, C. H., C. A. Burnett, W. E. Halperin and P. J. Seligman. 1993. "Occupation as a risk identifier for breast cancer." *American Journal of Public Health* 93, pp.1311~1315.

Saiki, C. L., E. B. Gold and M. B. Schenker. 1994. "Workplace policy on hazards to reproductive health." *Occupational Medicine: State of the Art Reviews* 9(3), pp.541~550.

Salvaggio, J. E. 1994. "Psychological aspects of 'environmental illness' 'multiple chemical sensitivity' and building-related illness." *Journal of Allergy and Clinical Immunology* 94, pp.366~370.

Sanmartin, C. and L. Snidel. 1993. "Profile of Canadian physicians: Results of the 1990 Physician Resource Questionnaire." *Canadian Medical Association Journal* 149, pp.977~984.

Sass, R. 1988. "What's in a name? The occupational hygienist's problem with threshold limit values." *American Journal of Industrial Medicine* 14, pp.355~363.

Saurel-Cubizolles, M. J., M. Kaminiski, C. Du Mazauburn and G. Bréart. 1991. "Les conditions de travail professionnel des femmes et l'hypertension artérielle en cours de grossesse." *Reveue d'épidémiolgie et santé publique* 39, pp.37~43.

Saurel-Cubizolles, M-J. and P. Romito. 1992. "Mesures Protectrices pour les femmes enceintes au travail." *Revue Française des affaires sociales* 2, pp.49~65.

Saurel-Cubizolles, M-J., M. Bourgine, A. Touranchet and M. Kaminski. 1991. *Enquête dans les abattoirs et les conserveries des régions Bretagne et Pays-de-Loire: Conditions de travail et santé des salariés. Rapport à la Direction Régionale des Affaires Sanitaires et Sociales des Pays-de-Loire.* Villejuif: Institut de science et recherche médical.

Schnall, P. L., P. A. Landsbergis and D. Baker. 1994. "Job strain and cardiovascular disease." *Annual Reviews of Public Health* 15, pp.381~411.

Schumacher, H. R., B. B. Dorwart and O. M. Korzeniowshki. 1985. "Occurrence of De Quervain's tendinitis during pregnancy." *Archives of Internal Medicine* 145(11), pp.2083~2084.

Seifert, A. M., C. Demers, H. Dubeau and K. Messing. 1993. "HPRT-mutant frequency and lymphocyte characteristics of workers exposed to ionizing radation on a sporadic basis: A comparison of two exposure indicators, job title and dose." *Mutation Research* 319, pp.61~70.

Seifert, A. M., K. Messing and L. Dumais. 1996. *Les caissières dans l'oeil du cyclone: Analyse de l'activité de travail des caissières de banque*(Montreal: CINBIOSE).

_____. 1997. "Star wars and strategic defense initiatives: Work activity and health symptoms of unionized bank tellers during work reorganization." *International Journal of Health services* 27(3), pp.455~477.

Semenciew, R., H. Morrison, D. Riedel, K. Wilkins, L. Ritter and Y. Mao. 1993. "Multiple myeloma mortality and agricultural practices in the prairie provinces of Canada." *Journal of Occupational Medicine* 35, pp.557~561.

Shepard, T. H. 1995. *Catalog of Teratogenic Agents.* Baltimore: Johns Hopkins University Press.

Shilts, R. 1987. *And the Band Played On.* New York: Penguin Books.

Siemiatycki, J., R. Dewar, R. Lakhani, L. Nadon, L. Richardson and M. Gérin. 1989. "Cancer risks associated with 10 organic dusts: Results from a case-control study in Montréal." *American Journal of Industrial Medicine* 16, pp.547~567.

Silman, A. J. 1987. "Why do women live longer and is it worth it?" *British Medical Journal* 293, pp.1211~1212.

Silverstein, B. A., L. J. Fine and T. J. Armstrong. 1986. "Hand wrist cumulative trauma disorders in industry." *British Journal of Industrial Medicine* 43, pp.779~784.

_____. 1987. "Occupational factors and carpal tunnel syndrome." *American Journal of Industrial Medicine* 11, pp.343~358.

Skov, P., O. Valbjorn and B. V. Pederson. 1989. "The Danish indoor climate study group: Influence of personal characteristics, job-related factors and psychosocial factors on the sick building syndrome." *Scandinavian Journal of Work, Environment and Health* 15, pp.286~295.

_____. 1990. "The Danish indoor climate study group: Influence of indoor climate on the sick building syndrome in an office environment." *Scandinavian Journal of Work, Environment and Health* 16, pp.363~371

Snook, S. M. and V. M. Ciriello. 1974. "Maximum weights and work loads acceptable to female workers." *Journal of Occupational Medicine* 16, pp.527~534.

_____. 1991. "The design of manual handling tasks: Revised tables of maximum acceptable weights and forces." *Ergonomics* 34(9), pp.1197~1213.

Soares, A. 1995. "Les(més), aventures des caissiéres dans le paradis de la consommation: Une comparaison Brésil-Québec." Ph.D. thesis. Department of Sociology. Québec: Université Laval.

_____. 1996. "Nouvelles technologies=nouvelles qualifications? Le cas des caissières de supermarché." *Recherches féministes* 9(1), pp.37~56.

Sonnert, G. 1996. *Who Succeeds in Science? The Gender Dimension.* New Brunswick: Rutgers University Press.

Sperandio, J. C. 1988. *L'ergonomie du travail mental.* Paris: Masson, pp.91~92.

Spitzer, W. O. 1993. "Low back pain in the workplace: Attainable benefits not attainted." *British Journal of Industrial Medicine* 50, pp.383~388, 385.

Spitzer, W. O., F. E. LeBlanc, M. Dupuis, L. Abenhaim, A. Y. Bélanger, R. Bloch, C. Bombardier, R. L. Cruess, G. Drouin, N. Duval-Hesler, L. R. Salmi, S. Salois-Arsenault, S. Suissa and S. Wood-Dauphinée. 1987. "Scientific approach to the assessment and management of activity-related spinal disorders: A monograph for clinicians." *Spine* 12(7S), pp.S1~S59.

Sprout, J. and A. Yassi. 1995. "Occupational health concerns of women who work with the public." in K. Messing, B. Neis and L. Dumais(eds.). *Invisible: Issues in Women's Occupational Health.* Charlottetown: Gynergy Books, pp.104~124.

Stafford, A. 1991. *Trying Work: Gender, Youth and Work Experience.* Edinburgh: University of Edinburgh Press.

Stanosz, S., D. Kuligowski and A. Pieleszek. 1995. "Concentration of dihydropiandrosterone, dihydroepiandrosterone sulphate and testosterone during premature menopause in women chronically exposed to carbon disulphie." *Medycyna Pracy* 46(4), p.340.

Statistics Canada. 1992. *Census 1991: Le pays.* No.93-326. Ottawa: Statistics Canada.

_____. 1994. *Women in the Labour Force.* Ottawa: Statistics Canada.

_____. 1995. *Women in Canada. Catalogue* No. 89-503. Ottawa: Statistics Canada.

_____. 1995. *Women in Canada: A Statistical Report.* Ottawa: Statistics Canada.

Stein, Z. A., M. W. Susser and M. C. Hatch. 1986. "Working during pregnancy: Physical and psychosocial strain." *Occupational Medicine: State of the Art Reviews* 1(3), pp.405~409.

Steingart, R. M., M. Packer, P. Hamm, M. E. Cogliane, B. Gerch, E. M. Geltman, J. Sollano, S. Katz, L. Moyé, L. L. Basta, S. J. Lewis, S. S. Gottlieb, V. Bernstein, P. McEwan, K. Jacobson, E. J. Brown, M. L. Kukim, N .E. Kantrowitz and M. A. Pfeffer. 1991. "Sex differences in the management of coronary artery disease." *New England Journal of Medicine* 325, pp.226~230.

Stellman, J. M. 1978. *Women's Work, Women's Health: Myths and Realities.* New York: Pantheon.

_____. 1993. "Keynote overview." *Proceedings of the Round Table on Gender and Occupational Health.* Ottawa: Health Canada, pp.3~7.

_____. 1994. "When women work and the hazards hey may face on the job." *Journal of Occupational Medicine* 36 (8), pp.814~825.

Stellman, J. M. and M. S. Henefin. 1983. *Office Work is Dangerous for Your Health.* New York: Pantheon

Books.

_____. 1984. *Office Work can be Dangerous for Your Health.* New York: Pantheon Books.

Stellman, J. M. and S. Daum. 1973. *Is Work Dangerous for Your Health.* New York: Vintage Books.

Ste-Marie, G. 1992. "La recherche scientifique au Canada: Un trafic déloyal." *Le Devoir*(May 23).

Stenberg, B. and S. Wall. 1995. "Why do women report 'sick building symptoms' more often than men?" *Social Science and Medicine* 40(4), pp.491~502.

Stenberg, B., N. Eriksson, K. Mild, K. H. L., J. HööG, M. Sandström, J. Sundell and S. Wall. 1995. "Facial skin symptoms in visual display terminal workers. A case referent study of personal, psychosocial, building and VDT related risk indicators." *International Journal of Epidemiology* 24(4), pp.796~803.

Stetson, D. S., J. W. Albers, B. A. Silverstein and R. A. Wolfe. 1992. "Effects of age, sex and anthropometric factors on nerve conduction measures." *Muscle and Nerve* 15, pp.1095~1104.

Stevenson, J. M., D. R. Greenhorn, J. T. Bryant, J. M. Deakin and J. T. Smith. 1996. "Selection test fairness and the incremental lifting machine." *Applied Ergonomics* 27, pp.45~52.

Stevenson, J. M., J. T. Bryant, D. R. Greenhorn, J. M. Deakin and J. T. Smith. 1995. "Development of factor-score-based models to explain and predict maximal box-lifting performance." *Ergonomics* 38(2), pp.292~302.

Stevenson, J. M., J. T. Bryant, D. R. Greenhorn, J. T. Smith, J. M. Deakin and B. Surgenor. 1990. "The effect of lifting protocol on comparison with isomertial lifting performance." *Ergonomics* 33(12), pp.1455~1469.

St-Jacques, Y., N. Vézina and S. Stock. 1995. "Apport de la démarche ergonomique à l'organisation du travail: L'anénagement d'un module de couture." Proceedings of the 27th Annual Conference of the Human Factors Association of Canada(October). Québec, pp.43~48.

Stock, S. R. 1991. "Workplace ergonomic factors and the development of musculoskeletal disorders of the neck and upper limbs." *American Journal of Industrial Medicine* 19, pp.87~107.

_____. 1992. "Epidemiology of work-related musculoskeletal disorders of the neck and upper limbs: A response." *American Journal of Industrial Medicine* 21, pp.899~901.

_____. 1993. "Gastric Cancer and Occupation: A Review of the Literature." *Industrial Disease Standards Panel.* Toronto.

_____. 1995. "A study of musculoskeletal symptoms in daycare workers." in K. Messing, B. Neis and L. Dumais(eds.). *Invisible: Issues in Women's Occupational Health/invisible: La santé des Travailleuses.* Charlottetown: Gynergy Books, pp.62~74.

Sundell, G., I. Milsom and B. Andersch. 1990. "Factors influencing the prevalence of dysmenorrhea in young women." *British Journal of Obstetrics and Gynaecology* 97, pp.588~594.

Swan, S. H., J. J. Beaumont, S. K. Hammond, J. von Behren, R. S. Green, M. F. Hallock, S. R. Woskier, C. J. Hines and M. B. Schenker. 1995. "Historical cohort study of spontaneous abortion among fabrication workers in the semiconductor Health Study: Agent level analysis." *American Journal of Industrial Medicine* 28(6), pp.751~769.

Tanared, P. and K. Messing. 1996. "Et si les femmes avaient le contrôle de la technologie?" *Recherches féministes* 9(1), pp.1~14.

Tannen, D. 1994a. *Gender and Discourse*. New York: Oxford University Press.

_____. 1994b. *Talking from 9 to 5: Women and Men in the Workplace*. New York: Avon Books.

Tarasuk, V. and J. M. Eakin. 1995. "The problem of legitimacy in the experience of work-related back injury." *Qualitative Health Research* 5(2), pp.204~221.

Taylor, F. W. 1947. *The Principles of Scientific Management*. New York: Harper and Brothers.

Teiger, C. 1996. Changer de regard sur les gestes et postures par la fomation à l'analyse ergonomique du travail pour mieux prévenir les risques professionnels. Proceedings of the Annual Meeting of the Société d'ergonomie de langue française, vol. 1. Brussels. September 11-13, pp.282~289.

Teiger, C. and M. C. Plaisantin. 1984. "Les contraintes du travail dans les travaux répétitifs de masse et leurs conséquences sur les travailleuses." in J-A. Bouchard(ed.). *Les effets des conditions de travail sur la santé des travailleuses*. Montréal: Confédération des syndicats nationaux.

The case of Société canadienne des postes et Corbeil et Grégoire-Larivière.1994. Commission d'appel en matiére de lésions professionnelles de Québec..

Theorell, T. 1991a. "Psychosocial cardiovascular risks-on the double loads in women." *Psychotherapy Psychosomatics* 55, pp.381~389.

_____. 1991b. "On cardiovascular health in women." in Frankenhaeuser et al.(eds.). *Women, Work*, pp.1, 87~204.

Theorell, T., K. Harms-Ringdahl, G. Ahlberg-Hulten and B. Westin. 1991. "Psychosocial job factors and symptoms from the locomotor system: A multicausal analysis." *Scandinavian Journal of Rehabilitation Medicine* 23(3), pp.165~173.

Tissot, F. and K. Messing. 1995. "Perimenstrual symptoms and working conditions among hospital workers in Québec." *American Journal of Industrial Medicine* 27, pp.511~522.

Tomaskovic-Devey, D. 1993. *Gender and Racial Inequality at Work*. Ithaca: ILR Press.

Tremblay, C. 1990. "Les particularités et les difficultés de l'intervention preventive dans le domaine de la santé et de la sécurité des femmes en milieu de travail." *Communication presented at the 58th Annual Meeting of the Association canadienne-française pour l'avancement des sciences*. Québec: Université Laval(May 14).

Tsai, S. P., E. J. Bernacki and C. M. Dowd. 1989. "Incidence and cost of injury in an industrial population." *Journal of Occupational Medicine* 31, pp.781~784.

Turcotte, G. 1992. "How pregnant workers see their work, its risks and the right to precautionary leave." *Québec, Women and Health* 18(3), pp.79~96.

U.S. Congress, Office of Technology Assessment. 1985. *Reproductive Health Hazards in the Workplace*. Washington, D.C.: US Government Printing Office.

Université du Québec à Montréal, Le protocole UQAM-Re-lais-femmes(1982), Côté, M. H.(1988), Bilan des activités 1987-88 et perspectives pour la prochaine annéée. Both available from Services aux collectivités,

Université du Québec à Montréal, CP 8888, Succ. Centre-ville, Montréal, Québec H3C 3PB, Canada.

Vaernes, R. J., G. Myrgre, H. Aas, T. Homner, I. Hansen and O. Tonder. 1991. "Relationships between stress, psychological factors, health and immune levels among military aviators." *Work and Stress* 5(1), pp.6, 15~16.

Verbrugge, L. M. and D. L. Patrick. 1995. "Seven chronic conditions: Their impact on US adults' activity level and use of medical services." *American Journal of Public Health* 85(2), pp.173~182.

Vézina, N. 1986. "Le travail en ambiance froide dans la decoupe de volailles, Laboratoire de physiologie du travail et ergonomie." Ph.D. thesis in *Ergonomics*. Paris: Conservatoire National des Arts et Metiers and Universite de Paris-Nord.

Vézina, N., C. Chatigny and K. Messing. 1994. "A manual materials handling job: Symptoms and working conditions among supermarket cashiers." *Chronic Diseases in Canada* 15(1), pp.17~22.

Vézina, N., D. Cousineau, D. Mergler, A. Vinet and M-C. Laurendeau. 1992. *Pour donner un sens au travail*. Boucherville: Gaetan Morin Éditeru.

Vézina, N., D. Tierney and K. Messing. 1992. "When is light work heavy? Components of the physical workload of sewing machine operators which may lead to health problems." *Applied Ergonomics* 23, pp.268~276.

Vézina, N., J. Courville and L. Geoffrion. 1995. "Ploblémes musculo-squelettiques, caractéristiques des postes de travailleurs et des postes de travailleuses sur une chaîne de découpe de dinde." in K. Messing, B. Neis and L. Dumains(eds.). *Invisible: Issue in Womens's Occupational Health/ Invisible: la santé des travailleuses*. Charlottetown: Gynergy Books, pp.29~61.

Viikari-Juntura, E., J. Vuori, B. A. Silverstein, R. Kalimo, E. Kuosma and T. Videman. 1991. "A life-long prospective study on the role of psychosocial factors in neck-shoulder and low-back pain." *Spine* 16(9), pp.1056~1061.

Vogel, L. 1990. "Debating difference: Feminism, pregnancy and the workplace." *Feminist Studies* 16, pp.9~32.

Voitk, A. J., J. C. Mueller, D. E. Farlinger and R. U. Johnston. 1983. "Carpal tunnel syndrome in pregnancy." *Canadian Medical Association Journal* 128, pp.277~281.

Waddell, G., M. Newton, I. Henderson, D. Somerville and C. J. Main. 1993. "A fear-avoidance beliefs questionnaire(FABQ) and the role of fear avoidance beliefs in chronic low back pain and disability." *Pain* 52, pp.157~168.

Wagener, D. K. and D. W. Winn. 1991. "Injuries in working populations: Black-white differences." *American Journal of Public Health* 81, pp.1408~1414.

Wakeford, R. 1995. "The risk of childhood cancer from intrauterine and preconceptional exposure to ionizing radiation." *Environmental Health Perspectives* 103(11), pp.1018~1925.

Waldron, I. 1991. "Effects of labor force participation on sex differences in mortality and morbidity." in Frankenhaeuser et al.(eds.). *Women, Work*, pp.17~38.

Walters, V., B. Beardwood, J. Eyles and S. French. 1995. "Paid and unpaid work roles of male and female nurses." in K. Messing, B. Neis and L. Dumais(eds.). *Invisible: Issues in Women's Occupational Health and Safety/Invisible: La santé des travailleuses*. Charlottetown: Gynergy Books, pp.125~149.

Waters, T. R., V. Putz-Anderson, A. Garg and L. J. Fine. 1993. "Revised NIOSH equation for the design and evaluation of manual lifting tasks." *Ergonomics* 36(7), pp.749~776.

Weaver, J. L. and S. D. Garrett. 1983. "Sexism and racism in the American health care industry: A comparative analysis." in E. Fee(ed.). *Women and Health.* Farmingdale: Baywood, pp.79~104.

Wells, C. L. 1985. *Women, Sport and Human Performance.* Champaign: Human Kinetics Publishers.

Wendelen, E. 1995. "LA formation de syndicalistes à L'ergonomie: L'interaction des politiques publiques, des pratique syndicales et de la recherche." *Éducation Permanente* 124, pp.49~58.

White, J. 1993. *Sisters and Solidarity.* Toronto: Thompson Educational Publishing.

Whorton, M. D. 1986. "Male reproductive hazards." *Occupational Medicine State of the Art Reviews* 1(3), pp.375~379.

Wigmore, D. 1996. "Looking for clues to escape the Taylorist 'ergonomic trap' Are participatory mapping and other visual tools a way to re-integrate work organisation and ergonomics?" M. S. thesis *Work Environment Department.* Lowell: University of Massachusetts.

Wiktorin, C., L. Karlqvist and J. Winkel. 1993. "Validity of self-reported exposures to work postures and manual materials handling." *Scandinavian Journal of Work, Environment and Health* 19, pp.208~214.

Wilkinson, W. E. 1987. "Occupational injury at a midwestern health science center and teaching hospital." *AAOHN Journal* 35, pp.367~376.

Wilson, B. W. and R. G. Stevens. 1996. "Occupational exposure to the electromagnetic fields: The case for caution." *Applied Occupational and Environmental Hygiene* 11(4), pp.299~306.

Woods, N. F., A. Most and G. K. Dery. 1982. "Prevalence of premenstrual symptoms." *American Journal of Public Health* 72, pp.1257~1264.

Workers' Compensation of British Columbia, Secretariat for Regulation Review, Draft Ergonomics Regulations. 1994. Richmond: Worker's Compensation Board of British Columbia.

Yassi, A., J. L. Weeks, K. Samson and M. B. Raber. 1989. "Epidemic of 'shocks' in telephone operators: Lessons for the medical community." *Canadian Medical Association Journal* 140, pp.816~820.

Zahm, S. H., M. P. Linda, D. R. Lewis, M. H. Ward and D. W. White. 1994. "Inclusion of women and minorities in occupational cancer epidemiologica research." *Journal of Occupational Medicine* 36(8), pp.824~847.

▌지은이

캐런 메싱 Karen Messing

1976~2008년까지 캐나다 몬트리올 퀘벡 대학교의 생물학 교수로 재직하면서 다학제적 연구 기관 CINBIOSE(Research Centre on Biology, Health, Society and Environment)를 핵심적으로 이끌어왔다. 1975년 맥길 대학교에서 박사학위를 받았으며, 파리에서 인간공학 훈련을 받은 후 일하는 여성과 남성의 건강 차이에 대한 연구를 주로 수행해왔다. 척박했던 이 분야에 열정적으로 헌신함으로써 가장 촉망받는 연구자가 되었다. 메싱의 연구는 현장, 특히 조직의 구성원이나 노동조합과의 긴밀한 관계 속에서 근로자의 의견을 충분히 반영하여 현실에 튼튼한 기반을 두고 있다. 특히 중요한 점은 면접, 참여 관찰 등의 질적인 방법을 적극 활용하여 양적인 방법(통계)과 함께 사용함으로써 전통적인 연구 방법의 한계를 극복한 데 있다. 다양한 분야의 학문과 연계하여 연구함으로써 풍성하고 현실성 있는 연구를 하는 것으로 유명하다. 주요 관심 분야는 직업건강 분야에서의 여성과 남성의 차이, 서비스 분야에서의 노동의 긴장과 요구도, 장시간 서서 하는 노동의 건강 위해요인이다. 현재 국제인간공학협회 젠더와 건강기술위원회의 위원장을 맡고 있고, 은퇴 이후에도 대학과 현장을 연계하여 활발한 연구를 하며 이 분야에서 국제적 리더십을 발휘하고 있다.

▌옮긴이

정진주

캐나다 토론토 대학교 사회학과에서 박사학위를 받았으며, 현재 사회건강연구소 소장으로 활동 중이다. 주요 저서로는 『보건의료사회학 강좌: 한국사회와 국민건강』(공저, 2011), 『국가·젠더·예산』(공저, 2010)이 있고, 주요 역서로는 『무엇이 여성을 병들게 하는가?』(공역, 2010), 『일, 그 야누스적 얼굴: 직무스트레스 이해하기』(공역, 2010)가 있다. 주요 논문으로 「산재보험 성불평등에 대한 시론적 연구」(2011), 「유럽 각국의 낙태 접근과 여성건강: 한국 낙태논쟁에 대한 함의」(2010), 「보건의료 분야에서의 질적 연구 적용」(2008), 「보건 분야 국가연구개발사업의 성인지성 향상을 위한 외국정책 고찰: 미국과 유럽연합의 사례」(2008) 등이 있다.

김인아

한양대학교 의과대학에서 박사학위를 받았으며, 현재 연세대학교 보건대학원 연구 교수로 재직 중이다. 직업환경의학전문의로서 인천근로자건강센터를 통해 소규모 사업장 보건관리에 집중하고 있다. 주요 역서로서 『노동자 건강의 정치경제학』(공역, 2008)이 있고, 주요 논문으로는 「작업관련성 근골격계 질환과 사회심리적 요인」(2010), 「일부 은행업 종사자에서 감정노동과 우울증상의 관련성」(2010), "Work-Related Injuries and Fatalities Among Farmers in South Korea"(2012) 등이 있다.

김재영

미국 하버드 대학교 보건대학원에서 박사학위를 받았으며, 현재 계명대학교 의과대학 예방의학교실 조교수로 재직 중이다. 예방의학전문의로 직업환경역학을 공부했다. 주요 역서로는 『또 하나의 혁명: 쿠바 일차의료』(공역, 2010), 『노동자 건강의 정치경제학 2』(공역, 2012) 등이 있고, 주요 논문으로는 "Psychological distress and occupational injury: findings from the National Health Interview Survey 2000-2003"(2008), "Socioeconomic disparities in breast cancer screening among US women: trends from 2000-2005"(2008) 등이 있다.

김현주

한양대학교 의과대학에서 박사학위를 받았으며, 현재 단국대학교 의과대학 직업환경의학교실에서 부교수로 재직 중이다. 주요 역서로는 『노동자 건강의 정치경제학』(공역, 2008), 『노동자 건강의 정치경제학 2』(공역, 2012) 등이 있고, 주요 논문으로는 "An untold story in labor health: Korean women workers"(2007), "Relationship between prolonged standing and symptoms of varicose veins and nocturnal leg cramps among women and men"(2012), 「감정노동으로 인한 직업병」(2010), 「판매직 작업자의 작업 및 작업자세 분석」(2011), 「식당 조리직 작업자의 작업자세 평가」(2011), 「계산직 작업의 근골격계 질환 유해요인 평가」(2011), "Ergonomic job hazard evaluation of building cleaners"(2011) 등이 있다.

이종인

미국 커네티컷 주립대학교에서 의료인류학으로 박사학위를 받았으며, 현재 한국국제보건의료재단에서 근무 중이다. 주요 논문으로는 「성폭력 이론들에 관한 비판적 고찰: 종족성 및 성인지적 시각의 모색을 위하여」(2006), 「강간의 정의: 재미한인여성들의 사유」(2006), 「강간폭력, 순결, 결혼: 재미한인여성들의 사유」(2007) 등이 있다.

전희진

미국 하버드 대학교 보건대학원에서 박사학위를 받았으며, 현재 하버드 대학교 의학대학 전임강사 및 브리검 여성병원 부설 채닝연구소에서 연구원으로 재직 중이다. 주요 역서로는 『사회역학』(공역: 2004)이 있고, 주요 논문으로 "A Multilevel Analysis of Women's Status and Women's Self-Rated Health in the United States"(2004), "Socioeconomic disadvantage, parenting responsibility, and women's smoking in the United States"(2004), "The effect of single motherhood on smoking by socioeconomic status and race/ethnicity"(2007), "Intimate partner violence and cigarette smoking: association between smoking risk and psychological abuse with and without co-occurrence of physical and sexual abuse"(2008), "Growing up in a domestic violence environment: relationship with developmental trajectories of body mass index during adolescence into young adulthood"(2011) 등이 있다.

아카번호 1428

반쪽의 과학
일하는 여성의 숨겨진 건강 문제

ⓒ 정진주·김인아·김재영·김현주·이종인·전희진, 2012

지 은 이 • 캐런 메싱
옮 긴 이 • 정진주·김인아·김재영·김현주·이종인·전희진
펴 낸 이 • 김종수
펴 낸 곳 • 도서출판 한울

편집책임 • 배은희
편집 • 이가양

초판 1쇄 인쇄 • 2012년 3월 9일
초판 1쇄 발행 • 2012년 3월 23일

주   소 • 413-756 파주시 문발동 535-7 302(본사)
             121-801 서울시 마포구 공덕동 105-90 서울빌딩 1층(서울 사무소)
전   화 • 영업 02-326-0095, 편집 031-955-0606, 02-336-6183
팩   스 • 02-333-7543
홈페이지 • www.hanulbooks.co.kr
등록번호 • 제406-2003-0000051호

Printed in Korea.
ISBN 978-89-460-5428-8 93330 (양장)
         978-89-460-4566-8 93330 (학생판)

* 책값은 겉표지에 표시되어 있습니다.
* 이 도서는 강의를 위한 학생판 교재를 따로 준비하였습니다.
  강의 교재로 사용하실 때에는 본사로 연락해주십시오.